Udo Schönteich

Almenrausch

Roman

VERLAG
LIBER LIBRI

Verlag Liber Libri
A-1130 Wien, Elßlergasse 17
Tel. +43 (0)1 877 04 26
D-45473 Mülheim a. d. Ruhr
Dr.-Simoneit-Straße 36
Tel. +49 (0)208 75 69 59
E-Mail: liber-libri@guthmann-peterson.de
Lektorat: Susanna Harringer
Umschlaggestaltung: Liliane Oser
Druck und Bindung: Prime Rate, Budapest
1. Auflage

Die Deutsche Bibliothek – CIP-Einheitsaufnahme
Ein Titelsatz für diese Publikation ist bei der
Deutschen Bibliothek erhältlich.

ISBN 978-3-85481-038-4

Der Verlag Liber Libri im Internet:
http://www.verlag-liber-libri.guthmann-peterson.de

Als moderner Verlag berücksichtigen wir bei der Herstellung unserer Bücher die Prinzipien ressourcenschonender und ökologisch sensibler Produktion und verlangen auch von unseren Geschäftspartnern, dass sie sowohl beim Herstellungsprozess als auch beim Einsatz der zur Verwendung kommenden Materialien auf ökologische und ethische Grundsätze Bedacht nehmen

Inhalt

Für Sonja

Bittersweet Goodbye

Here we are in the dead of night
Will you keep me warm and hold me tight
All we have is until the dawn
Let the night be long and ease the dawn
I love you more than you'll ever know
It hurts to see you go
So Darling sing me a lullaby
Bittersweet goodbye

Don't think about the future now
These few hours
Let the nighttime envelop us
Take us under
Bewitching spell, bewitching spell
Here we are in the dead of night
Won't see you past the morning light
So Darling sing me a lullaby
Bittersweet goodbye

Remember me when you're away

K. Minogue

Es ist so weit, morgen wird er abreisen. Er sitzt auf der Terrasse und schaut der Kerze zu, wie sie im lauen Abendwind schnell kleiner wird. Auf der Anhöhe war es immer etwas windig gewesen, und schon vor Stunden hatte er den alten Messingständer mit der brennenden Kerze dichter an die schützende Hauswand gestellt. Hier ist das Mauerwerk noch ganz warm. Wie ein Steinofen, so speichert es die Wärme dieses letzten Augusttages. Der Wind mischt Gerüche immer wieder neu. Der permanente Duft dieser Blüten aber war noch nie so stark. Hier, wo er die Sonne beobachten konnte, wie sie auch an diesem Abend hinter dem Berg verschwand, hier war ihr liebster Platz. Hier hatten sie so oft gesessen, geduldig auf die Stille der Nacht gewartet, die ihnen allein gehörte. Mit dem Rücken lehnt er an der warmen Wand. Doch er spürt: Ein letzter Rest Hoffnung auf einen Anruf von ihr geht dahin, vergeht mit dem Gesang der Grillen und dem Licht dieser Kerze.

Gebannt starrt er in das Licht, als wolle er warten, bis die Kerze ganz abgebrannt ist. Dann wird kein Licht mehr sein. Erst dann wäre Platz für eine neue Kerze. Es sei denn, er kratzt den erkalteten Stummel mit einem scharfen Gegenstand heraus.

Noch ahnt er nicht: Auch wenn die Kerze längst aus ist, das Licht wird länger, viel länger leuchten, als er jetzt zu glauben bereit ist …

Sie ist heute nicht mehr bei ihm, und Dunkelheit macht sein Gesicht traurig.

Er weiß genau, sie wird nicht kommen. Er erwartet es auch nicht. Und doch hat er den alten Gartentisch ein letztes Mal gedeckt. Für das allerletzte Abschiedsessen. Wie oft hatte sie ihn an der Nase herumgeführt, wie oft genarrt! Und so will er, dass alles perfekt ist. Er will, dass alles bereit ist, falls sie es sich anders überlegt. Oder will sie gar nicht Abschied nehmen? Bestimmt liegt sie längst in ihrem Bett, denkt er; sie, die Schöne, ganz allein in diesem wunderbaren Bett, das sie schon lange vor seiner Zeit von einem teuren Tischler hatte anfertigen lassen. Eine Spezialanfertigung! Breit genug ist es, viel breiter als es für sie allein sein müsste. Deutlich schmaler und bescheidener als ein Ehebett. Sie kuschelt gern, das hatte sie ihm schon in der allerersten Liebesnacht gesagt, und heiraten wolle sie nie. Das beruhe auf Erfahrung. Außerdem glaube sie nicht, dass ein Mann überhaupt treu sein kann!

Seine Gedanken kommen nicht los von ihr, und es kommt ihm vor, als sei es erst gestern gewesen, als sie ihm leise ans Ohr sagte: „I mog di so, weil du a so gern kuscheln tuast!“ Und „Woaßt …“, hatte sie gesagt, „du bist der erste Monn, den i kennaglernt hob, der genau so gern kuscheln tuat wia i!“

Es ist verrückt. Drei Jahre waren sie zusammen. Drei Jahre hatten sie gelebt wie Mann und Frau. Nein: wie ein Mann mit seiner Frau leben sollte! Und er weiß, er hatte ihr mehr gegeben, als ein Mann seiner Ehefrau über Jahre hinweg zu geben gewohnt ist, Tag für Tag … Nacht für Nacht. Er lernte zu lieben, wie er nie zuvor geliebt hatte. Sie heilte ihn mit Worten, mit grenzenloser Zärtlichkeit. Sie heilte ihn mit ihrer starken Liebe! Sie gab ihm mehr, als er je von einer Frau empfangen hatte, und vor zwei Tagen hatte sie sogar gesagt, wie sehr sie dafür gebetet hatte, dass er nicht mehr von ihr loskommt. „Eines Tages wirst bereun, dass d' weggonga bist!“ und „Meine Gebete hat der liebe Jesus nicht ghört!“, hatte sie traurig gesagt, und zumindest innerlich weinte sie deshalb.

Schon jetzt kommt es ihm vor wie eine Ewigkeit, seit er sie das letzte Mal sah. Dabei war es erst vorgestern! Schon jetzt quält ihn unendliche Sehnsucht.

Doch längst sind die Weichen gestellt. Längst ist alles gepackt.

Auf dem letzten Gartenstuhl sitzend schaut er hinab in den Ort, der ihm zu Füßen liegt.

Es war vor drei Jahren: „Den scheensten Grund ham S' gmietet, Herr Doktor! Jo, des scheenste Platzerl im gonzen Ort!“ Das hatte ein Einwohner zu ihm gesagt, als er zum ersten Mal in den einzigen Laden ging, um rasch noch ein paar Dinge für den herannahenden Damenbesuch zu holen. Ein Tante-Emma-Laden, mitten in Schönbrunnerland! Ein Laden, in dem es alles gibt. Alles, was es braucht, um zu leben – mit ihr! Alles, um glücklich zu sein. Sie war und sie ist alles für ihn. Alles andere ist nichts. Den inzwischen zerknüllten Gutschein, den er irgendwann einmal für altes Leergut erhalten hatte, trägt er noch immer in seinem Portemonnaie mit sich herum. Noch ist er gültig!

Sie war es, sie hatte ihm das Fenster und sogar die Pforte für dies schöne Land geöffnet, in dem die Farben vielleicht noch ein wenig kräftiger sind als anderswo. Ihm allein öffnete sie die Augen für *ihren Regenbogen,* der eingebettet war in das Blau des Himmels, der für sie über allem schwebte! Da war auch lebendiger, weil junger Glaube. Woanders, so weiß er, gehen ein paar nur von denen noch zur Kirche, bewusst geworden, dem Tod schon ganz nah zu sein: Lastminute-Bewerber für die Himmelspforte? Hier aber war Herzblut, roter noch als Rot. Zwischen schwarz und weiß war kein Grau, da war *dieses Blau!* Es war mehr als das Blau, zu dem sie aufschaute. Für ihn war es das Blau ihrer Regenbogenhaut, so einmalig. Nicht Reflexion, nicht nur Leuchten: Es war ihr eigenes Strahlen! Es konnte so verschieden, so launisch sein. Einmal klar und dann so wunderbar weich, einmal gemein und dann: so nahbar! Hielt sie es auf Distanz, das Blau, konnten ihre Augen so kalt sein; durfte er sie dann endlich wieder in die Arme schließen und war sie ihm wieder nah, war es ihm so einzigartig, so wunderschön. Selbst dann aber blieb es geheimnisvoll, *in seiner Tiefe unergründbar* und wie von einem wundersamen Schleier überzogen. Zu viel Gefühl? Waren das die Nebelschleier, waren es die weichen Wolken, die wie Watte vor den sanften Hügeln zwischen Donau und Alpe lagen, um in der Morgensonne, langsam kleiner werdend, aufzusteigen, wegzuschmelzen … zu einem Nichts? Oder war es einfach nur der Regen, den es dringend brauchte ab und zu; der Regen, ohne den es gar keinen Regenbogen gibt?

Hinter Tausenden von Blumen: Da war dieses unverschämte *Gelb*, das es nur hier gab, so kräftig, so satt; nirgendwo sonst hätte man sich getraut, es an eine Wand zu streichen, oder gar an ein Schloss? Hier *malt* es der Bauer noch immer an sein Marterl, jeden Sommer neu. Sonst dunkelt es zu sehr nach, in der Sonne. Nähme man es mit nach draußen, sähte es dort, in der Dunkelheit, vielleicht sogar ein wenig braun aus. Auch ist es nicht das kranke Gelb jenes vom hellen Licht Geblendeten, der von Holland nach Arles übersiedelt war, um sich dort, von den grellen Farben verrückt geworden, ein Ohr abzuschneiden. Der Leidensdruck eines Egozentrikers – bereits genug Motiv für ein neues Bild? Nein nein, dieses Gelb ist das Gegenteil jeder Schizophrenie. Es ist dasselbe gesunde Gelb, das schon der Großvater an eben dieses Marterl malte, als es noch nicht dunkelte. Und dessen Urgroßvater hatte es irgendwann einmal aus Feldsteinen und Lehm gebaut, als es neurotische Ausdrücke wie „TouristInnen" noch gar nicht gab; Leute, deren Hände jünger aussehen als sie selbst.

Der Bauer braucht keine Angst zu haben vor Gott. Sein Acker wird neuerdings von Satelliten überwacht!

Im Inneren der kleinen Kapelle hat es noch immer dasselbe Weiß wie der inzwischen rar gewordene Schnee auf den Kuppen ihrer wilden Alpe; so braucht es kein Kunstlicht, dass man *sie* sieht: die heilige Maria in ihrem langen zarthellblauen Gewand. Ihre offenen Hände zeigen zu dir! Sie trägt das Jesuskind nicht auf dem Arm, denn hier ist sie gar die Mutter Gottes. Kein Morgen, an dem die Bäuerin keine frischen Blumen bringt und niederkniet, um für eine gute Ernte zu beten. Ihre kräftigen Hände sehen älter aus als ihr wunderschönes Gesicht. Es sind gar keine teuren Blumen. Und doch kannst du sie nicht mit nach draußen nehmen. Sie gedeihen nur hier!

Blau und gelb sind Himmel und Sonne. Dies umwerfende

Blau, nur mit jenem kräftigen Gelb gemischt ergibt es ein ganz spezielles Grün. Da menschelt und mentschelt es! Unberührte Natur? Ja! Bei der Kräuterin, da gibt es klare Flüsse: eben noch romantisch plätschernder Bach, plötzlich reißender Strom! Beim Ufer Feuersalamander. Dort, hinter dem Krautgraben, findest du echte wilde Alpenveilchen, noch nicht hypertroph, noch nicht in einen Blumentopf gezwängt und überdüngt, nicht gammatisierend verkrüppelt. Nein, sie möchten gar nicht, dass sie jeder sieht. Sie wollen nicht auffallen, haben es nicht nötig; gestatten allenfalls, dass sie der Suchende entdeckt, zwischen Neophyten und anderem hochgewucherten Unkraut.

Hast du sie tatsächlich gefunden, die eine Schöne, ist ihre Liebe gewiss!

Die Sonne war es, die ihm hier wärmer schien. Doch nicht so hitzig, dass man sich darin verbrennt. Die Sonne ließ die Farben nur hier so glaubhaft echt erscheinen. Wie ein griechischer Wein, der nur dort wirklich schmeckt?

Kurz vor seinem Abgang erst hatte sie ihn die Menschen verstehen gelehrt; wenngleich sie ihm recht gab, als er sagte, *überall gibt es (nur) solche und Solche.*

Im Dunkeln schaut er nun hinab zu den vielen Lichtern. Dunkelheit, so heißt es, lässt die Farben auf der Netzhaut verschwinden. Sie aber flackern dort *rot wie Blut* im sanften Abendwind: hundert lebendige Lichter, von denen er weiß, dass sie zum Friedhof gehören. Ein kleines Meer von Kerzen; Lichter der Liebe, Lichter erhalten gebliebener Erinnerung. Hier leuchten sie im Chor. Nur ringsherum ist es tatsächlich schwarz.

Wie die Nachbarn erzählten, will die Gemeinde den Friedhof erweitern. Doppelt so groß soll die Fläche bald sein! Nicht etwa, dass mehr Menschen gestorben wären. Nein. Doppelt so groß, weil sie länger ihrer Toten gedenken und ihnen noch länger als bisher ein Licht anzünden wollen. Wie wunderschön, denkt er, dieser Friedhof, hundertmal schöner als draußen, in Kaltland. Liebe allein machte ihn so schön; die Liebe, die sogar den Tod überlebt.

Ja, da unten ist es so schön. Und er weiß: Wenn es dann so weit ist, dass auch er gehen muss, dann möchte er, dass sein Körper nirgendwo anders begraben wird! Hier, nur hier wollte er für immer sein. Hier würden sie bestimmt auch ihm eine Kerze anzünden. Die Kerze der Liebe, die rote Rose der Nacht. Eine rote Kerze, die selbst ein starker Wind nicht zu löschen vermag, im Gegenteil: Je stärker der Föhn bläst, desto schneller pulsiert ihr blutrotes Licht. Er ist sich sicher, hier denkt man auch später noch an ihn; hier mögen sie ihn, denn er … das ist in Wirklichkeit nur *sie*, seine einzig wahre Liebe! Hier hat er sie geliebt, wenn sie zu ihm kam. Hier haben sie gemeinsam geschrien, vor Lust, *vor Glück.* Nein, er kommt nicht los von ihr. Wenn er die Augen geschlossen hält, sieht er bunte Bilder … Bilder von ihr … Bilder und Sequenzen! *Was ist er schon – ohne sie?*

Je länger er nach unten schaut, desto trauriger wird ihm ums Herz. Und er spürt: Von hier, von ihr, weggehen zu müssen, das ist *wie ein Stück Sterben!*

Dann schaut er hinüber zu dem grell beleuchteten Fleck, von dem er weiß, dass der zum Tennisplatz gehört. Die tüchtige Tennislehrerin wartet, bis ihr letzter Schüler, ein im Gespräch mit ihr lauter und lauter gewordener Mann, sein wirklich allerletztes Glas geleert hat. Ihr kleiner Sohn wacht und wartet mit ihr, bis der Mann endlich geht. Man hört die laute Tür und dann, wie das Auto die Straße entlang davonbraust. Der kleine Junge, der zuvor gerufen hatte: „Pfüati, Holli, kimm guat hoam!“, ruft jetzt: „Pfüati, Trolli, und schlof net ein!“

Auch das Flutlicht über dem Tennisplatz geht nun aus. Was bleibt, ist der Friedhof.

Erst durch sie hat er den Kerzenschein erkannt. Sie hat ihm gezeigt, wie wichtig es manchmal ist, anstatt zu klagen eine Kerze anzuzünden. Und so legt er sich jetzt nieder, ohne der Kerze wirklich bis zuletzt zuzuschauen. Er lässt die Kerze brennen – für sie. Er lässt sie einfach weiterbrennen, denn er weiß, ihr friedliches Feuer richtet ihm nichts Böses an. Erst am Morgen wird ihm klar werden, dass es nun ganz erloschen ist.

Fiebernd wälzt er sich im Bett, kann nicht schlafen. Nein, es ist noch längst nicht hell, als der erste Vogel langsam erwacht. Seinen schönen, weichen Gesang, so hatte er ihn nur in den Armen dieser Frau erlebt. Nur Liebende kennen ihn in seiner wahren Bedeutung. Sie müssen nicht darüber reden. Die anderen würden es eh nicht verstehn, fänden es womöglich sogar lächerlich. Was für eine Melodie, was für ein Glück! Wie die Liebe, so ist er immer wieder anders, immer wieder neu. Aus leisen Silben werden Strophen, aus vielen Strophen immer neue, immer schönere Lieder. Sein Gesang gehört den Liebenden, wenn die anderen fest schlafen. Liebe prahlt nicht, für sie braucht es kein Tageslicht. Nacht lässt Augen ruhig schließen, Platz für ganz andere Sinne wachsen. Eine eigene Dimension, die man nicht beziffern muss. Ein kleiner unscheinbarer Vogel, der Engel der Liebe ist es, den man nicht sieht. Nur wer das erlebt, wer ihn so gehört hat, weiß wirklich, wie wunderbar es ist: Nacht und Nachtigall – die Wächter der Liebe!

Nun liegt er hier, ganz allein, und sein Schlaf ist so flach, dass er von dem zarten Gesang des Vogels erwacht. Es ist, als sagte der: „Was bist du für ein Narr, du hättest sie haben können, sie, die Schöne, für immer neben dir!" Und so denkt er wieder nur an sie. Unruhig wälzt er sich im Bett, das ohne sie leer und längst kalt geworden ist. Es wird ihm sehr schlecht, und fast verrückt wird er in seinen Gedanken nach ihr.

Müdigkeit übermannt ihn, er schläft wieder ein, träumt jetzt von einem Dämon, der ihm das Herz aus der Brust reißen will. Er träumt von dem Geist eines Bösen, dessen Krallen er nicht sieht. Halb träumt er, halb ist er wach. Wozu die Augen öffnen, wo es doch finster ist? Oder fehlt ihm selbst dazu die Kraft? Gelähmt liegt er da, hilflos ausgeliefert. Kämpfen will er, kämpfen! Viel zu lahm aber sind seine Bewegungen, viel zu schwach ist seine Wehr, sich dem Bösen zu widersetzen. Er träumt von seinem eigenen Herzen, wie es zerrissen freiliegt, wie es langsam ausblutet. Im Traum spürt er das warme Blut, wie es an seinem schwächer und schwächer werdenden Körper hinwegrinnt. Welch schlimmer Schmerz! Kaum noch ein Puls! Kein früherer Traum war so böse.

Erneut wacht er auf, diesmal vor unerträglichem Schmerz: Das Herz ist es, nur das Herz tut mir so weh, denkt er. Es tut ihm so weh, wie er selbst es noch nie erlebt hat. Er rüttelt sich wach, als wolle er den Rest des Traums von sich schütteln. Das Herz brennt aber weiter. Er steht auf, um ein Glas kaltes Wasser zu trinken. Davon sollte es weggehen, denkt er. Noch einmal geht er hinaus auf die Terrasse, setzt sich zur Kerze, die noch immer brennt. Auch die Wand strahlt einen Rest Wärme aus. Der Schmerz geht nun weg. Gott sei's gedankt!

War das der Teufel gewesen? Nie zuvor war er ihm so deutlich erschienen. Dabei erinnert er sich, wie sie einmal sagte, man soll beten und immer wieder nur beten: zu Gott! Er wusste, sie selbst hatte ihn, den Satan, niemals ernst genommen. Sie schien genau zu wissen, was sie hätte gegen ihn tun können, wäre er ihr oder ihm, ihrem Geliebten, zu nah gekommen. Die Kraft ihrer Liebe war so stark, stark genug für zwei, und sie hätte ihn, ihren Geliebten, immer vor ihm, dem Teufel, beschützt. Vielleicht war der auch da gewesen, nur er hatte es nicht bemerkt. Sie umso mehr! *Ihr sehendes Herz* hatte sie beide beschützt, in der Nacht. Sie war wachsam, schien immer und überall eine Antenne zu haben, viele verschiedene Rezeptoren, Sensoren, Fühler vielleicht, und wäre es nur *ihr Liebesgefühl* gewesen, dem zu vertrauen man sie gelehrt hatte, lange bevor ihr Herzblut in diesem wundervollen Körper begonnen hatte, polarisierendes Hormon bis ganz nach oben, hinauf in ihr Hirn, zu tragen. Das wundervolle weiche

Hormon, das vor Alter schützt, das ganz anders gepolt ist als das in seinen Adern.

Sie war geschult worden, zu wissen, was zu tun ist, würde er, der Teufel, irgendwann einmal auftauchen. Er wäre dem Guten, der Kraft unsterblicher Liebe, nicht gewachsen, dieser Typ … wie unvollkommen, mit einem Huf statt eines Fußes am Bein, und deshalb wohl auch nicht ernst zu nehmen. Wachsam aber hat man zu sein! Ihr hatte man beigebracht, lange vor der Zeit mit ihm, wie man es anwenden muss, das Elixier, die Medizin, das Antidot, was auch immer, das Mittel gegen das Böse! War es das Symbol, das Kreuz Jesu am Ende ihrer goldenen Kette, die sie immer über der Brust trug und nur ablegte, wenn sie sich sicher wusste in seinen starken Armen? Die Nächte waren so heiß, so wild; wurden heißer und heißer, und am Ende wären sie beide fast darin verglüht. Sie waren viel zu heiß und viel zu wild gewesen, und sicher hätte es die zarte Kette an ihrem Hals zerstört, zerschmolzen in kochender Glut, zerrissen allein schon von ihrem gemeinsamen Wildsein, das es nicht nötig hatte, das keinen Schutz brauchte, so stark wie sie war: ihre große Liebe! Dann immer, kurz „darauf", war es das Gebet gewesen, waren es ihre gemeinsamen Gebete geworden, die sie Abend für Abend gemeinsam sprachen, ihr gemeinsames Schlaflied, das sie vor bösen Träumen schützte, solang sie sich „danach" wieder und wieder in ihren Armen hielten, die ganze Nacht lang, bis der kalte Morgen kam. Noch bevor sie das Bett verließ, legte sie die Kette wieder an: Das Kreuz also war es, das ihr über den schweren Tag half, wenn die Liebesnacht gestorben war! So bedeutet es ihr weit mehr als nur ein Talisman, weit mehr als ein Modeschmuck, weit mehr als ein teures Etwas, das man zum Sex vorsorglich ablegt, damit es nicht zerbricht.

Das Kreuz ist ihr Schutzschild, das sie über ihrem warmen Herzen in der Mitte der Brust trägt. Das blanke Kreuz über ihrem verwundbaren Herzen war es, das ihr das grelle Licht der nüchternden Morgensonne hinwegreflektierte, jeden Morgen neu, weil sie ebenso fest daran glaubte, wie sie von der Kraft ihrer gemeinsamen Liebe überzeugt war.

Seine Sehnsucht hört nicht auf, es tut so weh ohne sie. Plötzlich kippt in ihm alles um, und er weiß: Durch Arbeit wird er sich den Tag verlängern müssen, bis in die tiefe Nacht hinein, um vor Müdigkeit endlich doch in den Schlaf zu finden, irgendwann.

Der Tag ist der Nacht ein miserabler Ersatz, denn nur die Liebe zählt. Erst jetzt wird ihm klar, mit dieser ersten einsamen Nacht ist nur der allererste Schmerz vorüber. Und er weiß sicher, sein Herzschmerz wird wiederkommen. Die Nachtigall? Sie ist nicht tot. Nur verstummt ist sie vor Schreck, als wollte sie verwundert sagen: „Was hast du nur getan? Ich kann dich nicht verstehen. Wie bringst du es fertig, sie, die Schöne, einfach so im Stich zu lassen? Wofür hab ich nur gesungen, all die warmen Nächte lang, in dem duftenden Jasmin, draußen, vor eurem geöffneten Fenster? Ich hab euch beobachtet. Weiß, wie sehr sie dich liebt! Sie hat es nicht verdient, so von dir behandelt zu werden!"

Der kalte Morgen kommt, gnadenlos. Mit dem blendenden Licht sind all die anderen Vögel erwacht. Schräge Vögel. Obwohl es hell ist, sehen sie nicht. Eintönig singen sie, und schrill: nachgemachte Lieder. *Lärm*, so meinen sie, sei schön. Sie sitzen auf verschiedenen Ästen, die Säge stets parat. Nervös suchen sie nach neuen Gefiedern. Neue Farben aber gibt es nicht. Was könnte schöner sein als Himmelblau? Und so will jeder, wenn er schon nicht bunt sein kann, noch lauter sein als laut.

An Melodie fehlt es der Neuen Musik, längst ist alles gesagt. So röhren sie in einem seltsamen Chor, dessen blechernen Klang nur schön findet, wer das Original nicht kennt.

Mit dem neuen Tag aber kommt *anderes Licht* …

Zur Liebe bereit – Wie alles begann

An einem Abend hab ich dich entdeckt, mein Schatz.
Anfangs träumte ich von einer Nacht. Doch
Gott hat uns zusammengeführt, damit wir uns für ewig finden
wir beide, du und ich.

Jemand legt das Narkoseband wie eine Festtagsschleife um die Hand.
Eine Schwester aus dem OP: „Herr Doktor, wir ham Ihre OP aufglegt!"
DER MANN: „In Ordnung, ich unterbrech die Visite … komm sofort!"
Ein Patient auf dem langen Gang: „Griaß Ihna Gott, Herr Doktor!"
DER MANN: „Grüß Gott!"
Eine Schwester: „Grüßgott!"
DER MANN: „Grüß Gott!"
Eine Putzfrau: „Griaß Gott, Herr Dokter!"
DER MANN: „Grüß Gott!"
Eine Patientin in einem Rollstuhl: „Griaß Gott!"
Eine Kollegin (freundlich): „Griaß di!"
DER MANN: „Hallo. Grüß dich!"
Ein Kollege: „Servus, Peter!"
DER MANN: „Servus!"
DER MANN (im OP angekommen): „Guten Morgen allerseits! Guten Morgen, Schwester Manuela!"
DIE SCHÖNE: „Grüß Gott, Herr Oberarzt!"
DER MANN: „Schön, dass Sie mir instrumentieren!"
DIE SCHÖNE (lächelnd): „Danke!"

Der Mann (während er die narkotisierte Patientin anschaut): „Die Füße hätte sie sich aber waschen können!"
Die Anästhesieschwester: „Herr Oberarzt, wo Sie üweroi hinschaun!"
Der Mann: „Ich mag halt keine Frauen mit ungepflegten Füßen."
Der Anästhesist: „Geh, oiso wirklich! Und an Püz hot s' a an ihre Fiaß! Oder wos moanst du?"
Der Mann (nickend): „Glaub schon, eine Onychomykose!"
Der Anästhesist: „Apropos Schwammerl … Sog, i hob ghört, du gangerst oft im Woid, Schwammerl suacha, und kennst di aus?"
Der Mann: „A ja? Wer hat dir denn das erzählt?"
Der Anästhesist: „Mei Schwägerin hot di am Sonntog gsehgn, wias d' in' Woid vom Herrn Magister Teuschl gonga bist, mit dei'm Püzkörberl!"
Der Mann (lachend): „Da siehst du wieder, nicht mal im Wald bleibt man unbeobachtet – als Doktor!"
Die Schöne (neugierig): „Ach wirklich, gehn S' goar Schwammerl suacha?"
Der Mann: „Ja, jeden Herbst!"
Die Schöne: „Find i guat … Schod, i kenn goar koane, nur Kaiserpüz und Eierschwammerl!"
Der Mann: „Kein Problem! Ich nehm euch einfach mit, wenn ich das nächste Mal zum Pilzesuchen ins Waldviertel fahre. Oder wollt ihr lieber auf die Kaiserau?"
Die Schöne (überrascht): „Wirkli? Des würden S' mochn … sogoar für mi?"
Der Mann: „Warum so bescheiden? Kein Problem, übernächste Woche … Montag zum Beispiel, nach dem Wochenenddienst, da hab ich frei!"
Die Schöne: „Des passt, weil i hob Nochtdienst am Montog!"

DER MANN: „Hallo! Wie geht's?"
DIE SCHÖNE: „Hallo! Gonz guat, und Ihna?"
DER MANN: „Gut, danke!"
DIE SCHÖNE: „I hob Sie guat finden kinna, noch Ihrer Beschreibung!"
DER MANN: „Ist ein ganz guter Treffpunkt hier, nicht wahr?"
DIE SCHÖNE: „Hob mei Auto zuagsperrt!"
DER MANN: „Gut, dann fahren wir! Oder haben Sie Hunger, dann gehen wir frühstücken? Da drüben ist ein Imbiss!"
DIE SCHÖNE: „Na. Oiso i bi sott!"
DER MANN: „Ich auch. Dann fahren wir!"

DER MANN (ein wenig aufgeregt): „Ist schön hier … an der Donau entlang, nicht?"
DIE SCHÖNE (ein wenig aufgeregt): „Jo, wunderscheen!"
DER MANN: „Jetzt, wo der Herbst beginnt … Schauen Sie, die Laubfärbung, fantastisch!"
DIE SCHÖNE: „Jo. Früher hob i den Summer mögn, wia der no net goar so hoaß woar. Jetz mog i den Herbst am liabsten."
DER MANN: „Waren Sie schon einmal hier … ich meine, waren Sie schon oft hier?"
DIE SCHÖNE (entrüstet): „Jo sicher! Und in d' Wachau foahrn wir jedn Frühling zur Marillenblüte, mit 'm Radl, wissen S'?"
DER MANN: „Es muss wunderschön sein, zur Aprikosenblüte, da wollt ich schon immer mal in die Wachau!"
DIE SCHÖNE: „Wos is des für a scheene Musik?"
DER MANN: „Ach, die Musik? Passt gut zu dieser romantischen Landschaft, nicht wahr? Das ist M.O.!"
DIE SCHÖNE: „Wunderbar!"

DIE SCHÖNE: „A soo! Hier oiso is Ihr Geheimplatzl!"
DER MANN: „Warum geheim? Vielleicht nehmen gar Sie mich das

nächste Mal mit an diese gute Pilzstelle, immerhin ist es Ihre Heimat!"

DIE SCHÖNE: „Vielleicht?"

DER MANN: „Also, schauen wir nach den Pilzen. Hier, bitte, Ihr Korb mit einem Messer; ich nehm diesen."

DIE SCHÖNE: „Jetz miassn S' mir oba derzöhln, wos is wölcher Püz!"

DER MANN: „Sehr gern. Regel ist ... Pilze mit Röhren, also Pilze mit einem Schwamm an der Unterfläche des Hutes, sind fast immer essbar ..."

DIE SCHÖNE: „A soo!"

DER MANN: „Dagegen Pilze mit Lamellen, also diesen radiär verlaufenden Läppchen hier sind nur wenige essbar, die meisten also giftig oder ungenießbar, oder sie bedürfen einer besonderen Zubereitung. Besonders farbige, also besonders auffällige Pilze sind meist giftig, wie leider so oft im Tier- und Pflanzenreich."

DIE SCHÖNE: „A so?"

DER MANN: „Da haben wir ja Glück!"

DIE SCHÖNE: „A guater wohl?"

DER MANN: „Nein nein, ganz und gar nicht! Er ist nur selten und ein Einzelgänger. Also ein spezieller sozusagen. Zwar hat er Röhren, doch ..."

DIE SCHÖNE: „Wos?"

DER MANN: „Kosten Sie mal!"

DIE SCHÖNE: „Kosten?"

DER MANN: „Ja, bitte!"

DIE SCHÖNE (skeptisch): „Afoch so? Na! So roh?"

DER MANN: „Ja, keine Angst, giftig ist der nicht! Schauen Sie her, ich koste auch ..."

DIE SCHÖNE: „Oiso do a guats Schwammerl."

DER MANN: „Schauen wir mal."

DIE SCHÖNE: „I, pfui, Maria na! Is der owa hantig! Pfui!"

DER MANN: „Genau! Deshalb nennen ihn die Piefkinesen auch ‚Bitterling' oder exakt: ‚Bitterröhrling'!"

DIE SCHÖNE (lacht): „Na, Maria na, des woar vielleicht a bitterer Püz!"

DER MANN: „Entschuldigen Sie, ich wollte Sie nicht ärgern!"

DIE SCHÖNE: „Mocht nix! Na! Dass es so an hantign Schwomma überhaupt gibt, des hätt i net denkt!"

DER MANN: „Hier, trinken Sie schnell einen Schluck von der Cola!"

DIE SCHÖNE: „Dank Ihna!"

DER MANN: „Warum bedanken Sie sich? Eigentlich müssten Sie total böse auf mich sein!"

DIE SCHÖNE: „Worum?"

DER MANN: „Weil ich Sie diesen bitteren Pilz kosten ließ."

DIE SCHÖNE: „A na, koa Problem net!"

DER MANN: „Sehen Sie dort den Abhang?"

DIE SCHÖNE: „Da hint, die Schlucht?"

DER MANN: „Kommen Sie, da gehen wir runter, denn unten gibt es garantiert mindestens einen Steinpilz!"

DIE SCHÖNE (überrascht): „Da is jo a Bach mit an kloan Wosserfoill!"

DER MANN: „Ja, der Biberbach!"

DIE SCHÖNE: „Wie scheen es do is … Danke, dass S' mi mitgnumma ham!"

DER MANN: „Ihre Heimat ist wirklich wunderschön! Kommen Sie, wir gehen noch weiter den Hang hinunter. Kommen Sie nur, da unten ist der Waldboden feucht, da wachsen sie."

DIE SCHÖNE: „Die Kaiserpüz?"

DER MANN: „Ja, bestimmt finden wir welche! Sie werden es nicht glauben, bis jetzt hab ich immer etwas gefunden."

DIE SCHÖNE (auf Baumpilze zeigend): „Wos san des leicht für Schwommerl?"

DER MANN: „Elfenbänkchen!"

Die Schöne: „Elfenbänkchen?"
Der Mann (schmunzelnd): „Der Ötzi soll angeblich getrocknete Baumpilze bei sich gehabt haben, um damit Feuer zu machen. Die Germanen sahen darauf Elfen sitzen, wenn sie eine bestimmte Menge von ihrem Fliegenpilzgebräu getrunken hatten."
Die Schöne: „Und i hob glaubt, Fliegenpilze san giftig."
Der Mann: „Sind sie auch – schulmedizinisch betrachtet."
Die Schöne: „Schulmedizinisch?"
Der Mann: „Ja. Früher, als es noch keine moderne Pharmazie mit definierten Wirkstoffen gab, therapierten Schamanen. Im Mittelalter waren es oft Frauen, die Hexen. Ein guter Schamane konnte durchaus bestimmte Krankheiten heilen. Nachdem er sich durch die gegebene Situation, durch sein Äußeres und sein Trommeln mit Singsang, unterstützt durch bestimmte Halluzinogene, Zugang zur gewünschten psychischen oder körperlichen Ebene verschafft hatte, war der Weg frei für bestimmte, mehr oder weniger sinnvolle Behandlungen und Rituale. Die verschiedenen psychoaktiven Pilze waren für sie das ‚Fleisch der Götter'. Der Nachteil der Phytotherapie war schon immer die Vielzahl der Substanzen, die in einer Pflanze enthalten sind. Die Schamanen beherrschten die Kunst der optimalen Zubereitung. Oft ging es ums nackte Überleben, den Rest Nebenwirkungen nahm man bewusst in Kauf!

Heute gibt es in Europa keine guten Schamanen mehr, dafür aber Leute, die, aus welchem Grund auch immer, der Meinung sind, sie bräuchten eine Erweiterung ihres Bewusstseins."
Die Schöne: „Jo! Vorigen Sonntog erst hama wieder bei an Dirndl und ihrm Freind 'n Mogn auspumpen miassn!"
Der Mann: „Wir wissen auch nichts über die Langzeitwirkungen. Kann durchaus sein, dass manche Inhaltsstoffe dieser Pilze dement machen!"

DER MANN (ihren Duft spürend): „Kommen Sie, ich helfe Ihnen über den Baumstamm!"

DIE SCHÖNE: „Dankscheen!"

DER MANN (vor dem Wasserfall, schüchtern): „Sie sind … Sie sind eine wunderschöne Frau! Hab ich sofort gemerkt – im OP, als ich Sie das erste Mal sah!"

DIE SCHÖNE (nach einer Weile): „Danke für des Kompliment!"

DER MANN: „Sie sind die schönste aller OP-Schwestern. Und, so sehr ich meinen Beruf auch liebe, ich hab es immer verflucht, nur die obere Hälfte von Ihrem Gesicht zu sehn!"

DIE SCHÖNE (errötend): „Schauen S', dort!"

DER MANN: „Eine Suhle!"

DIE SCHÖNE: „Suhle?"

DER MANN: „Ja, eine Wildschweinsuhle. Dort wälzen sie sich im Sumpf, und dann, schauen Sie dort … dann wetzen und schubbern sie sich das borstige Fell an dem dicken Stamm da, bis sie sich allen Ungeziefers entledigt haben."

DIE SCHÖNE: „Ungeziefer?"

DER MANN: „Ja, die haben wohl jede Menge Ektoparasiten, also Flöhe und Milben und Läuse, an ihren Körpern, und damit sie die loskriegen, wälzen sie sich im Schlamm wie die Elefanten. Das ist für die wie ein Vollbad für unsereins."

DIE SCHÖNE: „Desisaschiachsvoibood!"

DER MANN: „Wie bitte?"

DIE SCHÖNE: „Das – ist – ein – unschönes – Vollbad!"

DER MANN: „Da haben Sie recht! Es sind halt Schweine!"

DIE SCHÖNE: „I hob ghört, in Frankreich gengern monche Leit mit an Schwein aus ihrem Stoill in Woid, Trüffln suacha!"

DER MANN: „Ja, das Schwein – es ist wohl immer eine junge Sau – springt aus dem großen Kombi oder vom Anhänger direkt in den Wald und schnüffelt nach Trüffeln, die der Bauer dann fertig ausbuddelt. In irgendeinem Forschungslabor hat man festgestellt, dass es sich bei den Geruchsstoffen von Trüffel und Eber um identische chemische Verbindungen handelt. Deshalb ist es auch immer eine Sau."

DIE SCHÖNE: „Oder … a schwuler Eber?"

DER MANN: „Manche Trüffelsucher bevorzugen einen Hund, der auf Trüffeln abgerichtet ist."

DIE SCHÖNE: „Stinkert a net so wia a Schwein!"

DER MANN: „Meistens jedenfalls."

DIE SCHÖNE: „Trüffln solln sehr guat schmecka."

DER MANN: „Hab leider auch noch nie welche gegessen."

DIE SCHÖNE: „In Wean gibts a gonz a guats Restaurant, wo ma Trüffln z essn kriagt!"

DER MANN: „Kennen Sie diesen Pilz?"

DIE SCHÖNE: „Na."

DER MANN: „Es ist ein Kahlbrauner Nierentötling."

DIE SCHÖNE: „Is er leicht giftig?"

DER MANN: „Ich weiß es nicht."

DIE SCHÖNE: „Wos? Sie wissen des net?"

DER MANN: „Er macht die Nieren kaputt, aber nicht bei jedem Menschen."

DIE SCHÖNE: „D' Niern?"

DER MANN: „Ja. Vielleicht eine Allergie. Früher wusste man das nicht und aß ihn in Massen. Er soll sehr gut schmecken, ein schöner, fester Pilz. Die großen Exemplare ließ man schon früher stehen. Obwohl ihn wahrscheinlich die meisten Leute essen könnten, gilt er heute allgemein als giftig."

DIE SCHÖNE: „A soo!"

DER MANN (bückt sich): „Nanu, wen haben wir denn hier?"

DIE SCHÖNE: „Leicht an Kaiserpüz?"

DER MANN: „Nein, für den wäre es hier in der prallen Sonne bestimmt zu trocken. Das hier ist aber einer, den Sie auch kosten müssen!"

DIE SCHÖNE: „Besser net!"

DER MANN: „Den haben früher die armen Leute genommen, um

ihre Speise zu würzen, wenn sie sich keinen Pfeffer leisten konnten. Deshalb nennt man ihn auch ‚Pfefferpilz' oder ‚Pfefferling'. Bitte kosten Sie doch!"
DIE SCHÖNE (vorsichtig): „Jo tatsächlich, fost so schoarf wia a richtiger Pfeffer!"
DER MANN: „Bestimmt haben sie auch die alten Germanen genommen, denn die kannten echten Pfeffer auch noch nicht."
DIE SCHÖNE: „Germanisten?"
DER MANN: „Germanen!"
DIE SCHÖNE: „Germaanen."
DER MANN: „Ah ja, hatte ich ganz vergessen, die Germanen gibt es ja für euch Bewohner von Schönbrunnerland seit Kriegsende nicht mehr. Ich meine die Menschen in der Urgesellschaft, die damals die Römer im Teutoburger Wald besiegt haben … die, wissen Sie, wegen denen die Römer den Limes gebaut haben!"
DIE SCHÖNE: „Limes?"
DER MANN: „Den römischen Schutzwall."
DIE SCHÖNE: „A soo!"
DER MANN: „Immer wenn die wilden, unrasierten, langhaarigen Germanen halb nackt und in Scharen von Norden angestürmt kamen, war für die Römer Gefahr in Verzug. Die römischen Wachtürme waren weit voneinander entfernt, die Posten verständigten sich mit Rauchzeichen. Das funktionierte natürlich nur, solange nicht einer der Wächter einschlief."
DIE SCHÖNE: „Warert do a natürlich gwest, dass amoi aner einschloft!"
DER MANN: „Jawohl, und um dem nachzuhelfen, haben die Germanen den Met erschaffen."
DIE SCHÖNE: „Den Met? Des is Honigwein! Der soll von den Germanisten sei?"
DER MANN: „Germaanen!"
DIE SCHÖNE: „Wos, der kommt a von den Germaanen?
DER MANN: „Ja sicher! Und den haben sie den Römern von einer

schönen Frau, die sich als Römerin verkleidet hatte, die blonden Haare natürlich mit Ruß von ihrer germanischen Feuerstelle schwarz gefärbt, bringen lassen. Die Römer waren von dem süßen Zeug, dem Met, rasch betrunken und schliefen bald ein, so dass sie das Rauchzeichen nicht weitergeben konnten. So sind die Germanen irgendwann einmal über die Schwäbische Alb … still und heimlich … hier runter nach Schönbrunnerland gekommen, wo sie das menschenleere Land urbar gemacht und besiedelt haben! Und alles wegen dieser schönen Pseudo-Römerin. Und Ihr wisst nicht einmal von eurer wirklichen Abstammung! Euer stolzes Schönbrunnerland gäbe es vielleicht gar nicht … ohne die Germanin, ohne die Germanen und ohne all die anderen Germaninnen und … ohne die Römer natürlich!"

DIE SCHÖNE: „A na, des glaub i net." (lacht)

DER MANN (lacht auch): „War nur ein Scherz; ich hoffe, Sie nehmen es mir nicht krumm, wenn ich ein wenig gespöttelt habe?"

DIE SCHÖNE: „Na na. Koa Angst net, i versteh an Spaß!"

DER MANN (einen grünen Pilz in der Hand): „Kennen Sie den hier?"

DIE SCHÖNE: „Na."

DER MANN: „Leute, die ihn gekostet haben, sollen gesagt haben, dass er ganz besonders gut schmeckt!"

DIE SCHÖNE: „Wieso? Do koa Bösling? Und i hob glaubt, Schwammerl mit Lamellen san giftig."

DER MANN: „Das ist die Regel, das heißt, viele Pilze mit Lamellen sind giftig. Aber nicht alle – zum Beispiel Champignons … die haben auch Lamellen und sind sogar der wichtigste kommerzielle Speisepilz. Doch der böse Grüne hier ist einer der giftigsten Pilze überhaupt: ein Knollenblätterpilz!"

DIE SCHÖNE: „Davon stirbt ma?"

DER MANN: „Ja!"

DIE SCHÖNE: „Oiso do a gonz a böser Bösling!"

DER MANN: „Ja, vielleicht sogar der böseste aller Pilze. Er ist der wahre Teufel unter den Pilzen, denn man stirbt nicht sofort. Hat man es erfahren, wird jede Stunde, jede Minute, die man noch leben darf, *wie ein Stück Sterben.*"

DIE SCHÖNE: „Wia a Stück Sterbm?"

DER MANN: „Ja, wie ein Stück Sterben! Und meist ist es ein gemeinsames Sterben. Denn sie haben es sich gemeinsam angetan."

DIE SCHÖNE: „Gemeinsam?"

DER MANN: „Ja, mit einem Pilzgericht! Und wer mehr auf dem Teller hat, stirbt auch eher! Die Menge ist entscheidend."

DIE SCHÖNE: „Des is so traurig!"

DER MANN: „Und daher hatte man immer auch genug Zeit, Pilzsucher mit einer Knollenblätterpilzvergiftung zu befragen, während man ziemlich ratlos neben ihrem Krankenbett saß, um die Anamnese zu erheben ... Da hat man sie natürlich auch gefragt, wie es geschmeckt hat!"

DIE SCHÖNE: „Und sie haom wirkli gsogt, dass der guat schmeckt?"

DER MANN: „Ja, sogar besonders gut! Wissen Sie, es ist wie mit anderen verbotenen Dingen auch, von denen man lieber nicht kosten sollte ... Kein anderer Pilz schmeckt so köstlich!"

DIE SCHÖNE: „Net amoi a Eierschwammerl?"

DER MANN: „Nein, nicht einmal Pfifferlinge!"

DIE SCHÖNE: „Net amoi a Kaiserpüz?"

DER MANN: „Nein, nicht einmal ein Steinpilz!"

DIE SCHÖNE: „Donn muass er ja wirkli guat schmecka!"

DER MANN: „Dabei ist er extrem giftig, und kein Tier knabbert ihn an. Schauen Sie ... der Pilz ist unversehrt, und hier" (bricht die Kappe vom Stiel) „... nicht eine einzige Made wagt sich in diesen Teufel von einem Pilz!"

DIE SCHÖNE: „Des mocht mi so traurig! Gibt's denn dann goar koa Rettung net?"

DER MANN: „So gut wie keine. Die Mariendistel vielleicht. Die schützt die Leber, wenn man früh genug von der Essenz nimmt. Die Leber ist es, sie geht von dem Gift kaputt!"

DIE SCHÖNE: „Und die Schwammerl, do an dem oildn Bamstumpf, die san sicher a recht giftig."

DER MANN: „Ganz und gar nicht, die nehmen wir alle mit!"

DIE SCHÖNE: „Schaun oba giftig aus, ham alle Lamellen!"

DER MANN: „Das ist ein ‚Hallimasch', der macht Bäume kaputt, und für uns ist er auch giftig!"

DIE SCHÖNE: „Sehgn S', und worum sollterten wir den donn mitnehma?"

DER MANN: „Wir müssen ihn nur abkochen, dann ist er köstlich!"

DIE SCHÖNE: „Da ham wir jo scho a gonz a große Moihzeit beinand!"

DER MANN: „Sie können ihn auch sauer einlegen, wie Gurken oder Bohnen, abgekocht in einen Steintopf mit einem Sud aus Essigwasser, Zwiebel und Lorbeerblatt, Wacholder, Salz, Pfefferkorn …"

DIE SCHÖNE: „… oder Pfefferpüz!"

DER MANN: „Na endlich, so lange hast du uns warten lassen!"

DIE SCHÖNE (inzwischen auf der anderen Seite des Bachs): „Wie bitte?"

DER MANN (auf einen schönen Pilz konzentriert, den er soeben gefunden hat): „Schau her, ein Steinpilz!"

DIE SCHÖNE (kann ihren Neid nicht verbergen): „Host … i moan, ham S' etwa an Kaiserpüz gfundn?"

DER MANN: „Bestimmt finden Sie beim nächsten Mal auch einen. Hier ist eine gute Stelle, nur leider war vor uns schon jemand da!"

DIE SCHÖNE (ehrgeizig): „Erst beim nächsten Mal? Na! I wü scho heit an finden!"

DER MANN (ablenkend): „Haben Sie Angst vor Wildschweinen?"

DIE SCHÖNE: „Na! Worum?"

DER MANN: „Ich bewundere Sie!"

DIE SCHÖNE: „Wieso?"

Der Mann: „So ganz allein … mit einem fremden Mann, so tief im Wald, und hier gibt es so viele Wildschweine! Mutig, mutig!"
Die Schöne: „Ach wissen S', Herr Oberarzt, worum sollterti Angst vor Ihna ham? Sie san mir überhaupt net fremd. Und vor die poar Wüdsäu würdn S' mi ja sicher b'schützn, oder?"
Der Mann (mutig): „Wenn Sie keine Angst vor mir haben … Darf ich Ihnen einen Schluck Sekt anbieten?"
Die Schöne (überrascht): „An Sekt? Woher ham S' jetzt an Sekt – hier, im Woid?"
Der Mann: „Ich weiß ja, dass Sie nicht trinken, und ich trinke sonst auch keinen Alkohol. Aber … ich würde gern Brüderschaft mit Ihnen trinken! Und so hab ich hier in meinem Pilzkorb für jeden eine kleine Piccolo versteckt!"
Die Schöne: „Wirkli? Na guat … worum net?"
Der Mann: „Ich heiße Peter; auf das ‚Du'!"
Die Schöne: „Und i bin d' Michaela."
Der Mann: „Gib mir einen Kuss, schöne Frau!"
Die Schöne: „Zum Wohl, du verruckter Germaane du!"
Der Mann (schmunzelnd): „Auf dein Wohl … und den Kaiserpilz!"
Die Schöne: „Auf dei Kaiserschwammerl!"
Der Mann (verwundert): „Wieso ‚Michaela'? Ich denk, du heißt Manuela; im OP sagen doch alle ‚Schwester Manuela' zu dir!"
Die Schöne: „Woaßt, bei uns Schwestern hot a jede an zweiten Namen. Und mei Name im Kranknhaus ist ‚Manuela'!"
Der Mann: „Dann heißt Schwester Waltraud gar nicht ‚Waltraud'?"
Die Schöne: „Na, ‚Gertrud' is ihr richtiger Name."
Der Mann: „Und Kerstin?"
Die Schöne: „‚Christina'."
Der Mann: „Und Hanna?"
Die Schöne: „‚Hermine'!"
Der Mann: „Milva?"

DIE SCHÖNE: „‚Monika‘!“
DER MANN: „Aha. Ihr habt euch alle getarnt! Wozu eigentlich?“
DIE SCHÖNE: „Des is so Tradition, woaßt?“
DER MANN: „Komm, schauen wir da oben weiter, hier wird es noch richtig sumpfig!“
DIE SCHÖNE: „Passt.“
DER MANN: „Hier war schon jemand! Schau her: abgeschnittene Reste von einem Steinpilz! Und hier, ein großer Steinpilz, den jemand weggeworfen hat, weil er madig ist. Der ist frisch durchgeschnitten!“
DIE SCHÖNE: „Schod, und i hob glaubt, i find no oan oder goar zwoa!“
DER MANN: „Manche Pilzsucher sind verwöhnt und wollen keine anderen Pilze essen. Sie suchen dann nur nach der einen Sorte, bis sie all ihre Stellen systematisch abgegrast haben. Dabei wissen sie gar nicht, was es sonst noch Gutes gibt. Typisch Schönbrunnerländler.“
DIE SCHÖNE (beleidigt): „Worum?“
DER MANN: „Wie mit allen anderen Sachen auch, ihr kennt und schwört auf euren einen Pilz, dabei gibt es noch so viele andere gute Pilze. Was ihr nicht kennt, lehnt ihr ab, einfach so!“
DIE SCHÖNE (betont „nach der Schrift“ sprechend): „Aber wenigstens einen einzigen Pilz hätte er mir doch stehen lassen können!“
DER MANN: „Komm, wir gehen die Schlucht auf der anderen Seite des Baches zurück. Bestimmt findest du dort noch mindestens einen Steinpilz!“
DIE SCHÖNE: „Passt!“
DER MANN: „Weißt du, ich mag dich sehr gern!“
DIE SCHÖNE (nach einer Weile): „I mog di a … Kimm, jetz wer’ ma jausnen! I find heit eh koan Kaiserpüz!“
DER MANN (greift in seinen Korb): „Hier, schenk ich dir!“
DIE SCHÖNE: „Wos, den wüst mir schenka?“
DER MANN: „Ja bitte! Nimm ihn mit zu dir nach Haus!“

Die Schöne (fällt ihm um den Hals): „Danke, des is so liab vo dir! Danke! Danke!“
Der Mann: „Komm, dort an dem dicken Baum, da ist es einigermaßen trocken, da ist wunderschönes grünes Moos zum Hinsetzen!“
Die Schöne: „Schau her, der Kornspitz is für di … i nehm des andre Brot!“
Der Mann: „Wenn ich aber auch das Brot kosten möchte?“
Die Schöne: „Guat, für jedn a Hölfte!“
Der Mann: „Danke! Mmmm, das schmeckt!“
Die Schöne: „Des gfreut mi!“
Der Mann: „Erzähl mir von dir! Sag, Du bist immer so still … bist du traurig?“
Die Schöne: „Na, bestimmt net!“
Der Mann: „Doch, ein wenig traurig siehst du immer aus!“
Die Schöne: „Wie kimmst goar do drauf?“
Der Mann: „Deine schönen Augen verraten dich!“
Die Schöne (verlegen): „Mogst no an Paradeiser?“
Der Mann: „Wie bitte? Ah ja, eine Tomate, ja gern … Entschuldige bitte, aber ich wusste nicht gleich …“
Die Schöne: „Is scho guat! Und, wie woar dei Wochnenddienst? Du schaust müad aus!“
Der Mann: „Der Dienst war gar nicht so schlimm.“
Die Schöne: „Und worum bist donn so müad?“
Der Mann: „Hab schlecht geschlafen. Ich hatte so einen komischen Traum.“
Die Schöne: „An Tram?“
Der Mann: „Ja, ich habe von einem wunderschönen Vogel geträumt, von einem stolzen Tier.“
Die Schöne: „Von an kloan Vogerl?“
Der Mann: „Nein nein! Von einem großen, starken Vogelmann. Die Augen, seine Augen: so stolz! Er sah prächtig aus, wie … wie ein Fregattvogel! Nur der Kropf nicht ganz so geschwollen. Und

dass er sich verfangen hat, verfitzt in einem Fischernetz, das die schwere Brandung gegen die Klippen geworfen hatte. Er war so traurig, weil er nicht weiterfliegen konnte … An mehr kann ich mich leider nicht erinnern. Dann klingelte mein Diensthandy."
DIE SCHÖNE: „Schod. I hätt gern gwisst, wie dei Tram ausgonga is."
DER MANN (direkt): „Sag, wann warst du das letzte Mal mit einem Mann zusammen?"
DIE SCHÖNE (überrascht): „Vor an hoilben Joahr, mit mein domoligen Freind, woaßt … Und wie mochst du des, so fern vo deiner Famülie?"
DER MANN: „Du hast ihn wohl sehr gemocht?"
DIE SCHÖNE: „Jo, sehr! Oba es hot net soll'n sei."
DER MANN: „Und wer war es? Kenn ich ihn?"
DIE SCHÖNE (unsicher): „Na!"
DER MANN: „Und was war er für ein Mensch, dass er fähig war, eine so gute und wunderschöne Frau wie dich einfach im Stich zu lassen?"
DIE SCHÖNE: „Danke, des host scheen gsogt! Oba …" (wird böse) „… er hot mi net im Stich lossn, so wie du vielleicht denkst!"
DER MANN (leise singend): „Need a little love to lose the pain …"
DIE SCHÖNE: „Wos host gsogt?"
DER MANN: „Ach nix, musste nur an eine Sängerin denken."
DIE SCHÖNE: „A so."
DER MANN: „Und, was ist er für ein Mensch?"
DIE SCHÖNE (nach einer Weile): „Sie san reich. Ham a gonz a große Firma, a Transportgscheft, a Spedition, woaßt?"
DER MANN: „Oh Mann, also verheiratet isser!"
DIE SCHÖNE: „Jo, er lebt in an goildenen Käfig!"
DER MANN: „Viel Geld?"
DIE SCHÖNE: „Jo, sehr vü Göld! … Oba, zu wos derzöhl i des ois? … Du sehnst di sicher noch deiner Famülie!"
DER MANN: „Ja. Ich hänge sehr an den Kindern, weißt du? Und

sie wohl auch an mir. Es sind Zwillinge, ein Junge und ein Mädchen. Und, ohne werten zu wollen, auch sonst sind sie völlig verschieden. Manchmal denke ich, Eltern und Geburtstag sind ihre einzigen Gemeinsamkeiten."

DIE SCHÖNE (vorsichtig): „Und dei … Frau?"

DER MANN: „Sie hat einen anderen!"

DIE SCHÖNE: „Bist sicher?"

DER MANN: „Ich habe sie zusammen gesehen … wie er sie geküsst hat."

DIE SCHÖNE: „Des is koa Beweis!"

DER MANN: „Und ich habe seine SMSe gelesen!"

DIE SCHÖNE: „Auf ihrm Handy?"

DER MANN: „Ja!"

DIE SCHÖNE: „Des derfst net!"

DER MANN: „Sie hat das gleiche Handy, in der gleichen Farbe. Ich … ich dachte, es wäre meins!"

DIE SCHÖNE: „A so, donn entschuldige!"

DER MANN: „Und … und wenn ich unverhofft komme, riecht es noch nach seinem penetranten Männerschweiß … Manchmal allerdings kommen mir Zweifel."

DIE SCHÖNE: „Wonn?"

DER MANN: „Im Schlafzimmer, da riecht es überhaupt nicht nach ihm."

DIE SCHÖNE: „Des Ehebett is für viele Fraun des letzte Heiligtum, des letzte Tabu, woaßt? Außerdem: moanst, sie gangerten dazua in dei Bett?"

DER MANN: „Du hast recht! Nein, wahrscheinlich nicht."

DIE SCHÖNE (kopfschüttelnd): „Und zu wos wüst donn z'ruck zu ihr?"

DER MANN: „Es sind die Kinder, verstehst du?"

DIE SCHÖNE: „Jo, des versteh i!"

DER MANN: „Und außerdem, das hier ist keine Arbeit für mich. Keine für immer!"

DIE SCHÖNE: „Koa Arweit für immer?"
DER MANN: „Ich suche etwas, worin ich mich selbst verwirklichen kann, Verantwortung übernehmen. Das hier ist vielleicht ein guter Parkplatz, mehr nicht. Bitte versteh mich nicht falsch. Alle hier sind so nett!"
DIE SCHÖNE: „Wos erwortest du vom Lebm?"
DER MANN: „Mein Beruf bedeutet mir sehr viel. Immer schon!"
DIE SCHÖNE: „Zu vü leicht?"
DER MANN (nachdenklich): „Weiß nicht …"
DIE SCHÖNE: „Jo! Du arweitst vü z'vü!"
DER MANN (nach einer Weile): „Einer Frau hätte ich so viel zu geben, weißt du? Da hat sich so viel angestaut …"
DIE SCHÖNE: „Bei mir a!"

Drei Wochen später

DER MANN: „Ich hätte zwei Karten für ‚Riverdance' für nächsten Freitag! Und wollte Sie… Entschuldigung, wollte dich fragen, ob du mit mir mitkommen würdest, nach Wien?

Die Oberin hab ich schon gefragt, wer bei euch Dienst hat: Du hättest frei an diesem Abend, sagte sie!"
DIE SCHÖNE (zögernd): „Noch Wean? Jo … gern! Wos is des für a Tanz, ‚Riverdance'?"
DER MANN: „Moderner irischer Tanz, ein Stepptanz nach keltischer Musik … eine super Tanzgruppe, die auf Welttournee ist, zuletzt war sie in München und in Salzburg, nun wird sie hier in Wien und anschließend in Zürich auftreten. Sie sind überall nur eine Woche."
DIE SCHÖNE: „Und wo in Wean is des?"
DER MANN: „In der Eishalle!"
DIE SCHÖNE: „A jo, i woaß scho, wo d' Eishalle is."
DER MANN (gespannt): „Sehr gut, dann könntest du uns hinlotsen!"

DIE SCHÖNE: „Donn geb i dir gleich deine Büacher z'ruck, woaßt d' eh, deine Schwammerlbüacher!"
DER MANN: „Kannst sie ruhig behalten ... für nächstes Jahr!"
DIE SCHÖNE: „Na! Des wü i net. Weil nächst's Johr bist vielleicht nimma mehr do!"

Sonne in der Nacht

DER MANN: „Und, wie hat dir ‚Riverdance' gefallen?"
DIE SCHÖNE: „Sensationell, wirkli super. Und dankscheen no amoi! Und danke, dass d' an mi denkt und mi mitgnumma host!"
DER MANN: „Das musste ich doch!"
DIE SCHÖNE: „Worum?"
DER MANN: „Wie hätte ich sonst zur Eishalle finden sollen?"
DIE SCHÖNE: „A na."
DER MANN: „Darf ich dich noch zum Abendessen einladen?"
DIE SCHÖNE (abweisend): „Na! Sei mir net bees, oba vielleicht an anders Moi?"
DER MANN: „Schade, das wäre ..."
DIE SCHÖNE: „Wos?"
DER MANN: „Das wäre für mich die Krönung dieses wunderschönen Abends mit dir gewesen."
DIE SCHÖNE: „Du host mi letztens noch mei'm Freind gfrogt. I hob dir no net ois derzöhlt ... i hob nämli a große Dummheit gmocht, und i wü des net no amoi ..."
DER MANN: „Was denn für eine Dummheit?"
DIE SCHÖNE: „Domols, mei Freind, woaßt."
DER MANN: „Nein, erzähl!"
DIE SCHÖNE (nachdenklich): „Woaßt ... i hob eahm sehr lieb ghobt!"
DER MANN (von der Seite): „Und liebst ihn wohl immer noch!"
DIE SCHÖNE: „Sie ham a große Firma. Sie san reich."

DER MANN: „Und? Du bist doch nicht etwa scharf auf sein Geld? Das darfst du nicht!“
DIE SCHÖNE (entrüstet): „Dass d’ so a schlechte Moanung von mir host!“
DER MANN: „Es war doch nur eine Frage!“
DIE SCHÖNE (zornig, wie er sie noch nicht erlebt hat): „Na, mit sowos scherzt ma net! Bitte stöll mir nie wieder so a Frog!“
DER MANN (erschrocken): „Entschuldige, war nicht böse gemeint!“
DIE SCHÖNE: „Sie hot gmerkt, wos zwischen uns gwest is.“
DER MANN: „Und?“
DIE SCHÖNE: „Und weil so vü Göld dronhängt, hot’s eahm net gehn lossn.“
DER MANN: „Wieso, das versteh ich nicht?“
DIE SCHÖNE: „Sie is a fremdgonga, woaßt; nur, sie hot gmerkt, dass es zwischen eahm und mir wos Ernsteres woar, wia zwischen ihr und ihren vün Liebhobern, verstehst?“
DER MANN: „Ihr habt euch geliebt?“
DIE SCHÖNE: „Sie … sie wollt mi dafür umbringa! Stöll dir des vor!“
DER MANN: „Und er? Ich meine, wenn er dich tatsächlich geliebt hätte, wäre er doch trotzdem zu dir gekommen.“
DIE SCHÖNE: „Na, so afoch is des net. Woaßt!“
DER MANN: „Nein, wie meinst du?“
DIE SCHÖNE: „*Frührer* hob i eahm gliebt, jetz d’erbarmt er mir nur no. Weil i woaß, wia er lebt: wia a Maus, gfonga in am goildenen Käfig, woaßt. Wenn er von ihr wecka geht, verliert er ois, denn die Firma is vo ihr, vo ihrer Famüli, verstehst?“
DER MANN: „Und du meinst, er liebte dich wirklich?“
DIE SCHÖNE: „Na, net wirkli. Denn i hob an Wender gfrogt, und der hot ‚na‘ gsogt, verstehst?“
DER MANN: „Nein! Entschuldige, hab ich dich richtig verstanden? Sag, du gehst doch nicht etwa zu einem Wahrsager? Das wäre …,

das wäre ja tiefstes Mittelalter. Ich wusste gar nicht, dass es solche Leute überhaupt noch gibt …

Oh, entschuldige, hab vergessen zu tanken, wann kommt denn die nächste Tankstelle?"

DIE SCHÖNE: „Im Weanerwoid. Paß auf, weil des is boild!"

DER MANN (bremst): „Da! Dort seh ich schon den Wegweiser ‚Wienerwald'! Hier fahr ich raus. Willst du noch etwas zum Trinken oder zum Naschen aus dem Shop?"

DIE SCHÖNE: „Na … a Wosser, vielleicht."

DIE SCHÖNE: „Host des zoarte Mentscherl gsehgn?"

DER MANN: „Was für ein Mädchen?"

DIE SCHÖNE: „Des an der Eingangstür!"

DER MANN: „Nein, ich hab nur Augen für dich! Schau, was ich hier hab! Komm, wir fahren vor auf den Parkplatz und naschen erst mal ein wenig."

DIE SCHÖNE: „Oba erst gibst mir an Kuss!"

DER MANN (überrascht): „Gern, warum … warum nicht!"

DIE SCHÖNE: „Mogst mi?"

DER MANN: „Ja, sehr sogar! du bist so wunderschön."

DIE SCHÖNE: „Bist verruckt, wonn uns jemond siacht!"

DER MANN: „Hier ist doch keiner!"

DIE SCHÖNE: „Hmmm, oba scheen is des scho!"

DER MANN: „Bist du verrückt? Hier? Im Auto?"

DIE SCHÖNE: „Jo, worum net! I bin verruckt … bin so total verruckt noch dir! Kimm, gschwind, wir gehn noch hint. Auf dei'm Rucksitz hama vü mehr Plotz!"

DER MANN: „Aber erst rücken wir die Sitze hier ganz nach vorn."

DIE SCHÖNE: „Und die Lehne a!"

DER MANN: „Bist du verrückt, wie soll das gehn?"

DIE SCHÖNE: „Siachst, so geht des: so und so … so und so … so und so … und so und so …!"

DER MANN: „A ja. So und so! Nicht schlecht, so und so!"

DIE SCHÖNE: „Du muaßt dein Germanen nur richtig stoilz noch obn strecka. Donn setz i mi … afoch … auf … di … drauf!"
DER MANN: „Einfach so?"
DIE SCHÖNE: „Jo, afoch so, und donn immer weiter, so und so … so und so …!"
DER MANN: „Es ist so wunderbar, dich so zu sehen!"
DIE SCHÖNE: „Jo … jo! So und so …! Schau her: so und so … bis d'explodierst! Schau her!"
DER MANN: „Du bist so schön!"
DIE SCHÖNE (fest entschlossen): „Heit Nocht kimmst zu mir, und wonns d'wüst, zoag i dir no vü mehr vo mir!"
DER MANN (als ob ihn nichts aufhalten könnte): „Oh ja! Ich will … Wo wohnst du überhaupt?"
DIE SCHÖNE: „Oben, hinterm Krautgrobm, woaßt?"

Bei ihr z' Haus

DIE SCHÖNE: „Kimm schnöll eina, 's is so koilt drausd!"
DER MANN (überrascht): „Wie schön es hier bei dir ist, so gemütlich, und wie kuschelig warm!"
DIE SCHÖNE: „Schau, des is mei Stubn, setz di ruhig nieder! Wonns d'wüst, koch i uns an Tee."
DER MANN: „Gern! Was für einen wunderschönen Ofen du hast, richtig gemütlich … das ist ja, das ist ja … eine richtige hölzerne Ofenbank? Ich fasse es nicht!"
DIE SCHÖNE: „Und wonn 's drausd koilt is und wonn 's stürmt und schneibt, schau her, donn leg i mi do hin, schau her: grad a so, wie du mi jetz siachst!"
DER MANN: „Du bist so schön und … du machst mich total verrückt, weißt du das?"
DIE SCHÖNE: *„Es hot so solln sei!"*
DER MANN: „Vorsicht! Schneid dich nicht … Was liegt denn dort für eine Scherbe?"

DIE SCHÖNE: „A Scherbm? Wos für a Scherbm?“
DER MANN: „Aha, der zerbrochene Krug!“
DIE SCHÖNE: „Jo, kennst leicht die Gschicht?“
DER MANN: „Vom zerbrochenen Krug?“
DIE SCHÖNE: „Jo.“
DER MANN: „Die Geschichte vom alten Kleist … wird einmal im Jahr im Theater in Passau aufgeführt.“
DIE SCHÖNE: „Foahrst mit mir hin? Bitte!“
DER MANN: „Nach Passau?“
DIE SCHÖNE: „Jo, bitte!“
DER MANN: „Warum nicht? Erst zeig ich dir die Stadt mit dem Dom, und am Abend gehen wir ins Theater, und am nächsten Tag zeig ich dir die Walhalla!“
DIE SCHÖNE: „Schau her … und des is mei Kuchl!“
DER MANN: „Die ist ja wunderschön! Hier also zauberst du die ganzen guten Sachen!“
DIE SCHÖNE (erschrocken): „Bitte sog des net!“
DER MANN: „Warum? Ich kenne nur Gutes aus deiner Küche, ganz nach Art des Hauses!“
DIE SCHÖNE: „Jetzet! Erst koch i uns wos scheens, und donn ess ma, und donn gemma in mei kloans Bett!“
DER MANN (erschrocken): „Wieso, wie klein ist es denn?“
DIE SCHÖNE: „Koa Angst! Es is nur a bisserl schmoil, net kurz … verstehst?“
DER MANN: „Nicht kurz, nur schmal … gar nicht schlecht! Dann verlieren wir uns nicht, im Schlaf. So ist es gut. Es war so schön, vorhin im Auto. Nun mag ich dich die ganze Nacht lang spüren, bis es Tag wird!“
DIE SCHÖNE: „Na, net bis es höll wird! Vü frührer muasst scho foahrn, damit di koaner siacht! Woaßt eh, sonst hättn s’wieder wos zum Sudern und Trotschen! Du woaßt eh, wie bees d’ Leit san!“
DER MANN (traurig und gehorsam): „Ja. Du hast wohl recht! Ich versprech dir, ich werd früh genug weg sein.“

DIE SCHÖNE: „So, und jetz moch i uns wos z' Essn!"
DER MANN: „Was gibt's denn Gutes?"
DIE SCHÖNE: „Frog net z'vü, rühr lieber den Teig da! Inzwischn hol i d' Eisschochtl aus da Gfriertruchn!"
DER MANN: „Wozu Eisschachtel, es ist kalt draußen, und ich denk, du willst koch …"
DIE SCHÖNE: „Frog net scho wieder! I woaß scho, wos i mocha wü!"
DER MANN: „Entschuldige!"
DIE SCHÖNE (küsst ihn): „Is … scho … guat! Woaßt, i bin a bisserl aufgregt, weil du bist der erste Monn do bei mir z' Haus, seit vün Monaten."

DIE SCHÖNE (mit dem Eis in der Hand): „Guat host grührt! Jetz nimmst des Pfanndl, mochst des Öl hoaß, nimmst de Schöpfköln und mochst Palatschinkn! Host überhaupt scho amoi mit aner Schöpfköln garweit?"
DER MANN (nimmt ihr die Kelle aus der Hand): „Darf ich?"
DIE SCHÖNE (küsst ihn schon wieder): „Obs d' wos derfst? Noch dem Essn derfst!"
DER MANN: „Nein, nicht was du denkst! Ich mein, darf ich den Palatschinken hochwerfen, um ihn zu wenden?"
DIE SCHÖNE: „Des konnst du? Na, des glaub i net!"
DER MANN: „Schau!"
DIE SCHÖNE: „Zoag her!"
DER MANN (wirft ihn tatsächlich hoch, der Palatschinken dreht sich in der Luft, wenige Zentimeter unter der Zimmerdecke, um auf der hellen Seite mitten in der Pfanne zu landen): „Na, was sagst du nun?"
DIE SCHÖNE (überrascht): „Na, des … des glaub … i … net! Dass du Palatschinkn bocha konnst!"
DER MANN: „Und jetzt zeig mir doch endlich, was du mit dem Eis auf dem heißen Palatschinken anstellen willst!"

DIE SCHÖNE: „Schau, jetz zoag *i dir* wos!"
DER MANN (fasst ihr unter dem Pullover an die nackte Brust und küsst sie): „Bitte!"
DIE SCHÖNE: „Die ondere a, bitte! Woaßt d'eh, sonst wird s' no eifersüchtig!"
DER MANN: „Deine linke Brust?"
DIE SCHÖNE: „Jo!"
DER MANN (lässt die rechte Brust los und greift an die linke): „Ich liebe deine beiden …"
DIE SCHÖNE: „Meine … wos?"
DER MANN: „Deine Zitzi-Sisters!"
DIE SCHÖNE (lacht): „Zizi … wos?"
DER MANN (küsst sie): „Sisters, ja, Zitzi-Sisters, denn es sind immerhin zwei unter deiner Bluse, und dass sie weiblich sind, ausgesprochen weiblich sogar, das wirst du ja nicht abstreiten wollen, oder? Und verwandt sind sie ja wohl auch, gleiches Blut und gleiche Milch, duftend wie Jasmin und … hmm … süß wie Met!"
DIE SCHÖNE: „A soo?"
DER MANN (streift ihr die Sachen ab, setzt sie auf den Küchentisch und küsst ihr die Brustwarzen, während er mit seinem Körper behutsam zwischen ihre Beine rückt): „An deinem Körper gibt es immer … wieder … neue … Über…raschungen, Liebes!"
DIE SCHÖNE: „Für di, weilst mi no net kennst, scho!"
DER MANN: „Du bist mein sweet little thing!"
DIE SCHÖNE: „A soo?"
DER MANN: „Ja! Mein … mein brandnew toy!"
DIE SCHÖNE: „A soo?"
DER MANN: „Ja! Ich mag dich so sehr, ich mag dich ganz, ganz doll; und ich bin verrückt nach dir, glaub mir! Ich mag dich überall streicheln, wieder und wieder berühren und lieb streicheln, und dann …"
DIE SCHÖNE: „I hob di a so gern!"
DER MANN: „Von wegen ‚und zwei'!"

DIE SCHÖNE (neugierig): „Wos, zwoa?“
DER MANN: „Du hast nicht nur zwei, du hast vier Brustwarzen!“
DIE SCHÖNE: „Wos derzöhlst da goar?“
DER MANN: „Schau doch her oder fass dir selber unter deine Brüste!“
DIE SCHÖNE: „Wos sogst?“
DER MANN: „Unter jeder ist noch eine kleine Miniwarze. Schau, genau hier ... Und wenn wir entlang der Milchleiste suchen, finden wir vielleicht sogar noch die nächsten zwei ... oder gar ... vier?“
DIE SCHÖNE (verschmitzt): „Die Vorfoahrn der Germanen habm gonz sicher mehr wia nur zwoa Kinder zum Stüln ghobt!“
DER MANN: „Glaubst du mir nun, dass es verkümmerte kleine Brustwärzchen sind?“
DIE SCHÖNE (genießt sein Küssen): „Des mog ... ois ... gonz ... intressant sei, und ... du bist ... so ... liab, oba ...“
DER MANN: „Was ‚aber‘?“
DIE SCHÖNE: „Dei Palatschinkn! Schnöll!“
DER MANN (murmelt vor sich hin): „Verdammt, oller Eierkuchen!“
DIE SCHÖNE (erregt): „Wos moanst?“
DER MANN (lässt nur kurz von ihr ab, um den Teig für den nächsten Palatschinken in die Pfanne zu gießen, dreht sich dann wieder zu ihr hin): „Ach nix.“
DIE SCHÖNE (fasst ihm in die Hose): „Kimm, bitte kimm jetz ... bocha konnst später a no!“

Kurz „darauf“

DER MANN: „Jetzt hab ich aber Hunger!“
DIE SCHÖNE: „I a, soll i leicht weiterkocha?“
DER MANN: „Wozu? Jetzt, wo du weißt, dass ich Palatschinken machen kann?“

DIE SCHÖNE (küsst ihn): „Guat, donn deck i den Tisch. Wos mogst trinka? A guats Glaserl Wein aus da Wachau?"
DER MANN: „Ja gern!"
DIE SCHÖNE: „Host d' Palatschinkn fertig?"
DER MANN: „Ja, alles fertig. Nur, du hast mir zu wenig Teig gegeben."
DIE SCHÖNE: „Na, des glaub i net. du woaßt no net, wos ois auf de Palatschinken draufkimmt!"
DER MANN (noch immer skeptisch): „Da bin ich aber wirklich gespannt; vor allem, was du mit dem Eis machen willst! Eis, in einen heißen Eierkuchen … das kann einfach nicht gutgehn!"
DIE SCHÖNE: „Wos host gsogt?"
DER MANN: „Ach nix."
DIE SCHÖNE: „Schau her! Erst kemman a poar Bananenscheiben, net z'vü!"
DER MANN: „Nein, nein! Bloß nich zu viel!"
DIE SCHÖNE: „Und donn zwoa große Löffe Eis, donn des guate Schlagobers und z'letzt des Ollerbeste: d'Schoklad-Soß!"
DER MANN (überzeugt): „Wahnsinn! Das muss ja schmecken! Mir läuft schon jetzt das Wasser im Mund zusammen."
DIE SCHÖNE: „Schau her, und z'letzt schlog i d'Palatschinkn umi, wia a Sandwich, woaßt. Wonns d'wüst, konnst es a zamroilln, nur do is a bisserl z'vü Eis."
DER MANN: „Das muss ja schmecken! Hmmm!"
DIE SCHÖNE: „Jetz muaßt oba schnöll essn, sonst taut da des Eis wecka!"
DER MANN (genießerisch): „Schatz, das ist so wunderbar, so … einfach … zum Dahinschmelzen, dein Eispalatschinken! So was Gutes hab ich lange nicht gegessen!"
DIE SCHÖNE: „I gfreu mi, wonn 's dir schmeckt!"
DER MANN (nachdenklich): „Ich weiß nicht, ob das gut ist?"
DIE SCHÖNE: „Wos moanst?"
DER MANN: „Jetzt geht es mir so gut! Zu gut?"

DIE SCHÖNE: „Kimm, die Töller stöln wir in d'Kuchl, und donn gemma duschn und donn ins Bett! Du bist a scho müd!"
DER MANN: „Perfekt!"
DIE SCHÖNE: „Wos is perfekt?"
DER MANN: „Deine Dusche, genug Platz für zwei!"
DIE SCHÖNE: „I mog des so, wonns d'mi so onfasst!"
DER MANN: „Du bist so schön!"
DIE SCHÖNE: „Du a!"
DER MANN: „Ich mag dich so sehr!"
DIE SCHÖNE (ablenkend): „Und host des Maderl net gsehgn?"
DER MANN: „Welches Mädchen?"
DIE SCHÖNE: „Vor derer Roststättn, im Weanerwoid."
DER MANN: „Die kleine Inderin?"
DIE SCHÖNE: „Ach, host sie doch gsehgn?"
DER MANN: „Ja klar!"
DIE SCHÖNE: „A soo? Woar des *a Inderin?*"
DER MANN: „Ich bin mir nicht sicher, zumindest sah sie aus wie eine Inderin. Aber ich hab sie nur flüchtig gesehn."
DIE SCHÖNE: „I hob s' beobocht: a gonz a Dünne, a Zwutschgerl, und so bloss. Und bettelt hot s', am Eingong!"
DER MANN: „Tut mir leid, ich hab sie wirklich nur ganz kurz gesehn, weil: ich hatte nur dich im Kopf!"
DIE SCHÖNE (küsst ihn, wie tröstend): „I woaß eh. Tuat mir leid, wonn i no amoi davon angfongt hob. Oba sie hot mir so leid tan, woaßt?"
DER MANN: „Mir hat sie auch leid getan."
DIE SCHÖNE (faltet die Hände): „Müde bin i,/geh zu Ruh,/schließe beide Augen zu,/loss die Augen dein/über meinem Bette sein./Amen."

DER MANN: „Ich kenn's von früher!"
DIE SCHÖNE: „Wos d'n?"

DER MANN: „Dein Gebet. Vom Religionsunterricht … als Kind hab ich das immer gebetet."
DIE SCHÖNE (besorgt): „Und jetz betst goar nimma?"
DER MANN (übertreibt): „Manchmal."
DIE SCHÖNE: „Betst mit deine Kinder a?"
DER MANN (zögernd): „Ja, manchmal."
DIE SCHÖNE: „Wos? Des muasst oba! A Kind muass immer a wos ham, woran 's glaubt, und wonn s'nur a Engl, nur a Heiliger oder a Heilige is, die sei Gebet hört und an Gott weitergibt!"
DER MANN: „Und wenn ich nun nicht daran glauben würde … und *wenn es ein Leben nach dem Tod gar nicht gibt?*"
DIE SCHÖNE (erschrocken): „Donn wär jo … *donn wär ois sinnlos,* unser gonzes Lebm! Also: Glaube und bete!"
DER MANN: „Du musst es mir beibringen!"
DIE SCHÖNE: „Passt. Ab morgen betst mit mir, jo, Schatz?"
DER MANN: „Gern! Weißt du, es ist wie ein Schlaflied, so schön! Wir werden bestimmt schnell einschlafen können, viel zu schnell!"
DIE SCHÖNE (schmiegt sich zitternd an ihn): „Oba i bitt di: Denk net z'vü an morgn! Es is so scheen, dieser Augenblick, mi mit dir zam in den Schlof z'kuscheln."
DER MANN (umarmt sie, als wolle er sie nie mehr loslassen): „Ja, Liebes. Genießen wir den Augenblick!"
DIE SCHÖNE: „Ois vergeht so schnöll!"
DER MANN: „Es ist ein bisschen wie …"
DIE SCHÖNE: „Wie wos leicht?"
DER MANN: „Ach nix."
DIE SCHÖNE: „Bitte sog 's!"
DER MANN: „Wie deine wunderbaren Eispalatschinken!"
DIE SCHÖNE: „Wie moanst 'n des?"
DER MANN: „Es ist so schön … doch nicht nur, weil es neu ist für dich und für mich."
DIE SCHÖNE: „*Weil es nur an kurzen Moment long so guat schmeckt?*"

Der Mann: „Ja, das ist es! So kurz wie diese wunderbare Nacht, in der ich so glücklich sein darf, nur mit dir ganz allein!“
Die Schöne: „Genießen wir den Augenblick! So is es guat! Hoilt mi, hoilt mi gonz, gonz fest! Es is so scheen an dei’m woarmen Körper, dass i mi bei dir so geborgen fühl! Nie mehr koilte Fiaß, koane koiltn Zeechn mehr, des warert so scheen!“
Der Mann: „Komm her zu mir, ich mag dich wärmen, dich überall spüren!“
Die Schöne: „Kimm her za mir, i mog di üweroi spürn!“
Der Mann: „Ich mag dich nie mehr loslassen!“
Die Schöne: „I mog di nimma mehr loslossn! Hoilt mi, hoilt mi gonz, gonz fest!“
Der Mann: „Halt mich, halt mich ganz, ganz fest! Bitte halte mich!“

„Gute Nacht.“

Beim Frühstück

Der Mann: „War so schön, unsere erste Nacht, mein Schatz!“
Die Schöne: „Jo, scheen is gwest gestern!“
Der Mann: „Darf ich heute Abend wiederkommen?“
Die Schöne: „Na, i woaß net!“
Der Mann: „Du kannst ja auch zu mir kommen.“
Die Schöne: „Na.“
Der Mann: „Bitte! Schon vergessen?“
Die Schöne: „Wos?“
Der Mann: „Du hast ‚Schatz‘ zu mir gesagt! Und … du wolltest doch heut Abend mit mir gemeinsam das Schlaflied beten!“
Die Schöne (wie verwandelt): „Wos moanst, wos wir zwoa san, du und i, wir beide?“
Der Mann: „Ein Liebespaar?“
Die Schöne: „Na! *I bin nur dei Geliebte,* so hoaßt des do bei uns!“
Der Mann: „Ja, denn ich hab dich wirklich lieb!“

DIE SCHÖNE (streng): „Na, i bin dei Geliebte! Net mehr, oba a net weniger! "
DER MANN: „Was, meinst du, heißt das?"
DIE SCHÖNE: „A liebevolle und harmlos klingende Umschreibung für wos Verwerflichs: Du bist a verheirat'er Monn, a Ehemonn, der wos fremdgeht! Und i bi a varruckts Mentsch, wos di net aufhoiltn tuat. Wos i moch, is net guat, und wos du mochst, is a net besser, gonz und goar net! Ma derf net ehebrechen, woaßt? Kennst net die Zehn Gebote?"
DER MANN: „Ich weiß, dass es falsch ist, aber ich mag dich so sehr!"
DIE SCHÖNE: „Dass d'überhaupt net nochdenkst, wos d'tuast!"
DER MANN (murmelt irgendetwas)
DIE SCHÖNE: „Is besser, wonns d'nimma herkimmst!"
DER MANN: „Was denn … gar nicht mehr?"
DIE SCHÖNE: „Jo, so is!"
DER MANN (senkt den Kopf): „Vielleicht hast du sogar recht!"
DIE SCHÖNE (wie tröstend): „Woaßt, jetz is' no net z'schpot. Koaner außer dir und mir woaß, wos zwischen uns gwest is, heit Nocht!"
DER MANN: „Aber …"
DIE SCHÖNE: „Nix oba! Bitte geh jetz fort. Foahr endlich los, damit di koaner siacht!"
DER MANN (küsst sie): „Na dann …"
DIE SCHÖNE (traurig): „Pfüit di Gott!"
DER MANN: „Auf Wiedersehen!"

Bei der Arbeit

DER MANN (gereizt): „Warum krieg immer ich die stumpfen Bohrer? So kann ich nicht operieren!"
Die OP-Schwester: „Sie ham die gleichen Bohrer wia alle anderen a!"
DER MANN: „Nein, ich kriege immer erst einen stumpfen Bohrer,

und erst wenn ich dann was sage, holen Sie einen scharfen Bohrer aus der Instrumententrommel! Immer erst probieren, vielleicht nimmt er doch den stumpfen, stimmt's?"
Eine andere OP-Schwester: „Wos is heit mit Ihna los, so kenn i Sie goar net!"
DER MANN: „Ach nix."
Die OP-Schwester: „Geht's Ihna leicht net guat?"
DER MANN: „Nein nein. Es tut mir leid, bitte entschuldigen Sie!"

Staunen und Gemeinsein (Liebe und Hass)

Diese Liebe gehört uns allein, so stark, so schön.
Schau, wie sehr sie uns darum beneiden,
dabei ist sie alles was wir haben,
du und ich.

Ihr Anruf am Abend

Die Schöne: „Hallo?"
Der Mann: „Hallo, Liebes!"
Die Schöne: „Wos is los, wonn kimmst endli zu mir?"
Der Mann (überrascht): „Aber ich dachte …"
Die Schöne: „Red net so vü, setz di in dei Auto. Kimm, sonst wird's Essn koilt!"
Der Mann: „Ja dann, bis gleich! Ich freu mich ja so …"

Wenig später (hinter dem Krautgraben)

Die Schöne (fällt ihm um den Hals): „Griaß di. Kimm eina!"
Der Mann (drückt sie ganz fest und küsst sie): „Hallo, Schatz!"
Die Schöne (zitternd): „Du host mir so gföhlt!"
Der Mann: „Du mir erst! Ich bin so verrückt nach dir, nach deinen blauen Augen. Es ist wie ein Traum, wie ein Märchen, wie ein Rausch, der nie vergehen soll!"
Die Schöne: „Heit gibt's wos gonz, gonz Guats! Riachst as?"
Der Mann: „Mmm, wie das duftet! Bin gespannt, was du gezaubert hast!"
Die Schöne (neugierig): „Sog, wos host'n leicht in derer großen Schochtl?"

DER MANN: „Eine frische Gurke, zwei Joghurt rechtsdrehend, zwei Dessert, frisch im Auto geschüttelt, nicht gerührt, ein Tonic und eine Flasche Ginger Ale und einen Knoblauchzopf!"
DIE SCHÖNE: „Knoblauch?"
DER MANN: „Ja, hab gesehn, dass deiner bald aus ist."
DIE SCHÖNE (umarmt und küsst ihn): „Des is oba liab vo dir! Danke!"
DER MANN: „Bitte!"
DIE SCHÖNE: „Des Gurkerl essma dazua, des Joghurt später."
DER MANN: „Und, was hast du Schönes für uns gekocht?"
DIE SCHÖNE: „Schau her! Des mogst bestimmt!"
DER MANN: „Das sind ja … das sind ja echte schwarze Trüffeln! Ich fasse es nicht!"
DIE SCHÖNE: „Jo, die hot mei Nochbarin für mi mitbrocht, aus Wean!"
DER MANN: „Das ist ja eine Überraschung! Womit hab ich das verdient?"
DIE SCHÖNE (küsst ihn): „Weil du so liab woarst zu mir, letzte Nocht. Woaßt, so zärtlich woar no nie a Monn zu mir! Und woaßt, wos des Scheenste für mi is?"
DER MANN: „Was denn?"
DIE SCHÖNE: „Wonns d'mit mir kuscheln tuast!"
DER MANN: „Aber gestern …!"
DIE SCHÖNE (drückt ihm den Zeigefinger auf den Mund): „Jetz setz di nieder! Erst gibt's an Solot, und donn essma a gonz a guats Fleisch mit da Trüffö!"
DER MANN: „Aber gestern …!"
DIE SCHÖNE (küsst ihm seine Frage weg): „Und … donn … hob … i no a gonz a guats Kompott und a Möhlspeis! Oba vorher gibt's des guate Fleisch!"
DER MANN: „Hoffentlich kein Rindfleisch!"
DIE SCHÖNE: „Na. Hob scho ghört, dass d'koa Rindfleisch net essn tuast."

DER MANN (überrascht): „Wer hat es dir denn gesagt?"
DIE SCHÖNE: „Woaßt nimma, im Speisesoil vom Kronknhaus, do bin i amoi neben dir gsessn!"
DER MANN: „Was denn, und da hab ich dir gesagt, dass ich kein Rindfleisch ess?"
DIE SCHÖNE: „Na. Net zu mir! Oba zu die Ärzte, mit die 'st di unterhoiltn host."
DER MANN: „Das kann nicht sein, dich hab ich einfach links liegenlassen?"
DIE SCHÖNE: „Na. Rechts neben di hob i mi hingsetzt. Und hob davo tramt, wie es wär, wonns du mei Monn warerst."
DER MANN: „Und was war das für ein Gefühl?"
DIE SCHÖNE: „A gonz a scheens! Oba sei net einbüilt deswegn. Matscho!"
DER MANN (lacht)
DIE SCHÖNE: „Kimm. Jetz essma!"
DER MANN: „Mmmm, schmeckt das gut!"
DIE SCHÖNE: „I gfreu mi jo so, wonns dir schmeckt!"
DER MANN: „Übrigens, ich weiß noch genau, was es an dem Tag für ein Menü gab."
DIE SCHÖNE: „Na! Des glaub i dir net!"
DER MANN: „Wahlkost Personalessen: als Vorspeise Erdäpfelsuppe, als Hauptgericht Kaiserschmarrn mit Rosinen und zuletzt Zwetschkenkompott und Topfenschmankerl. Übrigens, du hast das gleiche gegessen wie ich, und ich habe dich genau beobachtet, wie du die Rosinen herausgepult hast! Du warst stark erkältet an dem Tag und bist trotzdem zur Arbeit gekommen."
DIE SCHÖNE (getroffen): „Du konnst mir jo vü derzöhln. Na. Des glaub i dir net."
DER MANN: „Warum sollte ich es mir nicht gemerkt haben? Aber danke für dein gutes Essen!"
DIE SCHÖNE: „Bitte, Schotz!"
DER MANN: „Und was machen wir nach dem Essen?"

DIE SCHÖNE: „I wissert scho wos!“
DER MANN: „Nach dem Essen soll man rauchen … oder …“
DIE SCHÖNE: „Oder wos?“
DER MANN: „Alter Germanenspruch!“
DIE SCHÖNE: „I denk, da Tabak is aus Amerika nach Europa kumman, mit ’m Kolumbus? Und der woar ursprünglich sogar a Italiener!“
DER MANN: „Ein Römer? Schlaues Mädchen!“
DIE SCHÖNE: „Siachst, und wos is mit dei’m Germanenspruch?“
DER MANN: „Nach dem Essen soll man rauchen oder …“
DIE SCHÖNE: „Oder wos?“
DER MANN: „… oder eine Frau gebrauchen!“
DIE SCHÖNE (flüstert ihm ins Ohr): „Na donn … gebrauch mi, du Germane, du!“
DER MANN: „Der Spruch geht aber noch weiter!“
DIE SCHÖNE: „Sogs! Sogs!“
DER MANN: „Nein, das würde nicht zur Situation passen.“
DIE SCHÖNE: „Na donn, gebrauch mi wenigstns!“
DER MANN: „Komm, gehen wir in dein Bettchen!“
DIE SCHÖNE: „Jo, kuschel mit mir!“

Kurz „darauf“

DIE SCHÖNE: „Müad bist! Woar ’s anstrengend heit, die OP bei dem Schwoarzschachner, net woahr?“
DER MANN: „Es geht ihm gut, und das ist die Hauptsache!“
DIE SCHÖNE: „I bin stoilz auf di! Schlof guat!“
DER MANN: „Du auch, Liebes!“
DIE SCHÖNE: „Bitte bet mit mir: Müde bin ich,/geh zur Ruh,/schließe beide Augen zu,/lass die Augen dein/über unserm Bette sein./Amen.“
DER MANN: „Amen.“

DIE SCHÖNE: „Danken wir unserm Herrgott für diesen wunderbaren Augenblick!“
DER MANN: „Danke!“
DIE SCHÖNE: „Schotz?“
DER MANN: „Ja?“
DIE SCHÖNE: „Hör afoch net zu, wonn i morgn spinnert werd. Guate Nocht!“
DER MANN: „Gut Nacht!“

Am Morgen

DER MANN: „Soll ich uns heute Tomaten für Salat mitbringen, und Fetakäse?“
DIE SCHÖNE (forsch): „Na. I brauch koan Schofkas und a koan Paradeiser … für koan Solot net!“
DER MANN: „Warum nicht?“
DIE SCHÖNE: „I woaß net, ob des guat is …“
DER MANN: „Was?“
DIE SCHÖNE: „… wonns d’ wiederkimmst.“
DER MANN (küsst sie): „Ich hab dich so lieb!“
DIE SCHÖNE: „I di a. Oba, woaßt, es is net guat, wonns d’weider zu mir kimmst!“
DER MANN: „Ich weiß, du hast recht!“
DIE SCHÖNE: „Schau mi net so an!“
DER MANN: „Ja ja. Ich weiß ja selber, dass es falsch ist. Mein Kopf weiß es, verstehst du? Aber wenn ich über den Krautgraben bin, schaltet etwas um in mir. Wenn ich dich dann sehe und dich fühlen darf, ist alles ganz anders. Dann ist es vorbei, mein schlechtes Gewissen. Dann fühle ich anders. Dann bin ich in einer anderen Welt …“
DIE SCHÖNE (weint): „Du muasst jetz foahrn, sonst siacht di jemond!“
DER MANN: „Tschüs!“
DIE SCHÖNE: „Pfüati!“

Die Schöne: „Hallo! Wo bleibst leicht?"
Der Mann: „Hallo?"
Die Schöne: „Hallo, wonn kimmst denn?"
Der Mann: „Schatz? Ich kann nicht glauben, dass du anrufst! Ich hatte befürchtet …"
Die Schöne: „Worum solltert i di net anruafa?"
Der Mann: „Na, gestern hast du noch gesa …"
Die Schöne: „Bitte kimm, i mog di spürn!"
Der Mann: „Okay, okay, bin schon unterwegs! Bis gleich!"

Die Schöne: „Kimm schnöll eina!"
Der Mann: „Hallo Liebes!"
Die Schöne (umarmt und küsst ihn): „Scheen, dass d'do bist!"
Der Mann: „Danke, dass du mich angerufen hast! Aber warum schließt du die Tür ab?"
Die Schöne (ängstlich): „Stöl dir vor, bei uns im Ort woar a Verbrecher! Und die Gendarmerie suacht eahm no immer. Bestimmt is er irgendwo drausd im Woid."
Der Mann (skeptisch): „Wie bitte? Was denn für ein Verbrecher?"
Die Schöne (aufgeregt): „Jo, und i glaub, in mei'm Goarten isser a gwest, letzte Nocht!"
Der Mann: „In deinem Garten?"
Die Schöne: „Jo, mei Nochbar hot an Fremden gsehgn zwischen meine Beet, stöl dir des amoi vor!"
Der Mann: „Vielleicht hatte er Hunger?"
Die Schöne (vorwurfsvoll): „I hob so zittert, jo, weil du net do woarst!"
Der Mann: „Hab keine Angst, Kleines!"
Die Schöne: „Du host guat redn. I hob a Angst! I konn's net ändern! Woaßt wos? Schotz, bitte, bleib bei mir, du muaßt mi b'schützen, i brauch di!"

DER MANN: „Ich dich auch! Schau, was ich uns mitgebracht hab."
DIE SCHÖNE: „Wos host nur wieder ois einkaft?"
DER MANN: „Da kannst du uns ein schönes Essen machen!"
DIE SCHÖNE: „Woaßt wos?"
DER MANN: „Sprich!"
DIE SCHÖNE: „Erst essma, und donn kuscheln wir!"
DER MANN: „Und wenn es danach noch nicht so spät ist, les ich dir ein Märchen vor!"
DIE SCHÖNE: „A Märchen?"
DER MANN: „Ja! Schau her, was ich hier noch in meiner Kiste hab!"
DIE SCHÖNE: „Die Kinder- und Hausmärchen der Gebrüder Grimm."
DER MANN: „Die komplette Ausgabe! Weißt du, für mich waren die beiden Bücher einmal so etwas wie eine Bibel! Wie das Alte und das Neue Testament, verstehst du?"
DIE SCHÖNE: „Und davo wüst mir vorlesn?"
DER MANN: „Heute ich, morgen du! Ja, morgen liest du mir ein ganz langes Märchen vor, während ich dich knuddle. Und wenn ich dann übermorgen wieder dran bin, such ich mir ein ganz kurzes Märchen raus, damit ich dich anschließend gleich wieder streicheln kann!"
DIE SCHÖNE: „Und wölches Märcchen derzöhlst mir heit?"
DER MANN: „Der Wolf und die sieben Geißlein."
DIE SCHÖNE: „Guat, oba erst moch i uns wos Scheens z'essn!"
DER MANN: „Darf ich dir helfen?"
DIE SCHÖNE: „Zwiefö schnei'n!"
DER MANN: „Gern."
DIE SCHÖNE: „Sog, wos soll i mocha, ois hob i in derer Soß', oba irgendwos föhlt!"
DER MANN (kostend): „Kräuter! Ja, Salatkräuter!"
DIE SCHÖNE: „Und wos für wölche?"
DER MANN: „Aus der Provence!"

DIE SCHÖNE: „Und woher kriag i Kräuter von da Provence?“
DER MANN: „Ganz einfach, vom *Billa*. Morgen bring ich dir welche mit!“
DIE SCHÖNE: „Kimm, jetz essma!“
DER MANN: „Mmmm, das schmeckt!“
DIE SCHÖNE: „Maria na, du host wohl a gonz a große Zeechn Knoblauch gnumma?“
DER MANN: „Nein.“
DIE SCHÖNE: „Wos, ‚na‘?“
DER MANN: „Alle drei!“
DIE SCHÖNE: „Wos denn, ois? I moan … alle drei Zeechn Knoblauch?“
DER MANN: „Aller guten Dinge sind drei!“
DIE SCHÖNE: „Maria na! Do werma morngn stinka, auf da Arweit!“
DER MANN: „Soll gut sein gegen hohen Blutdruck. Aber das ist wohl eher Glaubenssache.“
DIE SCHÖNE: „So vü i woaß, host du koan und i hob a koan hochen Blutdruck!“
DER MANN: „Wichtig ist, dass es dir schmeckt!“
DIE SCHÖNE: „Und dir a!“
DER MANN: „Hmmm, schmeckt wirklich gut!“
DIE SCHÖNE: „Hmmm. Host wirkli guat gwürzt, Schotz!“
DER MANN: „Apropos Glauben … Glaubst du an den Mond?“
DIE SCHÖNE: „Wie moanst ’n des?“
DER MANN: „Ich meine, glaubst du, dass es eine Rolle spielt, wann man … zum Beispiel einen Christbaum fällt?“
DIE SCHÖNE: „Mei Nochbar hot für sei Haus nur Hoilz verwendt, wos ma bei Vollmond gschlägert hot.“
DER MANN: „Und das war besonders teuer, nicht?“
DIE SCHÖNE: „I glaub scho!“
DER MANN: „Ich denke, das ist Aberglaube. Weißt du, und ganz gleich, ob die Mondphase tatsächlich einen Einfluss auf die

Haltbarkeit einer Bretterwand hat oder nicht ... Ich glaube, das ist Betrug!"

DIE SCHÖNE: „Denkst scho?"

DER MANN: „Meinst du, die Forstfirma lässt ihre Kettensägen nur alle vier Wochen einmal anwerfen, ganz gleich bei welchem Sauwetter, um dann ein paar hundert Bäume auf einmal, ich meine, an einem einzigen Tag, zu fällen? Das kann ich einfach nicht glauben. Eher denk ich, die Forstarbeiter suchen sich die angenehmen Tage raus, an denen die Sonne scheint. Und wenn am Tag vor Vollmond das Benzin oder das Kettenöl ausgeht, fahren sie am Vollmond in aller Ruhe in die Stadt, um ihre Benzin-, Öl- und Bierkanister voll zu tanken. Das ist so wie mit den Frankfurter Würstchen, wo ‚Schweinefleisch' draufsteht, und im Lebensmittellabor stellt man dann fest, dass doch was vom Rind dabei ist."

DIE SCHÖNE: „Du denkst vü z'vü noch! Spoar dir dei Kroft lieber für mi auf!"

DER MANN (verblüfft): „Wie meinst du das?"

DIE SCHÖNE: „Woaßt, du konnst es eh net ändern! *Wo Menschn san, da menschelt es.* Schau, in derer Zeit hättst mi scho zwoamoi durchschnackseln kinna!"

DER MANN: „Gute Idee!"

Kurz „darauf"

DER MANN: „Weißt, wie ich drauf gekommen bin?"

DIE SCHÖNE: „Auf die geniale Stellung?"

DER MANN: „Nein, auf das mit dem Tannenbaumschlägern."

DIE SCHÖNE: „Na, bitte! Fang net scho wieder davo an!"

DER MANN: „Schwester Germhilde sagte heute, dass sie ihren Klaus immer in einer bestimmten Nacht, drei Tage vor dem elften Vollmond nämlich, in den Wald losschickt, damit er dann in der Dunkelheit ihren Tannenbaum schlägert."

Die Schöne: „Na do wirst jo wieder wos zum Sekkieren ghobt ham!" (lacht)
Der Mann (lacht auch): „Genau! Ich hab mich fast kaputtgelacht, und der Andi auch. Ich hab gesagt, dass sie als Frau ja eh noch viel dichter am Mond dran sei als wir Männer, allein schon durch die Menstruation, die noch immer alle vier Wochen bei ihr durchkommt. Weißt du, der Gatterbauer und der Federseel, die saßen auch dabei, und der Andi fragte dann, warum sie ihren lieben Klaus immer nachts in den Wald schicke."
Die Schöne: „Maria na. Wos hobts ihr do wieder zamgsudert!"
Der Mann: „Und dann hab ich sie gefragt, was das eigentlich soll, mit der Mondphase."
Die Schöne: „Und wos hot s'gsogt?"
Der Mann: „Sie war total sauer auf mich, weil ich alles in Frage stellte."
Die Schöne (kopfschüttelnd): „Na, do host die Germhilde gärgert. Na! Des host ihr z'Fleiß tan!"
Der Mann: „Das war noch gar nicht alles!"
Die Schöne: „Wos d'n leicht no?"
Der Mann: „Ich habe ihr eine Wette angeboten."
Die Schöne: „A Wett? Maria na!"
Der Mann: „Ja, ich habe gesagt, sie solle elf Tannenbäume von ihrem Klaus aus dem Wald holen lassen, natürlich alle nachts und alle zur gleichen Uhrzeit, egal ob es stürmt, regnet oder schneit!"
Die Schöne: „Jo und? Worum grod ölf?"
Der Mann: „Den sechsten in der Vollmondnacht."
Die Schöne: „Wie moanst des scho wieder? I versteh goar nix!"
Der Mann: „Ich habe ihr gesagt, wir machen eine Messreihe und stellen elf gleich große Tannenbäume aus der gleichen Ecke des gleichen Waldes der Reihe nach an einer Wand auf. Jede Tanne wird an einem anderen Tag geschlägert, die erste Tanne fünf Tage

vor Vollmond und der letzte Baum fünf Tage danach, jeder bei anderem Mond, verstehst du?."

Die Schöne: „Und?"

Der Mann: „Naja, nach ihrer Theorie müssten dann am Heiligabend bei zehn Bäumen alle Nadeln und bei einem Baum keine einzige Nadel ausgefallen sein."

Die Schöne: „Und, wie seids ihr verbliebm?"

Der Mann: „Sie ist viel zu sparsam, ihre Theorie zu beweisen. Auf jeden Fall glaubt sie nun nicht mehr hundertprozentig daran. Es ist wie mit der Homöopathie, die Homöopathen behaupten, sie helfe besser als Placebos; beweisen können sie es aber nicht."

Die Schöne: „Wos hot s'gsogt?"

Der Mann: „Sie hätte ihren Baum, den der Klaus letztes Jahr in der Nacht bei Schneesturm aus dem Wald geholt hat, erst Ostern in den Ofen gesteckt, und da wären noch alle Nadeln dran gewesen. Natürlich waren die Nadeln zu Ostern schon braun, und der Baum sei nicht so schön gewachsen gewesen, aber daran sei ja der Klaus schuld, denn nachts sehe er nicht mehr so gut, du weißt schon, wegen seinem Zucker."

Die Schöne: „A soo. Na, do hobt's die guate Germhilde gonz scheen gärgert!"

Der Mann: „Sie wird es verschmerzen."

Die Schöne: „Kimm, jetz loss uns betn!"

Gemeinsam: „Müde bin ich,/geh zur Ruh,/schließe beide Augen zu/lass die Augen dein/über meinem Bette sein!/Amen."

Der Mann: „Ich hab dich so lieb!"

Die Schöne: „I di a!"

Der Mann: „So mit dir zu liegen, das ist das Schönste!"

Die Schöne: „Für mi a!"

Der Mann: „Schade, dass die Nacht so schnell vergeht, und schade, dass ich so müde bin!"

Die Schöne: „Jo. Die Nocht is ois, wos uns beiden ghört, oba des konn uns koa Mensch nehma!"
Der Mann: „Genießen wir diesen wundervollen Augenblick!"
Die Schöne: „Danken wir Gott für dieses Glück!"

Am Morgen

Der Mann: „War so schön mit dir, Schatz!"
Die Schöne: „Mit dir a!"
Der Mann: „Schatz, weißt du, dass ich wieder von dem stolzen Vogel geträumt habe?"
Die Schöne (neugierig): „Na, derzöhl!"
Der Mann: „Stell dir vor, er ist wieder frei!"
Die Schöne: „Wie moanst 'n des?"
Der Mann: „Ich hatte dir doch damals im Wald von meinem Traum erzählt, weißt du noch?"
Die Schöne: „Jo sicher! Du host mir derzöhlt, wie er si in an Netz verfonga hot."
Der Mann: „Genau! Er konnte nicht mehr fliegen und war ganz traurig."
Die Schöne: „Und jetz?"
Der Mann: „Stell dir vor, Schatz, ich habe wieder von dem gleichen Vogel geträumt: Er hat sich befreien können und ist tatsächlich davongeflogen!"
Die Schöne: „Und wohin?"
Der Mann: „Keine Ahnung, das kam in meinem Traum nicht vor! Aber er hat sich befreit und kann wieder fliegen. Er ist frei, verstehst du? Sein Gefieder glänzt, und die Farben schillern."
Die Schöne: „Scheen! I gfreu mi für eahm!"
Der Mann: „Jetzt muss ich aber los!"
Die Schöne: „Schotz, bitte kimm heit Abend früherer, weil i hob an Tafelspitz, und für di hob i an Schöpsngulasch mit Nockerln und Reis. Oder wüst lieber an Schweinsbrotn?"

Der Mann: „Nein, dann lieber Hammel. Aber bitte kein Lamm! Ich werd auch pünktlich sein! Ich versprech es dir."
Die Schöne: „Baba!"

Nach Tafelspitz und Schöpsngulasch

Die Schöne: „Du, wos fällt dir no ein … für des:"
Der Mann: „Für was denn?"
Die Schöne: „Wos wir grod mochn?"
Der Mann: „Weiß nicht … magst du wirklich darüber reden?"
Die Schöne: „Jo sicher!"
Der Mann (muss lachen): „Weiß nich … vielleicht ‚begatten' oder ‚Verkehr haben'?"
Die Schöne: „Schnacksln?"
Der Mann: „Liebe machen!"
Die Schöne (lacht)
Der Mann: „Miteinander schlafen!"
Die Schöne: „Sich paaren!"
Der Mann: „Zinzin machen."
Die Schöne: „Wos?"
Der Mann: „Zinzin!"
Die Schöne: „Zinzin?"
Der Mann: „Ja, so sagt man bei einem Naturvolk in den Tropen, irgendwo auf den Südseeinseln."
Die Schöne: „A soo? Interessant! Besamen: Jo, du bist mei Besamer!"
Der Mann: „Befruchten!"
Die Schöne: „Jo, befruchte mich, befruchte mich! Oder: sich wetzen."
Der Mann: „Sich vereinigen."
Die Schöne: „I woaß net!"
Der Mann: „Was?"
Die Schöne: „Am besten gfoilt mir dei ‚Zinzin'! Weil des klingt

a so rhythmisch. Jo, moch des mit mir, moch Zinzin-zinzin-zin-zin-zinzin!"

Kurz „darauf"

DIE SCHÖNE: „Bitte, Schotz, erzähl mir mehr von den Naturvölkern!"

DER MANN: „Von den Naturvölkern?"

DIE SCHÖNE: „Jo, davo host z'erscht derzöhlt!"

DER MANN: „Tatsächlich?"

DIE SCHÖNE: „Jo, vom Zinzinmochn!"

DER MANN: „Ich kenne das Wort aus einem alten Film, einer herrlichen Komödie, die ziemlich jämmerlich endet."

DIE SCHÖNE (erschrocken): „Jämmerlich?"

DER MANN: „Kommt von ‚Jammer'."

DIE SCHÖNE: „Worum? Bitte, bitte, derzöhl. I hör dir so gern zua, wonns d'derzöhlst!"

DER MANN: „Also gut: Ein Mann in den besten Jahren ist irgendwo als Schiffbrüchiger gestrandet, wie Robinson."

DIE SCHÖNE: „Robinson?"

DER MANN: „Ja. Jedenfalls spielen sich so allerhand lustige Sachen auf seiner kleinen tropischen Insel ab. Zum Beispiel macht er sich an einem Astloch zu schaffen, weil ihm eine Frau fehlt. Man sieht dann nur noch, wie oben an den Ästen das Laub zittert, und deshalb und weil der Baum solche Rundungen hat wie eine Frau, hat er dem Baum auch den Namen einer Frau gegeben."

DIE SCHÖNE: „Wirkli? An Bam mit an Ostloch?" (lacht)

DER MANN (lacht auch): „Natürlich hat er auch einen Papagei, der auf seiner Schulter sitzt; natürlich hat er auch seinen selbstgeflochtenen Sonnenhut, und natürlich kommt eines Tages auch ein ‚Freitag', so wie beim echten Robinson Crusoe, weißt?"

DIE SCHÖNE: „A soo."

DER MANN: „Nur, der ‚Freitag', das ist kein ‚Er', es ist eine ‚Sie'!"

Die Schöne: „Koa ‚Er'?"
Der Mann: „Es ist eine wunderschöne und wohlgeformte Eingeborenenfrau!"
Die Schöne (küsst ihn): „A soo! Jetz wird's richtig sponnend."
Der Mann: „Sie schleppen ihn auf die Nachbarinsel in das Eingeborenendorf."
Die Schöne: „Und fressen eahm?"
Der Mann: „Nein nein! Keine Angst! Es gibt einen andern, der auch scharf auf die Hübsche ist, nur ist der viel stärker und wohl auch schlauer und sieht besser aus als der arme kleine Robi."
Die Schöne: „Und?"
Der Mann: „Pass auf. Sie sollen um die Frau kämpfen, und dafür hat sich der Häuptling des Eingeborenendorfes ein paar hübsche Spielchen ausgedacht."
Die Schöne: „Natürlich hot der Robi koa Chance net."
Der Mann: „Irrtum, Schatz! Robi verliert natürlich alle Tests. Der Stammesälteste aber gibt ihm die schöne Frau trotzdem!"
Die Schöne: „Wieso?"
Der Mann: „Weil er der Schwächere ist und deshalb eine starke Frau braucht!"
Die Schöne: „Sehr sozial!"
Der Mann: „Und weißt du, Schatz, was er zum Schluss machen muss?"
Die Schöne (gespannt): „Na?"
Der Mann: „Mit ihr Zinzin!"
Die Schöne: „Wirkli? I moan, vor olle Leit?"
Der Mann: „Ja, vor allen! Beide liegen sie nackt auf einem Podest im Freien, auf einem Bett aus Palmenblättern, das ganze Dorf steht um sie herum, und alle feuern sie an: ‚Zinzin, Zinzin, Zinzin!'"
Die Schöne: „Maria na!" (lacht)
Der Mann (lacht lange)
Die Schöne: „Und schofft er's?"
Der Mann: „Nein, natürlich geniert er sich."

DIE SCHÖNE: „Trotzdem, a scheens End!“
DER MANN: „Das ist nicht das Ende!“
DIE SCHÖNE: „Net?“
DER MANN: „Seine reiche Frau kommt mit einer Luxusyacht, um ihn suchen und abholen zu lassen. Dabei macht er ein jämmerliches Bild.“
DIE SCHÖNE: „Wieso des? Derzöhl!“
DER MANN: „Zuerst geht er mit ihnen aufs Schiff, anstatt bei der Eingeborenen zu bleiben.“
DIE SCHÖNE: „Wos denn, obwohl er sei Frau goar nimma liabt?“
DER MANN: „Ja, er geht zurück!“
DIE SCHÖNE: „Und weiter?“
DER MANN: „Dann kommt Freitag, die Schöne, mit ihrem kleinen Bambusboot angepaddelt und ruft ihm etwas zu. Er schaut von dem großen Schiff zu ihr hinunter.“
DIE SCHÖNE: „Und?“
DER MANN: „Stell dir vor, er springt von Bord, obwohl er gar nicht schwimmen kann, und versucht, zu dem kleinen Boot zu gelangen.“
DIE SCHÖNE: „Oiso do a ‚Happy End‘!“
DER MANN: „Leider nicht. Mit einem großen Netz fischen sie ihn aus dem Wasser und hieven ihn mit dem Schiffskran an Bord!“
DIE SCHÖNE: „Schod drum!“
DER MANN: „Jämmerlich … Jetzt bin ich aber gespannt!“
DIE SCHÖNE: „Auf wos bist gsponnt?“
DER MANN: „Auf das Märchen, das du mir gleich vorlesen wirst!“
DIE SCHÖNE: „Es hoaßt ‚Einäuglein, Zweiäuglein und Dreiäuglein‘!“
DER MANN (lachend): „Lustig!“
DIE SCHÖNE: „Wos leicht?“
DER MANN: „Was ich so lustig finde?“
DIE SCHÖNE: „Jo?“

DER MANN: „Wie es sich anhört, wenn du dich bemühst, hochdeutsch zu sprechen!"
DIE SCHÖNE (nach dem Märchen): „Und, bist jetz zfriedn?"
DER MANN: „Gute Nacht, mein liebes kleines Schmusekätzchen!"
DIE SCHÖNE: „Gute Nacht, mei liaber Liebeskater!"
DER MANN: „So Schatz, jetzt musst du aber schlafen!"
DIE SCHÖNE: „Du a!"
DER MANN: „Gute Nacht!"
DIE SCHÖNE: „Schlof scheen, mei Liebling!"
DER MANN: „Du auch!"
DIE SCHÖNE: „Tram wos Scheens!"
DER MANN: „Du auch!"
DIE SCHÖNE: „Ich liebe dich."
DER MANN: „Ich hab dich auch lieb!"
DIE SCHÖNE: „Sag: ‚Ich liiiebee diiich'!"
DER MANN: „Wo ist da der Unterschied?"
DIE SCHÖNE: „Ich liebe dich! Denn: *Du bist mein Liebling!* Des hob i no zu koan Monn gsogt!"
DER MANN: „Ich liebe dich, meine Liebste, mein Allerliebstes auf dieser Welt! Ich habe noch nie eine Frau so geliebt wie ich dich liebe, und ich habe noch nie einer Frau so viel Liebe geschenkt! Glaubst du mir das?"
DIE SCHÖNE: „Na, des glaub i net!"
DER MANN: „Du kannst so gemein sein! Und ich bin dann immer so ratlos!"
DIE SCHÖNE: „Worum?"
DER MANN: „Für diese Gemeinheit müsste ich dich durchkitzeln!"
DIE SCHÖNE: „Donn moch's hoilt!"
DER MANN: „Das isses ja eben!"
DIE SCHÖNE: „Wos?"
DER MANN: „Dass ich nicht weiß, wo ich dich kitzeln kann!"
DIE SCHÖNE: „Da host a Pech!"

DER MANN: „Ich werde dich dafür jetzt jedes Mal schnackseln, als Ersatz, quasi!"
DIE SCHÖNE: „Ois Ersotz?"
DER MANN: „Jawohl, statt dich durchzukitzeln!"
DIE SCHÖNE: „Guat is! Do wü i goar nirgends kitzlig sei!"
DER MANN: „Stimmt nicht ganz!"
DIE SCHÖNE: „Wos moanst leicht?"
DER MANN: „Naja, weißt du, ein bisschen Kitzeln ist schon dabei, auch beim Zinzin-Machen. Meinst du nicht?"
DIE SCHÖNE: „Wie moanst des scho wieder?"
DER MANN: „Nicht umsonst heißt dieses süße kleine Ding hier ..."
DIE SCHÖNE: „Wos denn?"
DER MANN: „Kichererbse."
DIE SCHÖNE: „A so?"
DER MANN: „Ja, hab ich sogar in einem Buch gelesen, das eine Frau geschrieben hat, allerdings eine Autorin mit Pseudonym."
DIE SCHÖNE: „Sie sollert jo eh wissen, worum des Ding so hoaßt!"

Kurz „darauf"

DER MANN: „Weißt du, es ist so schön mit dir, es wird von Mal zu Mal schöner, und ich kann mir nicht vorstellen, dass uns jemals langweilig werden könnte!"
DIE SCHÖNE: „Jo, i glaub, dass i di liebn glernt hob, woaßt?"
DER MANN: „Ich wollte dich von Anfang an."
DIE SCHÖNE: „Na, des glaub i net!"
DER MANN: „Zugegeben, dein Körper war mir zuerst das Wichtigste!"
DIE SCHÖNE: „Mei Körper?"
DER MANN: „Ja, der ist so unbeschreiblich!"
DIE SCHÖNE: „Jo, i mog dein Körper a, der ist so sexy. Oba jetz is ois gonz aonders: Jetz woaß i, *ich liebe dich!*"

DER MANN: „Ich liebe dich auch!"
DIE SCHÖNE: „Ois is so scheen mit dir. Net nur des Zinzin-Mochn, woaßt! Am allerscheenstn is für mi, wonns d'mit mir kuscheln tuast, und wonns d'neben mir einschlofst!"
DER MANN: „Ja, das ist es wohl, wovor jede Ehefrau Angst hat, wenn sie sich, aus welchem Grund auch immer, damit abgefunden hat, dass ihr Mann fremdgeht."
DIE SCHÖNE (erschrocken): „Wos moanst leicht?"
DER MANN: „Dass sich ihr Mann in eine andere verknallt."
DIE SCHÖNE (drohend): „So long er nur mit ihr schloft, um sei Chemie zu neutralisiern, solong is sie koa echte Gfoahr und koa Konkurrenz net. Oba wonns du mei Monn warerst und wonn i wüsst, dass d' *den do* bei aner ondern reinsteckst ... donn, donn, donn ..."
DER MANN: „Dann was?"
DIE SCHÖNE: „Donn wär's eh aus mit uns!"
DER MANN: „Akzeptiert!"
DIE SCHÖNE: „So, jetz schlof ma! Guate Nocht!"
DER MANN: „Gute Nacht!"
DIE SCHÖNE: „Kimm, mei Liebeskater, jetz kuscheln wir uns in'n Schlof!"
DER MANN: „Komm mein Schmusekätzchen, lass uns gemeinsam schnurren!"
Gemeinsam: „Müde bin ich,/geh zur Ruh,/schließe beide Augen zu/lass die Augen dein/über unserm Bette sein./Amen. Gute Nacht!"

Am nächsten Abend

DIE SCHÖNE (küsst ihn): „Hallo!"
DER MANN: „Hallo! Schau, was ich uns mitgebracht habe!"
DIE SCHÖNE: „Wos host'n leicht in derer Kistn?"
DER MANN: „Vorsicht! Erschreck es nicht, es ist noch so klein!"

DIE SCHÖNE (entzückt): „Na. Des gibt's jo net! A Osterlamm!"
DER MANN: „Aha, so heißt das also, ein Osterlämmchen. Ich dachte, als ich so beim Bäcker steh, das muss einfach gut sein, etwas Besonderes eben!"
DIE SCHÖNE (holt ein großes Messer hervor): „Jo sicher, des is a gonz a guats Osterlamperl! Kimm, wir kosten 's!"
DER MANN: „Nein! Das arme Tier! Lass es noch bis Ostern, bitte!"
DIE SCHÖNE: „Na guat, wias d'wüst!"
DER MANN: „Schau, wir stellen es hier auf deinen Küchentisch, dann sehen wir es jeden Tag, wie es uns anschaut, mit seinem Zuckerüberzug!"
DIE SCHÖNE: „Wos is heut mit dir los? So kenn i di goar net."
DER MANN: „Ich habe Mitleid mit Tierbabies, mit Jungtieren, verstehst du? Damit wirst du leben müssen."
DIE SCHÖNE: „Na!"
DER MANN: „Hat eigentlich nichts mit diesem Biskuitlamm zu tun. Aber ich habe ein Problem mit allem Fleisch von jungen Tieren wie Kälbchen, Lämmchen, Ferkeln, Fohlen, Hähnchen und so weiter."
DIE SCHÖNE: „Der Mensch is a Raubtier! Des hot unser Herrgott so bestimmt!"
DER MANN: „Der Mensch ist ein Allesfresser, aber das gibt ihm noch lange nicht das Recht, Tierbabies aufzufressen!"
DIE SCHÖNE: „Essn!"
DER MANN: „Bitte?"
DIE SCHÖNE: „Essn! Er isst!"
DER MANN: „A ja. Ach wirklich?"
DIE SCHÖNE: „Spanferkel, Kalb- und Lammfleisch san oba besonders zoart, deshoilb mog der Mensch des Fleisch!"
DER MANN: „Ist ja richtig. Ich mag trotzdem kein Lammfleisch. Früher, als ich noch Kind war, sagte meine Mutter immer, es handele sich um verletzte Tiere, die man habe notschlachten müssen,

damit sie sich nicht quälen ... mit einem gebrochenen Bein oder einer anderen Verletzung. In Wirklichkeit werden Tierbabies aber geplant und massenweise geschlachtet. Und das finde ich so gemein."
DIE SCHÖNE: „Worum?"
DER MANN: „Die Zeit der Kinderstube ist doch die schönste Zeit im Leben eines Individuums, ich meine, sie haben noch nichts vom Leben gehabt, ahnen nichts vom Zinzin-Machen, da tötet man sie schon, um sie aufzuessen. Nur weil ihr Fleisch ein wenig zarter ist?"
DIE SCHÖNE: „I glaub, du denkst wieder z'vü noch! Und auf dei Osterlämmchen hob i jetz koan Appetit mehr!"
DER MANN: „Tut mir leid, Schatz. Das wollte ich nicht. Morgen, das versprech ich dir, schlachten wir es!"
DIE SCHÖNE: „Passt!"
DER MANN: „Aber ..."
DIE SCHÖNE: „Wos?"
DER MANN: „... wir schneiden es hinten an, und den Kopf essen wir zuletzt!"
DIE SCHÖNE: „Du bist so einfühlsam und so gefühlvoll und ..."
DER MANN: „Was?"
DIE SCHÖNE: „... du host so gefühlvolle Händ!"
DER MANN: „Chirurgenhände sind so."
DIE SCHÖNE: „Matscho!"
DER MANN (murmelt irgendetwas)
DIE SCHÖNE: „Kimm, moch ma's do, unter da Dusch!"
DER MANN: „Was, hier?"
DIE SCHÖNE: „Worum net? Host leicht Angst, uns siacht wer?"
DER MANN: „Nein, das nicht!"
DIE SCHÖNE: „Donn kimm! Wüst vo hint?"
DER MANN: „Das ist so schön ... dich so zu sehen und mit ..."
DIE SCHÖNE: „Mit wos?"
DER MANN: „Nein!"
DIE SCHÖNE: „Wos ‚nein'?"

DER MANN: „Ich wollt es nich sagen."
DIE SCHÖNE: „Mit wos?"
DER MANN: „Mit, mit … richtiger Wasserkühlung!"
DIE SCHÖNE (lacht ausgelassen)
DER MANN: „Das platscht so! So …"
DIE SCHÖNE: „Jo, i hear des gern! Du net? Wias d'immer schnöller und schnöller, schnöller und schnöller wirst?"
DER MANN (schämt sich ein wenig): „Wenn du es magst?"
DIE SCHÖNE: „Jo, jo, jo … und wia i des mog! Hörst!"
DER MANN: „Dann mag ich es auch!"
DIE SCHÖNE: „Du bist mei liaber Bär …"
DER MANN: „Ja, dein Waschbär! Wann und wo immer du willst!"

Kurz „darauf"

DIE SCHÖNE: „Kimm, jetz gemma schlofn! 's is scho wieder so schpot."
DER MANN: „Am Anfang dachte ich, es würde besser …"
DIE SCHÖNE: „Wos d'n, Liebling?"
DER MANN: „Meine Müdigkeit. Ich bin immer nur müde!"
DIE SCHÖNE: „Jo, i bin a immer so miad!"
DER MANN: „Müde, immer nur müde, den ganzen Tag lang, auf der Arbeit. Bei all der Müdigkeit, wenn ich vor mich hinträume, dann ist es, weil ich immer wieder an die schönen Stunden mit dir denken muss. Wenn ich so darüber nachdenke, ich komm nur noch im Dienst ein wenig zum Ausschlafen!"
DIE SCHÖNE: „Wos? Im Dienst?"
DER MANN: „Ja, wenn wenig los ist, weißt du, und … nicht gerade du bei mir im Dienstzimmer liegst! Die Turnusärzte sind so nett und rufen mich nicht wegen jeder Kleinigkeit. Weißt du, es ist, als ahnten sie von dir und mir. Und weil sie dich so sehr mögen, lassen sie auch mich in Ruhe schlafen."
DIE SCHÖNE: „Na, sie mögn di a, host du des no net gmerkt?"

DIE SCHÖNE: „Kimm, 's is scho wieder so schpot!"
DER MANN: „Schau nicht auf die Uhr!"
DIE SCHÖNE: „Kimm, Liebling, morgn is d' Nocht vorbei, und wir liegn no d' gonze Nocht beianond!"
DER MANN: „Ich hasse Wecker!"
DIE SCHÖNE: „I würd a gern ausschlofn!"
DER MANN (beobachtet ihr Gesicht, während er sie streichelt): „Ich mag es, wenn es dir gefällt!"
DIE SCHÖNE: „Kimm, jetz schlof ma!"
DER MANN: „Nein, ich will nicht müde sein! Ich will dir noch so viel geben. Sag, wie du es am liebsten hast, und ich werd noch lieber zu dir sein. Ich will dir alles geben, was ich geben kann … "
DIE SCHÖNE: „Woaßt, i mog des so, wonns d'dei Hond nur an derer Stöln losst und so mit mir einschlofst! Woaßt, des is des Scheenste, wos für mi gibt, wonns d'mit mir kuscheln und so mit mir einschlofn tuast! Beim Schnackseln kömma uns am nächsten sein, oba i liab di, und da is gnuag, wonn du nur in meiner Nähe bist."
Beide: „Müde bin ich,/geh zur Ruh/schließe meine Augen zu
lass die Augen dein /über unserm Bette sein./Amen"
„Gute Nacht!"

Philosophie über Wecker

DER MANN (vom Klingeln eines Weckers aufgeschreckt): „Liebes, wir müssen aufstehen!"
DIE SCHÖNE (umarmt ihn): „Na, Liebling, wir ham no gnuag Zeit … no amoi in mi einikriachn …"
DER MANN (verwirrt und übermüdet): „Müssen wir nicht aufstehn?"
DIE SCHÖNE (schmunzelnd): „Na, no long net, mei Liebling."
DER MANN: „Was heißt ‚nein'? Was ist mit deinem Wecker? Warum klingelt der, muss ich denn nicht los, zur Arbeit?"

DIE SCHÖNE: „Na. Du konnst dir 's aussuachn: no a Stund schlofn oder mit mir schnacksln!"
DER MANN: „Aber ... aber ... wie spät ist es denn?"
DIE SCHÖNE: „Ach, genug Zeit zum zwoamoi Schnackseln. Oba vorher wü i a bisserl an dir spüiln!"
DER MANN (schlaftrunken): „Lieb von dir, aber vorher spiel ich ein bisschen an dir!"
DIE SCHÖNE: „Jo jo, joo, spüil an mir, bitte spüil an mir!"
DER MANN: „Du hast so wunderschöne Spielsachen, so weich und knuddelig ... und dann du erst, danach ... so weit, so offen, so unersättlich!"
DIE SCHÖNE: „Und i hoilt di gonz, gonz fest, dass d'net weckageh konnst! Du sollst nie mehr aus mei'm Betterl fortgehn, woaßt?"
DER MANN (schreckt vom Klingeln eines zweiten Weckers hoch): „Ach Spatz, das ist aber lästig!"
DIE SCHÖNE: „Worum? So wissma, dass ma nimma gonz so vü Zeit ham, denn jetz muasst boild mit mir schnackseln!"
DER MANN: „Wie du willst, dann kriech ich schon jetzt ... in ... dich ... rein!"
DIE SCHÖNE: „Schau mi an! I mog des so, wonns d'mi dabei anschaust, wonns du in mi reinkriachen tuast und wonns d'in mir drinsteckst und di bewegst!"
DER MANN: „Ja, das ist ein so schöner Moment! Ich hab dich so lieb!"
DIE SCHÖNE: „I di a. Kimm, treibs mit mir!"
DER MANN: „Ja!"
DIE SCHÖNE: „Jo, jo, wetz di in mir! I mog di spürn, dein Körper!"
DER MANN: „Ja!"
DIE SCHÖNE: „Wetz di in mir, bis d'nimma konnst!"
DER MANN: „Ja, ja ..."
DIE SCHÖNE: „Schotz, 's tuat ma leid, des is mei dritter Wecker, jetz miassma unbedingt aufstehn, sonst kumma ma z'schpot zur Arweit!"

DER MANN (aufgebracht): „Scheiß Wecker! Du hast es vermasselt! Du und deine verdammten Wecker, ihr habt es vermasselt. Ihr habt wohl eure eigene Psyche, was? Ja, deine verrückte Weckerpsychologie!“

DIE SCHÖNE: „Geh, sog do nix gegn meine Wecker!“

DER MANN: „Warum? Ist doch nicht normal, oder? Ach, vergiss es! Es ist doch völlig egal, denn wen sollte ich auch fragen, ob das noch normal ist?“

DIE SCHÖNE: „Und du? Muasst net glei so aufbrausn. Vielleicht passerten mir eh net zam!“

DER MANN: „Was hat das damit zu tun?“

DIE SCHÖNE: „Jo, du und i, wos soll überhaupt aus uns werdn?“

DER MANN: „Was meinst du?“

DIE SCHÖNE: „Schau, du wüst eh amal weckagehn, mi im Stich lossn. Wos hot des donn ois für an Sinn?“

Beim Frühstück

DIE SCHÖNE: „Und, Widderhörnderl wieder eingfoahrn?“

DER MANN: „Schon längst! Und du, hast du denn deine Hörnerchen auch eingefahren?“

DIE SCHÖNE: „Jo, is vielleicht eh besser, wonns d’nimma wiederkimmst!“

DER MANN (müde): „Ach. Jetzt fang nicht schon wieder an zu stänkern.“

DIE SCHÖNE: „Jo, du wüst mi eh net, weil du wüst weckagehn vo mir. Oiso, wos hot des donn ois für an Sinn? Sogs mir! Hm? Sogs!“

DER MANN: „Wie heißt es so schön? ‚Wenn es am besten schmeckt, soll man aufhören!‘“

DIE SCHÖNE: „Jo, loss ma ois, wia ’s jetz is! Es woar scheen mit dir. Oba du derfst nimma kemman!“

DER MANN: „Das geht nicht!“

DIE SCHÖNE: „Wie bitte?“

DER MANN: „Das geht nicht so einfach, wie du denkst!"
DIE SCHÖNE: „Worum?"
DER MANN: „Hast du schon einmal versucht, einem Dicken das Essen zu verbieten?"
DIE SCHÖNE (überrascht): „Wie moanst des jetz?"
DER MANN: „Du kennst doch unsern Obelix?"
DIE SCHÖNE: „Den Windhagauer?"
DER MANN: „Genau!"
DIE SCHÖNE: „Den mit dem Mognbandl?"
DER MANN: „Genau! Weißt du, der hat es auch versucht ... Verstehst du? Es ist wie bei den Dicken, sie nehmen sich vor, abstinent zu sein. Aber es funktioniert nicht! Als er das Magenband bekommen hatte, fing er an, nur noch Schokolade, Pudding, weichen Käse und andere flüssige Kalorienbomben zu futtern, hemmungslos! Abgenommen hat er nicht, im Gegenteil! Weißt du, mit den Dicken ist es wie mit der Liebe. Sattsein ist für sie wie für uns Befriedigung. Beides ist nur von kurzer Dauer. Wenn sie neuen Hunger haben, fangen sie wieder an zu essen – zügellos, hemmungslos, immer mehr! Und sie werden immer dicker. Weißt du, Schatz, wenn du bei mir bist, wenn wir zusammen sind, geht es uns so gut. Aber wenn du dann wieder weg bist ... nach zwei, drei Stunden, Schatz, da hab ich schon wieder so dolle Sehnsucht nach dir! Nein, schlimmer noch, meine Sehnsucht ist größer, ist stärker als je zuvor! Verstehst du nicht?"
DIE SCHÖNE: „Wos?"
DER MANN: „Meine Liebe zu dir ist wie eine Sucht! Ich bin süchtig nach dir! Es ist ein Rausch. Du bist für mich wie ein Suchtmittel. Was dich betrifft, so bin ich therapieresistent! Sag, können Hormone wohl Gift sein? Du weißt, ich bin dir bedingungslos verfallen, dir ausgeliefert, meiner nicht zu bändigenden Leidenschaft! Es ist wie beim dicken Windhagauer, wenn der sich nachts heimlich an den Kühlschrank schleicht. Es ist so unvernünftig. Obwohl er es weiß. Und glaub mir, ich finde sicher einen Weg zu

dir! Du kannst mir nicht verbieten, dich zu sehen, dich zu knuddeln, dich zu schlecken und zu schmecken, dich zu vernaschen und dann Zinzin mit dir zu machen! Außer du schickst mich …"

DIE SCHÖNE: „Wohin?"

DER MANN: „… zum stationären Entzug, zur Entgiftung – enthormonen lasse ich mich nicht, in die Verbannung … irgendwohin, ganz, ganz weit weg. Oder du musst mich wegschließen lassen, am besten hinter Gitter, in den Knast! Lass doch die Berliner Mauer, die man, Schwamm drüber, so schnell weggerissen hat, wieder auferstehen und steck mich dann dahinter, von wo aus ich nicht lebend zu dir zurückkommen kann! Oder in eine Anstalt für Geisteskranke, so total verrückt, wie du mich gemacht hast. Du bist mein Rauschmittel, mein Räuchergras, mein Kokain, mein liebes Lachgas, mein Zuviel-an-Sauerstoff. Oder das Gegenteil: zu dünne Luft! Darin mach ich nur Blödsinn, aus lauter Liebe … vielleicht bring ich mich um? Die Luft ist dann so dünn, dass mir ganz schwarz vor Augen wird; ich kollabiere, lande vor deinen Füßen, schon wieder mal, nein, endlich wieder! Um sie zu küssen, um vor dir niederzuknien, vor Ehrfurcht! Wenn das eine Krankheit ist, so lass mich ewig krank sein, bitte! Du hast mich aus der Bahn geworfen, du zerstörst meine Autorität, du bist die Unvernunft, denn du hast das Tier aus mir herausgelockt, du bist das Chaos für mich, doch ich liebe dich! Du bist … du bist mein Tiefenrausch! Hier oben in der Höhe? Ach, es lässt sich mit Vernunft nicht klären."

DIE SCHÖNE: „Des Rauschen auf da Alm?"

DER MANN (verwirrt): „Ja! Ja! Das ist es wohl, undefinierbar, unbeschreiblich, unsichtbar … Der Tinnitus in meinem Ohr, das permanente Netzbrummen, das gar nicht weggehen soll, das dafür da ist, dass jedes andere Geräusch verschwindet, damit ich mich nur auf eines konzentrieren kann: das wundervolle Blau deiner Augen, das mich gefangen hält, fasziniert, hypnotisiert, bis ich tue, was auch immer du von mir willst, bedingungslos, willenlos, gefangen eben …"

DIE SCHÖNE: „Des warert scheen! Oba du woaßt es eh, des is nur a Tram. Es is besser, wonns du nimma mehr kimmst!"
DER MANN (schockiert): „Sags! Bitte sag es!"
DIE SCHÖNE: „Wos?"
DER MANN: „Sag endlich, dass ich gehen soll, und ich geh!"
DIE SCHÖNE: „Wonns d'gehn wüst, donn geh! Reisende soll ma net aufhoiltn!"

Er nimmt den leeren Karton, in dem er am Abend drei kleine Flaschen Ginger Ale, eine Tüte mit Kräutern aus der Provence, zwei Becher Rote Grütze und rechtsdrehenden Joghurt mitgebracht hatte, und geht wirklich. Er geht ohne ein Wort.

Sein SMS an einem Abend, irgendwann

„Trotzdem: Ich denk an dich! Jetzt! In diesem Augenblick! Denn ich liebe dich!"

Ihr Anruf am nächsten Tag

DER MANN: „Hallo?"
DIE SCHÖNE (mit unsicherer Stimme): „Hallo! Wo bist jetz und wos mochst 'n leicht?"
DER MANN: „Ich sitz auf dem Motorrad, konnte nicht gleich ans Handy. Du weißt schon, die dicken Sachen … und bis ich den Handschuh aus hatte, den Helm runter, damit ich dich überhaupt hören kann!"
DIE SCHÖNE: „A so."
DER MANN: „Und was machst du?"
DIE SCHÖNE: „Bin grod in meina Kuchl, a Möhlspeis bocha, woaßt."
DER MANN: „Hast Lust auf ein' Kaffee?"
DIE SCHÖNE: „Gern! Oba wo?"

DER MANN: „In irgendeinem Café, vielleicht beim Pruckner? Der hat so guten Apfelstrudel. Und die Krapfen erst!"
DIE SCHÖNE: „I woaß net …"
DER MANN: „Oder beim Punzengruber?"
DIE SCHÖNE: „I glaub net."
DER MANN: „Treffen wir uns doch bei der Gattringer, da gibt es den besten Kaffee!"
DIE SCHÖNE: „Na!"
DER MANN: „Oder fahren wir doch zum Kerschbaumsteiner, da soll es so gute Sachertorte geben."
DIE SCHÖNE: „Du konnst a zu mir kemma, mit deiner Maschin … wonns d'wüst. Auf an kloan Kaffee!"
DER MANN (überrascht): „Bist du dir sicher?"
DIE SCHÖNE: „Worum net?"
DER MANN: „Dann … bis gleich!"
DIE SCHÖNE: „Schotz?"
DER MANN: „Ja?"
DIE SCHÖNE: „Bitte foahr vorsichtig!"

Zehn Minuten später, hinter dem Krautgraben

DIE SCHÖNE: „Griaß di!"
DER MANN (umarmt sie wie noch nie): „Hallo! Schön, dich wiederzusehen, Liebes!"
DIE SCHÖNE (vor Freude zitternd): „Schön, dass d'do bist, mei liaber Spatz!"
DER MANN: „Du hast mir so gefehlt!"
DIE SCHÖNE: „Du mir a! I hob di so sehr liab!"
DER MANN: „Ich dich auch! Wir dürfen uns nicht mehr streiten, weißt du? Schade um die vergeudete Zeit!"
DIE SCHÖNE: „Jo, du host recht! Schod um jede Minutn. Es tuat mir leid, dass i so bees woar."

DER MANN: „Ich bin ja so glücklich, dass ich dich wieder in die Arme schließen darf!“

DIE SCHÖNE: „Kimm eina, ziag di aus. Und donn trink ma an Kaffee. Wüst an kloan Braunen oder lieber a Melange? “

DER MANN: „Was denn, schon jetzt?“

DIE SCHÖNE: „Wie moanst?“

DER MANN: „Oder lieber … danach?“

DIE SCHÖNE (öffnet die Bluse): „Wonns d’wüst, dann nachher! Schau, wos i do Scheens für di hob …“

DER MANN: „Du bist so schön, Schatz! Ich mag dich überall küssen und dann …“

DIE SCHÖNE: „Donn wos? Wüst mi leicht schnackseln?“

DER MANN: „Ja, Schatz, das ist es, was er schon lange will …“

DIE SCHÖNE: „Wer denn?“

DER MANN: „Mein Körper!“

DIE SCHÖNE: „Meiner a!“

Kurz „darauf“

DER MANN: „Hmm, der Honigkuchen ist dir aber gut gelungen, und der Cappuccino erst!“

DIE SCHÖNE: „I hob dabei an di docht, woaßt!“

DER MANN: „Montag kommst du zu mir!“

DIE SCHÖNE: „Wos denn, zu dir hoam?“

DER MANN: „Ja sicher!“

DIE SCHÖNE: „I woaß net.“

DER MANN: „Wie bitte?“

DIE SCHÖNE: „I woaß no net, ob i kimm! Vielleicht bin i spinnert und bees, am Montog!“

DER MANN (überrascht): „Wieso?“

DIE SCHÖNE: „Woaßt, donn kriag i mei Regl!“

DER MANN: „Weißt du, was der Federseel heute gesagt hat?“

DIE SCHÖNE: „Na?“

DER MANN: „Das Schönste am Fremdgehen sei der Anlauf!"
DIE SCHÖNE: „Wirkli? Des hot er wirkli gsogt? Na, des glaub i net!"
DER MANN: „Sicher doch, stell dir vor, das hat der gesagt!"
DIE SCHÖNE: „I hob's eh gwisst …"
DER MANN: „Was hast du gewusst?"
DIE SCHÖNE: „Dass sei Ehe a net läuft!"

Montagmorgen (Zuckerbrot und Peitsche)

DIE SCHÖNE: „Hallo?"
DER MANN: „Hallo! Wo bist du denn?"
DIE SCHÖNE: „I foahr von da Arweit hoam!"
DER MANN (enttäuscht): „Wieso? Ich denk, du kommst zu mir?"
DIE SCHÖNE: „Na. Besser net!"
DER MANN: „Und ich hab heute extra freigenommen – nur für dich!"
DIE SCHÖNE: „Na! Du wolltst wos erledign!"
DER MANN: „Ich hab Kaffee und Kuchen vorbereitet! Kuchen, gebacken von meiner Mutter!"
DIE SCHÖNE: „Von deina Mama?"
DER MANN: „Bitte komm, ich hatte mich so sehr auf dich gefreut!"
DIE SCHÖNE: „Na! Trotzdem. I kimm bestimmt net!"
DER MANN: „Hab extra Frühstück für uns beide gemacht, und jetzt willst du einfach nach Hause fahren, ohne Grund!"
DIE SCHÖNE: „Net ohne Grund! I muass mei Wäsch bügeln und Mittogessn kocha."
DER MANN: „Du hattest es uns ja schon prophezeit, nicht wahr!"
DIE SCHÖNE: „Jo. Is besser so, woaßt!"
DER MANN: „Na dann … trinkst du halt zu Hause Kaffee … und ich hier! Schade."
DIE SCHÖNE: „Baba!"
DER MANN: „Tschüs!"

Zehn Minuten später

Sein SMS: „Kannst ja immer noch kommen! Bitte, bitte, bitte!“

Nach weiteren fünf Minuten

Sein SMS: „Bitte komm zu mir!“

Ihr Anruf

DIE SCHÖNE: „Na guat, i kimm … Oba erst später, für a Stunderl!“

DER MANN: „Ich freu mich so sehr! Bis bald!“

DIE SCHÖNE: „Baba!“

DER MANN (vor Freude): „Juhuuu!“

Ihr zweiter Anruf (eine Stunde später)

DER MANN: „Hallo?“

DIE SCHÖNE: „Hallo, i kimm so gegen hoilb zehn. Muass no zu meiner Freindin, gschwind.“

DER MANN: „Freue mich! Bis später!“

DIE SCHÖNE: „Baba!“

Um zehn

DER MANN: „Grüß dich! Komm rein!“

DIE SCHÖNE: „Griaß di!“

DER MANN: „Hast mich ganz schön schmoren lassen!“

DIE SCHÖNE: „Wieso?“

DER MANN: „Magst du was essen?“

DIE SCHÖNE (schaut sich um): „Wos host'n Scheens?“

DER MANN: „Geburtstagskuchen, von meiner Mutter!“

DIE SCHÖNE: „Vo deina Mama? Wirkli? Von ihr sölba bocha?“

Der Mann: „Genau!“

Die Schöne: „Mmmm, schmeckt der guat! I ess von jedm d’ Spitzn!“

Der Mann (setzt sie vor sich auf den Tisch und gibt ihr den Teller mit dem Kuchen in die Hand): „Iss ruhig! Wie eine Französin.“

Die Schöne: „Wie a Französin?“

Der Mann: „Ja, Französinnen kosten nur. Eine Französin isst sich niemals satt. Deshalb sind Französinnen auch ohne Sport so schlank und attraktiv. Wie du!“

Die Schöne: „Mmmm!“

Der Mann: „Mmmm. Du schmeckst so gut!“

Die Schöne: „Mmmm!“

Der Mann: „Komm, ich trag dich nach nebenan!“

Die Schöne (noch immer den Teller in der Hand): „Mmmm!“

Der Mann: „Wie geht das Ding bloß auf?“

Die Schöne (lacht)

Der Mann: „Ein Druckknopf!“

Die Schöne: „Gewonnen!“

Der Mann: „Mag dich überall küssen, am liebsten hier:“

Die Schöne (legt den Teller neben sich auf das Bett): „Mmmm, des mog i soo!“

Der Mann: „Du bist so lieb!“

Die Schöne: „Schön, dass d’a Kerzn anzündt host! I mog Kerzen, woaßt!“

Der Mann (streichelt sie): „Ich auch, Schatz!“

Die Schöne: „Vielleicht kimmt mir heit mei Regl durch!“

Der Mann: „Ich hab dich so sehr lieb, weißt du.“

Die Schöne: „Mmmm. Des is … scheen. Des mog i soo! Jo! Jo! Jo!“

Der Mann: „Das alles hättest du schon viel früher haben können, vor zwei Stunden schon!“

Die Schöne: „Donn warert ’s jetz scho vorbei! Du woaßt es eh, nur der Augenblick zöhlt!“

DER MANN: „Du bist so wunderschön anzuschaun! Pass auf, der Teller!“
DIE SCHÖNE (während der Teller herunterfällt): „Und jetz! Jetz setz i mi auf di drauf!“
DER MANN: „Ja, ja, mach es uns!“
DIE SCHÖNE: „Und, wie findst des?“
DER MANN: „Das ist so wunderbar! Du bist so wunderschön! Ich halt's nicht mehr lange aus!“
DIE SCHÖNE: „Sollst a net!“

Kurz „darauf“

DIE SCHÖNE: „Host wos für mi?“
DER MANN: „Da, mein T-Shirt! Ich wollte es eh in die Wäsche … “
DIE SCHÖNE (küsst ihn noch immer, wieder und wieder): „Des woar so scheen, mei Liebling!“
DER MANN: „Wenn ich dich so daliegen sehe, da fällt mir ein: Am liebsten würde ich dich …“
DIE SCHÖNE: „Wos?“
DER MANN: „… fotografieren, ja! Oder ein Bild von dir malen!“
DIE SCHÖNE: „A Büild?“
DER MANN: „Ja, besser malen! Wenn ich mal viel Zeit hab, werde ich es tun!“
DIE SCHÖNE (wird immer neugieriger): „Wos denn für a Büild?“
DER MANN: „… mit dem Titel ‚Frau mit T-Shirt!‘“
DIE SCHÖNE: „Du verruckter Kerl du! Na woart! Jetz kitzl i di durch!“
DER MANN (lacht)
DIE SCHÖNE: „Na woart!“ (lacht auch)
DER MANN: „Aua!“
DIE SCHÖNE: „Schotz, wos is mit dir?“
DER MANN: „Hab mir die Zehe am Bett angestoßen!“
DIE SCHÖNE: „Wos host nur gmocht?“

Der Mann: „Ich? Du warst das, du hast mich gekitzelt!"
Die Schöne: „Maria na! Schaut goar net guat aus!"
Der Mann: „Was denn?"
Die Schöne: „Dei Zeechn! Wird wohl brocha sei!"
Der Mann: „Hast du ein Glück, dass du nicht auch kitzelig bist!"
Die Schöne (wie verwandelt): „Ach, i woaß net, vielleicht sollt' i doch nimma wiederkemma!"
Der Mann: „Wieso?"
Die Schöne (zornig): „Moanst, i bi net eifersüchtig, wonn i mit an Monn schlof, der mit zwoa Fraun schloft!"
Der Mann: „Ja, da magst du sogar recht haben. Aber ich hab nicht mit ihr geschlafen, seit wir beide, du und ich, das erste Mal miteinander geschlafen haben; also hab ich auch am Wochenende nicht mit ihr geschlafen!"
Die Schöne: „Schwör's! Jo, schwör's bei der Heiligen Muttergottes!"
Der Mann: „Ich schwöre es *dir,* mein Liebling!"
Die Schöne: „I woaß, irgendwonn wirst sicher wieder mit ihr schlofn … Moanst, i bi net eifersüchtig? Wie würdst du reagiern, wonn i neben an andern Monn schlofert? Des würd dir a net gfoilln. Stimmt's?"
Der Mann: „Da magst du recht haben!"
Die Schöne: „Woaßt, wos des Beste is?"
Der Mann: „Nein?"
Die Schöne: „Du kimmst nimma!"
Der Mann: „Überhaupt nicht mehr?"
Die Schöne: „Und i a nimma mehr do her, verstehst?"
Der Mann: „Aber wieso? Schatz, was hab ich dir getan, dass du plötzlich so sauer auf mich bist?"
Die Schöne: „I bin do goar net sauer auf di! Oba woaßt, ma konn nur a anzige Frau liabm, und du liabst dei Frau … so vü Johr, wie du scho mit ihr zam bist!"
Der Mann: „Ich mag dich so sehr wie keine andere, und außer-

dem: Ich hab mich schon so sehr an dich gewöhnt! Verstehst du? In meiner Liebe zu dir bin ich treu; ich liebe dich, nur dich allein!"
DIE SCHÖNE: „Jo, i di a. Des isses jo! Und i mog di immer, immer mehr, und am End tuat 's mir weh, wonns d' wirkli von mir wekkagehst!"
DER MANN: „Gut, in dem Punkt geb ich dir recht ... Ich will dir nicht wehtun, Schatz!"
DIE SCHÖNE: „Tust net! Oba irgendwann gehst, gehst zu ihr z'ruck, und i bleib do. Du host donn jemondn! Und wos, sog, wos soll donn aus mir wer'n? Sog ma's!"
DER MANN: „Du hast recht! Aber ich glaub, ich komm nie mehr los von dir!"
DIE SCHÖNE: „Ach, warum host überhaupt damit angfongt?"
DER MANN: „Weil ich verrückt bin nach dir ... von Anfang an!"
DIE SCHÖNE: „Du host di in mei Lebm eingschlichn!"
DER MANN: „Ich verstehe das nicht. Wie kann man nur so launisch sein? Mal ‚hü' und mal ‚hott', mal Feuer und mal Wasser, mal Sonne und mal Regen, mal Wärme und dann eisige Kälte, was ist nur mit dir los? Deine Achterbahn der Gefühle ... ich halte das nicht mehr aus!"
DIE SCHÖNE (drohend): „Jo! So is oba, du host di in mei Lebm eingschlichn, und jetz schleich di wieder aussi!"
DER MANN (schockiert): „Schatz, was ist nur mit dir los?"
DIE SCHÖNE: „Nix!"
DER MANN: „Zickenalarm, oder was?"
DIE SCHÖNE: „Siachst! Wir passerten eh net zam."
DER MANN: „Wieso nicht?"
DIE SCHÖNE: „Weil wir vü zu vaschiedn san. Am besten is, wir sehgn uns nimma."
DER MANN: „Wieso?"
DIE SCHÖNE: „Weil es is eh besser so!"
DER MANN: „Aber zu unserem Geburtstag darf ich dich doch einladen?"

DIE SCHÖNE: „I woaß net. Vielleicht besser net!"
DER MANN: „Aber ich habe schon ein Geschenk für dich, das kann ich nur dir allein schenken! Es ist speziell für dich bestimmt!"
DIE SCHÖNE: „Na. Besser net!"
DER MANN: „Bist du etwa eifersüchtig?"
DIE SCHÖNE: „Irgendwonn werd i an Monn findn, der zu mir passt und der für immer do bei mir blei'm wü!"
DER MANN: „Ja, du brauchst jemanden, der sich um dich kümmert!"
DIE SCHÖNE: „Jemand, der koa Widder is wie du und i. Woaßt? Wir passerten schon deshoilb net zam. Woaßt, so wie Topf und Deckl. Woaßt, a jeder Topf hot sei'n eigenen Deckl, der genau zu eahm passt."
DER MANN: „Du jedenfalls bist als Deckel gut für mich Flasche, einen besseren Deckel könnte ich mir nicht vorstellen!"
DIE SCHÖNE: „Is doch verruckt, die Wölt, unsere Wege ham si 'kreuzt, und so, wie wir uns gfundn ham, so verlossn wir uns a wieder!"
DER MANN: „Das wär schlimm! Du machst mich traurig, wenn du solches Zeug redest! Wir haben doch noch so viel Zeit!"
DIE SCHÖNE: „Du wirst di wundern, wie schnöll des bisserl Zeit vergeht."
DER MANN: „Eben! Also machen wir das Beste daraus! Ich hab noch so viel vor mit dir ...!"
DIE SCHÖNE: „Na! Es is besser, wir mocherten scho jetz Schluss! Jetz, wo es no net z'schpot is!"
DER MANN: „Aber warum nur? Das ist doch Selbstkasteiung!"
DIE SCHÖNE: „Weil wir uns immer mehr verliebm, und am End kimm i nimma mehr los vo dir, verstehst du des net?"
DER MANN (küsst und streichelt sie): „Du meinst also wirklich, uns geht es besser, wenn wir uns nicht mehr treffen, obwohl ... obwohl du in meiner Nähe bist?"
DIE SCHÖNE: „Jo. So is!"

DER MANN: „Nein, das kann ich nicht glauben. Der Augenblick zählt, was heute ist, *jetzt!* Und ich finde, es ist so wunderbar mit dir!"
DIE SCHÖNE: „Mit dir a!"
DER MANN (küsst ihr die Brust): „Also Schatz ... wann kommst du ... wieder mal ... zu mir?"
DIE SCHÖNE: „Erst muass amoi Schluss sei ... Beim nächsten Moi isses no vü scheener!"
DER MANN (erleichtert): „Aha! Jetzt ist es raus, du bist überführt! Endlich hab ich dich durchschaut!" (lacht)
DIE SCHÖNE: „Wieso?" (lacht auch)
DER MANN (lacht): „Jaha ... *Zuckerbrot und Peitsche!* Schlag mich nur, schlag mich mit deiner Peitsche! Erst quälst du mich. Du magst es, wenn ich um dich kämpfen muss. Lass mich nur leiden, ja, lass mich leiden, du liebe Kleine, du liebe kleine Tyrannin!"
DIE SCHÖNE (lacht mit ihm): „Jo, worum net!"
DER MANN: „Weißt du, du kannst soo gemein sein!"
DIE SCHÖNE: „Moanst wirkli?"
DER MANN: „Ach was!"
DIE SCHÖNE: „Sog, wie schpot isses leicht scho?"
DER MANN: „Ich glaub, du musst los!"
DIE SCHÖNE (schaut auf die Uhr und erschrickt): „Maria na, jetz kimm i z'schpot zur Arweit ..."
DER MANN (will sie noch einmal küssen): „Tschüs! Es war wunderbar mit dir!"
DIE SCHÖNE: „Mit dir a. Pfüat di, Liebling!"
DER MANN: „Bitte fahr vorsichtig!"

Am Abend, am Handy

DER MANN: „Hallo Schatz!"

DIE SCHÖNE: „Hallo!"

DER MANN: „Und, wie ist dein Dienst? Habt ihr viel zu tun?"

DIE SCHÖNE: „Na, bis jetz woar's ruhig!"

DER MANN: „War so schön heut mit dir, und so aufregend!"

DIE SCHÖNE: „Mit dir a! I bin so verliabt in di!"

DER MANN: „Ich lieb dich auch so sehr! Und warst du pünktlich auf der Arbeit oder bist du zu spät gekommen?"

DIE SCHÖNE: „Na, i hob's grod no gschofft."

DER MANN: „Ich hab immer solche Angst um dich, wenn du so schnell fährst!"

DIE SCHÖNE: „Danke, Schotz! Für ois! Du föhlst mir jetz scho wieder! I möchtert, dass d'do warerst, do bei mir!"

DER MANN: „Was denn, in eurem Dienstzimmer?"

DIE SCHÖNE: „Jo, des warert scheen!"

DER MANN: „Du weißt doch, dass das nicht geht. Stell dir vor, sie erwischen uns!"

DIE SCHÖNE: „Donn schmeißertn s'uns zwoa aussi. I woaß eh. Donn schlof guat!"

DER MANN: „Schönen und vor allem ruhigen Dienst wünsch ich dir!"

DIE SCHÖNE: „Guate Nocht, Liebling!"

Zwei Stunden später

DIE SCHÖNE: „Maria na! Bin i jetz derschrockn!"

DER MANN (liegt auf ihrem Bett): „Hallo Schatz!"

DIE SCHÖNE: „Bist verruckt? Na, dass du wirkli do her kimmst! Na. I glaub's no immer net!"

DER MANN: „Du weißt doch, ich halt es keine Nacht aus ohne dich!"

DIE SCHÖNE (küsst ihn und zieht ihn aus): „Mei Liebling!"

DER MANN (lässt sich küssen, zieht ihr die Arbeitssachen aus): „Mein Gott, was habt ihr denn gemacht? Deine Sachen sind ja überall voll mit Blut angespritzt!“
DIE SCHÖNE: „Koa Problem net, i ziag mir *nocher* neiche Sochn an.“
DER MANN: „Wir dürfen hier nicht so laut sein, nebenan schläft die Anästhesieschwester!“
DIE SCHÖNE: „I woaß eh, d' Rosana! Und außerdem ... woaßt, wer jede Nocht zur Rosana kimmt?“
DER MANN: „Nein?“
DIE SCHÖNE: „Der neiche Anästhesist, der Ramskogler!“
DER MANN: „Was denn, der Ramskogler?“
DIE SCHÖNE: „Da staunst!“
DER MANN: „Mit der Rosana? Aha!“
DIE SCHÖNE: „Und woaßt, wen s'vorher ghobt hot?“
DER MANN: „Nein. Und ich will es auch gar nicht wissen!“
DIE SCHÖNE: „Woaßt, i hob s'jede Nocht ghört, wonn s'nebenan mit an Monn gschlofa hot! Deshoilb bin i a so glücklich, dass du jetz do bei mir bist!“
DER MANN: „Weißt du, wenn sie immer so laut dabei ist, dann können wir auch laut dabei sein.“
DIE SCHÖNE: „Na, des wü i net! Des muass net a jeder wissn, woaßt! Sie is eh so a Suderlucka!“
DER MANN: „Und ihre Freundin, die Bettina, auch!“
DIE SCHÖNE: „Jo, und donn hätten s'morgn wieder wos zum Trotschen und Sudern, und des gonze Kronknhaus würd es wissen, dass i Bsuch ghobt hob von an Monn!“
DER MANN: „Also behalten wir es für uns!“
DIE SCHÖNE: „Wos d'n? Des von da Rosana und dem Ramskogler?“
DER MANN: „Nein, das natürlich auch.“
DIE SCHÖNE: „Wos denn?“

DER MANN (liebkost und streichelt sie): „Das, was ich jetzt mit dir machen werde!“
DIE SCHÖNE: „Kimm, gemma auf d’n Boden, des Bett knoarrt so!“

Kurz „darauf“

DIE SCHÖNE: „Kimm, gemma unter d’ Dusch!“
DER MANN: „Geh schon vor, ich bring uns was zu essen!“
DIE SCHÖNE: „Scheen, dass d’zu mir in d’ Dusch kimmst!“
DER MANN: „Lass mich dein Waschbär sein!“
DIE SCHÖNE (lacht)
DER MANN: „Und, wie is das?“
DIE SCHÖNE: „Und wie is *des?*“
DER MANN: „Wow, unbeschreiblich!“
DIE SCHÖNE: „Und jetz, setz di nieder, vor mi! Donn stöl i dir mei’n Fuaß auf dei Achsl und du rasierst mi.“
DER MANN: „Gern, holde Schöne!“
DIE SCHÖNE: „Oba vorsichtig!“
DER MANN: „Gut, und was weiter?“
DIE SCHÖNE: „Donn konnst mochn mit mir, wos d’wüst!“
DER MANN: „Worauf du dich verlassen kannst!“
DIE SCHÖNE: „Und jetzet … des ondere Bein, das i dir hochstöl. Oba vorsichtig, du woaßt es eh.“
DER MANN: „Lass mich dein Sklave sein, stolze Königin!“
DIE SCHÖNE: „Und jetz derzöhl, wie bist überhaupt do einerkemma?“
DER MANN: „Alter Germanentrick: mit meinem alten deutschen Passepartout!“
DIE SCHÖNE: „Des Lebm is so scheen mit dir! Fost on an jedm Tog erleb i a neiche Überroschung!“
DER MANN: „Magst du Rote Grütze?“
DIE SCHÖNE: „Wos is des?“

DER MANN: „Roter Wackelpudding mit roten Beeren; Spezialität aus Norddeutschland, gibt es neuerdings sogar hier in Schönbrunnerland zu kaufen."
DIE SCHÖNE (gewohnt skeptisch): „Mmmm, schmeckt gonz guat! Obwohl, es is net aus Schönbrunnerland!"
DER MANN: „Nicht halb so gut wie du. Mmmm, schmeckst du aber gut!"
DIE SCHÖNE: „Kimm zu mir, is scho so schpot! Kimm kuscheln!"
DER MANN: „Hast du auch den Wecker gestellt? Du weißt ja: nicht, dass uns morgen die Putzfrau weckt!"
DIE SCHÖNE: „Na und? I sog z'ihr, i brauchert koa Putzfrau mehr … weil i bin scho putzt!"
DER MANN (lacht herzlich)
DIE SCHÖNE (lacht auch): „Na, koa Angst! I hob den Wecker gstölt. I wü mit dir no frühstückn!"
DER MANN: „Dann schlaf gut, Schatz. Ich hoffe, dass du nicht raus musst, zum Operieren!"
Gemeinsam: „Müde bin ich,/geh zur Ruh/schließe beide Augen zu/lass die Augen dein/über unserm Bette sein./Amen."
DER MANN: „Gut Nacht, blutrünstige Schmusemieze."
DIE SCHÖNE: „Guate Nocht, mei liaber leiser Einbrecher!"

Am Handy

DER MANN: „Hallo Schatz! Wie geht es dir?"
DIE SCHÖNE: „Wie immer."
DER MANN: „Was ist los mit dir? Hab ich dich geärgert? Hab ich dir weh getan?"
DIE SCHÖNE: „Es muass Schluss sei. Wir kinnan no telefonieren. Oba in mei Haus kimmst mir nimma!"
DER MANN: „Was, was hab ich dir denn getan?"
DIE SCHÖNE: „Na. I glaub, es is besser, wonn wir uns nimma sehgn."

DER MANN: „Was hast du nur? Schatz? Bitte sprich! Hab ich dich verletzt?"
DIE SCHÖNE: „Na."
DER MANN: „Sag, was ist mit dir los?"
DIE SCHÖNE: „Mei Freindin hot mi heit bsucht, woaßt."
DER MANN: „Und?"
DIE SCHÖNE: „Ihr Monn hot sie betrogn, woaßt."
DER MANN: „Und? Was hat das mit uns, was hat das mit mir zu tun?"
DIE SCHÖNE: „Nix. Oba 's is vielleicht besser, wonn wir a Schluss mochn."
DER MANN: „Ja, aber doch nicht deshalb, weil deine Freundin von ihrem Mann betrogen wurde."
DIE SCHÖNE: „Na. Oba du betrügst dei Frau."
DER MANN: „Nein, das ist es nicht!"
DIE SCHÖNE: „Wos denn?"
DER MANN: „Ich halte dieses ewige ‚Hin und Her', dein ewiges ‚Hüh und Hott' nicht mehr aus. Ich kann deine Launen nicht länger ertragen, verstehst du? Obwohl ich dich liebe!"
DIE SCHÖNE: „I di a!"
DER MANN: „Also was soll es! Vielleicht können wir zum Abschied noch irgendwo essen gehen?"
DIE SCHÖNE (überrascht): „Wonns d'wüst!"

Eine Woche später

DER MANN (bleibt in der Tür stehen): „Ich bin da! Und du? Was ist mit dir? Bist du auch schon fertig? Bist du fertig angezogen und geschminkt?"
DIE SCHÖNE: „Worum kimmst net eina in mei Haus? Host leicht Angst vor mir?"
DER MANN: „Ach was!"

Die Schöne (springt ihn an, umklammert und küsst ihn leidenschaftlich): „Griaß di!"
Der Mann (kühl): „Hallo!"
Die Schöne (drückt ihn, als wolle sie ihn nicht mehr loslassen): „Mein Liebling!"
Der Mann (schwach geworden): „Ach Liebes … du hast mir so gefehlt!"
Die Schöne: „Du mir a!"
Der Mann: „Du bist so schön! Ich will nicht mehr mit dir streiten! Versprichst du mir, dass auch du nicht mehr mit mir streitest?"
Die Schöne (schüttelt den Kopf, während sie sich küssen): „Scheen, dass d' wieder dobist! Und wohin wüst mit mir essn foahrn?"
Der Mann: „Dahin, wo es den guten toten Fisch gibt! Du weißt schon, zu der Gaststätte am Gallenstein!"
Die Schöne (küsst ihn schon wieder): „A jo, dort isses so scheen! Oba net zum Abschied!"
Der Mann (küsst sie): „Ich mag so gerne mit dir zusammen sein, das weißt du doch!"
Die Schöne: „I bi a so verliabt in di!"
Der Mann: „Hast überhaupt Appetit auf toten Fisch?"
Die Schöne: „Du woaßt eh, dass i Forölln und Saibling so gern iss!"
Der Mann: „Ich dachte, auf der langen Fahrt … da hätte ich dann Zeit, mit dir zu reden…"
Die Schöne: „Worum … irgendwölche Zweifl?"
Der Mann: „Nicht unbedingt. Aber wie es jetzt aussieht … wie ich unsere Körper kenne, würden die beiden am liebsten schon jetzt …"
Die Schöne (lächelt): „Wos denn?"
Der Mann: „… schon jetzt in dein Kuschelbett kriechen, um dort zu kuscheln."
Die Schöne (zieht ihn aus): „Kimm, moch 's mir hier!"

DER MANN (zögert, um ihr dann die Sachen vom Leib zu reißen): „Was denn, hier, hier … etwa auf deinem Waschbecken?"

DIE SCHÖNE: „Jo, worum net?"

DER MANN: „Was, was machst du?"

DIE SCHÖNE: „Wos … i … moch? Woaßt, wos d' … Praktikantin … mit dem … hmmm … mit dem …"

DER MANN: „Etwa was die Lewinsky … mit dem Clinton gemacht hat?"

DIE SCHÖNE: „Woaßt, des Becken hot grad d'richtige Höchn, wannst mi schnackseln wüst!"

DER MANN: „Ja wirklich, Schatz. Du hast recht!"

DIE SCHÖNE: „Schau, unsere Körper, im Spiegl!"

DER MANN: „Ja, Schatz, es ist verrückt, ihnen zuzuschauen, was sie da miteinander treiben!"

DIE SCHÖNE: „Und es warert foilsch, sie aufzuhoiltn, woaßt!"

DER MANN: „Manchmal schäm ich mich für ihn, ist er doch mein Körper!"

DIE SCHÖNE: „Na, bitte net, des sollst net! Und grod deshoilb, weil er dei Körper is; schau, wie perfekt er is! Schau, wie die zwoa zampassen. San s'net wie gschoffn für anond?"

DER MANN: „Ich kann's nicht ändern, manchmal schäm ich mich für das, war er tut; vor allem dann … *danach!* Weißt, danach, unmittelbar danach, wenn es dann raus ist, ich so ein tiefes Vakuum spür, das Gegenteil von dem, was vorher ist. Es ist *der kleine Tod!* Danach, wenn dein lieber Körper noch weit, weit oben schwelgt … dann, ja dann schäm ich mich so sehr für ihn und für alles Verrückte, was er eben noch mit deinem gemacht hat! Dann mag ich gar nicht zu ihm hinschauen; nur zu dir, denn deinem lieben Körper sieht man es nicht an, nicht auf den ersten Blick, wenn er erregt ist! Meinem schon. Weißt du, was ich mein? Wenn ich dann so nackt bin und noch immer so nackig in dir stecke, habe ich nichts, womit ich mich zudecken kann. Und je intensiver es war, desto größer ist das Vakuum hinterher! Dann wird mir im Magen ganz übel. Und desto mehr schäm ich mich."

DIE SCHÖNE: „Na, Schotz, bitte net! Des derfst net! Loss ihn mochn, loss es ihn trei'm, loss ihn kemma, bis dass er nimma konn, bis mei Körper wirkli ois, jo ois aus eahm außeghoilt und außegsaugt hot! Brems ihn net! Bitte, loss eahm sein frein Lauf, loss eahm mochn, loss … loss … loss … loss eahm ois, wos er wü, *wos er tun muass!* Gott hat ihn so gschaffn, wie er a mein'n so gschaffn hot, woaßt? So und nur so passt 's, so is es vorgsehgn! *So is es perfekt.*"

DER MANN: „Halt mich! Schatz, bitte, halt mich! Nur für diesen Moment!"

DIE SCHÖNE: „Na, Liebling! Des derfst net! Du host koan Grund net, di zu schama! Er is a Teil vo dir! So wie ihr zwoa seids, dei Körper und du, so und net onders mog i di! Deshoilb mog i di a so, wias d'bist – dein sexy Körper und genau a so dei liabe Seel! Und denk net immer z'vü noch. Des Denken muass schweign! Nur des Erlebm zöhlt, net des Analysiern, verstehst?"

Kurz „darauf"

DER MANN: „Schatz, deine Schminke! Entschuldige, dass ich dich so zugerichtet hab."

DIE SCHÖNE: „Kimm, jetz gemma schnöll duschn, und donn foahr ma essn!"

DER MANN: „Weißt du, für mich bist du viel schöner so, so ganz ohne Schminke! Komm, ich wasch sie ganz ab. So mag ich dich am liebsten, weißt du? Aber entscheide du selbst, ob du dich schminken willst."

An seinem Geburtstag, dem Tag vor ihrem

DER MANN (küsst sie): „Grüß dich!"

DIE SCHÖNE: „Griaß di! Kimm schnöll eina! Koilt is drausd!"

DER MANN: „Mmm, schmeckst du gut!"

DIE SCHÖNE: „Mmm, du a!"

DER MANN: „Und wie du duftest!"

DIE SCHÖNE: „Bitte! Kimm eina zu mir!"

DER MANN: „Wie kuschlig warm es wieder in deinem kleinen Häuschen ist! Wie am ersten Tag, damals, vor zwei Jahren, weißt du noch?"

DIE SCHÖNE: „Herzlichen Glückwunsch zu dei'm Geburtstog, mei liaber Schotz!"

DER MANN (überrascht): „Dass du daran gedacht hast. Danke! Danke dir!"

DIE SCHÖNE: „Und do is dei Gschenk."

DER MANN: „Was denn ... das, das alles soll meins sein?"

DIE SCHÖNE: „Jo, dass d'mi nimmer mehr vergisst, a wonns d'amoil nimma do bist!"

DER MANN (küsst sie): „Was denn, die soll ich mir wirklich umhängen? Das ist doch eine Kette!"

DIE SCHÖNE: „Viele Monna trogn so a goildene Kettn!"

DER MANN: „Eine Kette mit einem Kreuz?"

DIE SCHÖNE: „Sie wird di b'schützn!"

DER MANN: „Danke für das schöne Geschenk! Die Blumen lasse ich auf deinem Tisch, und die Kerze stellen wir auf meinen Nachttisch!"

DIE SCHÖNE (neugierig): „Wos host bloß mitbrocht, in derer großn Kistn?"

DER MANN (stolz): „Tja ... wird nicht verraten!"

DIE SCHÖNE: „Do net gar ... mei Gschenk?"

DER MANN: „Hier, deine Blümchen geb ich dir schon jetzt, obwohl du erst morgen Geburtstag hast! Heute sind sie am schönsten."

DIE SCHÖNE: „Oooh, die san oba scheen! Wo host'n die scheen Rosen kaft? Und wie scheen die duftn, b'sonders die dunkelrote do!"
DER MANN: „Geheimnis!"
DIE SCHÖNE: „Bitte, sog's mir, bitte!"
DER MANN: „Aus Admont!"
DIE SCHÖNE: „Na. Net wirkli?"
DER MANN: „Da staunst du, was?"
DIE SCHÖNE (küsst ihn): „Dank da, mei Liebling!"
DER MANN: „Bitte! Schau, die passen so gut zu den Blumen, die du mir geschenkt hast!"
DIE SCHÖNE: „Schnöll, ziag di aus, häng dei guade Jackn do aufi!"
DER MANN: „Hmm, was gibt's denn Gutes zum Abendbrot?"
DIE SCHÖNE: „A gsölchts Schweinefleisch!"
DER MANN: „Und was noch?"
DIE SCHÖNE: „Erdäpfl und Sauerkraut. Und wonns d'gonz liab zu mir bist, a no a Eispalatschinke ois Nochspeis!"
DER MANN: „Hmm! So wie damals, weißt du noch, als wir uns das erste Mal ... Sag, was habt ihr heut Schönes gemacht im OP?"
DIE SCHÖNE: „Stöl dir vor, hot doch der Federsöl der Frau vom Herrn Bürgermeister siebzehn Muttermale außegschnittn! Jo, du wirst 's net glau'm: siebzehn Stuck!"
DER MANN: „Was? Siebzehn Stück ... etwa ... in Lokalanästhesie?"
DIE SCHÖNE: „Jo, stöll dir des vor! Siebzehn Stuck!"
DER MANN: „Ich kann's nicht fassen!"
DIE SCHÖNE: „Jo, stöll dir vor! Und donn hob i eahm gfrogt, ob er a jeds in an extra Glaserl ham wü ..."
DER MANN: „Und?"
DIE SCHÖNE: „Stöll dir vor: Net a anzigs hot a woiln!"
DER MANN: „Was denn, keine Histo?"
DIE SCHÖNE: „Na, nixet!"
DER MANN: „Und wozu? Ich meine ... wozu hat er die dann alle rausgeschnitten?"

Die Schöne: „Frog mi net!“
Der Mann: „Und was hast du damit gemacht?“
Die Schöne: „Woaßt, die erstn hob i eahm abgnumma, stöl dir vor, hob angfangt, sie in aner Reih auf Kompressn abz'legn, bis i zehn Stuck beinand ghobt hob, die andern hot er afoch weckagschmissn!“
Der Mann: „Weggeworfen? Etwa in den Abwurf?“
Die Schöne: „Jo, stöl dir vor, in d'n Mistkübl! Erst hob i glaubt, des is a Versehn, woaßt. Oba na, er hot gsogt, i sollert die im Mistkübl drinlossn. Donn hob i eahm gfrogt, wos mit die andern wer'n soll, woaßt, die was i auf derer Kompressn abglegt ghabt hab.“
Der Mann: „Und was hat er gesagt?“
Die Schöne: „Jo, die könnt i eigentli a alle wegwerfn, des hot er gsogt!“
Der Mann: „Was, wegschmeißen? Ich fasse es nicht!“
Die Schöne (lacht): „Stöll dir des amoi vor! Alle siebzehn Stuck, wos er außagschniedn hot, alle siebzehn Stuck hot er mi wegschmeißn lossn!“
Der Mann: „Nein, ich glaub es noch immer nicht!“
Die Schöne: „Sog, wos riacht do so?“
Der Mann: „Ich riech nix.“
Die Schöne: „I moch des Fenster zua, sicher kimmt der Gstank vo drausd.“
Der Mann (rennt in den Flur): „Jetzt ... jetzt riech ich es auch ... So ein Mist!“
Die Schöne: „Wos host'n leicht in derer Schochtl?“
Der Mann: „Tut mir leid, Schatz ...“
Die Schöne (überrascht): „A Kotz! Na, i glaub's net!“
Der Mann: „Ich wollt ihn dir erst morgen schenken, aber er hätte ohnehin angefangen zu miauen!“
Die Schöne (umarmt ihn): „Des is des scheenste Geburtstogs-

gschenk, weil … i hob net mit sowas grechnet! Woher woaßt du denn, dass i a Kotz wü?“

DER MANN: „Deine Freundin hat es mir gesagt!“

DIE SCHÖNE (aufgeregt): „Na, i konn des no immer net glau’m. Na. Dass du mir a Kotz schenkst!“

DER MANN: „Und, wie willst du ihn nennen?“

DIE SCHÖNE: „Des muasst du sagn!“

DER MANN: „Kater Schnurr!“

DIE SCHÖNE: „Schnurrli!“

DIE SCHÖNE (hebt den kleinen Kater aus der Kiste): „Kimm auße, Kater Schnurrli!“

DER MANN: „Schau, was für eine Angst der hat! Und wie er zittert, der Kleine! Und, gefällt er dir?“

DIE SCHÖNE (küsst ihn): „Jo sicher! Dank dir, Liebling. Dank schee!“

DER MANN: „Und jetzt?“

DIE SCHÖNE: „… zoag i dir mei neiche Unterwäsch!“

DER MANN: „Neue Wäsche?“

DIE SCHÖNE: „Jo, nur für di, mei Schotz! Du legst di ruhig scho ins Bett, i zoag s’dir!“

DER MANN: „Schatz, zieh bitte die hochhackigen Schuhe dazu an!“

DIE SCHÖNE: „Schau, wos sogst d’do dazua?“

DER MANN: „Ich bin sprachlos!“

DIE SCHÖNE: „Schau her, wie findst des? Is der net sexy?“

DER MANN: „Ja, Schatz, steht dir super!“

DIE SCHÖNE: „Und jetz kimm i zu dir, mei Geburtstogskind!“

DER MANN: „Komm, mein Liebes, damit ich lieb zu dir sein kann!“

DIE SCHÖNE: „Jetz moch i mit dir Zinzin und morgn du mit mir. Jo? Versprichst du mir des, Liebling?“

DER MANN: „Ich versprech es dir!“

DIE SCHÖNE: „I woaß goar net, zu wos i des ois anzogn hob!"
DER MANN: „Wieso, war doch schön!"
DIE SCHÖNE: „Weil du host mir ois wieder auszogn, und des Ausziagn hot net hoilb so long dauert wie des Anziagn, dabei hob i mi so tummelt!"
DER MANN: „Ich kann nichts dafür, wenn er dich auszieht, du hast gesagt, ich soll ihn ruhig machen lassen!"
DIE SCHÖNE (erschrocken): „Wen leicht?"
DER MANN: „Meinen Körper!"
DIE SCHÖNE (erleichtert): „A soo!"
DER MANN: „Du weißt eh, dass es nicht gut ist, wenn was dazwischenkommt!"
DIE SCHÖNE: „Jo, des warert schlimm gwest, wonn mei Wäsch do dazwischnkemma wär!"
DER MANN: „Stimmt!"
DIE SCHÖNE: „Und jetz gibt's wos z'essn!"
DER MANN: „Das ist ja eine Überraschung!"
DIE SCHÖNE: „Jo, schau, do hob i no mehr! Bitte, mochst d'Floschn auf?"
DER MANN: „Und ich hab mich die ganze Zeit gewundert, warum es hier so stark nach Essen riecht, dabei stand es schon die ganze Zeit unter dem Bett!"
DIE SCHÖNE: „Guaten Appetit, mei Liebling!"
DER MANN: „Auf unsere Liebe! Zum Wohl, mein Schatz!"
DIE SCHÖNE: „Auf dein Geburtstog!"
DER MANN: „Ziemlich gefährlich, mit einem Glas im Bett!"
DIE SCHÖNE: „Wüst leicht aus da Floschn trinka?"
DER MANN: „Nein, nein."
DIE SCHÖNE: „Und, wie schmeckt dir mei Essn?"
DER MANN (küsst sie überall, nur nicht auf den Mund): „Fast … so … gut … wie du!"

DIE SCHÖNE: „Kimm, jetz gemma Zähnt putzn und donn schlof ma …"
DER MANN: „Und um Mitternacht weck ich dich!"
DIE SCHÖNE: „Worum?"
DER MANN: „Weil dann ist es so weit, dann hast du Geburtstag, dann mach ich mit dir Zinzin!"
Gemeinsam: „Müde bin ich,/geh zur Ruh/schließe beide Augen zu/lass die Augen dein/über unserm Bette sein./Amen."
DER MANN: „Gute Nacht!"
DIE SCHÖNE: „Bitte, geh net weg! Bitte bleib bei mir!"

Mitternacht

DER MANN (küsst sie wach): „Hallo Schatz! Gratuliere dir zu deinem Geburtstag, ich wünsche dir nur das Allerliebste und Allerbeste!"
DIE SCHÖNE: „Dank da schee, mei Liebling!"

Kurz „darauf"

DER MANN: „Es ist so schön mit dir, ich mag es nicht mehr missen!"
DIE SCHÖNE: „I a net!"
DER MANN: „An manchen Tagen is es so trostlos … und dann, am Abend, komm ich zu dir, und plötzlich ist alles blau, so herrlich blau …"
DIE SCHÖNE (erstaunt): „Blau?"
DER MANN: „Ja, wie der Himmel!"
DIE SCHÖNE: „Wie moanst des, sog?"
DER MANN: „Um uns herum ist oft alles so trist, so grau in grau. Gestern, stell dir vor, auf der Arbeit, hatte ich drei neue Patienten, und wie der Zufall es will, alle drei mit infauster Prognose, alle noch so jung. Stell dir vor, drei junge Leute, nacheinander kamen

sie zur Tür herein, ein jeder mit unheilbarem Krebs! Ohne dich würde ich das nicht aushalten können, Schatz. Wenn ich dann nach der Arbeit zu dir kommen darf, wenn ich mit dem Auto über den Krautgraben bin, dann ist alles ganz anders. Sobald ich dann endlich oben bin, über dem schweren Nebel, taucht plötzlich die Sonne auf. Dann schlägt es um ... von der grauen Wirklichkeit ... in dieses *Blau!* Auf Neudeutsch: It turns to blue! Verstehst du? Es ist wie deine großen blauen Augen, wie wenn sie mich anstrahlen. Dann bin ich rettungslos verloren, in diesem wunderbaren Rausch. Ich bin hypnotisiert von dir! Es ist wie richtiges Betrunkensein, das man in solch einer Situation vielleicht sogar braucht, um es überhaupt verarbeiten zu können. Ja, bestimmt hätte ich mich heute nach der Arbeit betrunken, wenn ich jetzt nicht bei dir wäre! Ich bin dir so dankbar dafür, Schatz! Und dann, wenn ich dich endlich berühren darf, und wenn du mich berührst, und wenn wir uns dabei in die Augen schauen, dann ... dann wird alles wieder gut! Mein Rausch – das bist du, verstehst du? Nur du allein! Es ist, als würde ich eintauchen in das endlose blaue Meer deiner wundervollen Augen, als würde ich eins werden mit dir, und es gibt nichts Böses mehr. Ich bin Chirurg: Ich geh kaputt, wenn ich nicht helfen kann! Die vielen Leute mit dem Krebs – das ist mein kleiner Tod, verstehst du? Dann brauch ich dich so sehr. Du bist es, die mich reanimiert! Dein Schoß ist meine Heimat – hier oben, hinter dem Krautgraben! Lass es uns gemeinsam erobern, dieses Hinterland. Hier oben an der Sonne, wo die Farben leben, hier schöpfe ich Kraft. Hier sind sogar meine Kopfschmerzen wie weggeblasen. Bald kann ich wieder frei denken – für meine Arbeit. Verstehst du? Wenn ich hier bei dir sein darf, bin ich so froh. Ich war noch nie so unsagbar glücklich, wie ich es jetzt gerade bin, in diesem Augenblick, mit dir! Dass ich so glücklich sein darf, dafür danke ich dir! Danke, dass es dich gibt!"
DIE SCHÖNE (beugt sich über ihn und küsst ihn): „Des host scheen gsogt! I bin a so glückli mit dir: *Du bist mei Liebling,* woaßt! Dankn

wir Gott dafür, dass er uns diese Liebe gschenkt hot, unser scheenstes Geburtstogsgschenk!"

Der Morgen

DIE SCHÖNE: „Wie kimmt's, dass d'heit goar net aufstehn wüst?"
DER MANN: „Warum?"
DIE SCHÖNE: „Wüst *leicht* goar net in d'Arweit foahrn?"
DER MANN: „Warum? Ich hab heut frei – für dich!"
DIE SCHÖNE: „Na na, des glaub i net! Oiso, steh endli auf, dass d'net z'schpot kimmst!"
DER MANN: „So ist es aber!"
DIE SCHÖNE: „Wos, host wirkli frei?"
DER MANN: „Ja, Schatz, hab einen Tag freigenommen!"
DIE SCHÖNE: „Wirkli? Des is des scheenste Geburtstogsgschenk für mi!"
DER MANN: „Für mich auch!"
DIE SCHÖNE: „Es woar so wunderscheen mit dir, heit Nocht!"
DER MANN: „Schatz, du bist so lieb zu mir! Ich mag dir alles geben, was zu geben ich fähig bin. Nur damit du dich wohlfühlst!"
DIE SCHÖNE: „Du a! Du muasst mir immer sogn, wie 's dir gfaillt, versprichst mir des?"
DER MANN: „Ja, Schatz!"
DIE SCHÖNE: „Host scho an Hunger?"
DER MANN: „Ein bisschen schon!"
DIE SCHÖNE: „Gemma wos essn!"
DER MANN: „Nein! Wir gehen hier nicht weg. Wir essen hier auf der Stelle, hier in deinem kleinen Bettchen. Wir machen wieder was zurecht, und dann verspeisen wir es, hier!"
DIE SCHÖNE: „Guat! Du fütterst mi und i di!"
DER MANN: „Und dann leg ich dir was in deinen Nabel. Dann nasch ich es weg; dann gieße ich einen Tropfen Sekt hinein und schleck es aus …"

DIE SCHÖNE: „Hmm, des wird vielleicht a Spaß wer'n!"
DER MANN: „Jetzt weiß ich auch warum!"
DIE SCHÖNE: „Wos moanst?"
DER MANN: „Warum das ‚Sektfrühstück' heißt!"
DIE SCHÖNE: „A soo!"
DER MANN: „Warum lachst du, Schatz?"
DIE SCHÖNE (lacht)
DER MANN: „Warum lachst du denn?"
DIE SCHÖNE (lacht weiter)
DER MANN: „Bitte sag endlich, was du so lustig findest!"
DIE SCHÖNE: „I bin …hahaha … bin so kitzlich … hhaha … am Nobl!"
DER MANN (saugt sich in ihrem Nabel fest): „Endlich!"
DIE SCHÖNE (lacht hemmungslos)
DER MANN: „Endlich hab ich eine Stelle gefunden, wo du kitzlich bist! Jetzt bist auch du strafbar!"
DIE SCHÖNE: „Wie moanst 'n des, ‚strofbar'?"
DER MANN: „Wie bei Asterix: Jetzt kann auch ich dich durchkitzeln, zur Strafe, weißt du, wenn du mir nicht folgst!"
DIE SCHÖNE: „Asterix?"
DER MANN: „Kennst du nicht die Geschichte, in der erbarmungsloses Kitzeln als Foltermethode angewendet wird?"
DIE SCHÖNE: „Na!"
DER MANN: „Dann zeige ich es dir, jetzt!"

Kurz „darauf"

DER MANN: „Wann musst du zur Arbeit?"
DIE SCHÖNE: „Um zwoa!"
DER MANN: „Dann haben wir ja noch viiiel Zeit!"
DIE SCHÖNE: „Na, i muass ma no meine Hoar woschn!"
DER MANN: „Ich mache Essen, füttere den Kater, du wäschst dir das Haar!"

Die Schöne: „Guat! Oba den Kaffee koch i!"
Der Mann (beobachtet, wie sie sich anzieht): „Was hast du vor? Ich denk, du willst dir die Haare waschen?"
Die Schöne: „I hob grod gmerkt, i hob koa Brot und koa Sömme mehr. Heiz du schnöll ein, i foahr gschwind zum Bäck! Sog, wos d'wüst: Sömme, Kipferl, an Kornspitz oder wos?"
Der Mann: „Brötchen, sonst nix! Naja, vielleicht einen Mohnzopf, du weißt schon. Die schmecken hier bei euch, hinter dem Krautgraben, so gut."

Der Mann: „Bist du etwa schon wieder zurück? Was denn, warst du etwa barfuß beim Bäcker?"
Die Schöne: „Jo, worum net?"
Der Mann: „Bei dieser Kälte, durch den vielen Schnee? So ein Leichtsinn! Ist dir nicht kalt gewesen … an deinen zarten Füßen? Stell dir vor, unterwegs passiert was und du müsstest aus dem Auto aussteigen, barfuß!"
Die Schöne: „Ajo, die Leit kennan mi scho. Und außerdem hob i mei goildene Kett'n mit dem Kreuz, woaßt? Und außerdem hob i di, mein' Schutzengl! Na na, i hob koane koiltn Fiaß net!"
Der Mann: „Wie du meinst. Dann können wir ja jetzt essen. Eingeheizt, Kaffee gekocht und Tisch gedeckt hab ich jedenfalls. Schau her und sag, was du gern willst: Marillenmarmelade, Schinken, ein gekochtes Ei, rechtsdrehenden Joghurt, Schafkäse? Nur du und die Brötchen fehlen noch."
Die Schöne: „Mir is so koilt! Oba schee einghoazt host scho!"
Der Mann: „Wusst ich's doch!"
Die Schöne: „Wos?"
Der Mann: „Dass dir kalt geworden ist … Das Essen ist fertig. Trägst du das mit rüber ins Bett?"
Die Schöne: „Ajo, i nehm des und du nimmst mi!"
Der Mann: „Klar doch, wir machen Arbeitsteilung. Ich trag dich

und du trägst die Verantwortung, falls dir, besser uns, das Essen runterfällt!“
DIE SCHÖNE: „Maria na! I glaub’s net!“
DER MANN: „Was?“
DIE SCHÖNE: „Bist leicht verruckt? Du trogst mi jo wirkli!“
DER MANN: „Nein, da soll einer sagen, was er will ...“
DIE SCHÖNE: „Wos d’n?“
DER MANN: „Ein leichtes Mädchen bist du wirklich nicht!“
DIE SCHÖNE: „Jessas, jetz hob i was ausgschütt!“
DER MANN: „Macht nix! Die Milch leckt eh der Kater auf.“

Auf ihrem Bett

DIE SCHÖNE: „Ah, is des scheen, wie du mi küsst!“
DER MANN: „Ja! Mmm ... schmeckst du gut! Mmm ... ich glaub ... ich glaub, ich brauch gar kein Frühstück!“
DIE SCHÖNE: „Wieso?“
DER MANN: „Weil ich ... mmm ... jetzt ... dich vernasche!“
DIE SCHÖNE: „Ahhh, is des scheen ....!“
DER MANN: „Hmmm ...“
DIE SCHÖNE: „Woaßt, jetz foillt mir wos ein ... is doch in mei’m letzten Dienst der Doktor Bertoni gonz dicht an mi zuawitretn und hot an mir gschnuppert und gsogt: ‚Schwester Manuela, Sie riachn oba guat!‘ Stöl dir des amoi vor! Wos sogst do dazua?“
DER MANN: „Da werd ich gleich eifersüchtig!“
DIE SCHÖNE: „Des muasst dir vorstoilln, kommt der so gonz dicht zu mia her und schnuppert umanand!“
DER MANN: „Was denn, etwa hier, direkt ... über deiner Brust? Was fällt dem eigentlich ein?“
DIE SCHÖNE: „Jo, genau hier! Wos sogst do dazua?“
DER MANN (eifersüchtig): „Ich werd ihn mir vorknöpfen, gleich morgen ... ihn zur Rede stellen, was das soll! Was fällt dem eigentlich ein?“

DIE SCHÖNE (lacht): „Wia wüst … eahm zur Red stölln? Du bist do net mei Monn!“
DER MANN (nachdenklich): „Da hast du wohl recht!“
DIE SCHÖNE: „Jo, Schotz, do konnst nix mochn!“
DER MANN (lenkt ab): „Weißt, was er letztens losgelassen hat, als wir uns im OP für eine Phimose wuschen?“
DIE SCHÖNE: „Na. Wos d'n?“
DER MANN: „Die Frauen seien alle ganz geil auf einen Schwanz ohne Vorhaut, außerdem sei … ja eh alles andere unhygienisch.“
DIE SCHÖNE: „Wos, des hot er wirkli gsogt? Maria na!“ (lacht)
DER MANN: „Weißt, was ich ihm geantwortet hab?“
DIE SCHÖNE: „Na?“
DER MANN: „Dass die Vorhaut, besonders bei trockener und überanspruchter Scheide, eine wichtige Einführhilfe ist, und dass man sich vor dem Sex ja ruhig auch duschen kann.“
DIE SCHÖNE (lacht): „Na, des glaub i net!“
DER MANN: „Was glaubst du nicht?“
DIE SCHÖNE: „Dass du des zu eahm gsogt host, des glaub i net!“
DER MANN: „Sicher!“
DIE SCHÖNE: „Jo, wonn i mir des … do … genauer anschau …“
DER MANN: „Was denn?“
DIE SCHÖNE: „Du host wirkli recht, damit … losst … der sich vorzüglich … ein … füh … ren!“
DER MANN: „Was für ein Gefühl!“
DIE SCHÖNE: „Oiso, i möcht s'so net missen!“
DER MANN (erschrocken): „Wen?“
DIE SCHÖNE: „Dei Vorhaut!“
DER MANN (erleichtert): „Und weißt du, was er noch gesagt hat?“
DIE SCHÖNE: „Na?“
DER MANN: „Du weißt ja, er hat eine Glatze …“
DIE SCHÖNE: „Jo jo, i woaß scho, dass er a Glotzn hot!“
DER MANN: „Sagt er doch zu mir, Frauen mögen Männer mit Glatze besonders, weil die Glatze sie an einen Penis erinnere.“

DIE SCHÖNE: „Wirkli? Na, des glaub i dir net, dass er des gsogt hot.“
DER MANN: „Ja doch!“
DIE SCHÖNE: „Maria na, des is vielleicht a Matscho!“
DER MANN: „Matscho? Ein Angeber isser!“
DIE SCHÖNE: „Wie du moanst!“
DER MANN: „Du bist so knuddelig, so kuschelig und so wunderbar weich …“
DIE SCHÖNE: „So san alle Weiba!“
DER MANN: „Nein, das stimmt nicht! Du bist einmalig! Ich kenne keine Frau, die auch nur halb so knuddelig ist wie du!“
DIE SCHÖNE: „A soo?“
DER MANN: „Komm, lass dich knuddeln!“
DIE SCHÖNE: „Sog, wos is des überhaupt, ‚kudeln‘?“
DER MANN: „Knuddeln! Na, *das* zum Beispiel …“
DIE SCHÖNE: „Ahhh, net schlecht, knudeln …“
DER MANN: „Und das erst!“
DIE SCHÖNE: „Knuddel mi, weiter … weiter… immer wei…!“
DER MANN: „Ich bin verrückt nach dir! Nach deinem Bauchnabel, deinen nackerten Zeechen, komm lass mich daran knuddeln und knabbern … an deinem Nabel, deinen Zeechen und all den schönen zarten Sachen … auf dem Erlebnisweg dazwischen! Du bist meine süße kleine…“
DIE SCHÖNE: „Wos d'n?“
DER MANN: „… Schnecke!“
DIE SCHÖNE: „Knudel mi! Jo, jo, jo!“

Kurz „darauf“

DER MANN: „Was sind das eigentlich für zwei Flecken?“
DIE SCHÖNE (erschrocken): „Wos für Fleckn?“
DER MANN: „Dort an deiner Wand? Sieht aus wie die Abdrücke von deiner süßen Brust!“

Die Schöne (lacht): „Na! I hob's eahm eh gsogt!"
Der Mann: „Wem denn? Was denn?"
Die Schöne: „Stöl dir vor! Do hot der Installateur nebenan im Bad zwoa Löcher für d'neiche Dusch bohrn woiln. I hob's eahm gsogt! Woaßt d's eh, für zwoa große Düwö. Und er hot bohrt und bohrt. I hob's eahm eh gsogt, dass d'Wond gonz dünn is, und trotzdem hot er weiter bohrt und bohrt und bohrt … stöll dir vor, durch d'gonze Wond … durchbohrt hot er!"
Der Mann: „Ja, die Wand ist keine tragende, da stehen die Ziegel sicher auf hochkant, so dünn …"
Die Schöne: „Und gschwitzt hot er vielleicht! I hob's eahm eh gsogt! Und a mei Nochbarin is d'gonze Zeit dane'm gstandn und hot gsogt, er soil vorsichtig sei, weil des is a gonz a dünne Wond, und donn hot er afoch bohrt und bohrt und auf amoil hot er durchbohrt! ‚A na, passt scho, hot er gsogt! Des is net die erste Dusch, wos er eibaut hot! Und donn is passiert! Ois voil Staub, stöl dir vor, mei gonz's Schlofzimmer, des Bettzeig, da Nochttisch … ois voil mit orangm Staub von de Ziagln!"
Der Mann: „Auweia! Einfach durch die Wand gebohrt und … was denn, doch nicht etwa auch noch ein zweites Mal?"
Die Schöne: „Jo, und gsogt hot er: ‚A na, passt scho!'"
Der Mann (lacht)
Die Schöne (muss auch lachen): „A na, passt scho, passt scho! Und i hob's eahm gsogt, der Bohrer is jo vü z'long!"
Der Mann (erheitert): „‚Passt schon', hat er gesagt?"
Die Schöne: „A na, passt scho, passt scho!"

Und so lachten sie noch ein ganzes Neichterl lang.

Vergessene Grenzsteine

Gehört die Nacht endlich uns,
lässt sie alle Zeit stillstehen.
Wild und hungrig, nehmen uns davon, so viel wir wollen,
du und ich

Nach einem anstrengenden Tag

Die Schöne (besorgt): „Du schaust heit so müd aus. Wos is los mit dir, Schatz?"

Der Mann: „Ach nix."

Die Schöne: „A wonn du des net woahr ham wüst, dei Körper wehrt si, es is eahm z'vü, wos du eahm zumutest! Du konnst net an vier Orten zugleich sei, ohne dass d'krank wirst. Du muasst di a amoi ausrastn!"

Der Mann: „Ach was, es geht schon."

Die Schöne: „Na! Des geht so net weiter mit dir. Morgn foahrst net in d'Ordination, morgn kimmst vom Kronknhaus direkt hoam, donn bleibst do bei mir, in mei'm Kuschlbetterl!"

Der Mann: „Das geht nicht. Ich muss da sein. Sie werden kommen!"

Die Schöne: „Du schoiltst den Anrufbeantworter um und sogst der Arzthölferin, dass d'kronk bist. Und des is net amoi glogn! Du wüst immer ois und immer ois zu hundert Prozent schoffn, oba wonn ma ölter wird, reichn a ochtzg Prozent! Oder … frog afoch den Andi, der hot si scho amoi ois Vertretung anbotn."

Der Mann: „Nein, morgen muss ich selber dort sein!"

Die Schöne: „Du muasst net, du wüst!"

Der Mann: „Doch ich muss! Und ich will auch!"

Die Schöne: „Goar nix muasst!"

Der Mann: „Doch!“
Die Schöne: „Worum nimmst goar koan Rot und koa Hülfe net an? Hm, Spatz?“
Der Mann (ablenkend): „Apropos Andi, da fällt mir was ein!“
Die Schöne: „Derzöhl!“
Der Mann: „Hat er mir doch letztens sein Herz ausgeschüttet! Als er hier anfing, haben sie ihn ziemlich schikaniert.“
Die Schöne: „Derzöhl! Donn massier i dir dein Ruckn. Und donn schlofst!“
Der Mann: „Er hat mir von einem seiner ersten Dienste als Turnusarzt erzählt, von einem Dienst auf der Internen, als ein Herzpatient ins Lungenödem geriet. Es muss schlimm gewesen sein, mit Schaum vor dem Mund und so, du weißt schon, und er wäre ihm fast gestorben. Er ließ den diensthabenden Oberarzt dennoch schlafen und spritzte zwei Ampullen Lasix. Die ganze Nacht lang sorgte er sich um ihn. Stell dir vor, der Patient schied ganze vier Liter Wasser aus und konnte danach wieder normal atmen! Er hat ihn durchgebracht!

Der Oberarzt am nächsten Morgen: ‚Host guat gmocht, Andi!‘ Und der Chef mäkelte prompt zur Visite: ‚Wie kann man denn nur so unkontrolliert viel Lasix geben, bestimmt war es gar nicht so schlimm!‘ Der Oberarzt habe geschwiegen. Der Chef: ‚Bestimmt haben Sie es gar nicht mit dem diensthabenden Oberarzt abgesprochen!‘ Der Oberarzt habe wieder geschwiegen.“
Die Schöne: „Maria na!“
Der Mann: „Nach der Visite klopfte ihm dann dieser Oberarzt auf die Schulter: ‚Wir stehen eh hinter dir, Andi!‘“
Die Schöne (kopfschüttelnd): „Woaßt, des kriagn s’ois z’ruck, der Chef und a der Oberarzt!“
Der Mann: „Wie meinst du?“
Die Schöne: „Irgendwonn wird si der Herrgott erinnern, früher oder später!“
Der Mann: „Wie meinst du das?“

DIE SCHÖNE: „Irgendwonn werdn sie den Lohn dafür bekommen. *Wer's bereut, dem gibt der Herr Zeit, es wiedergutzumachen. Wer's oba net bereut, der wird irgendwonn sei gerechte Strof kriagn!*"
DER MANN: „Hoffentlich hast du recht!"
DIE SCHÖNE: „Und jetz schlof schnöll ein!"
Gemeinsam: „Müde bin ich,/geh zur Ruh,/schließe beide Augen zu,/lass die Augen dein/über diesem Bette sein/Amen"
DIE SCHÖNE: „Bitte bleib bei mir! Bitte! I bi so verliabt in di!"
DER MANN: „Ich lieb dich auch!"

In der Mitte der Nacht

DER MANN: „Hörst du den Vogel?"
DIE SCHÖNE: „Jo, wunderscheen!"
DER MANN: „Eine Nachtigall."
DIE SCHÖNE: „Und, wos mochst jetz mit mir?"
DER MANN: „Liebe!"
DIE SCHÖNE: „Des Vogerl singt so scheen ..."
DER MANN: „Ja, Schatz!"
DIE SCHÖNE: „Er ist unser Beschützer!"
DER MANN: „Warum Beschützer?"
DIE SCHÖNE: „Er singt so scheen, und nur wir kinnan ihn hörn."
DER MANN: „Und wenn aus Versehen jemand anders wach wird, dann hört der nur den Vogel, aber nicht deinen tiefen Atem, wenn ich dich verwöhne! So beschützt er uns, unsere Liebe, weißt du?"
DIE SCHÖNE: „Des is die scheenste Liebesnocht. Bitte ...!"
DER MANN: „Was denn, Liebes?"
DIE SCHÖNE: „Bitte knuddel mi!"

Am Morgen

DIE SCHÖNE: „Guaten Morgen, mei Liebster!“
DER MANN: „Hallo Schatz!“
DIE SCHÖNE: „Und, wie geht’s dir?“
DER MANN: „Schon besser. Der Nacken, hier links … ich hab wohl irgendwie Zug gekriegt.“
DIE SCHÖNE: „Des glaub i net. du host z’vü garweit’die letzten Wochn. Kimm, i massier dir dein Ruckn!“
DER MANN: „Das musst du nicht, Schatz! Müssen wir nicht aufstehn?“
DIE SCHÖNE: „Na. ’S is erst da erste Wecker.“
DER MANN: „Danke, Schatz! Das tut gut!“
DIE SCHÖNE: „Wonns d’heit Abend von da Ordination kimmst, massier i di no amoi, damit du morgn wieder fit bist! I hob a gonz a guats Bilsenkrautöl aus da Apotheke.“
DER MANN: „Das wär lieb von dir, Schatz. Du weißt ja, morgen hab ich die große OP bei dem Brandtner.“
DIE SCHÖNE: „Du wirst es sicher guat mochn, des woaß i!“
DER MANN: „Danke, dass du so lieb zu mir bist! Was sollt ich nur machen ohne dich?“
DIE SCHÖNE: „Hinter an jedn stoarkn Monn steht a stoarke Frau, so sogt ma do bei uns!“
DER MANN (dreht sich zurück auf den Rücken und küsst sie): „Wie schön du bist. Und wie lieb! Ich hab dich so lieb!“
DIE SCHÖNE (weint, dass ihm die Tränen ins Gesicht tropfen): „Bitte bleib bei mir, bitte!“
DER MANN: „Ich liebe dich so sehr, Schatz!“
DIE SCHÖNE: „I di a. Du bist mein Ein und Alles! Bitte geh net weg!“

Nach dem Frühstück

DER MANN: „So, dann fahr ich jetzt wohl."

DIE SCHÖNE: „Jo, mei Schatz! Du muasst eh los! Oba i gfreu mi scho auf heit Abend, wonns d'wieder zu mir kimmst!"

DER MANN: „Ich hasse das, wenn wir uns verstecken müssen."

DIE SCHÖNE (hat Tränen in den Augen): „Es tuat so weh, Liebling!"

Am Abend

DIE SCHÖNE: „Hallo Liebling!"

DER MANN: „Hallo, mein Liebes!"

DIE SCHÖNE: „Heit bist oba spot. Woar leicht vü los in da Ordination?"

DER MANN: „Und die Arzthelferin konnte mir nicht helfen, weil sie eine Infektion am Finger hat."

DIE SCHÖNE: „Host ois miassn alloan mochn?"

DER MANN: „Nein nein. Nur die OP. Und dann hab ich ihr noch den Finger aufgemacht."

DIE SCHÖNE: „Wonn no amoi sowos is, donn sogst mir glei B'scheid, bitte! Donn hüf i dir."

DER MANN: „Und anschließend schnackseln wir auf dem OP-Tisch, ja?"

DIE SCHÖNE: „Wenigstens dein' Humor host net verlorn!"

DER MANN: „Der Chef hat heute von den neuesten Rationierungsmaßnahmen für die Krankenhäuser erzählt."

DIE SCHÖNE: „Konnst mir jo des Essn zum Tisch trogn, währends d'weiterderzöhlst!"

DER MANN: „Weißt, was er meinte?"

DIE SCHÖNE: „Na?"

DER MANN: „Wörtlich: ‚Mit dem, was wir jetzt machen, haben die draußen schon längst wieder aufgehört, weil sie gemerkt haben, dass es Unsinn war. Wir aber machen jeden Unsinn nach, während die anderen schon längst mit diesem Quatsch aufgehört haben.'"

DIE SCHÖNE: „Und du host do bestimmt dein Semf dazuagebm!"

DER MANN: „Klar doch, ich habe gesagt, dass die da draußen sich inzwischen schon wieder neuen Quatsch ausgedacht haben!" (lacht)

DIE SCHÖNE: „Wos, so a guate Moanung host von do?"

DER MANN: „Nein, so eine schlechte von draußen!"

DIE SCHÖNE: „Und, wos hot der Primar dazua gsogt?"

DER MANN: „Für ihn muss es wie ein Kompliment geklungen haben, von einem, der in seinen Augen noch nicht mal richtig adaptiert, geschweige denn assimiliert ist. Und ich habe ihm das dann auch gesagt."

DIE SCHÖNE: „Wos host leicht gsogt?"

DER MANN: „Dass sie ja auch kein bisschen besser sind, wenn sie jeden Quatsch nachmachen!"

DIE SCHÖNE: „Wos, des host du gsogt? Schotz? Net wirkli!"

DER MANN: „Ja schon!"

DIE SCHÖNE: „Und, wos host leicht no gsogt? Kimm, essma a poar Happn!"

DER MANN: „Hmm. Das schmeckt, da vergess ich ja gleich alles andere!"

DIE SCHÖNE: „Na. Net ois!"

DER MANN: „Hast recht, Spatz!"

DIE SCHÖNE: „Halt, wos … wos mochst leicht jetz?"

DER MANN: „Ich trag dich ins Bett, und dann machen wir Zinzin… (bleibt mit einem Hosenbein seiner Jeans, die er sich zusammen mit Hemd und Pullover über die Schulter gehängt hat, an der Türklinke hängen) … na sowas!"

DIE SCHÖNE: „Siachst, dei Hosn wü a net, dass d'vo mir wecka gehst!"

DER MANN: „Vielleicht will sie nur, dass wir erst aufessen, denn … wie heißt es so schön?"

DIE SCHÖNE: „Erst noch dem Essn soll ma rauchn …"
DER MANN: „… oder …"
DIE SCHÖNE: „Mit dir erleb i jedn Tog a neiche Überroschung. Mit dir wird mir nie fad!"
DER MANN (küsst sie und zieht ihr die Sachen vom Leib): „Hallo, wir sind angekommen!"
DIE SCHÖNE: „Und wos wird mit mei'm scheen' Essn? Des wird gonz koilt!"
DER MANN: „Egal, Schatz, es würde eh nie so heiß wie du!"

Kurz „darauf"

DER MANN: „Jetzt hab ich aber Hunger!"
DIE SCHÖNE: „Und dei Nacken?"
DER MANN: „Ist schon ganz gut!"
DIE SCHÖNE (greift ihm hinter die Schulter): „Na! Scho wieder gonz versponnt bist!"
DER MANN (während sie ihn durchknetet): „Und weißt du, wonach er mich gefragt hat?"
DIE SCHÖNE: „Der Herr Primarius?"
DER MANN: „Ja!"
DIE SCHÖNE: „Wonoch denn leicht?"
DER MANN: „Wie ich das meine, das mit dem ‚Quatsch'!"
DIE SCHÖNE: „Sog's!"
DER MANN: „Lieber nicht!"
DIE SCHÖNE: „Worum net?"
DER MANN: „Weißt du, ich liege so wehrlos unter dir, stolze Königin!"
DIE SCHÖNE: „Wos hot des jetz damit z'tuan?"
DER MANN: „Schon! Schau: Wenn ich dir jetzt sage, was ich ihm gesagt habe, bist du bestimmt sauer auf mich und kitzelst mich wieder so durch, wie schon einmal, du weißt schon."
DIE SCHÖNE: „Wia du dir dei Zeechn brochn host?"

Der Mann: „Genau!“
Die Schöne: „Na. I versprech dir, dass i di net durchkitzln werd!“
Der Mann: „Versprochen?“
Die Schöne: „Versprochen!“
Der Mann: „Schwöre!“
Die Schöne: „I schwör's!“
Der Mann: „Schwöre es bei der heiligen Maria!“
Die Schöne: „Damit spaßt ma net!“
Der Mann: „Entschuldige!“
Die Schöne: „Derzöhlst d'ma 's jetz?“
Der Mann: „Na gut! Also, ich habe ihm gesagt, dass ich es schlecht finde, wenn man den Schwestern verbietet, medizinische Verantwortung zu übernehmen. Statt ihre Daseinsberechtigung und damit ihr Selbstbewusstsein auf ein Minimum, die Pflege, zu reduzieren, sollte man sie doch weiterhin für Blutabnahme, Braunülestechen, Routineverbandwechsel, Fädenentfernung und für das Umstechen einer Infusionsflasche heranziehen dürfen, verstehst du?“
Die Schöne: „Jo, oba des mochn wir eh!“
Der Mann: „Noch tut ihr es, aber es wird nicht mehr lange dauern und Ihr dürft nur noch Abschiebern, Betten machen, Patienten waschen und Anordnungen der Oberin ausführen, die bis dahin längst zu einer Direktorin mutiert ist!“
Die Schöne: „Des glaub i net!“
Der Mann: „Du wirst es erleben! Und es wird auch nicht mehr lange dauern. Ich habe den ganzen Prozess schon einmal miterlebt, und jetzt macht man hier den gleichen Unsinn nach, während man sich dort, wo der Nonsens herkommt, inzwischen noch größeren Blödsinn ausgedacht hat.“
Die Schöne: „Wos, wos kunntert no schlimmer sei?“
Der Mann: „Stell dir vor, sie fangen an, Visiten zu machen!“
Die Schöne: „Jo, ihr mochts do a Visiten!“

DER MANN: „Nein nein, ich meine die Schwestern, die sollen Visiten machen!“
DIE SCHÖNE: „Und die Ärzte, wos mocherten donn die?“
DER MANN: „Siehst du, du verstehst gar nicht, was ich meine, denn kein gesundes Hirn würde überhaupt auf so eine Idee kommen. Schon daran sieht man, was es für ein Blödsinn ist: Die Schwestern sollen auch eine Visite machen, eine so genannte ‚Pflegevisite‘: Anstatt die Patienten mittags schlafen zu lassen, sollen sie durch die Zimmer gehen, alle Patienten aus dem Schlaf rütteln und fragen, ob es ihnen gut geht!“
DIE SCHÖNE: „Na. Wonn des mei Zukunft ois Kronknschwester sei sollt, donn wü i nimma mehr in an Kronknhaus arweiten!“
DER MANN: „Weißt du, ich war selber mal Patient, in meinem eigenen Krankenhaus, auf meiner eigenen Station! Da ist nach Mitternacht die Nachtschwester zu mir ans Bett gekommen …“
DIE SCHÖNE: „A soo? Zum Schnackseln?“
DER MANN: „… um mich, ihren Doktor, zu fragen, was sie den anderen Patienten gegen Schmerzen, für den Stuhlgang und zum Einschlafen geben darf. Verstehst du?“
DIE SCHÖNE (küsst ihn): „Wirkli?“
DER MANN: „Und dabei hätte sie es natürlich selbst gewusst! Weißt du, was ich damit sagen will?“
DIE SCHÖNE: „Na!“
DER MANN: „Erstens: Der Umgang der Pflegedirektion mit ihren Unterstellten verbietet eigenes Nachdenken, Kreativität und Selbständigkeit. Zweitens: Auch ich hatte als Patient ständig das Gefühl, unausgeschlafen zu sein, und ich war immer nur müde. Das Personal hat das nie geschnallt, verstehst du? Auch manche Ärzte nicht. Als Patient stationär liegen zu müssen, bedeutete schon immer, ständigen Lärm und ständigen Dysstress ertragen zu müssen. Außer den eigenen Schmerzen, Problemen und Sorgen, wegen denen man ja eigentlich im Krankenhaus liegt, soll man nun noch die Minderwertigkeitskomplexe einer bestimmten

Gruppe von Angestellten ausbaden müssen, indem man ihnen den Mittagsschlaf opfert?"
DIE SCHÖNE: „Na, gonz sicher net!"
DER MANN: „Weißt du, das ist, wie wenn ich dich nach unserem Schlaflied, wenn du dann gerade eingeschlafen bist, wachrüttle, um dich zu fragen, ob du gut schläfst!"
DIE SCHÖNE: „Na. Um di zu frogn, ob du net guat schlofn konnst!"
DER MANN: „Nein. Um dich zu fragen, ob es dir etwa auch so schlecht geht wie mir! Das ist der feine Unterschied, verstehst du?"
DIE SCHÖNE: „Host recht. Kimm, jetz schlof ma!"
Gemeinsam (nach dem Märchen): „Müde bin ich,/geh zur Ruh,/schließe beide Augen zu/lass die Augen dein/über unserm Bette sein./Amen."

„Gute Nacht!"

Inka-Gold

DIE SCHÖNE: „Worum host gestern so a schlechte Laune ghobt, im OP?"
DER MANN: „Ich hatte doch keine schlechte Laune ... ich meine, bis zur OP."
DIE SCHÖNE: „Es is net jeder Tog wie der andere. Und der junge Doktor muass des a erst lerna!"
DER MANN: „Ja, darüber hab ich mich halt geärgert!"
DIE SCHÖNE: „Na, du bist scho mit ana schlechtn Laune einakemma!"
DER MANN: „Ich muss es dir nicht sagen, und es hat überhaupt nichts mit dir zu tun!"
DIE SCHÖNE: „I woaß. Oba du muasst mir ois sogn, i wü ois wissen, wos di bedrückt, mein Herz!"
DER MANN: „Nein, ich will dich nicht damit belasten!"
DIE SCHÖNE: „Bitte!"
DER MANN: „Es war wegen der Sonderklassegelder. Sie haben mir

einen Zettel unter die Nase geschoben, den ich unterschreiben sollte!“

DIE SCHÖNE: „Und, wievü kriagst?“

DER MANN: „Soviel wie der Mostbichler, der Petermandl, der Punzengruber und die Höfinger, nur der Geyerlechner hat sich mehr gegönnt – du weißt schon!“

DIE SCHÖNE: „Woaßt, des kriagt der ois wieder z'ruck! Jo, des kimmt eahm ois wieder z'ruck. Glaub ma's! Irgendwonn rächt si des für eahm!“

DER MANN: „Wie meinst du das?“

DIE SCHÖNE: „Schau, mein Herz, irgendwonn bekommt er die Rechnung präsentiert – für sei Habgier!“

DER MANN: „Weißt du, ich habe es unterschrieben, damit endlich Ruhe ist! Aber dann soll er auch die ganze Verantwortung haben!“

DIE SCHÖNE: „Richtig! Woaßt, des Göld is es net wert …“

DER MANN: „Er kann es eh nicht mit in die Kiste nehmen. Und als Chirurg wird er weder alt noch reich werden können.“

DIE SCHÖNE: „Woaßt, wos der Heilige Franz gsogt hot?“

DER MANN: „Nein?“

DIE SCHÖNE: „‚A Reicher is a Dieb oder der Erbe eines Diebes.‘ Oiso, moch du dei Arweit, so guat du nur konnst. Die Dankboarkeit deiner Patienten konn koa Göld net aufwiegn!“

DER MANN: „Wahrscheinlich hast du recht!“

DIE SCHÖNE: „Versprichst mir des?“

DER MANN: „Was denn?“

DIE SCHÖNE: „Dass d'dei Arweit guat mochst und dass des Göld bei deiner Behondlung net des Maß der Dinge is! Woaßt, wos i moan?“

DER MANN: „Nicht ganz.“

DIE SCHÖNE: „Dass d'net immer nur noch dem Göld schaust, wonns d'deine Patienten behondlst! Versprichst mir des?“

DER MANN: „Ich verspreche es dir!“

DIE SCHÖNE: „Woaßt, wos i gestern beim Friseur in aner deitschen Zeitung glesn hob?"
DER MANN: „Was denn?"
DIE SCHÖNE: „Woaßt, wos die Inkas mit den gfonganen Soldaten von dem Kolumbus gmocht ham?"
DER MANN: „Nein. Und was hat das mit meinen Patienten zu tun?"
DIE SCHÖNE: „Hör zu! Stöl dir vor, weil sie so gierig noch Goild woarn, ham s'eahna flüssigs Goild in Rachen 'gossen!"
DER MANN (entsetzt): „Was denn … sie haben ihnen tatsächlich flüssiges … also heißes Gold in den Mund gegossen?"
DIE SCHÖNE: „Sicher, kochendes Goild!"
DER MANN: „Grausam! Und was willst du damit sagen?"
DIE SCHÖNE: „Dass Goild für sie nix weiter woar wia a Kult, des Goild des Sonnengottes!"
DER MANN: „Nichts weiter … nur Kult?"
DIE SCHÖNE: „Goild hot für die Inkas überhaupt koan materiellen Wert ghobt!"
DER MANN: „Bestimmt waren sie glückliche Leute!"
DIE SCHÖNE: „Jo, bis eines Togs diese goildgierigen Spanier kemma san!"
DER MANN: „Ist schon eine fiese Art, jemanden umzubringen!"
DIE SCHÖNE: „Die Spanier woarn a grausam. Sie ham auf Wehrlose gschossn. Und sie ham die Inkas nur besiegn kinna, weil s'den Sonnenkönig ermordet ham."
DER MANN: „Ach übrigens, hab dir eine goldene CD hingelegt, eine selbstgebrannte! Hast du sie schon entdeckt? Bin gespannt, wie du sie findest!"
DIE SCHÖNE: „Jo, hob sie scho ghört."
DER MANN: „Ja und?"
DIE SCHÖNE: „Oba auf derer CD is nur a anzigs Liad drauf. Sog, wos muass i tuan, damit i ois hörn konn?"
DER MANN: „Schatz, da ist nur das eine Lied drauf, mit Absicht!"

Die Schöne: „Nur des oane Liad?“
Der Mann: „Und wie findest du es?“
Die Schöne: „Gonz guat. Oba schod drum, dass nur des oane Liad drauf is.“
Der Mann: „Es ist mehr wert als zehn andere Lieder zusammen. Es ist ein Choral, ein Choral auf die Liebe, ein Liebes-Choral!“
Die Schöne: „A Choral?“
Der Mann: „Ja, es hört sich an wie ein strenges Kirchenlied.“
Die Schöne: „Findst?“
Der Mann: „Ja. Auf den Text musst du achten: ‚… was ich tue, ist, was ich fühle; und was ich fühle, ist, wohin ich gehen muss; wohin ich gehe, ist, wo du bist …‘ Der Text besagt, man kommt nicht voneinander los, wenn man sich gesehen oder gehört hat. Eines folgt zwangsläufig dem anderen. Man kann sich nicht voneinander lösen. ‚… und was ich sage, ist, was ich weiß; und was ich weiß, ist, was meine Gefühle sagen …‘ Die Liebe – es ist eine magische Anziehungskraft. Man kann sich nicht dagegen wehren. So unsinnig und unökonomisch manches, nüchtern betrachtet, auch sein mag … dann, wenn man im täglichen Leben alles andere um sich herum vergisst, weil man immerzu an den anderen Menschen denkt. Alles, was man tut, tut man aus einer Art Eingebung heraus. Verstehst du? Der Weg, den man beschreitet, ist vorbestimmt durch die Liebe zu dem anderen Menschen.“
Die Schöne: „Jo, host recht, es is wie a Choral. Wir denken mit dem Bauch, net mit dem Kopf. Und deshoilb loss uns jetz des einzig Richtige mochn! Kimm her und knuddl mi!“
Der Mann: „Du bist meine liebe Maya! Ich bin dir verfallen, total.“
Die Schöne: „I dir a!“
Der Mann: „Komm her, du meine nackte Maya!“
Die Schöne: „Nanu, wüst mir heit goar koa Märchen vorlesn?“
Der Mann: „Nein, ich will dich! Pur!“

Kurz „darauf"

DIE SCHÖNE: „Kimm, jetz kuscheln wir!"

DER MANN: „Ja, du bist so kuschelig!"

Beide: „Müde bin ich,/geh zur Ruh/schließe meine Augen zu/lass die Augen dein/über unserm Bette sein./Amen"

„Gute Nacht!"

Am Morgen

DIE SCHÖNE: „Ich glaub, es is besser, wonns du nimma zu mir kimmst!"

DER MANN: „Schatz, was ist los? Hast wohl wieder einen schlechten Tag heut?"

DIE SCHÖNE: „Na!"

DER MANN: „Doch doch. Ich glaub schon! Bist wohl wieder mal mit dem linken Bein aufgestanden?"

DIE SCHÖNE: „Na, bestimmt net."

DER MANN: „Erst dacht ich, ich hätt mich verhört! Aber das hab ich scheinbar doch nicht. Du hast wirklich eine Stinklaune heute! Bist du krank?"

DIE SCHÖNE: „Na, es geht mir wirkli guat!"

DER MANN: „Vielleicht hast du recht, denn ich könnte mir nicht vorstellen, für immer mit solch einer launischen Frau zusammenzuleben."

DIE SCHÖNE: „Worum launisch?"

DER MANN: „Mal Feuer, mal Wasser oder gar Eis. Mal blicken deine Augen so liebevoll und dann wieder …"

DIE SCHÖNE: „Wos?"

DER MANN: „… stechen sie mich, deine Augen, als wollten sie mich umbringen; mal Plus und mal Minus, mal Grün und dann auch gleich wieder Rot. Das Gelb dazwischen lässt du einfach weg, ohne Vorwarnung. Mal darf ich mit dir alles, dann wieder nichts,

und du bist wieder kurz davor, mich am liebsten rauszuschmeißen! Sag, Schatz, wie soll ich das nur immer wieder aushalten?"
DIE SCHÖNE: „I hob di no nie rausgschmissn!"
DER MANN: „Stimmt, das hast du noch nie, aber manchmal denk ich, du würdest es am liebsten tun, mich rausschmeißen … Manchmal wirst du so böse, steigerst dich in einen richtigen Hass hinein. Wenn ich von selber gegangen bin, war es, weil ich es nicht mehr aushielt. Doch es dauerte nicht lange, und ich kam zurück, auf Knien angerutscht. Du weißt es genau! Ist das dein Kalkül? Du weißt, ich komm nicht mehr los von dir. Sag, warum lässt du mich immer wieder so leiden? Warum schikanierst du mich? Ich kann doch nichts dafür, dass ich dich so sehr liebe! Du nutzt es aus. Ja, es scheint dir sogar Spaß zu machen, mich so leiden zu sehen!"
DIE SCHÖNE: „Wenn du mi wirkli liabm tätst, würdst bei mir blei'm, für immer! Und deshoilb is es eh besser, wonn wir uns nimma wiedersehgn! Denn du wüst eh net bei mir blei'm! Oder?"
DER MANN: „Doch, ich würde so gern. Ich kann aber nicht!"
DIE SCHÖNE: „Na, du wüst net, natürlich könntest du! Sog, dass d'net wüst! I bet dafür, dass d'dobleibst!"

Am nächsten Abend

Sein SMS: „Darf ich Sie, stolze Schönheit, zum Abendessen einladen? (Euer ergebener Sklave und Diener)"
Ihr SMS: „Weiß noch nicht"
Sein SMS: „Bitte! Ich hab dich doch so lieb!"
Ihr SMS (eine Stunde später): „Holst du mich von zu Hause ab?"
Sein SMS: „Jetzt schon?"
Ihr SMS: „Warum nicht?"
Sein SMS: „Freu mich so, Liebes! Hab Sehnsucht nach dir! Bis gleich!"

DER MANN: „War lieb von dir, dass ich kommen durfte."

DIE SCHÖNE: „I hätt's eh net länger ausghoiltn – ohne di, woaßt."

DER MANN: „Hab dich so lieb!"

DIE SCHÖNE: „I di a! Und, wie woar's heit auf da Arweit?"

DER MANN: „Heute haben sie sich über die Sache mit dem Zirkusdirektor unterhalten, du weißt schon, der berühmte Wiener Zirkus, wo vorgestern doch der Löwe die junge Dompteurin totgebissen hat, als sie den Stall ausmisten wollte."

DIE SCHÖNE: „Traurig!"

DER MANN: „Und der Direktor hat sich mit einer dick eingebundenen Hand freundlich lachend in einem Spitalzimmer fotografieren lassen. Verstehst du?"

DIE SCHÖNE: „Na."

DER MANN: „Als Foto, auf der ersten Seite dieser Schmuddelzeitung. Als hätte er, der große Retter, versucht, den Löwen von seiner Tat abzuhalten, indem er der wild gewordenen Bestie seine schützende Hand vor das Maul hielt!"

DIE SCHÖNE: „Vielleicht is er jo wirkli verletzt wor'n!"

DER MANN: „Ich glaub, in Kaltland gäbe es das nicht."

DIE SCHÖNE: „Wos leicht?"

DER MANN: „Dass ein Direktor den Tod einer Angestellten noch für sein Image ausnutzt, anstatt stillschweigend den Hut zu nehmen und nach solch einer Panne unverzüglich von seinem Amt zurückzutreten!"

DIE SCHÖNE: „Wir – san – do – oba – net – in – Koiltland! Host des no immer net gmerkt? Hier menschelt es a bisserl mehr, verstehst?"

DER MANN: „Ja, wahrscheinlich."

DIE SCHÖNE: „Wir hier in Schönbrunnerland san a bisserl toleranter. Und überhaupt, zu wos regst di scho wieder so auf?"

DER MANN: „Hast recht, entschuldige!"

DIE SCHÖNE: „Er kriagt es eh z'ruck, irgendwann amoi. Wirst sehgn!"
DER MANN: „Hoffentlich hast du recht!"
DIE SCHÖNE: „Gonz sicher. Verloss di drauf!"

Das Vorstellungsgespräch

DER MANN: „Stell dir vor, Schatz, was ich gestern erfahren habe: Sie suchen einen Leiter für die neue Transplantationsabteilung!"
DIE SCHÖNE (entsetzt): „Wüst di etwa bewerb'm?"
DER MANN: „Ja, hab schon gestern meine Unterlagen fertig gemacht. Muss es nur noch zur Post bringen."
DIE SCHÖNE: „Schod!"
DER MANN (enttäuscht): „Wieso?"
DIE SCHÖNE: „Donn host no weniger Zeit für mi! Nie host a Zeit für mi! Immer wüst nur arweitn, arweitn, arweitn ..."
DER MANN: „Schatz, es ist doch nur eine Bewerbung!"
DIE SCHÖNE: „Wos hoaßt des?"
DER MANN: „Es werden sich auch noch andere Leute bewerben."
DIE SCHÖNE: „Und wos wird aus mir, wonns du die Stelle kriagst?"
DER MANN: „Ich mache dich zur OP-Chefin!"
DIE SCHÖNE: „Na, des wü i net!"
DER MANN: „Wir beide wären ein gutes Team, glaub mir!"
DIE SCHÖNE: „Des interessiert mi net, verstehst? Oba wonn dir tatsächlich so vü daran liegt ... donn muasst a poar Tropfen Weihwosser auf dei Bewerbung gebm, bevors d'es zur Post bringst, woaßt?"

DIE SCHÖNE: „Du muasst denkn, Schotz, sie sitzerten alle in Unterwäsch vor dir!"
DER MANN: „Wie bitte?"
DIE SCHÖNE: „Woaßt net, wia i moan?"
DER MANN: „Nein?"
DIE SCHÖNE: „Wonn s'di in d'Enge trei'm woiln oder dir a komische Frog stölln, stöllst dir vor, alle sitzerten nur in Unterwäsch' do! Woaßt?" (lacht)
DER MANN: „Ah! Jetzt weiß ich, wie du es meinst. Gute Idee!" (lacht)
DIE SCHÖNE: „I werd für di betn! Wonn host'n Termin?"
DER MANN: „Du wirst sehr lange beten müssen, denn es zieht sich über den ganzen Tag. Sogar eine Psychologin haben sie bestellt für irgendwelche Psychotests!"
DIE SCHÖNE: „Maria na, a wos für a Aufwond!"
DER MANN: „Da hast du recht! Und: sie haben es ins Englische übersetzt. Sie nennen es ‚Hearing'."
DIE SCHÖNE: „Zu wos soll des leicht guat sei?"
DER MANN: „Kann es mir auch nicht erklären. Vielleicht ein Zeichen von Weltoffenheit. Insofern jedenfalls darf ich hoffen!"

Man hatte ihnen, erwachsenen Männern, schon Wochen vorher ihre Hausaufgaben mit der Post zugeschickt. Sein guter Freund aus der Nachbarklinik hat sich intensiv vorbereitet, ist mehrmals im Krankenhaus aufgekreuzt, hat sogar eine Woche Urlaub genommen, um Fragen zu stellen. Ist den Leuten lästig geworden, um sich einzustellen auf alle möglichen (und unmöglichen) Fragen. Hat sich ein teures Laptop und einen Beamer gekauft. Damit will er seinen umfangreichen wissenschaftlichen Vortrag auf die mitgebrachte Spezial-Leinwand projizieren. (Es wird ihm nichts nützen.)

Und er selber? Er hasst Selbstdarstellungen. Er hat gar keinen Vortrag ausgearbeitet!

Bis zu diesem Moment war er ruhig geblieben. Nun aber steht er vor der Tür des Raums, von dessen Gremium er sich eine gravierende Veränderung seines Berufslebens erhofft. Wofür sonst hat er jahrelang gearbeitet? Wofür sonst ist er von Weiterbildung zu Weiterbildung gezogen, ohne an irgendetwas anderes zu denken? Er ist sich sicher, denn außer ihm verfügt keiner über eine so umfangreiche Qualifikation. Und so fragte er sich, wozu braucht er überhaupt einen Vortrag? Äußerlich sieht man es ihm nicht an. Plötzlich spürt er seine Nervosität. Wie früher in der Schule, vor dem Start des Hundertmeterlaufs. Adrenalin? Dann aber wird er wieder ruhig, hatte er doch immer gewonnen, in der Schule.

Da fällt ihm ein, was sie, seine Geliebte, gesagt hatte, bevor er sich auf den Weg machte. Und so nimmt er sich fest vor, wenn es dann soweit ist, sich die Leute vorzustellen, wie sie dort drin vor ihm sitzen: in Unterwäsche! Er muss lachen, und das Lächeln hält noch an, als man ihn durch die hohe Tür in die Arena kommen lässt. Das steht ihm gut. Man lässt ihn herein, wie man im alten Rom die Gladiatoren auf den Kampfplatz kommen ließ, denkt er. Und so wird er schnell wieder ernst. Will zeigen, dass auch er die schönere Sprache sprechen kann und bringt es sogar in astreiner Mundart: „Griaß Gott!“ In der Mitte des Raums steht der kleine Tisch, an dem er sich nur zu Beginn ein wenig verloren fühlt, hat er doch nichts mitgebracht, rein gar nichts, das er, mit bedeutendem Gesicht, darauf ablegen könnte. Nicht ein Papier, das so aussieht wie ein Konzept, nicht einen winzigen Spickzettel, kein Schriftstück, von dem er jetzt Daten ablesen könnte, Fakten, Ziffern, Statistik, kein Konzept, kein Programm! Dabei hätte er wissen müssen, dass diese Theoretiker nur numerisch, nur in Algorithmen denken. Was also will er ihnen anbieten, wenn er so ganz ohne verbuchbare Valenzen kommt? Womit will er ihnen imponieren? Er hätte genauer Bescheid wissen, ihnen das Substrat reichen müssen, ein Etwas, das sie in Größe, Masse, Gewicht oder Volumen fassen können, in ihre Tabellen, Protokolle, Dateien, Diagramme und Berichte eintragen und verrechnen! (An der Planung ging schon der Kommunismus zugrunde, denkt er.) Er hätte wissen müssen, dass sie nervös werden, vielleicht anfangen, an ihren indigofarbenen Finelinern und an den Fingernägeln zu knabbern, wenn er ihnen nicht bald sagt, wie viele Deka Gesundheit pro Quartal mehr abgerechnet werden können, käme er mit seinen neumodischen OP-Techniken zum Zuge; jenen neuen Techniken, von denen nur Ärzte wissen, wie gut oder wie heikel sie tatsächlich sind: *für ihre Patienten!*

Nun sitzt er hier an diesem kleinen Tisch, der so aussieht wie eine Schulbank aus der Unterstufe. Ebenso könnte es sein eigener Gartentisch sein, der Tisch, an dem er sogar jetzt, in diesem Augenblick, sitzen könnte – mit ihr! Und wieder denkt er nur an sie. Auf der Terrasse hätte er einen bequemeren Stuhl gehabt, denkt er, einen, der sie beide trägt, ihn und sie dazu – auf seinem Schoß! So hatten sie so oft gesessen, küssend, sich über die Wange streichelnd, wie zwei Kraken ineinander verschlungen, stundenlang, um dann und wann, berauscht von ihrem Glück, in das Licht der Kerze zu schauen, die niemand sonst so bedacht, so voller Ehrfurcht anzünden könnte, wie sie es tut. Das Anzünden dieser Kerze in dem alten Altarständer aus der Hinterlassenschaft des Küsters – für sie beide war es zu einem Ritual geworden. Auf diesem Stuhl warteten sie gemeinsam auf die Nacht, die endlich wieder ihnen gehörte, wenn der Tag vollbracht, wenn die Sonne hinter dem Berg verschwunden war.

Wozu nur, denkt er, ist er so weit gefahren? Um sich auf diesen kurzbeinigen Stuhl aus hartem Sperrholz zu setzen, der ihn so klein macht? Ist es einer ihrer neurotischen Psychotests? Wollen sie schauen, wie er auf seine Sitzposition reagiert? Fast wähnt er sich in der Schule. Wie damals, als ihn der Mathelehrer wieder und wieder niedergemacht hatte. *Gute Mediziner sind schlechte*

Mathematiker! Diese Medizinalkaufleute aber sitzen auf hohen Polsterstühlen, die man hier gar „Sessel" nennt. Richtersessel? Für einen Moment schaut er mitleidsvoll zu ihnen hinauf. Schließlich müssen sie mehrere Stunden darin aushalten, denkt er. Ihre Aktentische stehen nicht nur gegenüber, sie stehen auch links und rechts von ihm. Da sitzen sie nun, denkt er, sitzen um ihn herum, in dieser Arena, um ihn zu bedrängen, zu beäugen, zu analysieren, jeder aus seiner Sicht. Von oben herab und in wachsender Überzahl, so fühlten sie sich schon immer stark. Wenn er hier endlich raus ist, so meint er, werden sie über ihn zu reden und befinden. (Falsch! Sie wollen gar nicht über ihn reden. Alles nur Show, eine Farce! Was er nicht weiß: vor Wochen schon haben sie die Karten gemischt und gezinkt. Längst steht er fest, der strahlende Sieger! Deshalb ist er auch so ausgelassen hergekommen, der Sunnyboy. Mitglied bei den Gutanten, hat das Rennen schon im Vorfeld für sich entscheiden können. Sein Schulfreund sticht als höchster Trumpf. Es ist der Herr Bürgermeister!)

Der Direktor der Krankenhausgesellschaft telefoniert per Handy, seit mehr als fünf Minuten schon. Fünf Minuten sind eine lange Zeit. Es muss etwas sehr Wichtiges sein, denkt er verständnisvoll. Und laut muss der alte Mann sprechen – weil das Gehör schon nachgelassen hat? Er denkt es nur, denn dem Gespräch folgen kann er nicht. Immerhin muss er sich auf seinen eigenen Vortrag konzentrieren, der gar keiner ist. So schaut er geradeaus, hinein in die Mitte des „U". Und von da wandern seine Blicke weiter, der Reihe nach, erst nach links, dann nach rechts, zurück auf die linke Seite, immer weiter, bis er schließlich mit seinen Blicken wieder bei dem Weißhaarigen mit dem Handy landet. Immerhin, Blickkontakt ist wichtig. Das hat er in dem Buch gelesen, in dem Buch über „Bewerbungstechniken", das er sich vor Jahren einmal besorgt hatte, bevor er sich damals um seine allererste Facharztstelle bewarb: freundlicher Blickkontakt! Er aber ist gar nicht freundlich, lässt sich anmerken, dass es ihn stört, dass man in

diesem Raum einfach telefoniert, ohne seinem Vortrag zuzuhören, dessen Formulierung ihm nun sichtbar schwerfällt, so ohne jede Vorbereitung. Wie soll man auch seine Gedanken ordnen, wenn ständig jemand dazwischenspricht?
DER MANN: „Na gut, ihr habt es so gewollt!"
Die Personalchefin: „Wie bitte?"

Und so stellt er sie sich der Reihe nach vor: ohne Unterwäsche!

Er schämt sich seiner schmutzigen Gedanken, ist kaum mehr in der Lage, konzentriert zuzuhören. Er muss schmunzeln, doch soeben war eine ernste Frage in den Raum geworfen worden, die er gar nicht beantworten muss. Nur eines darf man zu solch einer Art Frage nicht: lächeln! Er aber lächelt, ausgerechnet jetzt! Weil er eigene Bilder denken muss. Erst jetzt ertappt er sich. War mit seinen Gedanken wieder nur bei *ihr;* denkt, wie wenig Zeit ihm bleiben würde, bekäme er tatsächlich diesen Job. Es wird ihm Angst. Wie wenig Zeit ... für sie, für die Schöne, die bestimmt gerade dafür betet, dass es *nicht* klappt, denkt er. Und so hört er zwar, was sie ihn fragen, doch es wird ihm fast egal, welche Antwort aus seinem Mund herauskommt. Sogar der Weißhaarige hört für einen Moment auf zu telefonieren, um zu hören, was er da redet ... (War da gar niemand am anderen Ende?)

Der Bewerber: „Die medizinische Versorgung steht für mich im Mittelpunkt meiner Bemühungen, und sie wird auf der gesamten Abteilung im Mittelpunkt stehen, dafür werde ich sorgen. Die gewerkschaftlichen Interessen des Personals müssen unter Umständen zurückstehen, wenn ein Notfall zu versorgen ist ..." und „Wozu ‚Pflegediagnosen'? Die Medizin gibt es schon, sie muss man nicht noch einmal erfinden ..." und „Nicht die Verwaltung, nein, der Arzt muss auch heute noch darüber entscheiden dürfen, welche Behandlung ein Kranker im Krankenhaus bekommt."

Er hat Gutes gesagt! Das sagt ihm sein blauäugiges Gefühl. Und auch ihr, seiner Geliebten, wird er sagen, dass es gut lief, und er wird sich bei ihr bedanken, dass ihr Beten geholfen habe, die richtigen Worte zu finden, denkt er, *jetzt*. (Dabei weiß nur sie, wofür sie Gott um Hilfe bat.) Nur an sie muss er denken. Das hier erscheint ihm plötzlich so banal, so nebensächlich. Er ärgert sich. Warum ist er so viele Kilometer gefahren, um sich zu präsentieren? Dabei fällt ihm ihr Vorwurf ein: „Zu wos bewirbst di überhaupt? Willst Ruhm und Göld?"
DER MANN: „Ansehen? Ja natürlich! Und dank dessen nun endlich das tun, wovon ich weiß, dass es das Richtige für meine Patienten ist."
DIE SCHÖNE: „Und Göld!"
DER MANN: „Ansehen und Geld sind verschiedene Dinge!"
DIE SCHÖNE: „Glaub i net!"
DER MANN: „Geld schließt Ansehen nicht aus. Wer viel Geld hat, genießt aber nicht automatisch Ansehen, obwohl die meisten Reichen fest davon überzeugt sind. Und anders herum: Nicht jeder, der angesehen ist, hat automatisch auch viel Geld!"

Noch immer sitzt er hier, in der Arena. Er wird zornig. Was wird hier eigentlich gespielt? Jemand aus dem ersten Rang hat ihn etwas gefragt. Wie peinlich, sollte er meinen. Doch inzwischen ist ihm egal, was sie darüber denken, dass er der Person gar nicht zugehört hat; als er, aus reiner Höflichkeit, noch einmal hinterfragt, was man von ihm wissen wolle. Immerhin weiß er, dass ihnen diese (eigentlich selbstverständliche) Höflichkeit abhandengekommen sein muss; sonst würde keiner seinen Vortrag stören mit einem Telefonat! Zumindest würde man vor die Tür gehen, um dort zu telefonieren, denkt er. Doch nein, wer würde schon halb nackt aufstehen und nur in Unterwäsche vor die Tür gehen, um dort, vor all den anderen Bewerbern, weiter zu telefonieren. Nur um seinen Vortrag nicht zu stören? Ganz sicher nicht! Also denkt er

doch wieder nur an sie, an ihren wundervollen Körper, an ihre bezaubernde Stimme und an alles, was sie damit in seine verliebten Ohren gesagt hatte, bevor er hierher fuhr, nachts, stundenlang, durch Schneeregen, über die Berge, dicht an der Schlucht vorbei. Beinahe wäre er vom Weg abgekommen, er konnte einem Haufen herabgestürzter Steine, die hinter einer scharfen Kurve plötzlich vor ihm auf der Passstraße lagen, noch im letzten Moment ausweichen! Und wieder denkt er nur an sie! Auf seine Frage, ob sie sich denn im Falle eines positiven Bescheids für ihn freuen würde, da kam kein „Nein"! Das Schlimme war nur, ihre Antwort kam nicht prompt! Er wusste genau, diesmal hatte sie ihre fünf Vaterunser nicht gebetet, so wie sie es aber getan hatte, damit er wieder gesund und wohlbehalten von der abenteuerlichen Fahrt heimkehrt, zurück in ihr warmes Kuschelbett.
DIE SCHÖNE: „Na, i hob dir net zugredt, denn am End wär vielleicht goar i dran Schuld gwest, wonns d'dort net glücklich warerst. Du muasst sölba wissen, wos d'wüst. Oba glaub mir, *des wahre Glück erfoahrst net über Göld und a net über Ruhm und Ansehn, sondern nur über dei Gefühl … nur durch die Liebe!"*

Er dachte wieder nur an sie, anstatt den Menschen zuzuhören, die hier über seine Anstellung befinden sollten: Was denn, sollten etwa das die Leute sein, mit denen er bald täglich zusammenarbeiten und kommunizieren muss? Wo sie schon jetzt abwesend sind, wenn er spricht? Nein! Nein! Nein! Ganz sicher nicht!

Überlegen belächelt er sie, erlebt er doch gerade eine Liebe, die größer ist als alles, was diese armen Leute jemals erleben werden, denkt er, sie hatte ja so recht. Und er ärgert sich, überhaupt hierhergekommen zu sein.

Und so kam es, dass es ihm egal wurde, wofür er sich geschunden hatte, all die harten Jahre! Sie, die liebe Kleine, war es; sie hatte ihn, den großen starken Mann, *geschrumpft: zu einem glücklichen*

Menschen. Sie war es, sie hatte ihm gezeigt, was Glück wirklich bedeutet: nicht Geld, nicht einmal Ruhm, nur die Liebe zählt!

Sonntag

Nie zuvor und nirgendwo sonst hatte er so gut geschlafen wie in diesem praktischen Bett. Breiter ist es, breiter als jedes Einzelbett. Schmaler ist es, schmaler als jedes Doppelbett. Sind Ehebetten etwa deshalb so breit, damit sich jeder irgendwann in seine Ecke zurückziehen und verkriechen kann? Der Kompromiss einer begrenzten Fluchtmöglichkeit, ohne gleich das eheliche Schlafzimmer verlassen zu müssen? Zum Glück also erwacht er im Bett seiner Geliebten. Doch wo ist sie? Ihr Kopf liegt nicht an seiner baren Schulter, seine Hand nicht dort, wo sie sonst liegt, wenn morgens der erste Wecker klingelt. Wie sie sich am Abend in den Schlaf gekuschelt hatten, so waren sie auch am Morgen immer wieder aufgewacht. Wo ist sie heute? Er hat sich so sehr an sie gewöhnt, an ihr Profil, wenn er sie im Dämmerlicht neben sich liegen sieht. An ihren Atmen, wenn er sie dicht neben sich hört. An ihren Duft, den er einatmen und auch wieder an ihren Mund zurückatmen darf, an ihren samtweichen Körper, an ihre Brüste, ihren Bauch, an all ihre warme Haut, von der er immer so viel wie möglich auf einmal spüren möchte, auf seiner eigenen Haut. Auf leisen Sohlen schleicht er durch die Räume, über den Flur in die kleine Stube, wo er sie endlich findet. Dort sitzt sie, mit seiner Unterhose bekleidet, vor dem kleinen Sekretär. Zwischen ihren kleinen, schmalen Fingern bewegt sie einen Rosenkranz. Er hört, wie sie leise spricht, für ihn und für sich. Sie betet, dass er bei ihr bleiben möge, für immer.

Und:„Gegrüßet seist du, Maria,/
voll der Gnade,/der Herr ist mit dir./
Du bist gebenedeit unter den Frauen,/

und gebenedeit ist die Frucht deines Leibes: Jesus./
Heilige Maria,/Mutter Gottes,/
bitte für uns Sünder jetzt/
und in der Stunde unseres Todes./Amen."

Sie erschrickt nicht, als er sie berührt: „Heuer is Rosenkranzjohr, woaßt?"
DER MANN: „Wollte dich nicht stören, entschuldige!"
DIE SCHÖNE: „Host net!"
DER MANN: „Weißt du, kaum bist du weg, schon fehlst du mir!"
DIE SCHÖNE (sehr ernst): „Wir ham uns scho so sehr ananond gwöhnt! I hob des net woiln. Woaßt?"
DER MANN (kniet vor ihr nieder): „Aber ich! Denn ich liebe dich!"
DIE SCHÖNE (küssend): „I woaß, Schotz. Und i liab di a so sehr!"

DER MANN (aus der Küche): „Schatz? Wo hast du frisches Brot?"
DIE SCHÖNE (erschrocken): „A jo, des … des is … des is ausgonga, woaßt?"
DER MANN: „Aber du hattest doch erst Brot geholt!"
DIE SCHÖNE: „I hob's miassn weckagebm."
DER MANN: „War es denn schon schlecht?"
DIE SCHÖNE: „Jo! Tuat mir so leid!"
(Tatsächlich aber hatte sie den Laib Brot in die Schlucht geworfen, so, wie es nach altem Brauch üblich war, wünschte sie sich doch so sehr, dass ihm auf dem Weg über den Pass nichts zustößt.)

Eifersucht

Sie mag es nicht, wenn er ohne sie weggeht. Er aber muss zum Ärzteabend. So will es der Chef. Kaum ist er angekommen, schon ruft sie an. Doch er kann den Anruf nicht annehmen, mitten im

Vortrag. In der Fortbildungspause geht er hinaus, zwischen Festsaal und Heurigenstube bleibt er stehen und ruft sie zurück.
DIE SCHÖNE: „Hallo Schatz!“
DER MANN: „Wie geht es dir?“
DIE SCHÖNE: „Wonn kimmst denn endli hoam? I hob scho wieder so a Sehnsucht noch dir!“
DER MANN: „Weißt, hier sind ein paar Kollegen von der Swinaschule!“
DIE SCHÖNE: „Na und? San die etwa interessonter wia *i?*“
DER MANN (lachend): „Nein, im Gegenteil! Nur, ich wollte mal hören, was es dort Neues gibt! Außerdem … du weißt eh, dann und wann muss ich mich auch auf der Fortbildung sehen lassen.“
DIE SCHÖNE: „Ach Schotz! Kimm hoam! Du woaßt eh scho ois. I bitt di! I woaß, dass d' die Leit von der Swinaschui eh net mogst. Bitte kimm hoam! I hob meine Fiass scho gonz weit ausanonda gspreizt; so weit, dass d'nur no einischlupfa muasst!“
DER MANN (flüsternd): „Weisst du was?“
DIE SCHÖNE: „Wos d'n?“
DER MANN: „Du machst mich ganz verrückt! Und … ich wollte nur noch ein bisschen mit den Leuten schnattern.“
DIE SCHÖNE: „Bitte, bitte, kimm hoam!“
DER MANN (seufzend): „Also gut, dann komm ich gleich. Okay?“
DIE SCHÖNE: „Oba du kimmst wirkli, bitte, Schotz! Bitte beeil di! I hoilts nimma long aus!“
DER MANN: „Jawohl, ich verabschiede mich nach dem nächsten Vortrag, dann komm ich zu dir, sofort!“
DIE SCHÖNE: „Pfüati! Bis gleich!“
DER MANN: „Bis gleich, Schatz!“

Bei ihr

DER MANN: „Hallo Spatz!"

DIE SCHÖNE (küsst ihn leidenschaftlich): „Mei Liebling! Scheen, dass d'do bist!"

DER MANN: „War gar nicht so einfach, mich loszueisen!"

DIE SCHÖNE: „Wos host leicht gsogt, wias d'gonga bist? Host gsogt, wie i do lieg, mit meiner neichn blauen Unterwäsch?"

DER MANN: „Natürlich nicht! Du weißt doch, wie schüchtern ich bin."

DIE SCHÖNE: „Wos host'n gsogt?"

DER MANN: „Dass ich auf Hausbesuch muss, zu einer Frischoperierten von meiner Ordination."

DIE SCHÖNE: „Na und? Desweng brauchst koa schlechts Gwissen ham!"

DER MANN: „Wieso nicht?"

DIE SCHÖNE: „Schau her, a wos für a dringender Notfoill i bin!"

Kurz „darauf"

DIE SCHÖNE: „Und? Wos woar an dem Thema so interessont, dass d'so spot kemma bist?"

DER MANN: „Immerhin, es ging um Sexologie!"

DIE SCHÖNE: „Wos? Na! Des glaub i net!"

DER MANN: „Doch, doch! Die Swinaschule hat einen auf Sexualkunde spezialisierten Psychologen eingeladen. Er hat in Wien eine Spezialordination!"

DIE SCHÖNE: „Wirkli?"

DER MANN: „Wenn ich's doch sage!"

DIE SCHÖNE (zwinkert mit einem Auge): „Und?"

DER MANN: „Was ‚und'?"

DIE SCHÖNE: „Derzöhl!"

DER MANN: „Erst war es langweilig, denn er hat nur über Sexualstörungen bei Männern geredet. Dann endlich ging es nur

noch um Muschis, und eigentlich wollte mir auch noch den Rest anhören, als du plötzlich anriefst …"
DIE SCHÖNE: „Derzöhl!"
DER MANNN: „Über Männer oder Muschis?"
DIE SCHÖNE: „Zuerst über Monna."
DER MANN: „So manche Frau werfe ihrem Ehemann alles mögliche vor. Ist er etwa schwul? (Sie lässt ihn beobachten.) Ist sein Körper krank? (Sie schickt ihn zum Urologen.) Nichts an ihm scheint ihr unmöglich, kriegt er eines Tages bei ihr den Schwanz nicht mehr hoch. Nicht im Entferntesten schließt sie ein, vielleicht selber Ursache des Versagens seines sensiblen Körperteils zu sein, indem sie (für ihn) völlig unerotisch geworden ist. Weshalb sollte die Kompassnadel permanent nach oben zeigen, wenn da gar nichts mehr ist … kein Rest Magnetismus? Was soll der Stachel denn aufspießen, woran soll er sich wetzen, worin soll er denn fühlen, dass er lebt, wenn das feurige Widerlager fehlt? Die bloße Erinnerung an die heißen Nächte, an das Fieber von damals, reicht nicht aus, um ihn auf die Palme zu bringen. Und am Ende: *Was könnte krankmachender sein als die neurotischen Vorwürfe eines erkaltenden Vulkans?"*
DIE SCHÖNE: „Und über Muschis?"
DER MANN: „Pass auf! Es gibt drei Arten von Frauen, würde man sie nach ihrem Verhältnis zu ihrer eigenen Muschi befragen können!"
DIE SCHÖNE (schmiegt sich an ihn): „Derzöhl, i bi scho gsponnt!"
DER MANN: „Es gibt Frauen, die ihre eigene Vagina als hässliches, abstoßendes, nicht recht zu ihnen passendes Nichts empfinden. Für die Schönheit der oberen Hälfte ihres Körpers wird sie bewundert. So nach dem Motto ‚Oben hui, unten pfui'. Ein dunkles, kaltes, trockenes, verklemmtes Loch, für das sie sich noch nicht einmal selber interessiert hat. Und frag mich nicht, was er noch für Adjektive benutzt hat, um die Situation zu beschreiben!"

Die Schöne (schmiegt sich noch enger an ihn): „Die zweite Gruppe?“

Der Mann: „Diese Frauen betrachten ihre Muschi als Ort der sozialen Kommunikation mit dem Mann. Auch sie empfinden keine ehrliche Lust, gewähren aber ihrem Partner Zutritt, um bestimmte Dinge des Tages zu klären, die sie sonst nicht geregelt bekommt. Sie sind sich der Bedeutung, den dieser Ort des Beisammenseins für ihren Partner hat, bewusst und gewähren ihm deshalb in bestimmten zeitlichen Abständen Zugang, damit er nicht zu einer anderen geht. Es sind die vielen Frauen, die ihren Männern regelmäßig einen Orgasmus vortäuschen, und es soll sogar Männer geben, die das nicht einmal merken.“

Die Schöne (fasst ihn unten an): „Und? Die dritte Gruppe?“

Der Mann: „Diese Frauen *lieben* ihren Körper und damit auch ihre Vagina. Mit ihrem Unten sind sie auch oben, im Kopf, fertig geworden. Es ist ihre freundliche feuchtwarme Höhle, deren Drin und Drum und Dran ihr höchste Lust bereitet. Ihre einladende Höhle, die sie bereitwillig für ihren Liebsten öffnet und in der sie ihn immer wieder und zu jeder Tages- und Nachtzeit bereitwillig und wohltuend empfängt. Die Höhle, in die sie ihn aufnimmt, mit der sie ihn fest umschließt, weil es auch für sie nichts Schöneres gibt als dieses wunderbare Ding, das längst sein Heimathafen geworden ist …“

Kurz „darauf“

Der Mann: „Weißt, neben wem ich gesessen habe, bei der Fortbildung von der Swinaschule?“

Die Schöne: „Na?“

Der Mann: „Neben Dr. Michel aus Südtirol!“

Die Schöne: „Isses leicht a fescher Doktor?“

Der Mann: „Ach Quack! Das heißt … ich habe noch nicht darüber nachgedacht, ob er fesch ist. Bestimmt sogar ist er das!“

DIE SCHÖNE: „Schaust nur bei Frauna hin und net bei Monna!“
DER MANN: „Na und? Ist ja wohl normal, oder?“
DIE SCHÖNE: „Is scho recht so.“
DER MANN: „Nein, mir geht es um ganz was anderes. Ihn haben sie immer nur ausgenutzt. Stell dir vor, lassen ihn als Facharzt Arbeiten machen, die keiner sonst machen will. Und das alles für nen Appel und n'Ei, verstehst du? Sie bezahlen ihn wie einen Berufsanfänger, obwohl er vor mehr als zehn Jahren seinen Facharzt gemacht hat.“
DIE SCHÖNE: „Woart's ab! Irgendwonn kriagn s'eh d'Rechnung dafür. Irgendwonn kriagn s'ois z'ruck!“
DER MANN: „Hoffentlich! Er ist nämlich ein herzensguter Mensch, weißt du? Und es war immer ganz lustig mit ihm.“
DIE SCHÖNE: „Lustig?“
DER MANN: „Ja, zum Beispiel, immer wenn ihn etwas überrascht oder wenn ihn etwas erstaunt, sagt er ‚Na Servus!‘“
DIE SCHÖNE: „Na, Servus!“
DER MANN: „Einmal, als ich noch an der Swinaschule war, da hab ich ihn einen Blinddarm operieren lassen …“
DIE SCHÖNE: *„Du* host *eahm* assistiert?“
DER MANN: „Ja.“
DIE SCHÖNE (küsst ihn): „Des find i oba liab von dir!“
DER MANN: „Jedenfalls, der Wurm war extrem dick von der Entzündung, so dick wie mein Daumen hier. Wahrscheinlich hatte er noch nie so einen Wurm gesehen. Weißt, was er sagte, als er den Wurm sah?“
DIE SCHÖNE: „Na.“
DER MANN: „‚Na Servus!‘“
DIE SCHÖNE: „‚Na Servus?‘“
DER MANN: „Ja!“
DIE SCHÖNE (lacht)
DER MANN: „Und dann komm ich doch eines Tages in die Ambulanz, als sich gerade ein Mensch mit fürchterlichem

Schweißfuß vor ihm die Socken auszieht. Das stiefelsaure Strumpfoxid verdampft und verpestet alle Räume, sogar vor der Ambulanztür und im Wartezimmer kann man es riechen. Weißt, was er statt einer Begrüßung sagte?"

DIE SCHÖNE: „Na?"

DER MANN: „,Na Servus!'"

DIE SCHÖNE (lacht): „Na Servus!"

DER MANN: „Als ich noch zur Swinaschule ging, hatten wir auf der Station eine Frau mit einer riesigen Brust."

DIE SCHÖNE: „A soo?"

DER MANN: „Weißt du, was er spontan, mitten in der Chefvisite, sagte, als er die Dinger das erste Mal sah?"

DIE SCHÖNE: „Na?"

DER MANN: „,Na Servus!'"

DIE SCHÖNE (lacht)

DER MANN: „Kommt der Michel am späten Abend aus dem Krankenhaus, geht zu seinem Auto. Weißt du, sie buddelten wieder mal einen Graben mitten durch die Straße, für irgendeine Leitung. Hat ihm doch ein Bagger eine Ladung Dreck direkt vor die Fahrertür gekippt! Weißt du, was er sagte?"

DIE SCHÖNE: „Jo: ,Na Servus!' (lacht). Und? Wos hot er gmocht?"

DER MANN: „Kein Problem. Er ist durch die Beifahrertür eingestiegen."

DIE SCHÖNE: „Sehr guat!"

DER MANN: „Noch was. Sitze ich doch mit ihm beim Mittagstisch, er hat sich einen süßen Apfelstrudel als Nachtisch vom Buffet mitgenommen, weißt, so einen mit ein wenig Zimt. Stell dir vor, der Pechvogel, sticht ihn doch eine Wespe … hierher … genau in die Loberippe!"

DIE SCHÖNE: „Maria na! Der Arme."

DER MANN: „Ja, muss ziemlich wehgetan haben. Aber weißt du, was er sagte?"

DIE SCHÖNE: „,Na Servus!'"

DER MANN: „Nein!“
DIE SCHÖNE: „Na?“
DER MANN: „Nein!“
DIE SCHÖNE: „Wos donn?“
DER MANN: „„Wa Werwuw!““
DIE SCHÖNE (lacht)
DER MANN: „In seiner Suppe erst! Da lag irgendwann mal ein dicker schwarzer Knopf, so einer, wie er sonst nur an den Arbeitskitteln vom Küchenpersonal hängt, weißt?“
DIE SCHÖNE: „Na Servus! Der Arme!“
DER MANN: „Mir hat er auch immer leid getan. Er ist ein Pechvogel.“
DIE SCHÖNE: „Und, die andern, die ham si nur über eahm lustig gmocht, stimmts?“
DER MANN: „Stimmt! Manche haben ihn sogar einen Trottel genannt.“
DIE SCHÖNE: „Des kriagn s'ois z'ruck, wirst sehgn!“
DER MANN: „Na hoffentlich!“
DIE SCHÖNE: „Derzöhlst mir no wos von der Swin… Swin…?“
DER MANN: „Swinaschule?“
DIE SCHÖNE: „Swinaschui!“
DER MANN: „Wenn es sein muss? Mein Fahrrad zum Beispiel, weißt, ich fuhr jeden Tag damit zur Arbeit, sogar im Winter bei Eis und Schnee!“
DIE SCHÖNE: „Jo, und?“
DER MANN: „Der Chef hat mir gedroht. Wehe, wenn ich damit hinfalle, dann würde ich aber was erleben!“
DIE SCHÖNE: „Der hätt sogar no mit dir gschimpft, wonns d'a Patient worn warerst!“
DER MANN: „Er hat nur Seins im Sinn, weißt du?“
DIE SCHÖNE: „A Egoist?“
DER MANN: „Stell dir vor, die Haller, die Tochter von dem Heurigenwirt von der Luftgasse kennst du doch?“

Die Schöne: „Die Hollerin von da Luftgossn?“
Der Mann: „Genau! Sie ist vorletztes Jahr mit dem Studium fertig geworden.“
Die Schöne: „Jo und?“
Der Mann: „Und hatte wenige Monate zuvor in der Swinaschule angefangen … Stell dir vor, sie hat den Text von Falkos ‚Ich bin ein Egoist’ an die Pinwand des Besprechungszimmers gezwickt.“
Die Schöne: „Wos denn, des hot die Hollerin gmocht?“
Der Mann: „Genau!“
Die Schöne: „Na, des glaub i net!“
Der Mann: „Doch doch! Sie war das Gegenteil vom Stöger, einem anderen Turnusarzt, einem Arschkriecher. Übrigens, kennst du den Witz von den beiden Turnusärzten, die sich im Magen des Chefs treffen?“
Die Schöne: „Na?“
Der Mann: „Pass auf! Fragt doch der eine: ‚Hot der Chef di a gfressn?‘ Darauf der andere: ‚Nein, ich komm von der anderen Seite!‘“
Die Schöne: „Maria na!“ (lacht)
Der Mann: „Weißt du denn, was ich mit meinem alten Fahrrad gemacht hab, nachdem ich das letzte Mal damit zur Arbeit gefahren war?“
Die Schöne: „Na! Sog’s!“
Der Mann: „Es war ein verdammtes Fahrrad! Es hat laut gequietscht und gekracht, und alle zwei, drei Tage ist die Kette runtergesprungen, immer im vierten Gang. Und auch der Sattel war so verdammt hart …“
Die Schöne: „Na Servus!“
Der Mann: „Und die Vorderradbremse ging schon lange nicht mehr, weil der Bowdenzug durchgerostet war!“
Die Schöne: „Maria na!“
Der Mann: „Es war ein polnisches Fahrrad der Marke ‚Meteor‘, metallic lackiert, schmale Reifen mit extrem porösem Gummi,

mit Autoventilen von einem *Polski Fiat*, einem ratternden Dynamo, und muss so an die acht Gänge gehabt haben."

DIE SCHÖNE: „Worum woaßt des net genau?"

DER MANN: „Weil immer nur ein paar Gänge reingingen, die anderen haben immer nur gekracht; weißt, die Kette ist bei den kaputten Gängen immer wieder über das Zahnrad gerutscht, und, wie gesagt, beim vierten Gang sprang die Kette dann und wann runter. Sah hübsch aus, das Velo, als ich es vor acht Jahren einem polnischen Gastarbeiter im Rheinland abkaufte, für ein paar schlappe D-Mark. Für die Berge war es wohl nicht konstruiert."

DIE SCHÖNE: „Versteh!"

DER MANN: „Dann kam also der letzte Arbeitstag. Ich hatte das Bedürfnis, mit der Sache komplett abzuschließen."

DIE SCHÖNE: „Mit derer Swinaschui?"

DER MANN: „Jawohl! ‚Looking back ... over my shoulder', sagt man auf Neudeutsch.

So hab ich das Rad am letzten Arbeitstag einfach neben dem Haupteingang beim Portier an der Wand stehen lassen und bin die zehn Kilometer zu Fuß nach Hause!"

DIE SCHÖNE: „Maria na! Des host du gmocht?"

DER MANN: „Was meinst du, wird Gott mich dafür bestrafen?"

DIE SCHÖNE (lachend): „Na. Dafür sicher net."

DER MANN: „Aber das war noch nicht alles!"

DIE SCHÖNE: „Wos noch?"

DER MANN: „Die Flasche Birnenmost, die mir eine Mostbäuerin, eine Patientin, die ich am Magen operiert hatte, an diesem Tag schenkte, habe ich auf dem Weg ausgetrunken. Als ich zu Hause ankam, hatte ich ein fürchterliches Sodbrennen, und betrunken war ich auch. Du weißt eh, wie wenig ich vertrage!"

DIE SCHÖNE: „Du muasst des Kronknhaus oba sehr ghosst ham!"

DER MANN: „Ja, und wie!"

DIE SCHÖNE: „Des derfst net! Du muasst eahna verzeihn!"

DER MANN: „Das will ich ja, aber es ist nicht so einfach!"

DIE SCHÖNE: „Des versteh i! Oba es is net dei Recht, Richter zu sei. Sie san bees, do host recht. Du oba muasst eahna verzeihn! Des is dei Stärke, woaßt?"
DER MANN: „Ich werde versuchen, es zu vergessen!"
DIE SCHÖNE: „Na! Net vergessn! Verzeihen sollst! Verstehst?"

Die offene Tür

Hier, wo der Fluss am Entstehen ist, hier ist es menschenleer. Ein Graureiher verspeist delikaten Fisch. Seine Auswahl ist groß.

Zwei Kinder, ein Mädchen und ein kleiner Junge, spielen am Ufer nebenan. Die Eltern arbeiten irgendwo am Bauernhof.
Die Kinder schwärmen von der Schule. Nur noch wenige Tage, dann werden sie eingeschult. Sie spielen laut und ausgelassen. Allein sind sie gekommen, fürchten sich nicht. Kein Problem, schlüge der Föhn die Tür plötzlich zu. Nein, an ihrer Haustür gibt es keinen Knauf. Hier hat *es* noch immer eine Klinke!

Während die Kinder flache Steine über die Wasseroberfläche springen lassen, lachen sie; lachen immer lauter, wetteifern und lachen über ihren Reim:

„Dinger … nackerter Finger …"
„Stan … nackertes Bein …"
„Stiass … nackerte Fiass …"
„Tisch … nackerter Fisch …"
„Lauch … nackerter Bauch …"
„Lust … nackerte Brust …"
„Mächen … nackerte Zeechn …"
„Mobbo … nackerter Pobbo … "

So geht es noch eine ganze Weile. Sie haben nicht bemerkt, dass sie beobachtet werden; so sehr sind sie in ihr Spiel vertieft.

„Zwiggi … nackerte Bippi… "
„Mitzi … nackerte Zitzi …"
„Schwarm … nackerter … nackerter Arm …"

„Maug … nackertes Aug …“

In der Ferne hört man einen Traktor. Rasch nehmen sie ihre Sachen und rennen über die Wiese davon.

Aus Blau und Gelb gemacht: grün schimmert das klare Felswasser. Eiskalt ist es, und solange die Sonne scheint, ideal, Körper und Geist zu erfrischen. Hier scheint die Welt noch in Ordnung, denkt er, und sie ist eh davon überzeugt, ist es doch ihre Heimat. Junge Forellen spielen im Wasser. Manchmal ist es so flach, dass eine Rückenflosse herausschaut, zappelnd, mit einem Leerschlag ins Nichts. Manchmal schnappen sie nach einem Insekt, das, einen Moment unvorsichtig, der Wasseroberfläche zu nah gekommen ist. Da! Was für ein großer Fisch! Eine erwachsene Forelle … oder ein Saibling?

DER MANN (denkt laut): „Früher gab es nur Bachforellen, die gefräßigen Regenbogen haben sie eingesetzt, aus Nordamerika! Nun gibt es fast keine Bachforellen mehr.“

DIE SCHÖNE (hält ihre Augen geschlossen): „Wos denkst immer z'vü noch! Konnst es eh net ändern! Des Denken muass schweigen, damit für des Erlebm Plotz is, für dei Gefühl, für den Augenblick, verstehst?“

DER MANN (fast erschrocken): „Entschuldige, Schatz!“

Sie liegen am Ufer im blühenden Gras und genießen die Ruhe, die ihnen das sanfte Rauschen des Wassers bereitet, indem es die störenden Geräusche der Landstraße schluckt.

Er atmet ihren Duft. Das macht ihn ruhig, und fast wäre er eingeschlafen. Dann und wann schaut er wachend über ihre Nacktheit hinweg. Wieder und wieder bleibt sein bewundernder Blick stehen, um auf ihrem schönen Körper auszuruhen. Die Sonne scheint so hell, so warm. Manchmal blendet sie. Wieder blinzelt er über ihren Bauch, durch das Gras der bunten Wiese hindurch, in Richtung Asphaltstraße, deren steinerne wie steinige Vorfahren früher, vor langer, langer Zeit, jeder Windung des

Flusses, jedem Felsen und jedem dicken Baum ausweichen mussten. Ihm wird bewusst: *Vergessene Grenzsteine markieren den alten Weg.* Nach dem langen Winter ist die Natur explodiert, heraus aus dem Nichts. Im gebirgigen Land, so scheint ihm, wird er nicht wach. Es lässt ihn nicht kalt, lässt ihn nicht schwarzweiß denken. Staunend schaut er in das bunte Gras neben ihr, das er bislang nicht beachtet hatte: Unter der Blüte einer Mariendistel sieht er eine Gottesanbeterin. Was für ein Wunder! Gleich daneben steht ein Knabenkraut in voller Blüte. Ein purpurfarbener Käfer versucht, von einem Blatt aus, *ihr* auf den Bauch zu krabbeln, und eine friedliche Spinne mit einem Kreuz auf dem Rücken seilt sich von dem weich federnden Ast der Flussweide soeben darauf ab. Sie, die Weide, ist die trauernde Harfe in diesem rauschenden Konzert. (Jedes Rauschen braucht ein wenig Wind.) Er, staunend über die Natur: „Was für wunderschöne Sachen!"

DIE SCHÖNE (dreht sich ihm zu): „Bitte bleib bei mir! Bitte! Des Lebm ist so kurz, zu wos wüst vo do weckagehn? Hm, Schotz? Gfalln dir leicht meine scheenen Sochen net?"

DER MANN: „Ganz sicher doch!"

DIE SCHÖNE (küsst ihn auf den Mund, fasst ihn unten an und spricht langsam): „Des versteh i net. Zu wos wüst mi donn verlossn? Hm …? Hm …? Hm …?"

DER MANN: „Weißt du, wozu Gottesanbeterinnen fähig sind? Das Männchen ist dem Weibchen, dem es ahnungslos begegnet, total verfallen. Es findet ihren Körper ausgesprochen sexy. In seiner Leidenschaft hat es nur eins im Kopf, zudem ist es viel kleiner als das gefräßige Weibchen. Manchmal frisst sie ihn dann auf!"

DIE SCHÖNE: „Das Männchen?"

DER MANN: „Jawohl, sie frisst ihr Männchen auf – mitten im Zinzinmachen. Sie fängt ganz oben an, mit dem Kopf, während der Geschlechtsakt unten weitergeht. Sie amputiert sein Gehirn, verstehst du? Seine Lust ist die Narkose für die von ihr durchgeführte Dekapitierung. Wenn sie dann bekommen hat, was sie wollte …"

DIE SCHÖNE: „Den Kopf?"

DER MANN: „Seinen Samen, dann vernascht sie den Rest. "

DIE SCHÖNE: „Du spinnst! Des glaub i net."

DER MANN: „Du weißt, dass es hier keine Arbeit mit einer Perspektive für mich gibt. Und außerdem: Ich liebe das Meer, das Salz in der Luft!"

DIE SCHÖNE (lässt ihn wieder los, seufzend): „Es is so scheen, wonn wir a Stückl Weg mitananda gonga san. Und i bin dir so dankboar dafür. I frog mi nur, wölchen Grund es gebm hot, dass wir uns troffa ham. Noch woaß i's net, oba amoil werd i's sicher wissen!"

DER MANN: „Schau, neben dir, der schöne Schmetterling! Ganz schwarz ist der, und lauter rote Flecken hat er auf seinen Flügeln!"

DIE SCHÖNE: „Woaßt goar net, wie der hoaßt?"

DER MANN: „Nein."

DIE SCHÖNE: „Blutströpfchen oder …"

DER MANN: „Oder wie?"

DIE SCHÖNE: „Widderchen!"

DER MANN: „Wirklich?"

DIE SCHÖNE: „So is!"

DER MANN: „Und die wunderschöne rosa Blüte, auf der er sitzt?"

DIE SCHÖNE (trotzig): „Des sog i dir net!"

DER MANN: „Warum nicht?"

DIE SCHÖNE: „Des is mei Geheimnis!"

DER MANN (staunend): „Schau, wie alt und knorrig das Holz …"

DIE SCHÖNE: „Jo!"

DER MANN: „Wie frisch dabei das Grün der Blätter … und wie wunderschön diese rosafarbenen Blütenblätter sind!"

DIE SCHÖNE: „Sie blühen nur kurze Zeit …"

DER MANN: „Wie die Königin der Nacht."

DIE SCHÖNE: „Wie der Kaktus in Wean?"
DER MANN: „Viel zu schnell sind sie verblüht! Verpasst man die Blüte …"
DIE SCHÖNE: „Verwelken d'Blütenblätter!"
DER MANN: „Diese rosa Blüten, duftend und so zart wie dein Mund und wie …"
DIE SCHÖNE: „Wos?"
DER MANN: „Deine Brustwarzen. Und …, und die feinen Härchen auf den grünen Blättern … so fein und so weich wie der Flaum auf deiner Samthaut. Im Hintergrund die weiße Alm, dazu das Rauschen des Wassers …"
DIE SCHÖNE: „Du host es eh ois gsogt!"
DER MANN: „Dein Geheimnis?"
DIE SCHÖNE: „Jo, wonn du des derrotst …"
DER MANN: „Wenn ich das herauskriege, was bekomme ich dann? Einen Kuss?"
DIE SCHÖNE: „Na!"
DER MANN: „Darf ich dann mit dir …"
DIE SCHÖNE: „Zinzin?"
DER MANN: „Ja, Zinzin?"
DIE SCHÖNE: „Vielleicht! Oba donn kennst den wahren Weg zu meinem Herzen! Weil donn woaßt, wos i net missen mog: Bitte, bitte bleib do bei mir! Bitte geh net wecka! Wos soll i denn mochn, ohne di?"

Amputiert

DER MANN: „Sag, was ist denn mit dem Kater Schnurr?"
DIE SCHÖNE: „Wos sollt leicht mit eahm sei?"
DER MANN: „Er ist so apathisch, liegt in der Ecke herum und jammert!"
DIE SCHÖNE: „Schotz, bitte sei mir net bees!"
DER MANN: „Warum, wie, was?"

DIE SCHÖNE: „I woar heit beim Tieroarzt mit eahm."
DER MANN (besorgt): „Was hat er denn, der Arme?"
DIE SCHÖNE: „Koa Kronkheit net."
DER MANN: „Hast du, hast du ihn etwa …?" (Sie nickt.) „Neiiiin!"
DIE SCHÖNE: „Woaßt, es is besser so!"
DER MANN: „Warum? Hast du aus einem stolzen Kater ein … ein … einen Eunuchen machen lassen?"
DIE SCHÖNE: „Üweroi hot'a scho hinmarkiert, sogar mir ans Bein, stöl dir des vor!"
DER MANN: „Hast du ihn vielleicht gereizt? Du weißt, Kater haben menschliche Züge!"
DIE SCHÖNE (küsst ihn): „Ach Schatz, jetz geht leicht dei Fantasie mit dir durch, hm?"
DER MANN: „Warum hast du das gemacht? Warum aus einem stolzen ‚Er' ein trostloses ‚Es' machen lassen?"
DIE SCHÖNE: „Weil i hob Angst ghobt, er wird überfoahrn!"
DER MANN: „Sowas, na so was Komisches hab ich ja noch nie gehört!"
DIE SCHÖNE (ernst): „Sog des net! Wos moanst, wos wird laut Statistik mehr überfoahrn: a Er, a Sie oder a Es?"
DER MANN: „Wer, was … wie bitte?"
DIE SCHÖNE: „Wos moanst, wos werdn häufiger überfoahrn, Kotzen, Koter oder b'schniedene Koter?"
DER MANN: „Keine Ahnung, da gibt es bestimmt keine Unterschiede; das heißt, wahrscheinlich geschnittene Kater, weil sie vor Schmerz breitbeinig umherlaufen, also nicht so schnell vor einem Auto oder Motorrad wegspringen können!"
DIE SCHÖNE (lacht): „Na!"
DER MANN: „Wieso nicht?"
DIE SCHÖNE: „Die Kater! Woaßt warum?"
DER MANN: „Die Unversehrten? Das kann ich nicht glauben."
DIE SCHÖNE: „Weil's Muschi-Jager san."

anbetrifft, und für den Fall, dass er gar nicht grillen kann): „Ich dank dir, dass d'mit mir grüllieren wüst! Heit Abend kemma wieder …, mei Regl is vorbei!"
DER MANN: „Kann es kaum erwarten!"
DIE SCHÖNE: „Jo, i gfreu mi a. Sag du, wia du's mochn wüst!"
DER MANN: „Vielleicht wieder vor dem Spiegel, im Stehen, du weißt schon … so wie das letzte Mal!"
DIE SCHÖNE: „Na! I man des Grülln!"
DER MANN: „Kein Problem, ich kümmere mich um das Feuer, du dich um Fleisch und Wurst!"
DIE SCHÖNE: „I hüf dir schnöll des Hoilz 'zamsuacha!"
DER MANN: „Danke, Schatz!"
DIE SCHÖNE: „Do san a poar gonz truckerne Stöckerl!"
DER MANN: „Das legen wir dort zwischen die Steine, gleich zünd ich es an."
DIE SCHÖNE: „Jo, mei Gebieter!"
DER MANN (küsst sie): „Du spinnst!"
DIE SCHÖNE: „I möchtert jetz scho wieder, dass d'mit mir schnackselst, mei Gebieter!"
DER MANN: „Erst essen wir was, dann schnackseln wir!"
DIE SCHÖNE: „Host recht, mei Gebieter! Erst stärken, donn der Sex!"

DIE SCHÖNE: „Des wird wohl a gonze Weil' dauern, bis wir grülln!"
DER MANN: „Kein Problem, ich wüsst schon, was wir inzwischen machen, bis das Holz zu Glut geworden ist!"
DIE SCHÖNE: „Jo? Wos denn, mei Schotz?"
DER MANN: „Schau, was ich hier hab!"
DIE SCHÖNE: „A Deckn! Dass d'sogoar an des docht host!"
DER MANN: „Ja, hier leg ich dich jetzt drauf, und dann werde ich das tun, was man eigentlich erst nach dem Essen tut!"
DIE SCHÖNE: „Jo, wos denn?"

DER MANN: „Es gibt da diesen Spruch, du weißt schon … ‚Nach dem Essen soll man rauchen oder …'"
DIE SCHÖNE: „Oder?"
DER MANN: „Oder eine … Frau gebrauchen!"
DIE SCHÖNE: „Na dann rauchst hoilt!"
DER MANN: „Du weißt doch, dass ich nicht rauche!"
DIE SCHÖNE: „Wos d'n, do am Fluss? Do, wo d'vün Gössn san?"
DER MANN: „Pfeif auf die paar Mücken. Wir legen uns einfach in den Rauch, dann meiden sie uns. Alter Anglertrick!"
DIE SCHÖNE: „Und wonn jemond kimmt? I moan, hier, wo des Wosser rauscht, hörerten wir nix!"
DER MANN: „Wahrscheinlich hast du recht. Entschuldige, ist dir recht kalt?"
DIE SCHÖNE: „Jo!"
DER MANN: „Hier hast du meine Jacke!"
DIE SCHÖNE: „Liab vo dir!"
DER MANN: „Komm näher ans Feuer, da ist es wärmer, zumindest von vorn."
DIE SCHÖNE: „Es is so scheen romantisch mit dir, do am Wosser!"
DER MANN: „Hoffentlich erkältest du dich nicht!"
DIE SCHÖNE: „Na, woaßt worum net?"
DER MANN: „Warum?"
DIE SCHÖNE: „Weil wonn wir do gessn haom, schnackselst endlich mit mir, und donn wird uns gonz sicher woarm wer'n!"
DER MANN: „Ja, ich hab auch schon ganz kalte Ohren!"
DIE SCHÖNE: „Jo, was mochn wir denn damit?"
DER MANN: „Da hätt ich schon eine Idee!"
DIE SCHÖNE: „Wos denn?"
DER MANN (flüstert ihr ins Ohr): „Erst trag ich dich nach oben, pack dich in mein warmes Auto, du weißt schon, hinten in meinen Kombi, dann geh ich runter zum Fluss, um das Feuer zu löschen. Wenn ich dann zurückkomm, kriech ich zu dir … Du weißt schon, unter die Tigerdecke; kriech mit meinem Kopf

zwischen deine warmen, weichen Schenkel. Dann werden meine Ohren schnell ganz warm, und ich höre nicht, wenn du mich bremsen willst, für all das, was ich dann unter der Decke mit dir anstelle!“
DIE SCHÖNE: „Und wonn i di goar net bremsen wü?“

Kurz „darauf“

DIE SCHÖNE: „Schotz, und wos is, wonn i in da Nacht außi muass?“
DER MANN: „Kein Problem. Schau: Das hier ist kein gewöhnliches Auto. Hier ist der Hebel, mit dem du die Heckklappe von innen öffnen kannst.“
DIE SCHÖNE: „Matscho!“
DER MANN: „Und außerdem merke ich, wenn du dich bewegst, wir sind doch längst synchronisiert!“
DIE SCHÖNE: „Wos moanst'n damit?“
DER MANN: „Unsere Hormone, Körpersäfte und alles andere, unsere biologischen Rhythmen, weißt du? Unsere Lebensvorgänge laufen längst synchron, weil wir uns lieben. Wenn es dir mal schlecht gehen sollte, dann geht es auch mir schlecht!“
DIE SCHÖNE: „Und wonn es dir guat geht, donn geht es mir a guat; do host recht, mei Herz!“
DER MANN: „Siehst du, wenn du trinkst, hab auch ich Durst, und wenn du nachts unruhig wirst, weil du mal raus musst, dann werd ich mit dir gehen!“
DIE SCHÖNE: „Weil d'mi bschützen wüst?“
DER MANN: „Und weil ich das gleiche Bedürfnis habe, verstehst du?“
DIE SCHÖNE: „Hörst?“
DER MANN: „Was meinst du?“
DIE SCHÖNE: „Unser Vogerl!“
DER MANN: „Tatsächlich, die Nachtigall!“

Die Schöne: „Heut liest du unser Märchen!"
Der Mann: „Das Blaue Licht: ‚Es war einmal ein König …'"
Die Schöne: „Es is so scheen mit dir! I wü, dass d'Zeit stehn bleibt!"
Gemeinsam: „Müde bin ich,/geh zur Ruh,/schließe meine Augen zu/lass die Augen dein/über diesem Bette sein./Amen."

Ritt auf der Harley

Der Mann: „Hallo Schatz! Hab mit dem Motorradmenschen gesprochen. Stell dir vor, ich darf die neue *Harley* einen Tag lang Probe fahren!"
Die Schöne: „Wos d'n, a echte *Harley Davidson*, an gonzen Tog long? Des glaub i net!"
Der Mann: „Nächste Woche Donnerstag, da kommst du aus der Nachtschicht, und ich habe frei bekommen!"
Die Schöne: „Und do wüst mit mir *Harley* foahrn? I hob goar kan Sturzhöm!"
Der Mann: „Den können wir sicher ausborgen!"
Die Schöne: „I gfreu mi scho!"
Der Mann: „Ich mich auch: mit dir auf der neuen *Harley*, ein Traum!"
Die Schöne: „Sog, wos für a Maschin is des leicht? So a Maschin mit weiche Sitz aus schwoarzn Büffl-Leder, Ruckenlehn', großn Kofferraum, ganz langer Teleskopantenne und Stereolautsprecher mit Country-Musik?"
Der Mann: „Nein, die Neue ist ganz anders. Da sitzt man nicht so bequem, es baumeln keine nietenbesetzten Lederriemen an der Seite herum, keine Brottasche, keine Tasche für das Dosenbier, und Radio hat sie auch keines, dafür aber einen irren Sound beim Gasgeben! Sie röhrt! In der Fahrzeugbeschreibung sucht man vergebens nach der Angabe über die Beschleunigung von Null auf

Hundert. Dafür steht geschrieben, welch unbändige Kraft und welch irren Klang der Motor haben soll."

DIE SCHÖNE: „A soo."

DER MANN: „Und, was noch verrückter ist, sie vibriert!?"

DIE SCHÖNE: „A soo?"

DER MANN: „Also sieh dich vor, wenn du recht festen Kontakt zur Sitzbank bekommst …"

DIE SCHÖNE: „I werd mi eh net z'weit noch vorne lehna, weil do bist scho du!"

DER MANN: „Sonst würden auch alle Männer neidisch, die deinen scharfen Po von hinten zu Gesicht bekämen!"

DIE SCHÖNE: „A soo!"

DER MANN: „Das ist so eine Art Rücklicht, ein rotes Tuch, weißt du?"

DIE SCHÖNE: „Na ha?"

DER MANN: „Aber keine Chance, ich hänge eh alle ab! Jeder Spanner würde Mühe haben, so dicht an uns heranzukommen, dass er dich länger als eine Sekunde lang betrachten kann."

DIE SCHÖNE: „Mit andere Worte, du könntst es goar net verantworten, langsom z'foahrn, weil donn würden s'eh alle in' Stroßngram foahrn."

DER MANN: „Du siehst, eine besondere Verantwortung hat man als *Harley*-Fahrer auch für andere Verkehrsteilnehmer."

DIE SCHÖNE: „Jo sicher!"

DER MANN: „Weißt du, was das Irre, das Verrückteste an der Neuen ist?"

DIE SCHÖNE (neugierig): „Wos d'n leicht?"

DER MANN: „Wenn ich sie aufgebockt habe …"

DIE SCHÖNE: „Jo?"

DER MANN: „Und du noch immer mit rausgestrecktem Po da oben sitzt …"

DIE SCHÖNE: „Jo?"

DER MANN: „Und du dich ganz, ganz weit nach vorne beugst, nachdem ich vom Sattel gestiegen bin …"
DIE SCHÖNE: „Dann standertst du hinter derer Maschin und i haltert dir mei'n Po genau hin?"
DER MANN: „Dann hat er genau die richtige Höhe!"
DIE SCHÖNE: „Des war scho fein!"
DER MANN: „Weißt du, ein Mann und seine Harley, das ist … wie … Mann und Frau!"
DIE SCHÖNE: „A sooo?"
DER MANN: „Ja, bei der Harley weiß auch keiner warum."
DIE SCHÖNE (enttäuscht): „Wie moanst des: ‚warum'?"
DER MANN: „Naja, die Harley ist technisch veraltet. Eben nicht richtig durchkonstruiert, hat keinen Kat, der Motor ist viel zu laut, säuft wie ein Loch, dabei ist der Tank viel zu klein; der Radstand viel zu groß, unmöglich also, schnell um eine Kurve zu fahren, und außerdem ist ständig irgendwas kaputt, und wenn du sie abstellst, musst du einen Lappen unterlegen, denn sie verliert Öl!"
DIE SCHÖNE: „Und zu wos kaft s'donn überhaupt wer?"
DER MANN: „Weil sie so einmalig ist, etwas Besonderes eben, weißt du?"
DIE SCHÖNE: „A soo?"
DER MANN: „Hör dir diesen irren Sound an!"
DIE SCHÖNE: „Varruckt!"
DER MANN: „Für meine Gedanken müsste ich mich heute aber entschuldigen."
DIE SCHÖNE: „Zu wos?"
DER MANN: „Beim Club der Feministinnen."
DIE SCHÖNE: „Derzöhl!"
DER MANN: „Für diesen Vergleich."
DIE SCHÖNE: „Und host wos geg'n sie?"
DER MANN: „Weißt, heut ist es schon so weit gekommen, dass wir Männer unsere Gleichberechtigung erkämpfen müssen, wegen einem Haufen neurotischer Tanten. Sie haben ihren unrühm-

lichen Anteil zur Verstümmelung der deutschen Sprache beigetragen."
DIE SCHÖNE: „Worum des?"
DER MANN: „Zum Beispiel das neurotische Wort ‚PatientInnen' oder ‚ÄrztInnen', es soll angeblich eine Abkürzung sein für ‚Ärzte plus Ärztinnen' oder für ‚Ärztinnen plus Ärzte'.
Was hat dieses Wort – ‚PatientInnen' oder ‚ÄrztInnen' – noch Männliches an sich?"
DIE SCHÖNE: „Nix."
DER MANN: „Eben! Es gleicht einer Titration …"
DIE SCHÖNE: „Wos?"
DER MANN: „Fängst du an, tröpfchenweise an Bewährtem herumzumäkeln und herumzukorrigieren, schlägt es irgendwann plötzlich um – ins Gegenteil! Eben noch war es ein Arzt, plötzlich, nach dieser Geschlechtsumwandlung, ist es eine Ärztin."
DIE SCHÖNE: „Du denkst vü z'vü noch. Schod drum!"
DER MANN: „Schade um was?"
DIE SCHÖNE: „Um die verlorene Zeit! Schau, wos wir ois hättn in derer Zeit mochn kinna!"

Eine Woche später

Der Verkäufer: „Grüß Gott! Es wolltets d'neiche *Harley* zur Probe foahrn und habt's euch angmöldt?"
DER MANN: „So isses!"
Der Verkäufer: „Voraussetzung is an offensichtliches Kaufinteresse. Gölln s?"
DER MANN (zu ihr): „Haben wir!"
Der Verkäufer: „Gölln s?"
DIE SCHÖNE (überzeugend): „Jo sicher!"
Der Verkäufer: „San S' scho amoi *Harley* gfoarn?"
DER MANN: „Nein, noch nie."
DIE SCHÖNE: „Na, leider net!"

Der Verkäufer (schaut mitleidig): „Oba vielleicht a ondere Maschin? Göllns?"
DER MANN: „Ja sicher, *Honda* zum Beispiel, und BieÄmDabbelyu!"
Der Verkäufer: „Ah, des hört si guat an. Göllns! So vü i woaß, is des a a amerikanische Maschin! Göllns? Donn is jo eh guat! Göllns! Donn brauch i nur no a Kopie von eurem Führerschein. Göllns?"

Der Verkäufer: „Schaun S' her, des is da Zündschlüssl, und die Gäng san wie bei alle andern Maschin' und Motorradl a. Schaun S', und des is d' Alarmanlag! Göllns?"
DIE SCHÖNE (staunend): „A Wohnsinn!"
DER MANN: „Eine Bitte hätt ich noch."
Der Verkäufer: „Bitte!"
DER MANN: „Hätten Sie vielleicht noch einen Sturzhelm für die Dame?"
Der Verkäufer: „Jo scho. Göllns? Oba nur noch an Höm mit Hörnderln! Göllns?"
DER MANN (entsetzt): „Was denn, einen Helm mit … mit … Hörnern? Ja, was denken Sie denn von uns? Wir sind doch keine Wikinger!"
Der Verkäufer: „Koane wos?"
DER MANN: „Wikinger!"
DIE SCHÖNE (zupft ihn am Ärmel): „Geh, Schatzl, bitte loss! I mog den Höm. Woaßt es eh? Wir san Widder!"
DER MANN (zum Verkäufer): „Unter einer Bedingung!"
Der Verkäufer: „Bitte?"
DER MANN: „Wenn Sie auch für mich einen Helm mit Hörnern haben!"
Der Verkäufer: „Natürlich! Bittscheen, do ham S' a an Höm mit Hörnderln!"
DER MANN (das Motorrad startend): „Na dann … Tschüs!"

Er gibt kräftig Gas, die Schöne hält ihn fest umschlungen.

Hinten sitzt sie etwas höher, hat vor Angst den Kopf zur Seite gedreht, sie hält die Augen geschlossen und hofft, dass die Fahrt bald vorüber ist. Er genießt die Fahrt, wenngleich er ihr Zittern deutlich spürt, ihr Zittern, das von den Vibrationen des schweren Motors überlagert wird. Angst hat er, Angst, dass sie einschlafen könnte, vor Müdigkeit vielleicht, denkt er, nach ihrem anstrengenden Nachtdienst. Was er nicht ahnt: Sie ist hellwach vor lauter Angst, ist sie doch nur seinetwegen mitgekommen.

Kräftig durchschütteln lassen sie sich von dem schweren Monster, vor Kälte frieren sie. Und als die erste Strecke hinter ihnen liegt und ihm die Hände noch eine Weile nachvibrieren, machen sie Halt für einen Cappuccino an dem kleinen Blockhaus, das er schon öfters gesehen hatte, wenn er mit dem Auto hier vorbeigekommen war. Hier lässt es sich gut halten. Hier kann er leicht wenden, denkt er. Denn es ist eines jener Fahrzeuge, die eigentlich für gerade Meilen gebaut sind. Nicht für europäische Kurven, schon gar nicht für Serpentinen. Hier, vor dieser Imbissbude, wo es schon am Morgen nach Frittenfett riecht, schlürfen sie ihren heißen Cappuccino. An einem der robusten Bikertische unter dem kurzen Dach haben sie Platz genommen, den Tau mit einer Serviette vom Tisch gewischt. Sie setzt sich auf seinen Schoß, denn ihr ist kalt.

DER MANN: „Hallo, meine liebe Widderin!“

DIE SCHÖNE: „Hallo, mei liaber Widdermonn!“

DER MANN: „Hoffentlich verheddern wir uns nicht mit unseren Hörnern!“

DIE SCHÖNE: „Jo, an Grund wird's scho gebm ham, wieso die Widder unter sich net guat harmonieren!“

DER MANN: „Sicher sind es nur die Hörner! Weißt du, ich glaub den Quatsch mit den Horoskopen eh nicht!“

DIE SCHÖNE: „I scho!“

DER MANN: „Nur manchmal hab ich so ein mieses Gefühl!“

DIE SCHÖNE: „Worum?“

DER MANN: „Ich hab Angst um uns, Angst, du könntest wirklich Schluss machen!“
DIE SCHÖNE: „Jo … Des warert a besser so, glaub mir! Du gehst weg, gehst so weit weg vo mir, gehst zu deiner Famülie … und wos wird aus mir?“
DER MANN: „Aber Schnorcheln fahren wir doch noch, und Wandern wollten wir, über den Hochgrat, und auf der Hütte über dem Gesäuse übernachten … und zur Nephroplast-Fortbildung und zu Marthas Polterabend … und zum Schwarz-Angeln fahren wir noch einmal an die Salza und im Herbst zum Schwammerlsuchen auf die Kaiserau oder noch einmal ins Waldviertel, wo es richtige Feuersalamander gibt, du weißt schon, solche mit großen gelben Flecken auf der giftigen schwarzen Haut!“
DIE SCHÖNE: „Du träumst jo. Na, i glaub, es wär besser, wonn wir scho jetz Schluss mocherten!“
DER MANN: „Schatz, Liebes … bitte lass uns nicht so auseinandergehn! An die Salza will ich noch einmal, nur mit dir! Wir müssen auch nicht angeln. Wir nehmen uns eine Cruiser, es muss ja keine *Harley* sein, oder wir mieten uns ein kleines Cabrio, und dann surfen wir noch mal der Salza entgegen durchs Tal. Vorbei am Eingang ins Holzäpfeltal. An der Kaiserrast trinken wir einen Cappuccino. Dann fahren wir weiter, vorbei an der Wasserlochklamm, du weißt schon, da, wo die toten Bäume im Wasser liegen, und manchmal liegen Steine auf dem Weg. Aber ich werde vorsichtig sein, damit dir nichts passiert. Wir fahren weiter, immer weiter. Dort, wo das Wasser so herrlich grün ist. Nein, solch ein Grün gibt es sonst nirgendwo! Da, wo auch das Moos an der Rinde immer grün ist. Da, wo der Regen das Salz aus den Bergen herauswäscht, damit es sich im Meer sammeln kann, irgendwann, ganz zuletzt. Da werde ich noch einmal mit dir hinbrausen. Keiner ist dort, nur du und ich. Bevor das Moos rot wird, wenn dann die Straße den Fluss gekreuzt hat … dann fahren wir nicht durch die neue Röhre!

Wir nehmen den alten keltischen Tunnel, dort neben dem Durchbruch durch das Gestein, wo dasWasser ganz flach ist, dort ist es ganz breit und so herrlich still! Dort mag ich dich noch einmal spüren. Dort halten wir an, und dort hören wir dazu ‚Return' von M.O.! Denn Wasser ist wie Zeit, dort sieht man nicht, dass es fließt. Da will ich mit dir hin, verstehst du? Dort ist das Blaue Licht. Du wirst sehen, dort halt ich nochmal die Uhren für uns an!"

DIE SCHÖNE: „Woaßt, i liab di! Du bist mei Liebster! Glaub mir des! Du oba, du liabst dei Frau und dei Famülie; dei Famülie braucht di! Und außerdem: Du liabst des Meer!"

DER MANN: „Und warum meinst du, sollte ich dich nicht auch lieben, so sehr wie du mich liebst?„

DIE SCHÖNE (weint): „I hob des ois scho amoi durchgmocht! Woaßt, des is so schwer, wonns du gehst und mi do gonz alloan losst!"

DER MANN: „Aber zuvor kommst du noch mit auf mein Schloss!"

DIE SCHÖNE: „A so, wos für a Schloss?"

DER MANN: „Ja, als stolze Königin!"

DIE SCHÖNE: „A soo?"

DER MANN: „Jawohl, mit einem unendlich langen Kleid, weder die lange Schleppe noch der stolze hohe Kragen erlauben einen Blick auf die reifen Früchte deines Körpers, der bald vor Wollust stöhnen und beben wird, nur für meine Augen ganz allein!"

DIE SCHÖNE: „A soo: ‚For Your eyes only'?"

DER MANN: „Mach dich auf was gefasst! Auf einem richtigen Motorradl hol ich dich dann ab, aus den dunklen, kalten Gemächern der Burg entführe ich dich, fahre dich hinab zu meinem Schloss, dorthin, wo tausende und abertausende Rosen blühen. Sie sind dunkelrot, verstehst du? Wie venöses Blut, denn sie lechzen nach Sauerstoff. Und … und ihr umwerfender Duft hypnotisiert deine Sinne. Wir reiten auf diesem schwarzen Teufel, einem Feuerstuhl aus schwerem Stahl, mit zwölf fetten Zylindern,

die rechts und links prominent aus dem Motorblock herausragen. In der Kurve berühren sie den Boden und sprühen Funken. Ich muss schnell, ganz, ganz schnell fahren, damit sie nicht Feuer fangen, denn sie sind aus purem Magnesium. Sie sind soo heiß!“
DIE SCHÖNE: „So geil!“
DER MANN: „Allein der Kühler ist ein Monster! Naja, bei so einem Ofen von einem Motor, da muss das so sein. Und im Mantel des Motors, da fließt heißes Öl. Die Kolben hämmern einen bärischen Sound hinaus in die Nacht. Wir fahren durch den Ort, dann windet sich die Straße – endlich hinauf zum Schloss! Der Motor brummt, und es hört sich an, als kämen sieben russische Panzer angefahren. Jedes der riesigen Auspuffrohre röhrt und spuckt Feuer wie der Schlund eines Drachen …“
DIE SCHÖNE: „A soo!“
DER MANN: „Vor dem Schloss angekommen, hebt der starke Graf sie von der kochenden Maschine, saugt sich am zarten Hals der Königin fest, mit seinen scharfen Eckzähnen, und lässt sie nicht wieder los … Er lässt sie erst erst wieder los, wenn ihre Füße anfangen zu zittern, vor lauter Lust. Es entsteht ein blutunterlaufener Fleck, hier an deinem zarten Hals.

Ein Hämatom, das man noch sieben Tage lang sehen wird, auf der Arbeit: ein Liebesmal! Und du? Kannst es nicht verhindern. Jeder sieht es dir an. Alle sehen, wie glücklich du gewesen sein musst in jener einzigartigen nächtlichen Stunde. Du bist wie berauscht, und auf die Arbeit kannst du dich nicht konzentrieren, weil der Graf die stolze Königin gebissen hat.“
DIE SCHÖNE: „Wenn du meinst, mein Gebieter?“
DER MANN: „Jawohl!“
DIE SCHÖNE: „So lasse es geschehen!“
DER MANN: „Ja, und er, der ergebene Diener, legt die Stolze auf das kuschelig weiche Tigerfell, das vor dem Kamin aus grauem Speckstein liegt, in dem das Holz von einem abgesägten Ast des Birnbaums aus dem Schlossgarten knisternd brennt. Sein Biss und

der Duft der tausend Rosen, deren Blütenblätter am Boden liegen, haben sie betäubt, und die wohlige Wärme des Feuers macht sie so leicht, so locker, so offen, so feucht, so … Aua!“

DIE SCHÖNE (beißt ihn so kräftig ins Ohrläppchen, dass es sofort anschwillt): „Du verruckter Kerl, du!“

DER MANN (weiter): „Und du, meine geliebte Königin, liegst auf jenem weichen Fell des bengalischen Tigers, und das Fell liegt auf dem Boden aus edelstem Gestein, aus ‚Blue Eyes‘, oder … aus echtem bavarischen ‚Jura‘, mit fossilen Schnecken und Donnerkeilen, kleinen süßen Schneckchen und Donnerkeilchen, die es … gerade miteinander trieben, als sie plötzlich sterben mussten, bevor sie dann, vor Hundert Millionen Jahren, zu verräterischem Gestein erstarrten. Erst der sezierende Schliff der Neuzeit hat ihre wahren Sünden offenbart, gnadenlos!“

DIE SCHÖNE (beginnt ihn zu küssen): „Oba … zu dem braunen ‚Jura‘ passert grüner Marmor am besten!“

DER MANN (nickt): „Und das Tigerfell, gesäumt von kleinen Quadraten aus echtem grünen ‚Guatemala‘, du liegst darauf, splitternackt, meine liebe, liebe Maya! Der Graf hat ihr das Gewand vom Leib gerissen, in seiner unendlichen Gier nach Liebe, nach Körperkontakt, nach … hmmm …“

DIE SCHÖNE: „Hmm … Mein Liebling!“

DER MANN: „Mein liebeshungriger Körper kniet vor deinem wunderschönen Frauenleib nieder. Wir beide schauen ihnen zu, den beiden Körpern, was sie dort treiben, vor dem lodernden Feuer, schauen in den großen Spiegel, den die Schloss-Eunuchen in einem genialen Winkel aufgestellt haben, bevor sie in den Ausgang geschickt wurden.“

DIE SCHÖNE: „Oder, woaßt, i ziag ma des blaue Kleid mit dem gonz, gonz langen Schlitz an!“

DER MANN: „Ja bitte, und darunter die hauchzarte Strumpfhose, du weißt schon, die mit dem offenen Schritt!“

DIE SCHÖNE (vorwurfsvoll): „Die, wos du mir zerrissen host?“

DER MANN: „Und an der Decke, genau in der Mitte, wo sich alle Diagonalen kreuzen, direkt über dem Kuschelfell, da ist ein Haken!"
DIE SCHÖNE (erschrocken): „Wos für a Hokn?"
DER MANN: „Ein starker Liebeshaken!"
DIE SCHÖNE: „A wos?"
DER MANN: „Ein besonders kräftiger Haken, einer, den man in die Decke geschraubt hat! Man sieht ihm an, dass er stark ist und stabil."
DIE SCHÖNE: „Scheen, und wos hangert an dem Hokn?"
DER MANN: „Ein ebenso kräftiger Wirbel!"
DIE SCHÖNE: „A wos?"
DER MANN: „Ein Wirbel, damit sich das Seil nicht verfitzt!"
DIE SCHÖNE: „Wos für a Seil?"
DER MANN: „Für das von dem Flaschenzug."
DIE SCHÖNE: „Wos für a Flaschenzug?"
DER MANN: „Der, an dem der liebesdurstige Graf und Diener den begehrenswerten, so wunderbar weichen, offenen Körper der stolzen Königin nach oben ziehen oder aber von oben auf den seinen herablassen kann … ganz gefühlvoll natürlich!"
DIE SCHÖNE: „Wos denn, und wo banderlst mi auf? Jetz wird's sponnend: Wüst leicht in mi a an Hoken einischraufm?"
DER MANN (berührt sie): "Nein, nein! Die zarte, stolze Königin hängt weich, aber sicher in einer Liebesschaukel! Jedes Bein natürlich in einer separaten Schlaufe, hinten über dem runden Po ein kunstvoll verzierter Lendengurt aus Büffelleder."
DIE SCHÖNE (beißt ihm beim Küssen in die Unterlippe): „Du verruckter Kerl, du!"

Kurz „darauf"

DER MANN: „Nein, ich glaub nicht an die hiesigen Sternzeichen, und auch unsere Widderhörner werden sich nicht ineinander verheddern. Chinesische Horoskope sollen wohl etwas treffender sein."

DIE SCHÖNE: „A soo!"

DER MANN: „Ich kenne eine asiatische Gaststätte, dort fahren wir hin!"

DIE SCHÖNE: „Oba net zum Kinesen, weil i mog koa Glasnudln und koa Pekingantn net, weil des san eh nur einheimische Antn!"

DER MANN: „Nicht mal das, meist sind es Hühnchen! Jedes Mal, wenn wir mit dem Nephroblast-Vertreter zum Chinesen mussten, bekam ich ein paar Stunden später mächtigen Durchfall. Weil sie die Dinger nicht richtig aufwärmen, weißt du?"

DIE SCHÖNE: „Salmonellen?"

DER MANN: „Gut, dann entführe ich dich … zum Sushi!"

DIE SCHÖNE (freut sich): „Jo, i mog so gern an japanischen Reis, woaßt es eh? Und an Fisch und richtige Meeresfrüchte!"

Im Sushi-Restaurant

DIE SCHÖNE: „Schau, Schotz, was es do für lustige Sochn gibt!"

DER MANN: „Ohne dieses Wörterbuch … ich wüsste nichts mit der Speisekarte anzufangen!"

DIE SCHÖNE: „Thunfisch heißt ‚Maguro'."

DER MANN: „Was die Japaner für eine Sprache haben! Schau, Muschel heißt ‚Akagai'!"

DIE SCHÖNE: „A soo?"

DER MANN: „Und die rote japanische Venusmuschel heißt ‚Aoyagi'."

DIE SCHÖNE: „Schau her, Gelbschwanz heißt ‚Hamachi'!" (lacht)

DER MANN: „Große Jakobsmuschel heißt ‚Kaibashira'."

DIE SCHÖNE: „Und ‚Anago', der See-Aal!"

DER MANN: „Kleine Jakobsmuschel … ‚Kobashira'."

DIE SCHÖNE: „Wehe, du mochst di an a andere Muschel zuawi!"

DER MANN: „Warum sollte ich?"

Die Schöne: „Du woaßt es eh, Monna san Muschi-Jager! Oder, in Japan, Akagai-Jager!“

Der Mann: „Also, was möchtest du essen? Ich bestelle vielleicht Lachs mit Reis und Soja-Soße und grünen Tee, also ‚Sake‘ mit Sushi, ‚Shoy‘ und ‚Ocha‘!“

Die Schöne: „I mog mei ‚Kobashira‘ wasabiert, oba drinnen an ‚Hamachi‘, dazua an ‚Uni‘ auf ‚Sushi‘, und damit ois guat zampasst, an Reiswein!“

Der Mann: „Langsam, langsam! Also eine … was für eine Muschel?“

Die Schöne: „A wasabierte ‚Kobashira‘! Ah na, i nehm a wasabierte ‚Akagai‘, besser no a wasabierte ‚Aoyagi‘ mit drinnen an ‚Hamachi‘, dazua an ‚Uni‘ auf ‚Sushi‘!“

Der Mann: „Also, einen …, eine wasa… wasabi…, was?“

Die Schöne: „A wasabierte Venusmuschel …“

Der Mann: „Nein, du wolltest doch eine ‚Aoyagi‘!“

Die Schöne: „Richtig. Alsdann, a wasabierte ‚Aoyagi‘!“

Der Mann: „Was, was meinst du mit ‚wasabiert‘?“

Die Schöne: „Schoarf gmocht, woaßt?“

Der Mann: „Woher hast du nur dieses Wort? Ich mein, hier steht nichts dergleichen in der Speisekarte!“

Die Schöne: „Is a neichs Wort, vo mir, woaßt?“

Der Mann: „Aha, eine Wortschöpfung! Und woher stammt dieses neue Wort?“

Die Schöne: „Schau Liebling, do steht: ‚Wasabi‘ … japanischer Kren; oiso, auf Piefkinesisch: a ‚Meerrettich‘! Und der is so schoarf, woaßt?“

Der Mann: „Also, mit ‚wasabiert‘ meinst du … ‚scharf gemacht‘?“

Die Schöne: „Richtig!“

Der Mann: „Aha! Na dann will ich dich immer nur wasabiert!“

Die Schöne (fasst ihm unter dem Tisch ans Bein): „Jo, oba wasabiern konnst nur du mi!“

Der Mann: „Also, du willst …“

Die Schöne: „Di!“
Der Mann: „Was möchtest du essen?“
Die Schöne: „A ‚Aoyagi‘ mit ‚Wasabi‘, an ‚Hamatschi‘ und ‚Uni‘ und ‚Sushi‘!“
Der Mann: „Also, eine scharfe rosarote Venusmuschel ...“
Die Schöne (nickend): „Mit an Göbschwonz drin und ...“
Der Mann: „Seeigelrogen und ... und ...“
Die Schöne (weiter nickend): „Und an Reis. Und an Reiswein, natürlich!“
Der Mann: „Hoffentlich bekomme ich das alles wieder so für die Bestellung zusammen. Da kommt er schon, der Ober!“
Die Schöne: „A ‚Aoyagi‘ mit ‚Wasabi‘, an ‚Hamatschi‘, ‚Uni‘ und ‚Sushi‘!“
Der Mann: „Einen ‚Aoyagi‘, mit ‚Was...‘“
Die Schöne: „A ‚Aoyagi‘ mit ‚Wasabi‘, ‚Hamatschi‘ ...“
Der Mann: „Und ‚Sushi‘!“
Die Schöne: „Na! Des ‚Uni‘, den Seeigelrogen, host vergessn!“
Der Mann: „Also noch einmal: Einen Aoyagi ...“
Die Schöne: „Muasst afoch nur an uns denka, woaßt!“
Der Mann: „Übrigens, der Karl will sich scheiden lassen!“
Die Schöne: „Wos, der Petermandl Karl?“
Der Mann: „Ja, seine junge Sprechstundenschwester hat ihn seiner Frau ausgespannt.“
Die Schöne: „A soo?“
Der Mann: „Stell dir vor, siebzehn Jahre lang waren sie glücklich verheiratet, und jetzt sowas! Fast zwanzig Jahre jünger ist sie, bestimmt ist sie nur scharf auf sein Geld! Und von ihm hätte ich das nicht gedacht, lässt sich von der Jungen den Kopf verdrehen und seine Frau einfach so im Stich!“
Die Schöne: „A jo.“
Der Mann: „Du sagst ja gar nichts? Was ist plötzlich mit dir los, Schatz?“
Die Schöne: „Nix. Kimm, foahr ma ham!“

Anruf am nächsten Tag

DER MANN: „Schatz, was ist nur mit dir los?"
DIE SCHÖNE: „Mit mir? Goar nix!"
DER MANN: „Doch. Warum bist du sauer auf mich? Was hab ich dir getan, dass du plötzlich so komisch zu mir bist? Ich hatte mich so auf das Essen gefreut!"
DIE SCHÖNE: „I find des net guat, wies du über dein Freind redst."
DER MANN: „Wen, den Karl?"
DIE SCHÖNE: „I find, er is moralisch besser wia du!"
DER MANN (getroffen): „Wieso?"
DIE SCHÖNE: „Schau, sie liabm si! Und er hot si vo seiner eingfahrenen Beziehung befreit. Aber du host des no net gschofft! Du liagst dei Frau an, spüilst den braven Ehemonn. Und, schau, sei Freindin liabt eahm a! I woaß des, weil ihre öltere Schwester is mit mir in d'Schui gonga. Aber du sogst vo ihr, sie is nur schoarf auf sei Göld!"
DER MANN (nachdenklich): „Entschuldige, so hab ich das noch nicht gesehen!"
DIE SCHÖNE: „Siagst es!"

Zwei Tage später

(Nach einem kurzen, kräftigen Gewitter hat es sich stark abgekühlt.)
SMS: „Schatz, es ist so kalt geworden."
SMS: „Die Zeit wird unsere Wunden heilen!"
SMS: „Es ist so bitterkalt – sag, Liebes, was soll ich nur tun, um das zu ertragen … Ich glaub, ich betrinke mich."
SMS: „Bitte nicht, du weißt doch, dass du nicht viel verträgst!"
SMS: „Ist mir egal!"
SMS: „Dann komm lieber zu mir!"
Er antwortet nicht.
Ihr Anruf: „Hallo! Geht's dir eh guat?"
DER MANN: „Hallo."

DIE SCHÖNE: „Host scho wos trunkn?“
DER MANN: „Ja, aber nicht viel! Du weißt doch, lieber betrinke ich mich mit guter Musik!“
DIE SCHÖNE: „Wos hörst leicht?“
DER MANN: „‚With Or Without You‘“
DIE SCHÖNE (zögernd): „Wüst no zu mir kemma?“
DER MANN: „Wenn du nicht mehr sauer bist auf mich?“
DIE SCHÖNE: „Woaßt, i bin net sauer, oba du muasst mi a verstehn …“
DER MANN: „Bin schon unterwegs, bis gleich, Liebes!“

An der Tür

DER MANN: „Hab dir was mitgebracht!“
DIE SCHÖNE: „Wo host'n die scheene Rosn her?“
DER MANN: „Vor dem Eingang zu meiner Wohnung, ich war selber überrascht, der alte Küster, mein Vormieter, muss wohl ein paar Rosenstöcke hingepflanzt haben. Die Nachbarin meint, es seien echte Admonter Rosen aus der Klostergärtnerei, und auch die Kapuzinerkresse habe er von dort mitgebracht. Die haben einen ganz speziellen Duft, unverwechselbar. Ganz Holland müsste mich beneiden für das kräftige Orange ihrer trichterförmigen Blüten! Und erst seine Kartäusernelken solltest du mal sehen, wenn sie in voller Blüte stehen. Er war im Ort für seine Sprichwörter bekannt, die er immer wieder zitierte. Wer weiß, vielleicht hatte er sie sogar selbst erfunden – zum Beispiel: ‚Wenn du Spaß suchst, umgib dich mit Freunden. Suchst du das Glück, umgib dich mit Blumen.‘ Er war der letzte Küster im Ort, weißt du? Nach seinem Tod hat man keinen neuen eingestellt. Er war es, der mit seinem Geläut die Menschen anhielt – zum Gebet. Jetzt tut es ein totes Etwas, eine Maschine, ein Automat, auf die Sekunde genau! Es funktioniert, solange der Strom nicht ausfällt. Mit dem

Küster ging ein Stück Leben aus der Kirche und damit aus dem Ort."

DIE SCHÖNE: „A Stückl Lebm?"

DER MANN: „War doch menschlich, oder? Wenn er es mal verschlafen hatte, mal in den Armen seiner Geliebten eingeschlafen und nicht rechtzeitig aufgewacht war, dass ihn die Leute wecken mussten. Irgendein Jemand, ein neurotischer Pünktlichkeitsaufpasser, der wusste, dass die Glocke im Nachbarort immer drei Schläge später zu schlagen beginnt. Es ist ja nicht wirklich so, denn nur der Schall der Kirchenglocke von dort, herüber zu uns, brauchte so lange. Jeder war pünktlich, verstehst du? Nur an jenem Tag nicht ..."

DIE SCHÖNE (küsst ihn): „Hmmm, wie wunderbar dei Rosen duftet! Dank da scheen!"

DER MANN: „Ich hab dich so lieb!"

DIE SCHÖNE: „I di a!"

DER MANN: „Lieb, dass du mir verzeihst!"

DIE SCHÖNE: „Guat, dass d'mi verstondn host!"

DER MANN: „Ja, manchmal rede ich solch einen Unsinn daher. Zum Glück hab ich dich. Du passt auf, auf meine Worte."

DIE SCHÖNE: „Na. Du host net nochdocht. Wir ham des gleiche Problem, nur, du konnst di net entscheidn!"

DER MANN: „Manchmal meint man, moralische Grenzen gelten nur für die anderen. Dabei denkt man gar nicht nach, was man selber tut."

DIE SCHÖNE: „Es san die oilten Grenzstana, die no immer stehn. Nur für di san s'zuagwochsn!"

DER MANN: „Mit dornigen Rosen ..."

DIE SCHÖNE: „Damit muasst lebm!"

DER MANN: „Aber ihr Duft ist einzigartig!"

DIE SCHÖNE: „Kimm, jetz essma. I hob Knedl gmocht. Und donn gemma ins Bett.

Kurz „darauf"

DIE SCHÖNE: „Bitte bleib bei mir, bitte geh net fort! Bitte! Bitte!"
DER MANN: „Warum bist du manchmal nur so launisch?"
DIE SCHÖNE: „Verzeih mir!"
DER MANN: „Was soll ich dir verzeihen?"
DIE SCHÖNE: „Dass i so komisch gwesn bin!"
DER MANN: „Warst du komisch? Ich war es, ich hab so dumm über die beiden geredet. Dabei hast du recht, sie lieben sich!"
DIE SCHÖNE: „Woaßt, des is a manchmoi so, wonn i die Regl hob … morgn is ois vergessn, morgn is ois wieder guat! Wirst sehgn!"
Gemeinsam: „Müde bin ich,/geh zur Ruh/schließe beide Augen zu/lass die Augen dein/über diesem Bette sein./Amen."

Drei Tage später

DIE SCHÖNE (ihren rechten Zeigefinger kräftig auf die Mitte seiner Stirn drückend): „Spinnerter!"
DER MANN (verwundert): „Was? Du, das war Angehen!"
DIE SCHÖNE: „Worum woarst gestern so stinkert?"
DER MANN: „Ich war überhaupt nicht stinkig!"
DIE SCHÖNE: „Worum host mi dann net angruafn?"
DER MANN: „Ich wollte dich nicht mehr stören, du wolltest doch ausschlafen!"
DIE SCHÖNE: „Und i hab ma denkt, du wüllst vielleicht mei Stimm no amoi hörn!"
DER MANN: „Aber etwas Schlimmes gesagt hab ich nicht! Oder willst du mir schon wieder ein Kind in den Bauch reden?"
DIE SCHÖNE: „Na na! Woaßt, i kenn di jetz scho so long! I woaß genau, wonns d'spinnert bist!"
DER MANN: „Und warum bist du so sauer?"
DIE SCHÖNE: „Schau. I hob de gonze Nocht nix verbrocha. Mei Freindin und i, wir woarn zur Jubiläumsfeier vom Federsöl, und

donn zu zweit mit vier Monna in dem neichen Pub … und nix is passiert, net amoi a Kuss!"

Der Mann: „Gut, und was ist Schlimmes daran, wenn ich nicht dabei war, du hast doch selber gesagt, dass es dir gleich ist!"

Die Schöne: „Na. I hätt's scho gern gsehgn, wonns d'mitkemma warerst!"

Der Mann: „Und warum sagst du es mir nicht, wenn es dir so wichtig ist?"

Die Schöne: „Woaßt, i brauch an Monn, der für mi do is!

I brauch an Monn, der mit mir am Wochnend Radlfoahrn geht.

I brauch an Monn, der immer *nur für mi* do is!

Wonns du dei Wohnung renovierst, is des vielleicht guat für di, oba net für mi! Wonns du an neichn Teppichboden legn muasst, donn is des guat für di, oba net für mi! Wonns du scho dei Mietwohnung ausräuma muasst, donn is des guat für di, oba net für mi! Wonns du ans Meer übersiedln wüllst, is des vielleicht für di guat, oba net für mi! Verstehst, wos i moan? I wü an Monn, der am Wochnend mit mir ausgeht! I leb net für mei'n Beruf! Wonn i aus'm Kronknhaus draußt bin, gibt's für mi nur no mei Freizeit! Donn wü i wondern, radlfoahrn, tennisspüiln, tanzn, skifoahrn, schwimma – und ins Kino gehn … oba net immer nur an d' Arweit denkn!"

Der Mann: „Tut mir leid, Schatz. Ich hänge sehr an meinem Beruf. Ich denke auch nach der Arbeit noch an die Patienten, auch wenn ich gerade im Kino sitze."

Die Schöne: „Jo, a jeder denkt manchmoi no dran."

Der Mann: „Mein Beruf ist mein Hobby. Es macht mir großen Spaß. Nur eben nicht in diesem Krankenhaus, wo ich keine Perspektive bekomme. Trotzdem gehe ich auch nach dem Feierabend noch ins Krankenhaus, wenn es jemandem nicht gut geht. Wahrscheinlich kriegt Ihr im OP das nicht mit. Verstehst du? Ich geh auch nach dem Feierabend gern hin, weil ich meine Arbeit liebe! Das hat aber mit dem Job nichts zu tun, verstehst du? Beruf und Job, das sind verschiedene Dinge. Aber bitte versteh mich nicht falsch: Alle hier sind so nett!"

Die Schöne: „Na, so hob i mir mei Lebm net vorgstöllt, immer nur arweiten und arweiten. Schau dir mei'n Nochborn an, der hot immer nur gruchlt und gruchlt, bis er in Pension gonga is, und jetz is er fertig … und, wos hot er ghobt? Nix! Na, i hob nur des oane Lebm, und do wü i net nur arweiten! I hob's dir scho amoi gsogt: Mir san hier net in Koiltland. Wir hier, *wir lebm net, um zu arweitn, sondern wir arweitn, um zu lebm!"*

Der Mann: „Schatz, was redest du nur? Ich weiß, dass es auch dir Spaß macht, im OP zu arbeiten!"

Die Schöne: „Na. I glaub, wir san vü zu verschiedn und passerten eh net zam."

Der Mann: „Das stimmt nicht!"

Die Schöne: „Doch. Und es is eh besser, wonns d'nimma mehr kimmst."

Der Mann: „Bitte! Wirf mich raus, und ich komm nie mehr wieder!"

Die Schöne: „Wonns d'gehn wüllst, donn geh!"

Er verließ sie ohne ein Wort und nahm sich vor, sie nie wieder anzusprechen.

Schon drei Stunden später

SMS: „Sag, vorhin, das waren doch nicht deine Worte? Falls doch, so antworte nichts, denn dann gibt es kein Wort mehr, das ich dir zu sagen hätte."

DER MANN: „Entschuldige, dass ich hier störe. Aber es wird dich interessieren, dass wir heute *die Inderin* stationär aufgenommen haben.“
DIE SCHÖNE: „Wos ’n leicht für a Inderin?“
DER MANN: „Das Mädchen, das vom Wienerwald, weißt du nicht mehr?“
DIE SCHÖNE: „A soo, jetz versteh i, wen du moanst. Host sie leicht wieder gsehgn?“
DER MANN: „Verstehst du nicht? Sie liegt auf der Kinderstation!“
DIE SCHÖNE: „Wos? Bei uns im Kronknhaus? Die Inderin?“
DER MANN: „Ja. Aber vielleicht kommt sie auch aus Pakistan. Dann wäre es wohl die schlimmste Beleidigung für sie, würde man sie als Inderin ansprechen. Du weißt, sie lebten jahrzehntelang im Krieg miteinander …“
DIE SCHÖNE: „Indien und Pakistan?“
DER MANN: „Und bedrohten sich sogar mit Atomwaffen! Wie das manchmal bei Nachbarstaaten so ist. Man wiegelt die Menschen gegeneinander auf, obwohl es Brüder sind.“
DIE SCHÖNE: „Und, warst du leicht dorten bei ihr, auf da Kinderstation?“
DER MANN: „Ja. Aber sie haben noch keine Diagnose.“
DIE SCHÖNE: „Woarst leicht zum Konsil?“
DER MANN: „Ja. Stell dir vor. Alle denken, sie hätte irgendeine Blut- oder Tropenkrankheit. Sogar mit den Tropeninstituten in Wien und in Hamburg haben sie schon Kontakt aufgenommen. Und inzwischen haben sie ihr Lymphknoten, Knochenmark und Liquor punktiert. Sie vermuten exotische Parasiten im Körper der Kleinen.“
DIE SCHÖNE: „Wos für Parasiten?“
DER MANN: „Würmer? Malaria? Aber bis jetzt blieb alles ohne Befund. Nur ein paar Laborwerte stimmen nicht.“
DIE SCHÖNE: „Schaut s’no immer so bloss aus?“

Der Mann: „Schlimmer noch, viel schlimmer als damals, als du sie sahst, im Wienerwald. Gewachsen ist sie, ist jetzt völlig abgemagert. Sie hat keinen Appetit und erbricht laufend. Deshalb hat man sie eingewiesen. Die Mutter hab ich wegen der Narbe in der Flanke angesprochen. Zum Glück war der Sohn dabei, der Bruder des Mädchens. Der hat mir gedolmetscht. Weißt du, die Mutter spricht nicht gut Englisch."

Die Schöne: „Und Deitsch?"

Der Mann: „Deutsch überhaupt nicht, obwohl sie schon zwei Jahre hier leben."

Die Schöne: „Und, wos hot s'gsogt?"

Der Mann: „Angeblich hätte sie als kleines Kind einen großen Nierenstein gehabt."

Die Schöne: „Na donn is jo ois kloar."

Der Mann: „Eben nicht!"

Die Schöne: „Wieso net?"

Der Mann: „Ich traue dem Frieden nicht. Erstens sind Nierensteine bei Kindern extrem selten, zweitens operiert man deswegen auch nicht gleich. Mal schauen, morgen machen wir ein Ultraschall."

Die Schöne: „Guat so!"

Der Mann: „Ich freu mich ja so …"

Die Schöne: „Worüber?"

Der Mann: „Dass du dich für sie interessierst!

Die Schöne: „Jo, worum net?"

Der Mann: „Heute ist der Tag, an dem du mit mir spazieren gehen wolltest!"

Die Schöne: „Jo, i muass die frisch 'pflanzten Rosen auf dem Grob vo meine Großöltern no amoi giaßn."

Der Mann: „Euren Friedhof wollte ich schon lange mal sehen!"

Die Schöne: „Schod, d'Kirchen is jetz scho zua."

Der Mann: „Macht nichts! Dafür komme ich irgendwann in den Gottesdienst!"

DIE SCHÖNE: „Zur heiligen Messe?"
DER MANN: „Versprochen, wenn …"
DIE SCHÖNE: „Wos d'n?"
DER MANN: „Wenn du mir nicht mehr böse bist!"
DIE SCHÖNE (küsst ihn): „Is scho guat!"

Nirgendwo Gras

DER MANN (staunend): „Weißt du, was ich so schön hier bei euch finde?"
DIE SCHÖNE: „Na?"
DER MANN: „Dass die Friedhöfe nicht sterben!"
DIE SCHÖNE: „Wie moanst des?"
DER MANN: „Schau, nicht ein einziges freies Stück Erde, *und nirgendwo Gras!* Die Gräber reichen bis an die Friedhofsmauer auf der einen und an die Kirchenmauer auf dieser Seite heran! Es ist alles so gepflegt. Schön, dass ihr eure Toten so sehr verehrt. Schau her: der Mann hier, so wunderschöne frische Blumen stehen auf seinem Grab, frisch gegossen, kein bisschen Unkraut, ein wunderschöner Grabstein, noch immer wird alles gepflegt. Mitten im blühenden Steinbrech liegt ein schlafender Engel aus weißem Marmor. Unglaublich: Es sind dreißig Jahre vergangen, seit der Mann starb! Draußen in Kaltland, da räumen sie die Grabsteine spätestens nach zehn Jahren weg, weil die Angehörigen es nicht mehr bezahlen wollen!"
DIE SCHÖNE (erschrocken): „Wirkli?"
DER MANN: „So ist es! Dabei gibt es viele, die es sich leisten könnten. Und es ist nicht überall so schön wie hier. Wo keine Gräber mehr hinkommen, dort erinnert nur noch eine ebenerdige Steinplatte an die Toten, manchmal machen sie eine winzige Tafel wie bei einem Urnengrab oder einem Massengrab, nur weil es billiger ist. Oder *man lässt einfach Gras darüber wachsen,* und manche Friedhöfe sind schlichtweg eingegangen!"

DIE SCHÖNE: „Eingonga?"
DER MANN: „Ja, weißt du, wenn man seine Toten ins großstädtische Krematorium zur anonymen Einäscherung bringen lässt, ist man alle Sorgen los, dann braucht man keinen Grabstein kaufen, keine Blumen, keine Kerze. Das städtische Krematorium aus grauem Beton gleicht einem Bunker oder einer Müllverbrennungsanlage. Nach ein paar Jahren hat sich der Bau amortisiert, und man schreibt *schwarze Zahlen*. Ja! Man verbrennt lästigen Müll, und irgendwann wird jemand auf die Idee kommen, eine Turbine anzuschließen, um Strom zu erzeugen. Wie ein Atommeiler, der in seinem Kern ständig glüht: die größer und größer werdende *Glut verbrennender Erinnerungen*. Und so verkümmern die Friedhöfe, sterben gemeinsam mit den Kirchen. Die Leute gehen immer erst dann in die Kirche, wenn es ihnen schlecht geht, wenn sie merken, dass sie älter werden oder überhaupt, wenn sie eine schlechte Zeit auf sich zukommen sehen. Geht es ihnen hingegen zu gut, schließen sie sogar die Kirchen und entlassen den Pfarrer, indem sie aufhören, Kirchensteuern zu zahlen. Schlimmer noch, sie suchen sich einen Anwalt und verklagen die Kirche, weil sie sich durch das Glockengeläut in ihrer Befindlichkeit gestört fühlen. Und stell dir vor, am Ende bekommen sie sogar recht! Einmal im Jahr allerdings, zu Weihnachten nämlich, dann plötzlich fehlt ihnen etwas. Während sie sich früher das Gefühl aus der Kirche holen mussten, besorgen sie es sich heute, dieses ‚Feeling', indem sie einfach vor dem neuen hochauflösenden Breitbildfernseher mit dem Stereosound sitzen bleiben, den sie sich soeben schenken ließen …

Dagegen hier, auf eurem Friedhof, hier ist alles so gepflegt, mit Liebe gemacht, sogar nachts lasst ihr Lichter leuchten!"
DIE SCHÖNE: „Jo, Grablichter. Des is so Tradition, woaßt?"
DER MANN: „Eine wunderbare Tradition!"
DIE SCHÖNE: „Schau, do san die Gfallenen: Erster Krieg. Und dort: Zweiter Krieg."
DER MANN: „Ja, tatsächlich! Ihr verehrt die Gefallenen?"

DIE SCHÖNE: „Jo, und i glaub, dass net viele darunter woarn, die den Krieg ham woilln. Ma hot sie in den Krieg gschickt. Ma hot sie von ihrer vün Arweit auf ihren Feldern und Bauernhöfen weckaghoilt, wecka von ihre Fraun und Kinder, wecka von ihre Öltern, ab an die Ostfront. Ma hot sie auf die andern losghetzt, in den Tod gschickt, in ein'm fremdn Land, so fern, wo sie gonz sicher net ham hinwoilln, und ihre Famülie a net!"
DER MANN: *„Für sie gab es keinen schöneren Ort, als hier zu sein.* Das glaube ich gern."
DIE SCHÖNE: „Und deshoilb ham wir sie net vergessn! Und niemand konn uns dieses Recht, die Gefallenen zu ehren, absprechen oder in den Schmutz ziagn. Do, schau, mei Urgroßvater! Gstorbn im Ersten Kriag. Und do, mein Großvater! Und dort, mein Onkl! Beide gfalln im Zweitn Krieg. Und vo mei'm Onkel wissen wir net amoi, wo er eingrabn is, irgendwo draußd, in Russland. Des do is nur a Gedenkstan."
DER MANN: „Wie still es hier ist!"
DIE SCHÖNE: „Wie Schweigen!"

Nach wenigen gemeinsamen Schritten

DIE SCHÖNE: „Und do liegn sie!"
DER MANN: „Wer, deine Großeltern?"
DIE SCHÖNE: „Woaßt, gestern hob i die rotn Rosn auf ihr Grob pflanzt, die wir in Admont in der Klostergärtnerei kaft ham."
DER MANN: „Warum bleibst du stehen?"
DIE SCHÖNE: „Weil des is des Grob vo meine Großöltern."
DER MANN: „Nein!"
DIE SCHÖNE: „Wos hoaßt ‚nein'?"
DER MANN: „Das kann es gar nicht sein!"
DIE SCHÖNE: „Wieso net?"
DER MANN: „Hier stehen jedenfalls nicht unsere Rosen. Wir hatten doch *rote* Rosen gekauft!"

DIE SCHÖNE: „Na … des … san's wirkli net. Maria na! Schau do, d'Nochbarin hot's afoch gnumma, austauscht und mir ihre schiachen rosanen Rosen herpflanzt!"
DER MANN: „Ja gibt's denn so was?"
DIE SCHÖNE: „Des siachst jo!"
DER MANN: „Das kann doch nicht sein!"
DIE SCHÖNE: „Doch, Schatz, so is! Schau, die rotn Rosn stehn bei ihr, die rosa Rosn auf unserm Grob!"
DER MANN (fassungslos): „Aber das kann sie doch nicht machen!"
DIE SCHÖNE: „Doch, du siachst es jo, des konn s'!"
DER MANN: „Aber ich dachte immer, auf einem Friedhof tut man so etwas nicht, ‚du sollst nicht stehlen' und so."
DIE SCHÖNE: „Jo, sie hot's mir z'Fleiß tan!"
DER MANN (entschlossen): „Na und? Jetzt werden wir uns die Rosen wiederholen!"
DIE SCHÖNE: „Na!"
DER MANN: „Doch!"
DIE SCHÖNE: „Na!"
DER MANN (bückt sich rasch): „Doch, ich hol sie dir zurück!"
DIE SCHÖNE (hält ihn zurück, zornig): „Untersteh di! Moanst, unser Herrgott siacht des net? Irgendwonn kriagt sie's eh z'ruck, frührer oder später, glaub ma's, Schatz! Und wir warn a net besser, wann ma's zruckstehln!"
DER MANN: „Aber … aber … Ach, ich versteh dich nicht!"
DIE SCHÖNE: „Woaßt, unser lieber Herrgott hot des so wolln!"
DER MANN: „Und warum, ich meine, warum sollte er dir die roten Rosen nehmen?"
DIE SCHÖNE (ganz blass): „Des versteh i a net, oba …"
DER MANN: „Aber was?"
Sie schweigt.
DER MANN: „Komm, gehen wir, es ist stockdunkel!"

DIE SCHÖNE: „Und, wos gibt's neichs bei da Inderin?"

DER MANN: „Bei der Prinzessin?"

DIE SCHÖNE: „Prinzessin?"

DER MANN: „Ja, ich habe sie ‚Akuti' genannt. So heißt Prinzessin auf Indisch. Du wirst es nicht glauben, daraufhin haben wir sie das erste Mal lächeln sehn!"

DIE SCHÖNE: „Lächelt hot s'?"

DER MANN: „Ja, sie ist ein schönes Kind, und wenn sie erst erwachsen sein wird … bestimmt einmal eine wunderschöne Frau!"

DIE SCHÖNE: „So so, und do host du sie gleich zu deiner Prinzessin gmocht!"

DER MANN: „Warum auch nicht?"

DIE SCHÖNE: „Und, wie hoaßt s'wirkli?"

DER MANN: „Die Eltern haben sie ‚Deepika' genannt, was so viel heißt wie ‚kleines Licht'."

DIE SCHÖNE: „So stöllt ma ois Öltern die Weichen für die Kinder, schon bei da Geburt!"

DER MANN: „Jetzt aber ist sie hier bei uns, in Schönbrunnerland, und wir haben ihr einen neuen Namen gegeben. Du solltest sie sehen, wie sie sich freut, wenn wir zum Konsil zu ihr ins Zimmer kommen und ich sie mit ‚Akuti' anspreche!"

DIE SCHÖNE (küsst und umarmt ihn): „Des host guat gmocht! I bin stoilz auf di."

DER MANN: „Danke!"

DIE SCHÖNE: „Und, wos is bei dem Ultraschall außakemma?"

DER MANN: „Stell dir vor, Schatz, es ist wie ich vermutete: Sie hat auf der Seite keine Niere mehr!"

DIE SCHÖNE: „Goar koa Niere net?"

DER MANN: „Nein, sicher nicht! Ich habe lange gesucht. Und dann habe ich noch den Heigel als erfahrenen Sonographeur gerufen, er hat auch keine Niere auf der operierten Seite gefunden.

Was aber viel schlimmer ist: Auf der anderen Seite hat sie eine Schrumpfniere!"

DIE SCHÖNE: „Maria na! Und wos wollt's jetz mochn?"

DER MANN: „Wir müssen das Speziallabor abwarten, und wenn das gut ist, machen wir morgen oder übermorgen ein Computer-Tomogramm und vielleicht ein Szinti!"

DIE SCHÖNE: „Da bin i scho jetz gsponnt!"

DER MANN: „Ich auch. Davon hängt alles ab."

DIE SCHÖNE: Kimm, gemma ins Bett!"

DER MANN: „Ja, ein bisschen müde bin ich schon. Weißt, mich ärgert es immer, wenn ich so sehr müde bin, hätt ich dir doch noch so viel zu geben, so viel mehr, als dass der Tag Stunden hat! Ich könnt dich immer nur küssen und knuddeln. Du bist mein Herzbeben! Ich mag dich so lieb streicheln, um dir zu zeigen, wie lieb ich dich hab. So viel streicheln und überall lieb zu dir sein, dass ich Angst habe, deine zarte Haut und Schleimhaut könnte davon Schaden nehmen. Sag, kann man überhaupt *zu lieb* zu jemandem sein? Ich mein, so lieb, dass es dem anderen weh tut? Dass er Schaden nimmt? Bitte sag es, Schatz, wenn es dir irgendwo weh tut oder wenn ich eine Pause machen muss, bitte!"

DIE SCHÖNE: „Du wirst es eh sölba merkn!"

DER MANN: „Wie meinst du das?"

DIE SCHÖNE: „Wonn es dir anfangt weh z'tuan, donn fangt es a bei mir an, und wonn dir des do unten weh tuat, konnst eh nimma Zinzin mochn, und wonn si dei Körper a Pause gönnt, konn i mi a regeneriern. Außerdem, irgendwonn kimmt mei Regl! Wie host sölba gsogt? Wir beide san synchron!"

DER MANN: „Ich hab dich so gern, dass ich Angst hab, ich könnte mich irgendwann nicht mehr an die Regel halten!"

DIE SCHÖNE: „Mit mir hot no nia a Monn gschlofn, wonn i mei Regl ghobt hob!"

DER MANN: „Ich habe es immer irgendwie als eklig empfunden,

und bei jeder anderen roch es dann auch immer irgendwie unangenehm!“
Die Schöne: „Des is halt so bei uns Fraun!“
Der Mann: „Verstehst du nicht?“
Die Schöne: „Wos?“
Der Mann: „Bei dir würde es mich nicht stören!“
Die Schöne: „So verruckt bist nach mir?“
Der Mann: „Schatz, ich hab dich so lieb! Du bist wie ein Teil von mir, wie ein Teil von meinem Körper, verstehst du?“
Die Schöne: „I mog di a so gern riachn! Und i wü goar net, dass du di so oft woscht und duscht! Wonns d'di so oft duscht, riachst noch goar nix, und i merk goar net, dass d'neben mir im Bett liegn tuast. Wonn's dunkel is, würd i net amoi wissen, dass d'do bist!“
Der Mann: „Weißt du, bei den ersten beiden Malen Zinzin ging es mir überhaupt nicht gut … Jetzt aber habe ich kein schlechtes Gewissen mehr, sobald ich über den Krautgraben bin, bei dir! Weißt du warum?“
Die Schöne: „Na.“
Der Mann: *„Weil ich dich liebe!“*
Die Schöne: „Moanst des im Ernst?“
Der Mann: „Ich mag dich nie mehr loslassen, du bist von allem, was ich hab, mein Liebstes.“
Die Schöne: „I liab di a. Drum bittschee, bleib bei mir! Bitte geh net weg!
Gemeinsam (nach dem Märchen): „Müde bin ich,/geh zur Ruh/Schließe beide Augen zu./Lass die Augen dein/Über unserm Bette sein!/Amen.“

Am nächsten Tag

Die Schöne: „I bi scho so gsponnt, wos d'sogn wirst, wos beim CT von eurer gemeinsamen Patientin außerkemma is!“
Der Mann (deprimiert): „Bei der Prinzessin? Die Katastrophe!

Stell dir vor, Schatz, sie hat tatsächlich eine angeborene Schrumpfniere. Und die andere Niere fehlt. Wir befürchten, dass man sie einfach entfernt hat!"
DIE SCHÖNE: „Maria na! Und, wie soll es jetz weitergehn?"
DER MANN: „Weiß nich. Die Mutter wollen wir noch einmal ins Kreuzverhör nehmen. Vielleicht hatte die Prinzessin ja einen Tumor, Zysten oder aber tatsächlich einen Nierenstein, und irgendeine Komplikation ist eingetreten, die ihre Ärzte zur Entfernung der gesunden Niere zwang."
DIE SCHÖNE: „A schwere Blutung?"
DER MANN: „Ja, du weißt eh, wie stark es aus der Niere bluten kann."

Am Abend, drei Tage später

DIE SCHÖNE (noch in der Tür, außer sich): „Woaßt, wos passiert is?"
DER MANN (überrascht): „Was, Liebes?"
DIE SCHÖNE: „Stöll dir vor, Schotz: Die roten Rosen auf dem Grob nebm unserm san eingonga!"
DER MANN: „Und ihre, ich mein, die rosa Rosen auf dem Grab deiner Großeltern?"
DIE SCHÖNE: „Denen geht's guat! I hob's gleich no amoi gossen."
DER MANN: „Schau, was ich hier habe!"
DIE SCHÖNE (fällt ihm um den Hals): „Jo, gibt's leicht so was? Rote Rosen!"
DER MANN: „Die sind für dich, nur für dich allein ..."
DIE SCHÖNE: „Warst leicht in Admont?"
DER MANN: „Ja, ich bin nochmal hingefahren."
DIE SCHÖNE: „Und wonn?"
DER MANN: „Hab dem Chef gesagt, mein Auto sei kaputt und müsse zur Werkstatt."
DIE SCHÖNE: „Des host du gsogt?"

DER MANN: „Ich konnte nicht anders! Hab gesehen, wie verzweifelt du warst. Gott wird mir die Lüge verzeihen, weiß er doch, wie sehr ich den Ort mag."
DIE SCHÖNE: „Admont?"
DER MANN: „Ja. Das Kloster mit der Stiftskirche, mit den beiden Türmen, die sich im Stiftsteich spiegeln, das duftende Rosarium mit dem Springbrunnen, der Kräutergarten und die Gärtnerei, das Museum, die Bibliothek … einfach alles ist so wunderschön. Und die Landschaft inspiriert zum Nachdenken. Es ist, als schalte etwas um in mir, sobald ich Admont aus der Ferne sehen kann. Wie schön es ist, umrahmt von den Bergen, mitten auf dem Plateau, wie einladend es vor mir liegt, bevor es am Rand, ganz gleich in welche Richtung, wieder hinauf in die Berge oder hinab, in eine tosende Schlucht, geht. Letztes Jahr im April, weißt du noch, als es plötzlich noch einmal geschneit hat? Da wäre ich im Gesäuse fast im Schnee stecken geblieben. Es war so bitterkalt, und weit und breit habe ich niemanden gesehen. Keiner fuhr mehr mit dem Auto da hindurch. Kein Räumfahrzeug weit und breit, nichts! Ich dachte schon, es sei aus! So viel Schnee … Ich dachte schon …"
DIE SCHÖNE: „Du host glaubt, du muasst sterbm!"
DER MANN (nachdenklich): „Ja, Schatz! Erst hab ich geschwitzt, vor Angst nämlich, denn mein Handy war leer und ich hatte keine Wintersachen eingepackt, nur mein dünnes Jacket. Stell dir vor, Schatz, nicht mal Handschuhe hatte ich bei! Und meine Decke, die ich sonst immer im Kofferraum liegen hab, war gerade in der Wäsche."
DIE SCHÖNE: „Goar koane Handschuach?"
DER MANN: „Nein, und nur Halbschuhe an den Füßen! Ich hätte lieber in den Zug umsteigen oder zumindest anhalten sollen, ganz am Anfang schon, um die Schneeketten anzulegen. Doch nein, ich war so unvorsichtig und bin einfach weitergefahren, immer weiter, immer weiter, bis ich wirklich im Schnee stecken blieb, mitten auf einer hohen Brücke. Die Räder drehten durch, und ich habe

nichts mehr sehen können, so dicht war das Schneetreiben. Nur den Zug konnte ich hören, wie er unter der Brücke hindurchfuhr. Es war so bitterkalt. Noch nie in meinem Leben hat mich so sehr gefroren. Du kannst es dir nicht vorstellen! Ich habe geflucht und gezittert, vor Kälte. Es war egal, ob ich im Auto Schutz suchte oder ob ich draußen, im Schneesturm, versuchte, die Schneeketten anzulegen. Ich glaube, mir sind sogar die Ohren erfroren. Ich wusste, dass kaum noch Sprit im Tank war, und so durfte ich den Motor nicht im Stand laufen lassen, für die Heizung, verstehst du? Langsam wurde es dunkel. Und ich wusste, wenn ich mich jetzt nicht beeile, schneie ich ein und kann auch mit den Schneeketten nicht mehr weiterfahren! Ich hatte eine Angst wie nie zuvor in meinem Leben!"

DIE SCHÖNE: „Maria na! Und, wie is's weiter gonga mit dir? Derzöhl!"

DER MANN: „Der Schnee war so tief, und meine Hände konnten nichts tun, so steif und so klamm waren die, vor eisiger Kälte … Ich versuchte, den Wagenheber zu benutzen, um die Schneeketten anzulegen. Auf der Leeseite klappte das auch. Doch der Schnee fiel unaufhörlich weiter. Die Verschlusskappe über dem Holm für die Aufnahme des Wagenhebers war festgefroren, ich konnte sie nicht mehr öffnen und deshalb auch den Wagenheber nicht mehr ansetzen. Ich war so verzweifelt!"

DIE SCHÖNE: „Und?"

DER MANN: „Ich sagte irgendetwas … zu Gott!"

DIE SCHÖNE: „Sehr guat! Und weiter?"

DER MANN: „Schatz, es geschah etwas Merkwürdiges. Mir wurde so schwindelig im Kopf, und plötzlich war mir gar nicht mehr kalt, und …"

DIE SCHÖNE: „Und?"

DER MANN: „Da war so ein starkes Rauschen, vielleicht das Sausen und Tosen des Wassers von der Enns, die unten neben den Bahngleisen entlangfließt …"

Die Schöne: „Und?“
Der Mann: „Stell dir vor! Plötzlich hob sich das Auto von selbst!“
Die Schöne: „Na!“
Der Mann: „Ja ja, bestimmt denkst du, der spinnt! Ich weiß auch nicht mehr, was mit mir los war, ich war sehr müde, fast wäre ich eingeschlafen. Aber tatsächlich, ich sah, wie das Auto sich hob, wie von einer unsichtbaren Hydraulik, und nur so war es möglich, dass ich auch die zweite Kette montieren konnte!“
Die Schöne: „Und weiter?“
Der Mann: „Ich setzte mich in das Auto, ließ den Motor an und fuhr einfach weiter.“
Die Schöne: „Und?“
Der Mann: „Nichts! Nach wenigen Kilometern schon, hinter einem dunklen Tunnel, hörte es plötzlich auf zu schneien, die Schneewehen waren nicht mehr so hoch, und aus der Ferne sah ich die Lichter der Stiftskirche von Admont! Jetzt wusste ich, ich bin gerettet! Schatz, du kannst dir dieses Glücksgefühl nicht vorstellen!“
Die Schöne: „Sog, dei Auto hot si wirkli vo sölba ghobm?“
Der Mann: „So ist es! Ja! So ist es geschehen, ich schwöre es dir! Ob du es glaubst oder nicht, so ist es wirklich gewesen. Ich habe es mit diesen meinen Augen gesehen! Es hat sich so zugetragen, denn etwas hatte ich im Schnee liegen lassen: meinen großen Schraubenzieher, mit dem ich versucht hatte, die Kappe aus dem Schweller herauszubekommen. Im Frühjahr bin ich dann noch einmal zu der Stelle hingefahren, um den Schraubenzieher zu suchen. Er lag noch immer an der selben Stelle im Straßengraben. Es ist also wahr! Nur, außer dir habe ich bisher keinem Menschen davon erzählt.“
Die Schöne: „Worum net?“
Der Mann: „Was glaubst du wohl? Es hätte mir eh keiner geglaubt! Jeder hätte mich für paranoid erklärt, also behalte ich es

für mich. Aber es ist kein Quatsch. Auch meine Ohren waren noch mehrere Tage lang geschwollen."

DIE SCHÖNE (skeptisch, ablenkend): „Und, sog, wos is bei eurem Gespräch mit der Mutter von der Prinzessin außerkemma?"

DER MANN: „Du glaubst mir auch nicht, stimmt's? Die Mutter? Die schweigt sich aus. Sie erzählt immer wieder dasselbe, erzählt von dem Nierenstein, und dass sie von einer Nephrektomie nichts wisse."

DIE SCHÖNE: „Glaubst du des?"

DER MANN: „Nein, nein. Ich denke sogar, sie führt uns absichtlich an der Nase herum. Im Dienst bin ich noch mal zu der Kleinen gegangen, es ging ihr heute wieder etwas schlechter, wie jeden Tag, weißt du? Es geht bergab mit ihr, ich hab so ein mieses Gefühl!"

DIE SCHÖNE: „Und, hat sie dir was erzählt? Du woaßt eh, zu dir hot s' Vertrauen!"

DER MANN: „Nein, sie hat mir nichts erzählt, es war schon spät, und sie war nicht gut drauf. An der Behandlung ändert sich eh nichts. Vielleicht frage ich sie morgen. Neuerdings hat sie Albträume und fantasiert. Es ist, als hätte sie einen geisterhaften Einfluss auf mich und meine eigenen Wahrnehmungen."

DIE SCHÖNE: „Wieso?"

DER MANN: „Du, ich weiß nicht, was los ist in meiner Wohnung. Manchmal denke ich, es spukt. Aber vielleicht sind es die Fugen in den Wänden, und das Material dehnt sich aus, sobald geheizt wird."

DIE SCHÖNE: „Es spukt? Bestimmt der Geist von deinem Vormieter, dem oiltn Mesner. Vielleicht is der no net zur Ruah kemma. Des hot nix mit eurer Prinzessin zu tun. Du muasst afoch nur die Wohnung ausweichn!"

DER MANN (skeptisch): „Ausweihen?"

DIE SCHÖNE: „Wo spukt es denn?"

DER MANN: „Überall! Manchmal im Flur, manchmal in der

Küche; ja, sicher überall! Stell dir vor, manchmal denk ich, wenn ich so in der Stube bin und arbeite, es steht jemand hinter mir. Dreh ich mich dann um, ist keiner da, gar niemand! Ein Schauer läuft mir dann über den Rücken. Ein unheimliches Gefühl. Vorige Woche im Dienst, da lief so ein gruseliger Film im Fernsehen. Die Geister sah man nur im Spiegel, drehte man sich um, waren sie weg."

DIE SCHÖNE: „Er schaut dir zu, woaßt, wie scheen du ois hergricht host, wie scheen d'ois tapeziert host und gstrichn!"

DER MANN: „Meinst du?"

DIE SCHÖNE: „Jo sicher!"

DER MANN: „Dabei habe ich all seine Möbel rausgeschmissen! Nur die Jesuskreuze, die in jedem Zimmer an der Wand hingen, und seine beiden Altar-Kerzenständer hab ich aufgehoben. Bestimmt ist er sauer auf mich."

DIE SCHÖNE: „Moanst wirkli? Morgn kimm i. Donn weichen wir ois aus."

DER MANN: „Ausweihen?"

DIE SCHÖNE: „Jo, wirst scho sehgn! I glaub scho, dass es a Seele gibt, die nach'm Tod weiterlebt … meine Großöltern san net zur Ruah kemma. Wie wir Kinder draußd auf der Bank vor ihrer Speis gsessn san … woaßt eh, die Speis, des ist der Vorratsraum, do is die Tür no an Monat lang auf und zu ganga, obwohl sie scho long nimma glebt ham. Und wir ham alle und a jeder hat nochgschaut, oba es woar wirkli koaner im Haus! Do hot d'Mama die Zimma ausgweicht, woaßt eh – mit Weihwosser, und dann a Kerzn anzünd't. Und dann endli ham s'a Ruah gfundn!"

DER MANN: „Wie geht das, wie macht man das?"

DIE SCHÖNE: „Ausweichn?"

DER MANN: „Ja, ausweihen!"

DIE SCHÖNE: „I werd's dir scho zoagn, Schotz! Woaßt, des Ausweichn muass sei, damit sei Seeln a zur Ruah kimmt."

DER MANN: „Und damit ich in Ruhe vorrichten kann!"

DIE SCHÖNE: „Genau!“
DER MANN: „Gut so, dann schlafen wir diese Nacht noch bei dir. Morgen Nacht bleiben wir bei mir, dann werden wir ja sehen, ob du recht hattest mit dem Geist vom alten Küster.“
DIE SCHÖNE: „Komm, jetz gehst mit mir in unser Bett, i mog so gern kuscheln mit dir!“
DER MANN: „Ja Schatz, ich auch!“
DIE SCHÖNE: „Oba wonns d’wüllst, konnst vorher no mit mir schnacksln!“
DER MANN: „Gute Idee!“
DIE SCHÖNE: „Moch’s dir so wie letzte Nocht!“
DER MANN: „Nein, ich mag dein Gesicht sehn. Mag sehen, wie schön du bist und wie sich dein Körper erregt, wie die Haut an deinem Hals, hier über deiner Brust, allmählich wieder so fleckig rot wird. Und dann mag ich dich schlecken, mag hören, wie du auftaust, wie du plötzlich in Ekstase kommst, immer und immer wieder. Und dann mag ich wieder in dich reinkriechen, mag wieder die Stelle über deiner Brust anschauen, wie sie noch röter geworden ist, noch fleckiger, noch erregter … und dann dein liebes Gesicht, deinen Mund küssen, während du vor Wollust stöhnst und immer hastiger atmest, mag Dampf und Duft deines Schweißes atmen.“
DIE SCHÖNE: „Du mochst mi gonz varruckt, wie du des sogst. Und jetz drahst di um, auf dein Rucken, und schaust mir zu, wie i dir’s mach! Schau, erst siachst mi vo vorn … schau her!“
DER MANN: „Ja, du bist so wunderschön. Ja, ja, ja! Schaukel sie hin und her, deine Brüste! Ja, ja, ja! Immer weiter, immer weiter so, genau so, ja, ja, ja!“
DIE SCHÖNE: „Schau her, und jetz … Greif mi an mit deine gfühlvolln Händ!“
DER MANN: „Ja, immer rein und raus!“
DIE SCHÖNE: „Jo, jo …“
DER MANN: „Ja! Tu es! Hol das Beste aus mir raus!“

DIE SCHÖNE: „Jo … jo …!"
DER MANN: „Ich kann es nicht mehr lange halten!"
DIE SCHÖNE: „Und mir kimmt 's a!"

Kurz „darauf"

DER MANN: „Du liebe Kleine du, du machst mich so klein!"
DIE SCHÖNE: „Kloan?"
DER MANN: „Ja … und dabei so glücklich!"
DIE SCHÖNE: „Siachst!"
DER MANN: „Was?"
DIE SCHÖNE: „Klein- und Bescheidensein schließt Glück net aus!"
DER MANN: „Ich weiß, doch ich meine was ganz anderes."
DIE SCHÖNE: „Wos leicht?"
DER MANN: „Körperlich bist du so klein, in deiner Liebe aber … eine Riesin!"
DIE SCHÖNE (küsst ihn): „A soo!"
DER MANN: „Ich bin so glücklich mit dir, Schatz! Ich hab dich so lieb!"
DIE SCHÖNE: „Ich liebe dich!"
Gemeinsam (nach dem Märchen): „Müde bin ich,/geh zur Ruh,/schließe beide Augen zu,/lass die Augen dein/über unserm Bette sein./Amen."

Weihwasser aus Lourdes

DER MANN: „Was hast du da für eine komische Flasche?"
DIE SCHÖNE: „Schau, des is d'Heilige Mutter!"
DER MANN: „Wieso als Flasche?"
DIE SCHÖNE: „Jo, siachst, a Floschn mit Weihwosser aus Lourdes!"
DER MANN: „Echtes heiliges Wasser?"
DIE SCHÖNE: „Jo, bevors d'gehst, füll i dir zwoa gonz kloane Floschn davo ab. Und wonns d'an Kummer host, schau her, donn

nimmst an Tropfen auf d'Zung oder du bekreuzigst di. Schau her, so mocht ma des!"

DER MANN (ergriffen): „Danke, Schatz!"

DIE SCHÖNE: „Und jetz gemma auße, hoiln a kloans Asterl von dei'm Lebmsbam aus'm Goartn."

DER MANN: „Lebensbaum?"

DIE SCHÖNE: „Jo, wos anders hob i net. Und der Lebmsbam ist der Bam des Lebms, weil er immer grünt."

DER MANN: „Und wie weiter?"

DIE SCHÖNE: „Host a Schoiln?"

DER MANN: „Geht das Kristallschälchen?"

DIE SCHÖNE: „Genau richtig!"

DER MANN: „Aha, so also machst du das!"

DIE SCHÖNE: „Jo, wir schütten a weng von dem heiligen Wosser in d'Schoiln, und donn tauch i des Asterl ins Wosser ein. Den Rest kennst eh."

DER MANN: „Und wo fängst du an?"

DIE SCHÖNE: „Is egal, glaub i."

DER MANN: „Gleich hier in der Stube. Hier, wo ich den Geist hinter mir geglaubt hatte."

DIE SCHÖNE: „Schau, und jetz nehm i des Asterl, tauch's ein und sog, indem i mi bekreuzig: ‚Im Namen des Sohnes, des Vaters und des Heiligen Geistes!'"

DER MANN: „Und jetzt in der Küche!"

DIE SCHÖNE: „Im Namen des Sohnes, des Vaters und des Heiligen Geistes!"

DER MANN: „Und jetzt im Flur!"

DIE SCHÖNE: „Im Namen des Sohnes, des Vaters und des Heiligen Geistes!"

DER MANN: „Und jetzt auch hier!"

DIE SCHÖNE: „Im Namen des Sohnes, des Vaters und des Heiligen Geistes!"

Der Mann: „Schatz, jetzt bitte auch hier, in unserem Schlafzimmer!“
Die Schöne: „Im Namen des Sohnes, des Vaters und des Heiligen Geistes.“
Der Mann: „Wo noch?“
Die Schöne: „Im Köller! Kimm!“
Der Mann: „Gut, dann haben wir, glaub ich, alles.“
Die Schöne: „Im Namen des Sohnes, des Vaters und des Heiligen Geistes! Und jetz muasst no mit mir betn. Wos wüst betn?“
Der Mann: „Was schlägst du vor? Ich kenn keinen Text sonst!“
Die Schöne: „Lieber Herr, beschütze die Wohnung in diesem Haus und alle, die hier gehen ein und aus. Amen!“
Der Mann: „Amen.“
Die Schöne: „Und hier, den kloan Rest in da Schoiln nimmst dir auf dein Nochttisch.“
Der Mann: „Und die Madonna gehört zurück auf deinen Nachttisch, wo sie immer steht … zwischen deine drei philosophischen Wecker!“
Die Schöne: „Wüst mi leicht ärgern?“

Das Verhör

Der Mann: „Hallo Schatz!“
Die Schöne: „Hallo! Scheen, dass d'scho do bist!“
Der Mann: „Kam nicht mehr weiter mit der Arbeit in meiner Wohnung, mir ist die Farbe ausgegangen.“
Die Schöne: „Scheen von da Foarb, vo mir aus konn s'an jedn Tog ausgehn!“
Der Mann: „Das könnte dir so passen, dann würd ich ja nie fertig!“
Die Schöne: „I woaß eh net, wozu du a Mietwohnung brauchst, konnst do eh immer bei mir sei, an jedn Tog bei mir essn, bei mir schlofn und mi schnacksln!“

Der Mann: „Sag, kannst du morgen zu mir in die Ordination kommen?"
Die Schöne: „Worum net? Und worum? I man, zu wos?"
Der Mann: „Ein Kontrolleur vom Amt hat sich angemeldet!"
Die Schöne: „Und wos wü der?"
Der Mann: „Keine Ahnung, irgendein Wichtigtuer!"
Die Schöne: „Ka Problem, i kimm. Muasst mir nur sogn, wonn i do sei soll!"
Der Mann: „Kurz vor fünf, das wär nicht schlecht!"
Die Schöne: „Guat, oiso fünfe. Soll i leicht klopfn?"
Der Mann: „Ja, bitte! Und ganz, ganz laut! Dass er denkt, es sei ein Notfall. Dann muss er sich kurzfassen und kann nicht ewig da sein."
Die Schöne: „Und danach gehst mit mir essn!"
Der Mann: „Gerne, Schatz!"

Am nächsten Tag, kurz vor fünf, in seiner Ordination

Der Beamte betritt gemeinsam mit dem Praxisvermieter die Räumlichkeit.
Der Beamte (zum Vermieter): „Dankscheen, dass d'mir ghoilfn host!"
Der Vermieter: „Gern gschehn!"
Der Beamte (zu ihm): „Herr Doktor! Drei Joahr lang ham wir Sie gsucht!"
Der Mann: „Ach was!"
Er kommt sich vor wie ein Schwerverbrecher, der Rede und Antwort stehen muss.
Der Mann: „Wie kommen Sie darauf? Ich habe mich doch ganz normal angemeldet."
Der Beamte: „Na, net normal! Oiso, unterschreibn S' do!"
Der Mann: „Bitte!"
Der Beamte: „Wer klopft da, ein Patient?"
Der Mann: „Eine Notfallpatientin. Sie hat vorhin angerufen."

Der Beamte: „Dann werden wir eh zum Schluss kemman. Mir is es nur drum gangn, festzustölln, ob Ihre Ordination a richtig deklariert is!"
DER MANN: „Ja, wie Sie sehen, alles in Ordnung!"
Der Beamte: „Dann auf Wiedersehgn!"
DER MANN: „Tschüs!"

DIE SCHÖNE: „Wos hot er denn woiln?"
DER MANN: „Wie ich schon vermutete … sich wichtig tun."
DIE SCHÖNE: „Oba du derfst net ‚Tschüs' zu eahm sogn, des is a Beleidigung!"
DER MANN: „Ich weiß, im Norden nicht, aber im Süden ist es eine Verabschiedung für immer. Soll er ruhig denken, dass ich ihn nie wieder sehen will!"
DIE SCHÖNE: „Na guat. Is a egal."
DER MANN: „Lieb von dir, dass du gekommen bist!"
DIE SCHÖNE (strahlt ihn an): „Und wos mochn wir jetz?"
DER MANN: „Einkaufen, und dann geh ich mit dir essen!"
DIE SCHÖNE: „Oba erst …"
DER MANN: „Was?"
DIE SCHÖNE: „Erst mochst mit mir Zinzin!"
DER MANN: „Wann denn?"
DIE SCHÖNE: „Jetz!"
DER MANN: „Aber wo denn?"
DIE SCHÖNE: „Do!"
DER MANN (verlegen): „Was denn, hier? Ich meine … hier, in der Ordination?
DIE SCHÖNE: „Jo. I hob mir denkt, vielleicht … auf …"
DER MANN: „Auf was? Du weißt, ich kann dir eh keinen Wunsch abschlagen."
DIE SCHÖNE (küsst ihn, dass er kaum Luft kriegt): „Auf dei'm OP-Tisch!"
DER MANN: „Schatz, das ist nicht dein Ernst!"

Die Schöne: „Worum net?“
Der Mann: „Wenn uns jemand hört!“
Die Schöne: „Wir nehman dei Radio mit und stölln’s a bisserl lauter, donn moch ma die Tür zu, und du konnst mit mir Zinzin mochn so laut wias d’wüst! Knoarrn wird er eh net.“
Der Mann: „Wer?“
Die Schöne: „Dei OP-Tisch!“
Der Mann: „Zinzin auf dem OP-Tisch, das wäre eine Premiere!“
Die Schöne: „Worum net?“
Der Mann: „Überzeugt!“
Die Schöne (mittendrin): „Woaßt, wos mir d’Tamara derzöhlt hot?“
Der Mann: „Nein?“
Die Schöne: „Du woaßt es eh, dass er net mit ihr schlofn konn und sie des varruckt mocht. Und eahm a.“
Der Mann: „Ihren neuen Freund?“
Die Schöne: „Jo. Und jetz is er zum Haslinger Hansi gonga. Woaßt es eh, dass er der Tamara ihr Hausarzt is?“
Der Mann: „Ja.“
Die Schöne: „Woaßt, wos der eahm empfohln hot?“
Der Mann: „Ich ahne Schlimmes!“
Die Schöne: „Stöll dir vor, Schotz, er sollert si a Frau im Puff nehma, und drei Gaststättn hot er eahm gnannt, wo ma a Frau ham konn, ohne wos zum zoiln!“
Der Mann: „Das ist ja ein Ding!“
Die Schöne: „Die Tamara hot gsogt, der spinnt!“
Der Mann: „Weiß er denn, dass der Hansi selber scharf auf die Tamara ist?“
Die Schöne: „Na! Woher denn?“
Der Mann: „Aber der Hansi, wusste denn der, wen er vor sich hatte: Tamaras Freund?“
Die Schöne: „Na, a net.“
Der Mann: „Typisch Frauen!“

DIE SCHÖNE: „Wie moanst des?"
DER MANN: „Eine verrückte Situation! Ich find ihn trotzdem okay."
DIE SCHÖNE: „Wem?"
DER MANN: „Den Hansi."
DIE SCHÖNE: „Worum?"
DER MANN: „Du weißt doch von unserer Motorradtour."
DIE SCHÖNE: „Mit dem Hansi?"
DER MANN: „Genau. Wir waren beim Oismüller eingekehrt, auf einen Kaffee. Er trank einen kleinen Braunen, ich meinen Cappuccino. Und dann haben wir uns über Frauen und Motorräder unterhalten."
DIE SCHÖNE: „Typisch Monna!"
DER MANN: „Weißt du, Motorradfahren ist wie Freistil, du spürst den Wind und die Natur direkt auf deinem Körper. Nichts schützt dich, wenn es plötzlich regnet, und nichts vor einem Reh! Manchmal fliegt ein Vogel vor dir her, manchmal sogar mit dir um die Wette. Der Delfin vor deinem Bug, verstehst du?"
DIE SCHÖNE: „Wos für a Vogerl leicht?"
DER MANN: „Es muss kein Falke sein. Vielleicht eine junge Schwalbe? Sie spielt mit dir, im Flug!"
DIE SCHÖNE: „A so."
DER MANN: „Fährst du über eine Brücke, spürst du die Feuchtigkeit, die der dunkle Fluss aufsteigen lässt. Und die Kälte. Fährst du im Herbst durch einen Tunnel, spürst du Wärme. Du riechst, wenn in dem Auto vor dir jemand raucht. Und das Parfüm einer Frau. Im letzten Sommer, als ich im T-Shirt unterwegs war …"
DIE SCHÖNE: „Verruckt!"
DER MANN: „Ja, es war verdammt heiß, und ich wollte die dicke Kluft nicht anziehen. Es ist so wunderschön hier, aber wahrscheinlich gibt es nirgendwo sonst auf der Welt so viele Wespen wie im Birnviertel! Ist mir doch vorne, hier am Hals, eine Wespe reingeflogen. Und hinten, weißt du, da, wo das T-Shirt in der Jeans steckt, da

hat sie mich dann gestochen, das gemeine Viech! Weißt du, du bist viel näher dran an der Natur. Wenn du ganz doll erschrickst, weil dir plötzlich etwas gegen das Visier knallt ... und wenn es dann bestialisch stinkt, war es ganz sicher nur eine fette Fliege vom Misthaufen nebenan. Nichts weiter, verstehst du? Dann ist es viel weniger, als du befürchtet hattest. Manchmal aber ist es viel mehr: ein Stein zum Beispiel, faustgroß, in der Kurve. Die Krönung aber ist ..."

DIE SCHÖNE: „Wos?"

DER MANN: „Wenn du hinter mir sitzt, wenn du dich an mich schmiegst und mich umklammerst!"

DIE SCHÖNE: „A so?"

DER MANN: „Das ist das Größte!"

DIE SCHÖNE: „Ihr hobt's euch unterhoiltn ..."

DER MANN: „Ja. Und dann sind wir weitergefahren. Er ist ein lieber Kerl, ich mag ihn, in seiner Art."

DIE SCHÖNE: „I a."

DER MANN: „Weißt du, was er noch gesagt hat?"

DIE SCHÖNE: „Der Hansi? Na!"

DER MANN: „Hatte ihm mein neues Motorrad angeboten, zum Ausprobieren, zum Schnuppern sozusagen. Er sollte mir dafür seins geben, damit wir ein paar Kilometer fahren, er mit meinem, ich mit seinem, nur so zum Probieren, weißt? Denkst du vielleicht, er hat mir seine alte, dreckige, rostige Karre gegeben? Weißt du, was er sagte?"

DIE SCHÖNE: „Na?"

DER MANN: „Zwei Dinge gebe es, die man niemals ausborge: das Motorrad und die Freundin!"

DIE SCHÖNE: „A so?"

DER MANN: „Aber das allein war es nicht!"

DIE SCHÖNE: „Wos leicht no?"

DER MANN: „Es war die Art, wie er von seiner Freundin sprach, allein wie liebevoll er dieses Wort ‚Freindin' aussprach, hat mich gerührt! Und ausdrücklich fügte er hinzu: ‚Net dei Frau … dei Freindin, verstehst?'"

DIE SCHÖNE: „Und donn seids weitergfoahrn?"

DER MANN: „Erst war herrliches Wetter, und er zeigte mir einen wunderschönen Pass, den ich noch nicht kannte. Als wir dann über den Hochgrat zurückfuhren, fing es plötzlich an zu regnen. Wir stellten uns unter das Dach einer Scheune. Weißt du, was er sagte, was das für Wetter sei?"

DIE SCHÖNE: „Derzöhl!"

DER MANN: „3-B-Wetter."

DIE SCHÖNE: „3-B-Wetter?"

DER MANN: „Besen binden, Bratl braten, Bäurin buderln."

DIE SCHÖNE: „Maria na! Des hot der Haslinger gsogt?"

DER MANN: „Ja, es war lustig …"

DIE SCHÖNE: „Des glaub i dir!"

DER MANN: "… bis der Bauer rauskam!"

DIE SCHÖNE: „Wos für a Bauer?"

DER MANN: „Der Bauer, bei dem wir uns unterstellten. Er muss wohl hinter dem Tor auf der Tenne gestanden und uns die ganze Zeit zugehört haben. Jedenfalls kam er mit der Heugabel an und wollte uns die Reifen zerstechen. So blieb uns nichts anderes übrig, als im strömenden Regen davonzufahren."

DIE SCHÖNE: „Maria na!"

Kurz „darauf" im Restaurant

DIE SCHÖNE: „I hätt goar net glaubt, dass des so scheen is … Zinzin mit dir auf dei'm eigenen OP-Tisch!"

DER MANN: „Das war nicht nur eine Premiere, Schatz, das war eine Revolution!"

DIE SCHÖNE: „Wie moanst des?"

DER MANN: „Konzeption statt … Kontrazeption!"

DIE SCHÖNE: „Maria na!"

DER MANN (erschrocken): „Was … was ist denn?"
DIE SCHÖNE: „Schau, Schotz … Die Frau am Nochbartisch, is die vielleicht fett! Worum is sie nur so fett? Worum san überhaupt mehr Frauna übergewichtig wia Monna?"
DER MANN: „Ich hab mal irgendwo gelesen, Frauen seien in ihrem Denken so gesteuert, dass sie einen Mann ganz für sich allein haben wollen. Haben sie das Ziel, den einen Mann zu besitzen, endlich erreicht, glauben sie, nicht mehr auf ihre Figur achten zu müssen. Spätestens nach dem zweiten Kind gehen sie dann auseinander wie ein Hefekloß!"
DIE SCHÖNE: „Wie a wos?"
DER MANN: „Wie ein Germknödel!"
DIE SCHÖNE: „A so: wia a Buchtl!"
DER MANN: „Übrigens, wann kochst du mal welche?"
DIE SCHÖNE: „Und Monna san Jager!"
DER MANN: „Warum Jäger?"
DIE SCHÖNE: „Jo! Schau di im Kronknhaus um! A jeder Doktor hot sei Freindin. Monna kinnan net treu sei, und wonn s'a Frau ghobt ham, suachn s'des nächste Abenteuer!"
DER MANN: „Wenn du meinst."
DIE SCHÖNE (verschmitzt): „Bestimmt bist du a a Jager: a Muschi-Jager! Alle Monna san Muschi-Jager."
DER MANN: „Wie kannst du so etwas behaupten?"
DIE SCHÖNE: „Kennst net die Gschicht vom Edelweiß?
DER MANN: „Von der schönen Blume mit den Löwenpfötchen?"
DIE SCHÖNE: „Jo."
DER MANN: „Erzähl schon!"
DIE SCHÖNE: „Des Edelweiß is aus den heißen Tränen einer Eisjungfrau entstandn, die sie über die Untreue ihres Geliebten, eines Jagers, vergossn hot. Bevor sie si sölba in a Gletscherspoiltn gstürzt hot, hot sie ihre Tränen in samtsilberne Sterne verwandelt, um sie an die entlegensten Stellen in den Bergen zu schicken …"
DER MANN: „Und wozu?"

DIE SCHÖNE: „Damit ihr Geliebter beim Pflücken in den Abgrund stürzt!“

DER MANN: „Das ist gemein und so traurig!“

DIE SCHÖNE: „Woaßt, wos der Ramskogler gsogt hot, wos er is?“

DER MANN: „Wie denn, was er selber ist?“

DIE SCHÖNE: „Jo? Woaßt es eh, dass er ollerwei a andere hot.“

DER MANN: „Sprich!“

DIE SCHÖNE: „Er hot zum Eberl gsogt: ‚I bi a Jager und koa Sammler!‘“

DER MANN: „Was denn, das hat der Ramskogler zum Eberl gesagt?“

DIE SCHÖNE: „Jo, wirkli!“

DER MANN: „Eine zweideutige Aussage.“

DIE SCHÖNE: „Und du? Host du diesen Monat wieder nur mit *ihr* Dienst?“

DER MANN: „Und wenn es so wäre?“

DIE SCHÖNE (gereizt): „Sog mir den Grund, sog mir, worum mochst immer mit der Grit Dienst?“

DER MANN: „Das hat keinen besonderen Grund! Ich mache dann Dienst, wenn es der Dienstplan vorsieht.“

Noch am selben Abend

DER MANN: „Hatschie!“

DIE SCHÖNE: „Gsundheit! Und, wölches Märchen liest mir heit vor, Schotz?“

DER MANN: „‚Das Totenhemdchen‘. Ha… Hatschie!“

DIE SCHÖNE: „Gsundheit!“

DER MANN: „‚Es war einmal …‘ Hatschie!“

DIE SCHÖNE: „Stimmt’s, du host wos mit ihr!“

DER MANN: „Was soll ich denn mit ihr haben?“

DIE SCHÖNE „Du host wos mit ihr! I hob dir des angmerkt, dass wos net stimmt!“

Der Mann: „Ah ja, was denn?“
Die Schöne: „Du schlofst nimma so gern mit mir!“
Der Mann (will sie küssen): „So ein Unsinn!“
Die Schöne (abwehrend): „Jo, und ihr mochts immer zamm Dienst, seit vier Monat scho!“
Der Mann: „Na und? Ich arbeite nun mal gern … Hatschie! … mit ihr zusammen, aber deshalb muss ich ja nicht gleich mit ihr ins Bett steigen, oder?“
Die Schöne: „Stöll dir vor, wonn i des a so mochert, immer nur mit dem Doktor Eberl zamm Dienst mochn, i sog eahm meine Dienste, damit er si mit mir einschreibt … und um'kehrt!“
Der Mann: „So ein Unsinn! Schade, ich hatte immer geglaubt, du vertraust mir. In der Swinaschule hatte ich einen komplizierten Chef. Als ich schon lange gekündigt hatte, musste ich nochmal zu ihm rauf. Angeblich wollte er nur wissen, was er gemacht hätte, was mir nicht gefallen habe, angeblich, damit er sich bessern könne. Er war gewohnt, den üblichen Schleim zu hören, ‚Fishing for Compliments‘, verstehst du? Hatschie! Ich ließ mich aber provozieren, meine Meinung zu sagen, obwohl ich ihn soweit kannte und genau wusste, dass es eine Falle war. Zuletzt schrie er mich an, nachdem ich endlich gesagt hatte, was er die ganze Zeit schon von mir hören wollte. Ich aber schrie zurück. Damit hatte er nicht gerechnet, und er verkroch sich zwischen die Ohren seines ledernen Chefsessels. Sogar die Sekretärin draußen vor der Tür hörte auf zu tippen. Ich habe mich trotzdem nicht wohlgefühlt und mich so sehr geärgert, dass ich mich von ihm hatte provozieren lassen. Es war mir eine Lehre. Verstehst du, was ich meine? Auch wenn du mir irgendwas in den Mund legen willst, werde ich es nicht aussprechen, glaube mir! Du behauptest, ich hätte mit der Grit geschlafen, bloß weil die Grit es dir gegenüber behauptet, um dich zu ärgern und zu demütigen. Ich sage, das stimmt nicht. Du sagst, Aussage steht gegen Aussage. Ich sage dir: Derjenige, an den du glaubst, weiß, dass ich recht habe!“

DIE SCHÖNE: „Und worum schlofst nimma so gern mit mir?“
DER MANN: „Vielleicht ist es wegen der kleinen Prinzessin, mir gehen so viele Sachen durch den Kopf.“
DIE SCHÖNE: „Wie geht es …“
DER MANN: „Hatschie!“
DIE SCHÖNE: „Wie geht es ihr denn?“
DER MANN: „Heute mussten wir noch einmal mit ihr an die Dialyse!“
DIE SCHÖNE: „Maria na!“
DER MANN: „Ja, Schatz, es sieht schlecht aus. Aber vielleicht regeneriert oder erholt sich die Niere noch. So meinen jedenfalls die Kinderärzte.“
DIE SCHÖNE: „Und wos glaubst du?“
DER MANN: „Ich hab Angst, sie dekompensiert uns.“
DIE SCHÖNE: „Wos hoaßt des?“
DER MANN: „Sie isst kaum noch, und wegen der schlechten Nierenfunktion können wir nicht auf Teufel komm raus infundieren … Hatschie!“
DIE SCHÖNE: „Gsundheit!“
DER MANN: „Sag, was ist denn das … unter meinem Kopfkissen?“
DIE SCHÖNE: „A kloans Sackerl mit Kräutern!“
DER MANN: „Etwa … Hatschie!“
DIE SCHÖNE: „Gsundheit, Schotz!“
DER MANN: „Etwa … Beifuß?“
DIE SCHÖNE: „A Beifuß is a dabei!“
DER MANN: „Willst du mich umbringen? Ich bin darauf allergisch! Hatschie! Was soll das?“
DIE SCHÖNE (wirft das Kräuterbündel zum Fenster hinaus): „Entschuldige, Schotz, i hob net gwisst, dass d'allergisch bist auf Beifuß!“
DER MANN: „Was sollte das? Wolltest du mich aus deinem Kuschelbett vertreiben?“
DIE SCHÖNE (küsst ihn): „Na!“

DER MANN: „Meine Großmutter machte den Beifuß immer an die Weihnachtsgans, als Gewürz, verstehst du? Hatschie … Wolltest du mich würzen, als … deinen Ganter?"

DIE SCHÖNE: „Na … i moan, a bisserl scho!"

DER MANN: „Wofür soll das gut sein? Und was ist noch alles für Kraut darin gewesen?"

DIE SCHÖNE: „Außer dem Beifuß a Holunderblütn, a Eisenkraut, a Gundermandlgrün und … na, des sog i net!"

DER MANN: „Etwa auch deine geheimnisvollen rosa Blüten?"

DIE SCHÖNE: „Oiso, der Holunder regt die Liebe an, des Gundermandlgrün mocht …"

DER MANN: „Schatz, bitte lenk nicht ab, sag endlich, was sind das für geheimnisvolle Blüten?

DIE SCHÖNE: „Du host es eh gsogt!"

DER MANN: „Was, was hab ich gesagt?"

DIE SCHÖNE: „Beim Boden an der Ois!"

DER MANN: „Was denn?"

DIE SCHÖNE: „Na! Des is und bleibt mei Geheimnis! Do muaßt sölba draufkemma!"

Ein Tag später

DIE SCHÖNE: „Stöll dir vor, Schatz, wos mir heit passiert is!"

DER MANN: „Was denn?"

DIE SCHÖNE (empört): „Stöll dir vor, hot mir do der Mostbichler an' Hintern griffn!"

DER MANN: „Wie bitte?"

DIE SCHÖNE: „Jo, stöll dir vor, dann hot er gsogt: ‚Schwester Manuela, ham S' denn goar koa Röntgenschürzn drunter?' Und dabei hot er mi, woaßt es eh, hot er mi so am Hintern und do am Körper angriffn!"

DER MANN: „Und? Hast du ihm dafür eine runter- oder wenigstens kräftig auf die Finger gehauen?"

DIE SCHÖNE: „Und donn is er gooonz nett zu mir gwesn, hot mi sogoar mit bohrn und schraufn lossn!"
DER MANN (eifersüchtig): „Weißt du, ich versteh dich nicht!"
DIE SCHÖNE (unschuldig): „Wos leicht?"
DER MANN: „Du bist krankhaft eifersüchtig und behauptest, ich würde im Dienst mit der Grit schlafen. Du selber aber … was machst du? Lässt dich vom Mostbichler angrapschen und haust ihm dafür nicht mal eine runter! Jede andere hätte das gemacht, und die … die … Feministin, die … Wadlbeißerin, die …"
DIE SCHÖNE: „Hinterpleitnerin!"
DER MANN: „Ja, die Hinterpleitner, die hätte ihn doch prompt angezeigt!"
DIE SCHÖNE: „Anzoagt?"
DER MANN: „Ja, wegen sexueller Belästigung!"
DIE SCHÖNE: „Oba, Liebling …"
DER MANN (ärgerlich): „Ach, hör doch auf."
Er zieht sich an, so schnell er kann, und verlässt sie ohne ein Wort.

Am nächsten Tag

DER MANN: „Heut hab ich mit ihr geredet!"
DIE SCHÖNE: „Mit der Akuti?"
DER MANN: „Ja, mit der Prinzessin!"
DIE SCHÖNE: „Derzöhl!"
DER MANN: „Stell dir vor, sie hat mir alles erzählt!"
DIE SCHÖNE: „Die Kleine?"
DER MANN: „Ja! Eigentlich wäre es eine Sache für die Gendarmerie. Aber was vor so vielen Monaten in Indien passiert ist, lässt sich von hier aus nicht klären …"
DIE SCHÖNE: „Derzöhl!"
DER MANN: „Ich habe ihr versprechen müssen, dass ich es für mich behalte, nur dir, meiner ‚Anju', dürfte ich davon erzählen, obwohl sie nicht einmal weiß, wer meine ‚Anju' überhaupt ist."

DIE SCHÖNE: „I versteh goar nix!"
DER MANN: "‚Anju', das ist eine, die im Herzen lebt, so hat sie mir erklärt. Und sie hätte nichts dagegen, wenn ich es der Frau anvertraue, die ich liebe, verstehst du?"
DIE SCHÖNE: „Donn bin i dei ‚Anju'?"
DER MANN: „Richtig!"
DIE SCHÖNE (küsst ihn): „I hob di so liab! Du bist a in mei'm Herzn!"
DER MANN: „Also, stell dir vor, was passiert ist: Man hat ihr die Niere als Spenderniere rausgenommen und an einen nierenkranken Europäer verkauft. Nach der Testung, man hatte ihr ein wenig Blut für Laboruntersuchungen abgenommen, musste sie in ein abgelegenes Krankenhaus, wo man sie dann auch operierte!"
DIE SCHÖNE: „Maria na! Und worum? I moan, wer hot so vü Göld braucht?"
DER MANN: „Viel Geld? Ich glaube nicht, dass es in Indien viel Geld für eine Nierenspende gibt!"
DIE SCHÖNE: „Woaß sie, wievü Göld ihre Niern brocht hot?"
DER MANN: „Nein, als Kind interessiert man sich nicht dafür. Ihr Vater jedenfalls brauchte das Geld für ein neues Boot."
DIE SCHÖNE: „Für a Boot?"
DER MANN: „Ein Boot, mit dem er Waren auf den Flüssen und Kanälen zwischen ihren Feldern und zum Markt transportieren kann. Eines von diesen offenen, langen Booten, weißt du … mit einem winzigen Außenbordmotor."
DIE SCHÖNE: „So a kloans Boot?"
DER MANN: „Klein sind die Dinger nicht, bestimmt so an die acht bis zwölf Meter lang! Sie hat mir sogar ein Bild von ihrer Anlegestelle gezeigt."
DIE SCHÖNE: „Des find i gemein von dem Vater, für sei Boot hot des Kind a Niern hergebm miassn!"
DER MANN: „Die Prinzessin denkt aber ganz anders darüber. Stell dir vor, sie liebte ihren Vater sogar!"

DIE SCHÖNE: „ ‚Liebte‘? Liebt sie eahm jetz goar nimma?“
DER MANN: „Er ist tot!“
DIE SCHÖNE: „Maria na, er ist tot?“
DER MANN: „Sie kamen ohne ihn nach Europa, voller Hoffnung, weißt du?“
DIE SCHÖNE: „Woran isser denn gstorbm?“
DER MANN: „Noch in der gleichen Nacht.“
DIE SCHÖNE: „In wölcher Nocht?“
DER MANN: „In der Nacht, in der man beiden die Niere explantierte, ist er im Krankenhaus verstorben.“
DIE SCHÖNE: „Maria na. Hams eahm a a Niern … i moan, hot der leicht a a Niern gspendet?“
DER MANN: „Ja, denn eine gespendete Niere allein hätte nicht gereicht für das neue Boot. Als sie mir das alles erzählt hatte, brach sie in Tränen aus. Sie hing so sehr an ihrem Dad!“
DIE SCHÖNE: „Und ihre Mama?“
DER MANN: „Sie muss ihn sogar noch angestachelt haben. Durch das Boot, weißt du, hätten sie endlich ein besseres Leben führen und die Kinder in die Schule schicken können.“
DIE SCHÖNE: „Verstehe!“
DER MANN: „Der Vater hatte ihr versprochen, mit ihr gemeinsam aus dem Krankenhaus zu gehen. Stell dir vor, zuerst wollten sie in die Stadt fahren und ein Eis essen.“
DIE SCHÖNE: „Nur a Eis essn?“
DER MANN: „Weder sie noch der Vater hatten in ihrem Leben jemals Eis gegessen, so arm waren sie. Dann, zu Hause, wollten sie sich ausruhen und am nächsten Tag zu ihrem Händler fahren, um das neue Boot zu kaufen.“
DIE SCHÖNE: „Liebling, des is ois so traurig.“

Zwei Tage später

DIE SCHÖNE am Telefon (vorsichtig): „Hallo!“

DER MANN: „Hallo!“

DIE SCHÖNE: „Bitte kimm zu mir! Bitte! Und wegn neulich … bitte entschuldige no amoi!“

DER MANN: „Ist schon gut. Aber du fängst mir jetzt bitte nicht mehr mit der Grit an!“

DIE SCHÖNE: „Ans hot mit dem andern nix z'tuan!“

Wieder bei ihr

DIE SCHÖNE: „Und, wie geht's eurer Prinzessin?“

DER MANN: „Morgen stehen wir beide, du und ich, für sie im Programm!“

DIE SCHÖNE: „Wir zwoa?“

DER MANN: „Ja!“

DIE SCHÖNE: „Für wos leicht?“

DER MANN: „Für einen Shunt, in Lokalanästhesie. Der Anästhesist ist in Bereitschaft und gibt ihr etwas, damit sie schläft.“

DIE SCHÖNE: „Muass des sei?“

DER MANN: „Es tut mir leid, hätte es dir so gern erspart, und ihr vor allem! Aber mittlerweile geht es ihr viel schlechter. Hatte dir mit Absicht nicht die ganze Wahrheit erzählt. Sie ist total zerstochen, auch der zweite Dialysekatheter hat sich infiziert, und sie können sie anders nicht mehr dialysieren. Sie braucht dringend einen guten Shunt. Schatz, verstehst du?“

DIE SCHÖNE: „I versteh. Und, entschuldige, dass i so egoistisch woar. I werd dir gern instrumentieren!“

DER MANN: „Und assistieren!“

DIE SCHÖNE: „Assistieren?“

DER MANN: „Drei Turnusärzte und die zwei Assistenten sind krank. Keiner, der mehr assistieren könnte! Sogar der Chef musste heute den privaten Magenbluter alleine operieren. Letzte Woche

war er bei der Verwaltung, um zusätzliches Personal anzufordern. Sie wollen aber keine neuen Ärzte einstellen, obwohl wir dringend Verstärkung brauchen!“
DIE SCHÖNE: „Maria na. Wieso net? Bei uns san a scho drei Mentscha kronk!“
DER MANN: „Es ist eine schlimme Grippe, und vielleicht ist sogar die Grippe schuld daran, dass es der Prinzessin so schlecht geht.“
DIE SCHÖNE: „Nur guat, dass i di hob!“
DER MANN: „Warum?“
DIE SCHÖNE: „Bei dir, mei'm Leiboarzt, konn i goar koa Gripp net kriagn!“
DER MANN: „Gut, dass ich dich hab!“
DIE SCHÖNE: „Worum?“
DER MANN: „Wir könnten uns anstecken, aber wir tun es nicht, im Gegenteil!“
DIE SCHÖNE: „Worum?“
DER MANN: „Unsere Immunsysteme stimulieren sich aneinander!“
DIE SCHÖNE: „Und ineinander!“
DER MANN (verdutzt): „Wie meinst du das?“
DIE SCHÖNE: „Schau her, so mein i des!“

Kurz „darauf“

DIE SCHÖNE: „Wonn du amoi net weita woaßt, wonn du ratlos bist, donn sog's mir bitte, Schatz. I konn dir vielleicht hölfn.“
DER MANN: „Wie meinst du das?“
DIE SCHÖNE: „Durch meinen Glauben, woaßt?“
DER MANN: „Durch deinen Glauben?“
DIE SCHÖNE: „Jo, du woaßt es eh, dass i an heißn Droht hob!“
DER MANN: „Einen heißen Draht? Wohin?“
DIE SCHÖNE: „Zu Gott!“
DER MANN: „Gut, ich werd ganz sicher darauf zurückkommen, vielleicht schon bald!“

DIE SCHÖNE: „Nur, es konn sei, dass du mit mir a Stuck foahrn muasst!"
DER MANN: „Fahren?"
DIE SCHÖNE: „Jo! Sei bereit!"
DER MANN: „Wohin denn?"
DIE SCHÖNE: „Woaßt, wos unser Herr Pfarrer am Sonntag auf der Mess dazua gsogt hot?"
DER MANN: „Nein?"
DIE SCHÖNE: „Gott hat uns auf den Weg geschickt mit unserer Geburt. Wohin soll dieser Weg führen und wo wird er enden? Wo ist des Ziel? Wer darüber net nochdenkt, geht an sei'm Lebm vorbei. Und für di, weil du ans Meer wüst: Wie a Kapitän von an großen Schiff fahrt er ziellos durch die Ozeane, amal dohin, amal dorthin … so long, bis sei Treibstoff aus is. Und donn wird er mit sei'm Schiff untergehn, mitten im weitn Ozean, ohne dass er je die Geborgenheit eines Heimathafens gefunden hat."
DER MANN: „Und, was hat er gesagt, wie findet der Käptn den richtigen Weg?"
DIE SCHÖNE: „Damit wir den Weg finden, hat der Herr uns den Jesus gesandt, seine Worte in der Bibel, Sakramente, Schriften … oba auch all die Marterl, Kapölln, Gnadenstätten und Kirchen … des san unsere Wegweiser, woaßt?"

Am nächsten Tag (nach dem Feierabend)

DER MANN: „Danke für deine Assistenz!"
DIE SCHÖNE: „Und? Instrumentiert hob i dir a!"
DER MANN: „Entschuldige! Vielen Dank für dein Instrumentieren!"
DIE SCHÖNE: „Bittscheen!"
DER MANN: „Hoffentlich kommt sie durch!"
DIE SCHÖNE: „I werd für sie betn!"
DER MANN: „Ich auch!"

Die Schöne: „Heit bin i stoilz auf di!"
Der Mann: „Nanu, warum denn?"
Die Schöne: „Weil du heit amoi net mit dem Mostbichler gstridn host!"
Der Mann: „Aha!"
Die Schöne: „Ihr seids zwoa richtige Sturschädel!"
Der Mann: „Halt still, du hast da eine Wimper auf der Backe!"
Die Schöne: „Jo und?"
Der Mann: „Du darfst dir etwas wünschen! Schau, jetzt hab ich sie hier auf meinem Finger!"
Die Schöne: „Und wieso moanst, is des mei Wimper?"
Der Mann: „Hast recht, es könnte genauso auch meine Wimper sein, selbst wenn ich sie dir von deiner Wange aufgehoben hätte! Also, blasen wir sie gemeinsam von meinem Finger fort und wünschen uns dabei etwas! Die Wimper ist so etwas wie die Kerze vor dem Altar, nur nicht so spirituell!"
Die Schöne: „Morgn is Sonntog, do nehm i di mit zum Heiligenstan! Woaßt, wos mir unser Nochbar zoagt hot am Heiligenstan? Dort gibt es zwoa keltische Orte der Kroft. Oaner stimmt mit dem Ort genau überein, wo jetz der Altar steht. Und den andern Ort, den zoag i dir! Und unten, beim Heiligen Sebaldus, werdn wir a jeder a Kerzn anzündn und betn. Vielleicht geht jo mei Wunsch in Erfüllung."
Der Mann: „Was für ein Wunsch?"
Die Schöne: „Des derf ma net sogn, woaßt. Des is wie mit deina Wimper. Sonst geht der Wunsch net in Erfüllung!"

Am Montag danach

Der Mann: „Kommst du morgen zu mir?"
Die Schöne: „Na. Woaßt, i hob so vü nochdocht in da letztn Zeit: Es is besser so, wonn wir uns nimma sehgn!"
Der Mann (überrascht): „Warum?"

Die Schöne: „Wegen die poar Monat, die du no do bist? Na, es is do egal, ob donn oder jetz Schluss is!"
Der Mann: „Ich hab dich so lieb! Ich geh noch kaputt, wenn du mich auf diese Weise bestrafst!"
Die Schöne (zornig): „Na. I hob des gmerkt, dass du mi nimma so mogst ..."
Der Mann (überrascht): „Woran denn?"
Die Schöne: „An vielem. Andere gebm dir an Zettl mit ihre Dienste, und du? Wos mochst du? Du mochst mit *ihr* Dienst und mit mir net ... es interessiert di net, wonn i Dienst hob, du kennst net amoi mei'n Dienstplan!"
Der Mann: „Das hast du schon mal gesagt. Ich hab schon immer die Wünsche meiner jungen Kollegen berücksichtigt: Wenn jemand gern mit mir Dienst machen wollte, hab ich dem auch entsprochen, Männlein wie Weiblein! Wenn der Herbert mit mir Dienst machen will, werde ich dem genauso entsprechen wie dem Willy oder der Gundi oder dem Christoph! Und die Grit hat mich halt gebeten!"
Die Schöne (laut und zornig): „Jo, es is do gonz kloar, wos die wü! Und du? Du tuast olles, wos sie wü!"
Der Mann: „Was will sie denn?"
Die Schöne: „Des is do gonz kloar! Na, wonns du sie dir nimmst, hot se si für mi erledigt! Donn geh i. Donn wü i di nie mehr sehgn!"
Der Mann: „Einverstanden, ich werd dir auch weiter treu sein!"
Die Schöne: „Und, wie geht's der Akuti?"
Der Mann (strahlt): „Stell dir vor, Schatz, wir haben eine Niere für sie!"
Die Schöne (umarmt ihn): „Schotz, mir foilt a Stan vom Herzen!"
Der Mann: „Mir auch! Für morgen haben wir sie ins Programm geschrieben. Hoffentlich geht alles gut!"
Die Schöne: „I bet für sie, und i bet für euch!"
Der Mann: „Danke, das wird sie brauchen!"

Die Schöne: „Woaßt, wos wir beide mochn, wonn ois gelungen is?“
Der Mann: „Die Transplantation?“
Die Schöne: „Jo!“
Der Mann: „Nein?“
Die Schöne: „I stöll an Sekt koilt für uns zwoa, und donn feiern wir!“

Maria Taferl

Der Mann: Warum willst du denn unbedingt nach Maria Taferl, warum gehen wir nicht einfach in eure Kirche oder noch einmal auf den Heiligenstein?“
Die Schöne: „Die Marienverehrung hat für uns einen hohen Stellenwert, woaßt? Und die kloane Basilika is des niederösterreichische Landesheiligtum, geweiht den sieben Schmerzen Marias. Schau, dort siachst scho die Basilika!“
Der Mann (überwältigt): „Die ist ja riesig! Und warum dann ‚kleine Basilika‘, ich meine, so groß, wie die ist?
Die Schöne: „Woaßt, sie steht scho immer im Schotten der Magna Mater Austriae aus der Steiermark! Oba erst seit dem letzten Jahrhundert.“
Der Mann: „Mariazell?“
Die Schöne: „Jo!
Der Mann: „Dabei ist Maria Taferl so schön gelegen, hier hoch oben über der Donau!“
Die Schöne: „Und jetz wolln sie die Basilika innen a renovieren. Des Gonze kost sehr vü Göld.“
Der Mann: „Woher will man denn das Geld nehmen?“
Die Schöne: „Vom Land, vom Bund, von der Diözese und von der Gemeinde!“
Der Mann (inzwischen vor der Basilika): „Dafür lohnt es sich. Was für ein gewaltiges Bauwerk! Ein Prachtbau!“

Die Schöne: „Schon die Kelten woarn hier. Schau, Liebling, der steinerne Tisch is no von die Kelten!"
Der Mann: „Komm, wollen wir uns draufsetzen?"
Die Schöne: „Jo, gern!"
Der Mann: „Ihr sprecht gern von den Kelten!"
Die Schöne: „Worum net?"
Der Mann: „Du weißt, die Kelten wurden besiegt. Die typischen Merkmale der keltischen Kultur ist die Liebe zur alten Sprache und zum Gesang. Da gibt es ein Lied, es heißt ‚Der Mond, bei dem die Gerste reift'. Es ist schön, klingt aber sehr traurig. Eine bittersüße Mentalität und das Gefühl, zu den Verlierern zu gehören. Die Kelten – Europas schöne und stolze Verlierer, der verzweifelte Kampf gegen die Bevormundung durch ein lebensfeindliches Imperium!"
Die Schöne: „Ois Keltische ist präsent! Bei den Kelten dreht si ois ums Werdn und Vergehn. Der Tod ghört zum Lebm, und des Lebm dreht si um den Tod. Die Kelten lebm in uns fort, woaßt?"
Der Mann: „In unserer unsicheren Zeit suchen wir oft verzweifelt nach dem Sinn unseres Daseins, wir suchen Halt. Da kommen latente Traditionen an die Oberfläche. Schon die Germanen haben von ihnen gelernt, den Urwald, in dem sie lebten, nicht nur als belebt, sondern auch als *beseelt* zu empfinden, als etwas, das unsere Seele nährt und gesund erhält. Der Mensch akzeptierte sich als bescheidener Teil der Natur. Tiere hatten Rechte und wurden geehrt, die Natur als noch funktionierendes System auch ganzheitlich respektiert und der Wald noch nicht hemmungslos ausgebeutet. Für die Waldmenschen war der Wald heilig. Heute nehmen die Bauern den Lämmern die Mutterschafe weg, um besonders viel Milch für den teuren Feta abpumpen zu können. Die Weiden sind überdüngt, weil sie mehr Tiere halten, als die Region benötigt! Die Kelten zeigen uns noch heute, wie man sich dem Wunder öffnen, Gottheiten und Engel erkennen kann … Weißt du, was der Chef über sie erzählt hat?"

DIE SCHÖNE: „Na?“
DER MANN: „Sie hatten Aussichtspunkte auf allen möglichen Anhöhen, Bergen und Gipfeln, so dass sie sich nicht nur sehen und wohl auch bestimmte Zeichen und Signale geben konnten, die Punkte sollen auch in einer besonderen Beziehung gestanden haben, die wir noch nicht wiederentdeckt haben. Schade, dass sie keine richtigen Schriften hinterließen, von ihnen hätten wir bestimmt sehr viel lernen können.“
DIE SCHÖNE: „Jo, Energie soll a Rolle gspielt ham … Wer an am solchen Punkt gstanden is, hat Lebensenergie und Kroft gschöpft!“
DER MANN: „Ist es hier nicht wunderschön? Das müssen auch die alten Kelten erkannt haben, wenn sie hier oben standen, um die Donau zu bestaunen, wie sie sich zwischen den Felsen hindurchschlängelt. Was für eine fantastische Aussicht! Zu dumm von den Bayern, dieses schöne Stück Land später den Schönbrunnern überlassen zu haben.“
DIE SCHÖNE: „Siachst! Manchmoi denkst typisch teutonisch!“
DER MANN: „Wie meinst du das?“
DIE SCHÖNE: „Kaltländisch!“
DER MANN: „Bin nun mal ein Piefke!“
DIE SCHÖNE: „Jo, oba a gonz a liaber!“
DER MANN (vor dem Altar): „Schau, die wunderschöne Kanzel!“
DIE SCHÖNE: „Jo, die wurde noch dem Vorbild der Domkanzel von Passau geschaffen.“
DER MANN: „Siehst du, schon wieder diese Bayern! Und erst dieser Altar, so viel Gold, was für eine Pracht!“
DIE SCHÖNE: „Hier woar i scho oft mit meiner Famülie. Die Basilika is für uns a Wallfahrtsort. Wir foahrn doher, um Energie und Kroft zu schöpfn, woaßt?“
DER MANN: „Eure spirituelle Kraftquelle.“
DIE SCHÖNE: „Jo, oba wir redn net z’vü davo, woaßt? Do host fümf Schilling!“
DER MANN: „Danke! Aber wofür?“

ırrad und ein bellender Hund.) Ein alter Wiener Raddampfer, ıt wie ein Harlekin, voll mit Lustigen, das Schubschiff passie- d treibt er rauschend abwärts – zurück gen Osten? (An Bord Rest Luxus: Tische mit weißen Tischdecken hinter einer ützenden Bordwand aus dickem Glas. Auf jedem Teller ein ıschkrapfen, gebacken nach altem Rezept – außen rot und en braun. Eine Blumenvase aus glitzerndem Kristall, zellanteller mit goldenem Rand, silberne Löffel... ein letztes l aufpoliert, vielleicht? Nach dem Krapfen wie immer schon: e weiße Serviette!) Die gewaltige Kraft unkalkulierbaren ssers als Symbol einer (wieder einmal) verrückt werdenden t? Immer schon hat es sie gegeben, jeder müsste sie kennen, die ährlichen Donauwellen und Strudel, wie sie sich *bei Umbruch* leten. Im Nebenarm: Den Angler, versteckt im Dickicht der ngroven, stört das nicht. Hier gibt es die wirklich edlen Fische! r einmal, alle paar Jahrzehnte nämlich, erreicht es auch ihn. ın wird der Strom so stark, dass er auch diese kleine Welt roht.

Nebenan sitzt eine kaltländische Touristenfamilie. Sie sitzen n Lunch, so heißt das jetzt. Sie ärgern sich die ganze Zeit, so , dass es jeder mitbekommt. (Nur weil sie nicht gestern schon en waren, denn heut Nachmittag soll es regnen.) Abseits in der e sitzt ein Rentnerpaar, hat man es vergessen? Hinter ihm sitzt jüngeres Pärchen. Sie sprechen Wiener Mundart. Abwech- ıd geht mal sie, geht mal er vor die Tür. Raucherglück: In der zen Zeit, die sie gemeinsam am Tisch verbringen, husten sie schimpfen über das Nichtraucherschild an der Eingangstür. ließlich verlassen sie den Tisch. Ein anderes Paar löst sie ab, für beide ist es der Frühstückstisch. Sie küssen und unterhalten .

SCHÖNE (flüsternd): „Hörst?“
MANN: „Was?“
SCHÖNE: „Wos die zwoa redn?“

Die Schöne: „Für d'Kerzn!"
Der Mann: „Danke, Schatz!"
Die Schöne (ergriffen): „Jetz zünd i uns a I
für uns betn!"
Der Mann: „Danke!"
Die Schöne: „Und du, wonns d'net betst, d
dei Kerzn an und wünsch dir wos!"
Der Mann: „Verzeih! Ich werde auch beten
Die Schöne (ernst): „Und wonns d'mi wir
die Kroft von diesm Ort spürn, ohne vü I
wird donn dei Gebet und a dei Wunsch erhö
Die Schöne: „Heilige Maria, Mutter Go
Herrlichkeit/Vergiss nicht die Betrübnis der I
auf alle,/die Leid im Herzen tragen,/auf alle,
Lebens/verkosten müssen!/Hab Mitleid mit
ben/und doch getrennt sind!/Hab Mitleid /m
res Glaubens!/Hab Mitleid mit denen,/die
sind,/mit denen, die leiden,/mit denen, die si
allen/Hoffnung und Frieden!/Amen."

Gleich neben der Basilika sehen sie ein gemü
ten keinen besseren Platz als hinter dem gr
können für ihren köstlichen Saibling. Für il
gemeinsamen Blick, der sich nach unten
wunderschöne Donau, wie sie sich windet u
ben von sattem Grün, wovon es hier ü
Wüssten sie nicht, in welche Richtung der S
ter Glas und von so weit oben, kann man es r
Allenfalls die unterschiedliche Geschwindig
darauf schließen. Es gibt nur zwei Richtu
Fähre, trotz leichter Drift, verrät es dir
Schubschiff mit schmutziger Flagge quäl
stromaufwärts – auf dem Weg nach Wester

DER MANN: „Was denn?“
DIE SCHÖNE: „Sie unterhoidn si übers Schnackseln!“
DER MANN (küsst sie): „Das gibt's doch nicht!“
DIE SCHÖNE: „Wos?“
DER MANN: „Was fällt denen ein?“
DIE SCHÖNE: „Wos?“
DER MANN: „Unverschämtheit!“
DIE SCHÖNE: „Wos?“
DER MANN: „Stehlen uns das Gesprächsthema!“

So oder so ...

Es wird angerichtet. (Sie alle haben einen wunderbaren Beruf.) Für viele hier ist es mehr als ein Job. Sanft und bedacht: Jemand bindet das Narkoseband. (Woanders längst abgeschafft. Dort geht man auf Nummer sicher, mit einem festen Gurt. Dort menschelt nichts, wegen der Forensis. So sagt man, dort.) Das hier ist anders, mehr als nur ein altes Ritual. Denn egal, was passiert, man wird sagen, es hat so sollen sein: so oder so! Denn so ist es *gottgewollt*. So sagt man hier.

So sagt man von den Guten wie den Schlechten im OP und vom Menscheln zwischendrin. So sagen sich die Guten wie die Schlechten, an guten wie an schlechten Tagen und all denen zwischendrin. Denn auch der Schlechte hat mal einen guten, auch der Gute mal einen schlechten Tag, und all das zwischendrin ... Und: Wer ist wirklich schlecht? Wer ist schon gut, immer und zu jeder Zeit?

Sie liegt auf einem glatten Tisch mit schwarzem, kaltem Polster. Allein die Blutdruckmanschette wirkt wie ein Foment. Hier eine Sonde, dort die Kabel, drei Schläuche, alles angeschlossen. Nimmt das Narkoseband dem Tisch die Kälte? Es soll sein wie immer, mit dieser Festtagsschleife. Heute aber, um diese blasse Hand, wirkt es wie ein Trauerflor. Das Weiße auf ihrem bleichen Körper – wie das Totenhemd? Die Arme im rechten Winkel abgespreizt, die Füße tief geschlossen. So liegt sie da, an diesem umgelegten Kreuz. Sie lässt es geschehen, so oder so. Denn jemand hat gesagt: „Koa Angst! Koaner fesselt di!"

Endlich! Auf dem Beistelltisch steht die weiße Box aus Styropor. Der Pilot, draußen vor dem Lift, bedankt sich für den schnellen Kaffee. (Auch er hat einen wunderbaren Beruf.) So oder so. Es ist angerichtet! Was geschehen soll, mag jetzt geschehen. So oder so?

Nein! Er kommt von woanders. Nichts wird er hier dem Zufall überlassen!

Egal, was er tut, egal, was er denkt, es kommt ganz sicher so oder so!

Und außerdem: Was ist *Zufall?*

Mit Zuckerbrot und Peitsche

DER MANN: „Wollte dir Bescheid geben: Die Niere ist transplantiert!"

DIE SCHÖNE: „Stöll dir des amoi vor, Schotz: Sie hot mir ihren Monn anboten … damit i mit eahm in den Skiurlaub foahr! Mocht ma sowos? Sog!"

DER MANN (verwirrt): „Von wem sprichst du eigentlich?"

DIE SCHÖNE: „Du woaßt genau, wen i moan!"

DER MANN: „Etwa die Grit?"

DIE SCHÖNE: „Jo!"

DER MANN: „Hör ich recht? Sie … sie hat dir … ihren … Mann angeboten?"

DIE SCHÖNE: „Jo! Stöll dir des amoi vor!"

DER MANN: „Das ist ja ein Ding!"

DIE SCHÖNE: „Und sie hot des gsogt, wia die Tamara dabei woar, sie wü jetz an Jüngern, ihrer is ihr zu oilt, der wü nimma so oft

aus'm Haus gehn wie sie. Sie wü an Jüngern, mit dem sie wos erlebm konn! Stöll dir des amoi vor!"
DER MANN: „Und was hat das mit mir zu tun?"
DIE SCHÖNE: „Du mochst do mit ihr Dienst!"
DER MANN: „Na und?"
DIE SCHÖNE: „Moanst, i merk net, wos los is?"
DER MANN: „Was soll denn sein?"
DIE SCHÖNE: „Mit ihr mochst Dienst und mit mir net, du kennst net amoi meine Dienste!"
DER MANN: „Ich bin doch aber kaum jünger als ihr Mann!"
DIE SCHÖNE: „Na und? Merkst net, wos die vo dir wü? Jeder siacht's ... auf'm Dienstplon, jetz sogoar auf'm OP-Plan! Wo üweroi ihr zwoa zamm draufstehts!"
DER MANN: „Fängst du schon wieder damit an? Warum bist du nur so krankhaft eifersüchtig? Ich kann dir nur sagen, dass nichts, nichts, nichts ist zwischen ihr und mir! Du tust mir leid, wenn du mir nicht glaubst!"
DIE SCHÖNE: „Woaßt, wos gsogt hot?"
DER MANN: „Sicher nichts Schlimmes!"
DIE SCHÖNE: „Hör zu! Sie hot zu mir gsogt, i hätt eh koa Chance net bei dir. Wos du wüst, is net nur a Frau fürs Bett, so wia i, woaßt d'es eh, sondern du brauchertst a Frau, die so intelligent is wie sie, jemand zum Redn. Des hot s'gsogt!"
DER MANN: „Das ist gemein! So eine Beleidigung dir gegenüber! Nein! Das hätte ich nie von ihr gedacht!"
DIE SCHÖNE: „Siachst!"
DER MANN: „Und du, was hast du ihr geantwortet?"
DIE SCHÖNE: „Nix, i hob s'miassn stehn lossn, weil du net wüst, dass i zuagib, dass wir zwoa wos ham mitanond!"
DER MANN (zornig): „Das tut mir so leid. Aber es beweist, wie gemein ihr Frauen zueinander sein könnt! Ich für meinen Teil werd mit ihr keinen einzigen Dienst mehr machen. Das verspreche ich dir!"

DIE SCHÖNE: „Des glaub i net!"
DER MANN: „Weißt du, letzte Nacht hab ich von dir geträumt: Du stehst da, in einem kurzen Lederrock, der vorne, über einer bestimmten Stelle, nur halb geschlossen ist, weil er hier mit einem ledernen Band zusammengehalten wird wie ein Schuh mit einem Schnürsenkel. Du hast lange schwarze Lederstiefel an, ein ärmelloses Hemd von mir, das einen tiefen Einblick gewährt, weil es dir etwas zu groß ist. Ab und zu rutscht sogar die eine Brust heraus. In der Rechten hältst Du nämlich eine Peitsche, mit der du auf mich einschlägst! Die Augenbrauen streng nach oben nachgemalt, zornig und voller Wut … so schlägst du auf mich ein, während du jeden meiner Fehler immer und immer wieder aufzählst, schlägst du auf mich ein … immer wieder, immer wieder!
DIE SCHÖNE: „Siachst, jetz woaßt, wia i bin!"
DER MANN: „Wenn ich dann aufwache … Du weißt ja, ich merk mir Träume nur, wenn ich aus dem Schlaf gerissen wurde … dann vollziehe ich nach, was ich geträumt habe, und manchmal, im Halbschlaf, spinne ich noch schnell etwas dazu."
DIE SCHÖNE: „Interessant!"
DER MANN: „Nein! Von dir träum ich ganz anders. Meist sind es ganz, ganz süße und liebe … oder aber wilde Sex-Träume!"
DIE SCHÖNE: „A soo?"
DER MANN: „Nur letzte Nacht, da hab ich von dir geträumt, wie du mich schlägst – mit dieser Peitsche!"
DIE SCHÖNE: „Jo und?"
DER MANN: „Kannst du mir das vielleicht erklären?"
DIE SCHÖNE (ablenkend): „Und wie is die Transplantation verlaufn?"
DER MANN: „Es geht ihr gut!"
DIE SCHÖNE: „Wos für a Problem hot's leicht gebm?"
DER MANN: „Der Gefäßstiel, weißt du?"
DIE SCHÖNE: „Na!"
DER MANN: „Bei der Organentnahme hat man die Niere recht

kurz abgesetzt. Wir mussten interponieren, die Vene war am schwierigsten. Aber nun ist alles gut!"

DIE SCHÖNE: „Darauf sollten wir anstoßen!"

DER MANN (überrascht): „Ja, das sollten wir."

DIE SCHÖNE: „Prost, mei Schotz!"

DER MANN: „Zum Wohl!"

DIE SCHÖNE: „Und bitte, sei mir nimma bees!"

DER MANN: „Wie sollte ich!"

Maria Seesal

DER MANN: „Sag, wo führst du uns heute hin?"

DIE SCHÖNE: „Wirst scho sehgn!"

DER MANN: „Wie kühl es hier ist, am Waldbach. Mir ist so kalt. Friert dich auch?"

DIE SCHÖNE: „Die Schwoarze Ois! Wonns amoi vü grengnt hot, oder im Frühling, wonns schnöll taut, hot s'vü mehr Wosser im Flussbett! Frührer woar hier der Woidhammer, a Pfanndl- und Sensenwerk."

DER MANN (bleibt stehen, schließt die Augen für einen Moment): „Sei still! Kannst du es auch hören?"

DIE SCHÖNE: „Wos'n leicht?"

DER MANN: „Ja! Ich kann es mir genau vorstellen, und wenn ich die Augen schließe, dann höre ich sogar …"

DIE SCHÖNE: „Wos?"

DER MANN: „Ein gewaltiges Rauschen des Baches … und schwere Hämmer … das Sensenhammerwerk: Der Kamin raucht. Ein langer Schlot, der sich zur Spitze stark verjüngt, viel höher als das Dach. Wie in meinem Märchenbuch. Das Feuer kann ich riechen, das Wasser auch. Feuer kann doch nicht feucht sein? Ein schweres hölzernes Rad. Ja, ich höre das Fließen des Wassers. Ich höre, wie es in einer aus Holz gezimmerten Rinne, aus dem wilden Bach, wie in einem Trichter herausgefangen, gebündelt, viel schneller fließt und so das Wasserrad antreibt. Ein Rattern, ein Turbinengeräusch. Ja! Ich kann es hören, das von schwarzen Algen bewachsene Rad, wie es unter der Last stöhnt, wie es rattert, wie es sich ächzend dreht, in seinem vom herabstürzenden Wasser gekühlten Lager, einem Käfig aus Eisen, der die rotierende Achse festhält. Sie, die Welle, leitet alle Kraft in das Innere der Fabrik. Mich drängt es hinein, über den schmalen hölzernen Steg, in die dunkle Schmiede. Elektrischen Strom gibt es nicht, die heiße Glut ist alles Licht. Der Balg macht die Holzkohle glühend, darin das strahlende Metall. Hier arbeiten sie: schwitzende Körper, muskulöse Arme. In ihren Händen schwere Schmiedezangen, nehmen sie das leuchtende Metall aus dem Feuer. Drei gewaltige Hämmer, von der Nockenwelle getrieben, fallen rhythmisch herab, immer wieder, jeder auf seinen eigenen Amboss. Aus einem dicken, unförmigen Klumpen Stahl, dem Knüttel, wird dünneres Metall, wird Blech … werden Pfannen, Schaufeln, Hacken, Spaten, Nägel, Sensen. Die Feinarbeit erledigen sie händisch, so sagt man hier. Noch einmal unter dem Balg glühend gemacht, nach uralter Tradition gehärtet: im Sud des Verbenenkrauts, und erst im Anlassfeuer bekommt die Sense ihr stählernes Blau. Gedengelt oder scharfgeschliffen? In jedem Fall zuletzt mit einer Gravur versehen. Sie ist das Markenzeichen, die Identität, der ganze Stolz der Schmiede! Gespenstisch: lauter fertige Sensen hängen an der Wand, abholbereit …

Hab letzte Nacht vom Sensenmann geträumt, wie er sie holen kommt!“

Die Schöne: „Wen?“

Der Mann: „Die kleine Prinzessin!“

Die Schöne: „Na! Jetz zoag i dir an gonz an friedlichn Ort. Wir gehn do aufi, und wir wern hinter da Kirchn sitzn, gonz alloan, nur du und i, und auf des scheene Tal owischaun. Und wonns d'wüst, konnst mi küssn!“

Der Mann (küsst sie): „Gerne!“

Die Schöne: „Oba vorher zoag i dir die Kirchn, a gonz a kloane, mit zwoa Türme! Der Altar is gonz wertvoll, vom Sonntagberg, dort woar des a Seitenaltar, woaßt?"
Der Mann: „Etwa auch eine Wallfahrtskirche?"
Die Schöne: „Jo sicher! Sogoar a beliebte Hochzeitskirchn. Erst woar des nur a gonz a kloane Kapölln, aus Hoilz, *a Platzerl zum Betn,* woaßt?"
Der Mann: „Und dann hat man die Kirche hingebaut?"
Die Schöne: „Richtig! Und wir wern a Kerzn anzündn und des Kerzengebet dazua sprechn!"
Der Mann: „Ich seh sie schon!"
Die Schöne: „Na, des is net die Kirchn, des is die Ursprungskapelle, und danebm siachst des Blindnheim."
Der Mann: „Wie wunderschön! Und direkt neben der Kirche! Einen besseren Platz dafür könnte es nicht geben."
Die Schöne: „Erst gehn wir in d'Kirchn!"
Der Mann: „Und dann auf die Bank, von der du erzählt hast!"
Die Schöne: „Host fümf Schilling für d'Kerzn?"
Der Mann: „Ja, und auch für dich!"
Die Schöne: „I woaß, dass d'zu mir ghörst! Und jetz betst'mit mir des Kerzngebet: Herr,/diese Kerze, die ich hier anzünde,/soll ein Licht sein, durch das du mich erleuchtest in meinen Schwierigkeiten und meinen Entscheidungen./Es soll ein Feuer sein,/durch das du mir allen Stolz,/allen Egoismus und alle Unreinheit verbrennst,/durch das du mein Herz erwärmst/und mich lieben lehrst.

Herr,/ich kann nicht lange in deiner Kirche weilen./Mit dem Brennenlassen dieses Lichtes/Soll ein Stück von mir selbst hier bleiben,/das ich dir schenken möchte./Hilf mir,/mein Gebet im Tun und in der Arbeit dieses Tages fortzusetzen./Heilige Maria, Mutter Gottes, bitte für mich!"
Der Mann: „… Amen."
Die Schöne: „Kennst die Gschicht von dem heilign Plotz?"

Der Mann: „Erzähl sie mir!“
Die Schöne: „Oiso, die Legend is: A Frau, a Hilfslehrerin, hot zwoa Dirndln ghobt und an Trinker ois Monn. Er hot immer mehr trunkn und trunkn, bis eahm verlossn hot. Und so hot si si voil konzentriern kinna, auf ihre Arweit, verstehst?“
Der Mann: „Gut so!“
Die Schöne: „Sie hot hoart arweitn miassn, und wia s'oilt woar, hot s'an Tram ghobt.“
Der Mann: „Jetzt wird es spannend!“
Die Schöne: „In dem Tram hot sie ein von himmlischem Licht umstrahltes Marienbüild gsehgn. Wenig später hot die Nochbarin a ungrahmts Büild von an Tandlmarkt aus Wean mit nach Haus brocht. Stöll dir vor, sie hot darin die Muttergottes wiedererkannt!“
Der Mann: „Tatsächlich? Das Gnadenbild?“
Die Schöne: „Jo, der Dechant hot des Büild gsegnet, und sie hot tramt von an Zettl in ihrer Schürzentoschn, auf dem ‚Maria Seesal'gstandn is.“
Der Mann: „Und was bedeutet das?“
Die Schöne: „Koaner woaß des so genau, woahrscheinlich so wos wia Schicksal oder Trübsal, würde oba Trambüild oder Vision bedeuten.
Der Mann: „Und jetzt küsse ich dich, hier auf der Bank! Das ist unser beider Schicksal!“
Die Schöne: „Es ist so scheen mit dir, Liebling.“
Der Mann: „Mit dir auch, Schatz!“
Die Schöne: „Bitte, geh net weg. Bitte, bleib bei mir! I brauch di so. I woaß genau, wir ghörn zamm!“
Der Mann: „Du wirst mir fehlen!“
Die Schöne: „Und wie geht es der Prinzessin?“
Der Mann: „Sie liegt wieder auf der Intensiv!“
Die Schöne (besorgt): „Maria na, wos hot s'leicht?“
Der Mann: „Sie ist septisch!“

DIE SCHÖNE: „Na! Geht's ihr sehr schlecht?"
DER MANN: „Ich weiß nur eines: Es wird sehr schwer werden, sie durchzubringen."

Sonntagberg

DER MANN: „Schau, welch fantastische Aussicht!"
DIE SCHÖNE: „Traumhaft! Vo do aus überblickst des gonze Birnviertel!"
DER MANN: „Das stimmt nicht ganz!"
DIE SCHÖNE: „Wieso?"
DER MANN: „Es ist eine Auslese. Von hier oben sah und sieht man vor allem die Häuser der Reichen und Vermögenden oder ihrer Erben: die großen, die schönen Höfe. Wer etwas auf sich hielt …"
DIE SCHÖNE: „Wer zu Gott aufgschaut hot …"
DER MANN: „Wer das Geld dafür hatte …"
DIE SCHÖNE: „Wer Gott näher sein wollte …"
DER MANN: „… der baute mit Sonntagbergblick."
DIE SCHÖNE: „Und im Süden siachst sogoar die hohen schneebedeckten Berge in der Steiermark!"
DER MANN: „Und dort, Richtung Osten … schau doch! Davon muss ich ein Foto machen! Die Umrisse der Berge sind wie eine Kaskade. Ein Traummotiv! Die hohen, die blauen Berge im Hintergrund – so fern …"
DIE SCHÖNE: "… und so unschoarf. Und die kleinern Berge davor …"
DER MANN: „… sind umso realer! Kennst du den Spruch?"
DIE SCHÖNE: „Wos für an Spruch?"
DER MANN: „Eher ein Sprichwort: ‚Lieber den Spatz in der Hand als die Taube auf dem Dach!'"
DIE SCHÖNE: „Und dort, der Nebl, wie Watta liegt er in den

Tälern, dazwischn die Vierkanthöfe. Schau, wie der Nebl langsam aufsteigt!"

DER MANN (staunend): „Und so verschwindet er unauffällig und spurlos."

DIE SCHÖNE: „Die Sonne verschlingt ihn! Bis er eines Tages wieder ois Regn herabfällt ... ewig wechselnd, a ewiger Kreislauf. Wia des Lebm!"

DER MANN: „Die Nebelschleier über den Wiesen sind die Geister."

DIE SCHÖNE: „Und wenn sie aufsteigen ... befreite Seelen!"

DER MANN (nimmt sie in den Arm): „Gut, dass wir so früh gekommen sind, was für ein Schauspiel! Kein Wunder, dass die Kelten diesen Ort ausgesucht haben!"

DIE SCHÖNE (schmiegt sich an ihn): „Es is so scheen mit dir, mei Liebling!"

DER MANN (liebkost sie): „Mit dir, Schatz!"

DIE SCHÖNE: „Bitte bleib bei mir! Bitte geh net weg! Schotz?"

DER MANN: „Ja, Schatz?"

DIE SCHÖNE: „Du bist mit deinen Gedanken so weit weg!"

DER MANN: „Sie wird sterben, ich habe so ein mieses Gefühl."

DIE SCHÖNE: „Na! Du bist der Arzt! Du derfst sie net sterbm lossn! Sie is do no so jung!"

DER MANN: „Sie hat Angst, weißt du?"

DIE SCHÖNE: „Wieso, was hot des damit z'tuan?"

DER MANN: „Ich bin sicher nicht abergläubisch, weißt du. Jeder hat ein wenig Angst, wenn er ins Krankenhaus muss, besonders dann, wenn er operiert werden soll. Das ist normal. Ich hätte auch Angst vor einer OP. Aber wenn jemand richtig schlimme Angst hat, Todesangst, dann steht es sehr schlecht um ihn. Das ist meine Erfahrung mit Schwerkranken, weißt du?"

DIE SCHÖNE: „Dei Erfahrung?"

DER MANN: „Ja! Immer wenn wir einen Schwerkranken hatten, dem die Angst so sehr ins Gesicht geschrieben stand wie jetzt der kleinen Prinzessin, waren die Chancen extrem schlecht. Und, ob du es glaubst oder nicht, *jeder* ist gestorben!"

DIE SCHÖNE (entsetzt): „Maria na! Des glaub i dir net! Wirkli?"

DER MANN: „Schatz, so ist es! Vielleicht liegt es an mir selbst, verstehst du? Vielleicht sehe ich etwas, das andere nicht sehen. Vielleicht spüre ich etwas, das andere nicht spüren. Vielleicht bilde ich es mir auch nur ein. Andererseits, ich glaube, Patienten merken es, wenn ihre Behandler an Grenzen stoßen, wenn sie selber nicht weiterwissen oder wenn die Medizin einfach noch nicht so weit ist. Das ist das Problem, verstehst du? Selbst wenn man als Arzt weiß, dass es keine Rettung mehr gibt, darf man den Patienten nicht auch noch mit der eigenen Unsicherheit konfrontieren. Auch wenn man gar nichts dafür kann."

DIE SCHÖNE: „Dass du so denkst, hätt i net glaubt!"

DER MANN: „Bitte versteh mich nicht falsch! Gäbe es irgendetwas, das ihr hilft, wir würden es ihr geben, eher gestern noch als heute, verstehst du?"

DIE SCHÖNE: „I glaub dir eh!"

DER MANN: „Genießen wir diesen Augenblick, diese fantastische Aussicht, jetzt!"

DIE SCHÖNE: „Schotz, du denkst z'vü noch!"

DER MANN: „Gott hat den Menschen nicht perfekt geschaffen, auch die Tiere nicht."

DIE SCHÖNE: „Mit Absicht!"

DER MANN: „Schau dort, die Hummel zum Beispiel … Eigentlich könnte sie gar nicht fliegen, so dick wie sie ist, mit solch winzigen Flügeln. Und weil auch wir nicht perfekt sind, will Gott uns vielleicht prüfen. Er weiß genau, wo es hakelt. Er kennt unsere körperlichen Schwachstellen und unsere Denkdefizite. Hat er uns mit Absicht so konstruiert? Oder überschätzen wir ihn manchmal? Der Mensch ist ein Egoist, deshalb wird es auch keinen funktionierenden Kommunismus geben, ganz gleich, wie oft sich die Geschichte wiederholt, weil man Vergangenes zu schnell vergisst. Doch wenn es so weitergeht, die Maßlosigkeit der Bonzen, bricht bald wieder alles zusammen. Jede Generation macht ihre eigene Erfahrung. (Dabei ist es immer die selbe!) Wozu eigentlich? Das macht keinen Sinn. Warum hat Gott uns diesen Schaltfehler einprogrammiert? Sag, warum hört niemand auf die Alten, Erfahrenen?"

DIE SCHÖNE: „Auf die Bibel!"

DER MANN: „Ja! Warum hört man nicht auf ihren Rat? Schau, die Generation, die den letzten Krieg miterlebte, wird bald ganz ausgestorben sein. Es ist wieder so weit: Junge Männer begeistern sich für Waffen. Wieder weiß niemand mehr, wie schlimm Krieg überhaupt ist. Angeblich ist kein Geld für die Gesundheit da. Warum müssen wir bei den Gesundheitskosten sparen und bei der Rüstung nicht? Ich kann es dir sagen! Weil die Bonzen überall auf der Welt am Krieg am besten verdienen. Hingegen mit einem Krankenhaus, in dem Sozialfälle behandelt und gepflegt werden, lässt sich kein schnelles Geld machen, und keiner käme auf die Idee, mit einem solchen Krankenhaus an die Börse zu gehen. Im Gegenteil! Für ihr Geld gehen sie über Leichen, denn sie stacheln die Menschen gegeneinander auf, machen sie scharf wie Bluthunde, hetzen sie aufeinander los, um wieder einmal neue Uniformen, Stahlhelme, Maschinengewehre, Granaten, Panzer, Raketen, Bomber und Flugzeugträger zu verkaufen. Sie säen Angst. Nicht die, gegen die sie ihr Volk aufhetzen, nein, *nicht die anderen, sie selber sind das Böse!* Selber aber machen sie sich die Finger nicht schmutzig. Dafür haben sie ihre Handlanger, die sie mit ihrem anonymen Geld schmieren. Aber sie denken falsch, denn auch sie können ihre Kohle nicht mitnehmen – in die Kiste. Und ein langes Leben kann man sich nicht erkaufen. Nichts ist für immer, alles ist nur ausgeborgt! Verstehst du? *Sie sind das Gegenteil von uns: Sie zerstören, wir reparieren!* Sie kommen sich unheimlich wichtig vor. Wir aber brauchen sie nicht, haben so schon genug zu tun. Keiner braucht sie! Genau anders herum wird ein Schuh draus: Vielleicht kann die Medizin ihren Schaltfehler irgendwann einmal korrigieren, die falsch gepolten Synapsen in ihren entarteten Gehirnen einfach auswechseln, umpolen. So wie Gott es sich gedacht hat, weißt du? So wie sich anderes in unserem System auch von selbst korrigiert; wie ein moderner Computer! Sie sind der Tumor, wir sind die Glia, das reparierende Gewebe. Vielleicht nicht immer perfekt, mag sein. Wir sind die Ausputzer, verstehst du? Wie wir heute das kaputte Bein des ausgeflippten Motorradfahrers wieder herrichten, wie wir den abgesägten Finger des Hobbytischlers wieder annähen, wie wir die verschlissenen Gelenke des Übergewichtigen auswechseln, wie wir die getrübte Augenlinse gegen eine klare Kunststofflinse austauschen, wie wir die verbrannte Haut des Grillkünstlers abtragen und durch neue Haut ersetzen, wie wir die Tätowierung der Reuigen nach zehn Jahren vom faltig gewordenen Po entfernen, wie wir die Leber eines Trinkers einfach auswechseln, so müssen wir wohl eines Tages auch Gehirne auswechseln, um die Menschheit vor dieser Bedrohung zu schützen!

Was meinst du? Haben die vielleicht Angst vor uns? Wollen sie deshalb unser Ansehen ruinieren – über die Medien? Nehmen sie uns deshalb das Geld weg, das wir so dringend für die Forschung brauchen, um endlich das Wachstum entarteter Zellen bremsen und reparieren zu können – ohne Kollateralschäden?“

In der Kerzengruft von Mariazell

DER MANN (flüstert ergriffen): „Hätte nie gedacht, dass es hier solch einen wundervollen Ort gibt. Danke, dass du mir das zeigst!"

DIE SCHÖNE: „Bitte, Schotz!"

DER MANN (staunt): „Wie es hier duftet! Und wie warm es hier ist … von den vielen Kerzen! Dass es so etwas Wunderbares gibt! Wie viele mögen das sein?"

DIE SCHÖNE: „Woaßt, net üweroi is so koilt wia am Wosser! Des is die Kraft des Glaubens. Do woar i scho so oft und hob bet für uns."

DER MANN: „Hier?"

DIE SCHÖNE: „Jo!"

DER MANN (fassungslos): „Was denn, so weit bist du gefahren, nur … um … um für uns zu beten?"

DIE SCHÖNE: „Mariazell ist unser größter Wallfahrtsort!"

DER MANN: „Ja, sogar ich spüre, es ist kein gewöhnlicher Ort!"

DIE SCHÖNE: „Kimm, do host zehn Schilling, für a Kerzn, i hob scho ane. Wonns d'sie anzündst, donn host an geheimen Wunsch frei. Derfst dir wünschn, wos du am liabstn mogst!"

DER MANN (küsst sie): „Dich!"

DIE SCHÖNE (enttäuscht): „Der Wunsch ist ungültig!"

DER MANN: „Wieso das?"

DIE SCHÖNE: „Weil du derfst do net sogn, wos d'dir wünschst!"

Unter der Kapelle

DER MANN: „Schau doch, Liebes! Komm hier runter in die Gruft!"

DIE SCHÖNE: „Na. Geh du alloan!"

DER MANN: „Bitte!"

DIE SCHÖNE: „I mog des net gern sehgn!"

DER MANN: „Schau, Schatz, was da auf diesem Schild geschrieben steht: *‚Bedenke Mensch, dass du nur Staub bist!'* So viele Knochen …

so viele Schädel, Oberarme, Oberschenkelknochen habe ich noch nirgendwo auf einem Haufen aufgetürmt gesehen … so grau, und ganz unten am Boden … tatsächlich lauter grauer Staub!"

Die Schöne (traurig): „Jo, Liebling, a wir wer'n amoi zu Staub zerfoiln … oba unsere Seelen net!"

Der Mann: „Ja, Schatz, du bist ein so lieber Mensch, mein Allerliebstes, du bist so lieb. Du hast einen so guten Charakter. Und außerdem, du bist Mitglied einer Glaubensgemeinschaft und gehst jeden Sonntag in die Messe. Du kommst ganz sicher in den Himmel!"

Die Schöne: „Du a! Weil du bist mei Liebling! A wonns d'net frührer scho an Gott glaubt host, du bist a so a guater Arzt. Alle mögn di, du host den Menschn so vü Guats tan, i konn's bezeugn, vor Gott!"

Der Mann (küsst sie): „Glaubst du wirklich, das zählt vor Gott?"

Die Schöne: „Jo sicher, und nix anders! Schau, so vü Knochn! Die san scho so oilt. Oba schau! Sie schaun aus wia die Knochn in unsere Körper, wie wir sie jedn Tog sehgn, bei da Arweit, im OP. Die Menschn, die domois glebt ham, ham miassn sterbm. Arme wie Reiche, und die san a net ölter worn. Genau so wern wir sterbm. Zu wos denn der ganze Neid, zu wos der Hochmut, die Missgunst, die Habgier? Deshoilb, egal wos passiert, egal wo du hingehst, bitte versprich's mir: Loss nie des Göld im Mittelpunkt stehn, wonns du deine Patienten behandelst! Donn wirst sehgn, du kriagst es tausendfach z'ruck … irgendwonn! Vielleicht net immer von denjenigen sölba, denen du was Guats tan hast, vielleicht über jemand andern, verstehst?"

Der Mann: „Vielleicht hast du recht: Das Erinnertwerden an das sichere Ende als heimliches Motiv für gute Taten? Der gute Zweck heiligt das Mittel!"

Die Schöne: „Na! Net an des Ende, denn *wos hätt des Lebm donn für an Sinn?"*

Der Mann: „Ich hoff, du behältst recht!"

DIE SCHÖNE: „Ois Guate bekommst tausendfach z'ruck, glaub mir, irgendwonn. So wia des Beese a. Und alle andern, die kriagn ois genauso z'ruck, des Guate wie des Schlechte … irgendwonn. Glaub mir des, mei Liebling!"

DIE SCHÖNE (stolz): „Stöll dir vor, Schotz, heit woar i bei da Akuti!"
DER MANN: „Was denn, *du* hast die Prinzessin besucht?"
DIE SCHÖNE: „Jo, sie hot mi sogoar erkonnt, woaßt, no vom OP. Sie schaut wirkli schlecht aus. Oba i hob mit ihr gredt!"
DER MANN: „Was denn, du hast mit ihr geredet?"
DIE SCHÖNE: „Jo sicher! I hob ihr an Vier-Winde-Tee brocht!"
DER MANN: „Find ich so lieb von dir!"
DIE SCHÖNE: „Sog, wos für a Behandlung bekommt s'?"
DER MANN: „Sie hat eine neue Antibiotikakombination. Wir diskutieren noch immer, ob wir ihr nicht die Immunsuppression pausieren. Ihr Körper schafft es nicht, mit der schweren Infektion fertig zu werden."
DIE SCHÖNE: „Und die Niere?"
DER MANN: „Das ist ihr Risiko. Erkennt ihr Körper die Niere als fremd, stößt er sie ab."
DIE SCHÖNE: „Des warert schlimm. Oba ihr werd's sicher des Richtige mochn."
DER MANN: „Hoffentlich behältst du recht!"
DIE SCHÖNE: „Und wonn net, betst und gibst es ab!"
DER MANN: „Wie meinst du das? Wohin sollte ich was abgeben?"
DIE SCHÖNE: „An Gott! Donn wird dir leichter ums Herz, glaub mir! Du muasst die schwere Lost an eahm weitergebm!"
DER MANN: „Ich kann es an nichts und an niemanden auf der Welt abgeben, verstehst du?"
DIE SCHÖNE: „Na! Unsere Oberin am St.-Josef-Hospital hot uns des beibracht. Woaßt? Sie hot gsogt, dass sie die vün Johr nur

arweitn hot kinna, weil s'die schwere Last ihrer Erlebnisse an eahm hot weitergebm kinna, durch ihre Gebete!"
Der Mann: „Euer Glück! Das ist der feine Unterschied."
Die Schöne: „Wos?"
Der Mann (nachdenklich): „Ihr Schwestern dürft es vielleicht abgeben. Es sei euch auch vergönnt! Wir Ärzte aber müssen selber damit klarkommen …"

Geständnisse

Eines Tages sagte sie zu ihm: „Liebling, i bi koa so a guats Mentsch, wie du immer vo mir glaubt host!"
Der Mann (verwundert): „Das glaub ich nicht. Außerdem: Niemand ist frei von Fehlern … Warum? Was hast du denn verbrochen?"
Die Schöne: „Vor ölf Johrn hob i wos gonz Schlimmes tan, und außer mir sölba wissen nur zwoa Menschn davo! I sog des nur, weil du no immer von mir denkst, dass i a guater Mensch bin, dabei stimmt des goar net!"
Der Mann (nachdenklich): „Auch ich hab was Schlimmes getan, aber es ist erst fünf Jahre her, und außer mir wusste es bislang keiner! Und wenn ich einen bösen Traum habe, dann geht es meist darum."
Die Schöne: „Ach bitte, sog's mir, Spatz!"
Der Mann: „Ja, manchmal muss man sich die Seele freireden, um gewisse Dinge zu verarbeiten. Also sag erst du dein Geheimnis, dann erzähl ich dir auch meins."
Die Schöne: „Na."
Der Mann: „Jetzt hast du einmal davon angefangen, nun musst du es auch erzählen, bitte, Schatz!"
Die Schöne: „Na guat, host recht. Oiso, frührer hot mei Famülie an gonz an großn Hund ghobt, an Deitschn Schäferhund, woaßt. Der woar a wunderscheener Hund, mit an gonz an scheen dichtn

und glanzertn Fell. Woaßt, wonn des Fell so scheen glanzert is, donn is der Hund gsund. Und wunderscheene große braune Augn hot er ghobt. Es woar a wunderscheens Viech!"
DER MANN (streichelt ihr zärtlich die Wange): „Du hast ihn geliebt, deinen Hund, stimmt's?"
DIE SCHÖNE: „Jo, sehr! Und er hot auf mi aufpasst und er hot mi mögn, er hot immer zu mir ghoiltn, hot bei meine Fiaß gschlofn und hot gwocht! Amoi, es woar im Summer, is a Dieb in unsern Goartnn kemma. Und i hob so a Angst ghobt, du konnst dir des net vorstölln!"
DER MANN: „Und, was hast du gemacht?"
DIE SCHÖNE: „Stöll dir vor, der Hund is auf eahm los und hot eahm angfoiln!"
DER MANN: „Den Dieb?"
DIE SCHÖNE: „Jo, und hot 'n am Arm packt und nimma loslassn, bis d'Gendarmerie kemma is!"
DER MANN: „Und, das war doch ein gutes Ende, oder?"
DIE SCHÖNE: „Na. Leider net."
DER MANN: „Wieso nicht?"
DIE SCHÖNE: „Stöll dir vor, Schotz, der Dieb is noch amoi kemma, noch zwoa Monat, und hot den Hund vergift!"
DER MANN (fassungslos): „Was denn, er ist tatsächlich zurückgekommen? Ich meine … hat man ihn etwa so schnell wieder aus dem Knast entlassen?"
DIE SCHÖNE: Jo, stöll dir des vor!"
DER MANN: „Ich kann es nicht glauben! Das ist ein Albtraum! Und dein Hund, da warst du bestimmt traurig, nicht wahr? Aber was hast du denn deiner Ansicht nach falsch gemacht?"
DIE SCHÖNE: „I hätt des verhindern miassn, dass der Hund eahm anfoillt, woaßt? Und der Hund hot's gwisst … i hob's eahm angsehgn!"
DER MANN: „Was, was hast du ihm angesehen?"

Die Schöne: „Dass er gwisst hot, dass er dafür sterbm muass. Dabei hot er des nur für mi tan! Nur für mi, verstehst?“
Der Mann: „Nein, das konnte der Hund nicht ahnen.“
Die Schöne: „I hob so a Angst ghobt, woaßt?“
Der Mann: „Dich trifft bestimmt keine Schuld!“
Die Schöne: „Und jetz, derzöhl du, wos host du Beeses tan?“
Der Mann: „Aber …“
Die Schöne: „Wos?“
Der Mann: „Ich hab den Eindruck, dass du mir irgendetwas vorenthältst. Irgendetwas an der Geschichte ist noch nicht komplett!“
Die Schöne: „Wos solltert des sei?“
Der Mann: „Keine Ahnung, mein Gefühl jedenfalls sagt mir, dass du noch irgendetwas verheimlichst.“
Die Schöne: „Na, do is nix!“
Der Mann: „Na gut, dann sei es, wie es sei! Jetzt also meine Geschichte.“
Die Schöne: „Jo, derzöhl!“
Der Mann: „Es war ein Albtraum, und das ist es auch bis heute für mich geblieben: Meine Zwillinge hatten ein wunderschönes weißes Zwergkaninchen. Eines Tages wurde es krank und erholte sich auch nicht wieder, es hatte einen Tumor, hier außen am Kopf, und wahrscheinlich war dieser böse Tumor sogar von innen rausgewachsen, denn auf dem Auge der gleichen Seite wurde es blind. Eines Tages machte es so eigenartige Kopfbewegungen und knirschte mit den Zähnen. Ich dachte, bestimmt hat es Schmerzen, und wollte, dass meine Kinder diesen schlimmen Anblick nicht länger ertragen müssen. Damit sie nichts merken, wollte ich das Häschen so töten, dass äußerlich keine Spuren darauf hindeuten. Ich betäubte es mit einem Knüppel und tauchte es mindestens drei Minuten lang in der Regentonne unter Wasser. Es war Winter, und das Wasser war eiskalt. Dann legte ich das Häschen in den Stall zurück. Ich war mir sicher, es sei tot. Am nächsten Morgen kam die Kleine ganz aufgeregt zu mir: ‚Papa, Papa, komm schnell, das Häschen hat bestimmt

Fieber, es schwitzt ganz doll.‘ Als ich dann hinkam, war es zwar tot, aber es lag in der anderen Ecke des Stalls. Verstehst du ... nicht dort, wo ich es am Abend hingelegt hatte. Und warm war es tatsächlich auch noch, obwohl ich es doch zehn Stunden vorher in dem kalten Bottich ertränkt hatte.“

DIE SCHÖNE: „Di trifft koa Schuld net! Bestimmt woar's eh richtig tot und hat Reflexe ghabt, dass es in der andern Stolleckn z'liegn kemma is!“

DER MANN: „Das Schlimme ist, seither träume ich immer wieder den gleichen schlimmen Traum: In einer riesigen Voliere hoppeln lauter weiße Kaninchen umher. Das Gehege schützt die Tiere gegenüber allem möglichen Getier, sogar vor Raubvögeln, denn es ist auch nach oben hin geschlossen. Ein Häschen aber wird immer wieder von den anderen an der gleichen Stelle, nämlich hier, über dem Herzen, gebissen. Wie ein chronisches Geschwür, unter dem man das kleine rote Herzchen pochen sieht. Eine dünne Haut, eine transparente Membran, ist nur noch davor ... und es pulsiert, doch der Hase zeigt keine Reaktion, so, als empfinde er gar keinen Schmerz.“

DIE SCHÖNE: „I hob koa Angst net vorm Tod!“

DER MANN: „Ich schon ein wenig!“

DIE SCHÖNE: „Woaßt, donn bin i bei mei'm liebn Herrgott und bei mei'm Jesus ... ohne Rucknschmerzn, ohne Kopfweh, ohne Husten, ohne die ganzn beesn Leit! Woaßt, des is die Botschaft von dei'm Tram!“

DER MANN: „Schatz, da fällt mir ein ... Was hast du mit ihr gemacht?“

DIE SCHÖNE: „Mit da Prinzessin?“

DER MANN: „Ja. Sie sah heute viel besser aus, viel zufriedener. Sie hat sogar gelächelt, seit langer Zeit. Stell dir vor, sie wollte auch nichts mehr vom Anästhesisten, damit wir ihr die Dialyse anlegen können. Sie hat nicht geweint und auch den Arm nicht weggezogen, kein Widerstand. Verstehst du? Die Angst aus ihren schönen dunkelbraunen Augen ist verschwunden. Dabei war sie wie abwesend, wie in einem Rausch. Die Intensivschwestern erzählen, dass sie ab und zu fantasiere, seit du bei ihr warst! Sie sei wie in einer anderen Welt. Sag, was hast du nur mit ihr gemacht?"

DIE SCHÖNE: „I hob mit ihr gredt, sonst nix!"

DER MANN: „Was hast du ihr gesagt?"

DIE SCHÖNE: „Auch in Indien glaubt ma an unsern Gott, woaßt?"

DER MANN: „Ja, und?"

DIE SCHÖNE: „Kinder san vü unkomplizierter ois wia Erwachsene. Und i hob ihr gsogt, dass sie koa Angst net vorm Tod ham muass, denn donn hot des Leid a End, donn kimmt koa Doktor mehr, der sie sticht und ihr wehtuat, und koa Schwester, die mit ihr schimpft, donn kimmt koa neicher Shunt und koa Operation mehr, koa Infusion, koa Dialyse, koa Schmerz! Und donn siacht s'ihren lieben Daddy wieder, denn der is scho so long im Himml, der hot dortn gwoart auf sie, mit am Eis!"

DER MANN: „Das ist so lieb von dir, dass du mit ihr redest!"

DIE SCHÖNE (mit großen, strahlenden Augen): „Sie is so a gscheits Kind! Woaßt, wos gsogt hot?"

DER MANN: „Nein?"

DIE SCHÖNE: „Stöll dir vor, sie wissert jetz, dass ihre gespendete Niere als reiner, gesunder Teil von ihr ... im Körper des Mannes aus Europa wiederauferstanden ist, und ..."

DER MANN (ist sprachlos)

DIE SCHÖNE (mit Tränen in den Augen): "... dass sie gonz, gonz stoilz do drauf is, dass der Monn aus Europa jetz ein neues, unbeschwertes Leben leben darf. Und i hob ihr gsogt, a wos für a göttliches Wesen sie is, und dass des der Tod net zerstören konn. Und donn ..."

DER MANN: „Und dann?"

DIE SCHÖNE: „Und donn hot sie gweint ... und donn ..."

DER MANN: „Und dann?"

DIE SCHÖNE: „Und donn *i* ..."

Anruf am Pfingstsonntag

Die Schöne: „Hallo Liebling!"
Der Mann: „Hallo Schatz!"
Die Schöne: „Geht's dir eh guat?"
Der Mann: „Ja, und dir, Schatz?"
Die Schöne: „Jo eh, und wos mochst grod?"
Der Mann: „Visite!"
Die Schöne: „Maria na! Entschuldige, Schotz!"
Der Mann: „Schon gut!"
Die Schöne: „Und entschuldige, dass i di gestern so vollgsudert hob!"
Der Mann: „Das hast du nicht!"
Die Schöne: „Donn pfüati!"
Der Mann: „Bis später!"

Ein fauler Sack

Der Mann: „Kennst du die Gutanten?"
Die Schöne: „Na, wos san des leicht für Leit?"
Der Mann: „Nach dem Vorbild des ‚Club der Löwen' ist es eine verschworene Gemeinschaft, eine Art Klub, der andere unterstützt, aber vor allem wohl sich selber, also eine Art Selbsthilfegruppe, nur dass die Mitglieder nicht wirklich krank und nicht von irgendeiner schlimmen Sache betroffen sind. Zumindest habe ich noch nicht herausbekommen, um welches Leiden oder welche Grunderkrankung es sich handeln könnte, falls es wirklich eine Selbsthilfegruppe ist!"
Die Schöne: „Sog, wos san des für komische Leit?"
Der Mann: „Keine Ahnung, irgendwie sitzen sie zusammen und freuen sich darüber, zusammenzugehören, und wohl nur sie selber wissen so richtig, worum es geht. Oder auch nicht. Vielleicht so eine Art ‚Eine-Hand-wäscht-die-andere-Verein'."
Die Schöne: „A soo!"

Der Mann: „Nein, nein. Man soll ja nicht über etwas urteilen, das man nicht kennt. Es ist wohl so eine Art Wohltätigkeitsverein mit Mitgliedern, die Jüngeren und anderen Bedürftigen helfen wollen, Fuß zu fassen. Das liebe Geld spielt wohl eine zentrale Rolle, und sie können es steuerlich geltend machen. Übrigens, weißt du, wer da auch drin verfilzt ist?"
Die Schöne: „Na."
Der Mann: „Der Leichtfried!"
Die Schöne: „A soo! Doher waht der Wind!"
Der Mann: „Vor diesem Hintergrund kann man so manche Reaktion verstehen!"
Die Schöne: „Deshoilb hot er sei Stölln kriagt!"
Der Mann: „Die Welt ist ungerecht. Manche überholen rechts, ohne ein schlechtes Gewissen."
Die Schöne: „Irgendwonn kriagn s'ihre Strof! Wirst sehgn!"
Der Mann: „Na hoffentlich! Weißt du, was mir die Petra von ihm erzählt hat?"
Die Schöne: „Na. Derzöhl!"
Der Mann: „Stell dir vor, saß doch die Petra während der Großreinigung an dem Schreibpult vor dem Fahrstuhl, um einen Patienten aufzunehmen. Jedes Mal, wenn sich vor ihr die Fahrstuhltür öffnete, steht da der Leichtfried im Fahrstuhl … eine geschlagene halbe Stunde lang!"
Die Schöne: „Wos, a halbe Stund long?"
Der Mann: „Stell dir das mal vor!"
Die Schöne: „I glaub's net!"
Der Mann: „Er steht dort wie angegossen, wie ein Geist, mal links neben dem Wäschewagen, mal rechts neben einem Bett, mal zwischen Patienten, bald neben Besuchern oder Handwerkern. Und weil niemand sonst ständig Fahrstuhl fährt, kriegt es auch keiner mit!"
Die Schöne: „Außer da Petra!"
Der Mann: „Außer der Petra!"

DIE SCHÖNE: „Maria na! So a fauler Sack!"
DER MANN: „Wenn ich aufs Klo gehe, nachdem er kurz vorher dort gesessen hat, stinkt es noch immer!"
DIE SCHÖNE: „Maria na! Wos hot der leicht gessn?"
DER MANN: „Nein, nein! Es stinkt nach Zigarettenqualm, und im Halbkreis hat er die Asche vor seinen Füßen ausgestreut. So, stundenlang auf dem Klo sitzend, kriegt er den Tag herum."
DIE SCHÖNE: „Des gibt's do net!"
DER MANN: „Stell dir vor, Schatz, letzte Woche komm ich doch nach meiner Viereinhalbstunden-Operation in die OP-Schleuse, um meine volle Blase zu entleeren. Will nicht unhöflich sein, schaue auf die Uhr und warte volle fünf Minuten vor der verschlossenen Klotür. Trete von einem Bein auf das andere. Dann gehe ich nochmals an die Tür, um kräftig zu klinken, denn ich weiß, es sitzt dort jemand. Auf dem Klo aber rührt sich nichts, keine Reaktion. Ich denke, naja, vielleicht sitzt der Chef gerade dort und hat einen Durchfall, also will ich ihn nicht bei seinem Geschäft stören. Mittlerweile ist aber meine nächste OP aufgelegt, eine Oberschenkelfraktur. Und die Patientin muss auf dem Tisch gelagert, der Knochenbruch eingerichtet werden, bevor die Operation beginnen kann. Du weißt ja, wie wir manchmal unter der schweren Bleischürze schwitzen, bevor die OP überhaupt angefangen hat. Keiner da, der mit zufasst. Und außerdem, keiner weiß, wer jetzt assistieren wird. Wird es wieder der Leichtfried sein, der mir auch bei der letzten OP assistierte? Die Fraktur ließ sich nicht mühelos einstellen, ich schwitze und schwitze, der Druck in der Blase ist noch immer da. Wahrscheinlich habe ich das Volumen in Form von Schweiß herausgepresst, denn es war keine Zeit mehr, noch einmal aufs Klo zu rennen. Ist ja auch nicht so schlimm, denke ich, schließlich ist noch nie jemand an Nichtpinkeln gestorben. Schließlich frag ich, wer denn nun zum Assistieren gerufen werden soll. Stell dir vor, kommt doch just in diesem Moment der Leichtfried wieder zur Tür herein! Ich frage

ihn, wo er denn war, die ganze Zeit. Als er mir nach anfänglichem Zögern mitteilt, dass er oben auf der Station gewesen sei, um eine Infusion anzuhängen. Das nun hört der Franz, der neue Anästhesist: ‚Red net so an Schaß, auf'm Klo bist gsessn und qualmt host die gonze Zeit, i hob di nämlich außakemma sehgn!'" Ich sage dem Leichtfried, dass ich das gar nicht nett finde, dass er schon beim ersten Patienten nicht mithalf zu verbinden und abzulegen und dass ich auch für diese OP alles allein vorbereiten musste."

Die Schöne: „Und, wos hot er gsogt?"

Der Mann: „Nix hat er gesagt, nix! Gehustet hatt er die ganze OP lang."

Die Schöne: „Vom Rauchn!"

Der Mann: „Der Andi rief ihn mal während seines Dienstes von der Intensiv aus an, was er denn gerade mache, weil die Schwestern ihn schon überall gesucht hatten. Weißt du, was er geantwortet hat? ‚Tut mir leid, kann hier nicht weg, muss gerade auf der Intensiv eine Blutkonserve anhängen!' Der Andi aber sah weit und breit keinen Leichtfried auf der Intensiv."

Die Schöne: „Na. Des gibt's do net!"

Der Mann: „Noch eine Begebenheit: Es ist Wochenende, die Ambulanz-Wartezone ist krachend voll, ich mach gerade eine Wundversorgung, weil ich die Zahl der Wartenden reduzieren will, denn der Leichtfried, der mit mir Dienst hat, treibt sich irgendwo auf der Station herum. Schließlich kommt er, stellt sich hinter mich, schaut mir bei der einen Sehnennaht minutenlang über die Schulter zu und stellt mir Fragen, als würde es ihn fachlich interessieren!"

Die Schöne: „Und, wos host gmocht?"

Der Mann: „Natürlich bin ich ausgeflippt und hab ihn gefragt, wann er denn endlich anfangen wolle, seine Arbeit in der Ambulanz zu erledigen. ... Und noch eine Geschichte: Jetzt umgekeht, der Leichtfried lässt mich kommen, ich hatte gerade mit der Oberarztvisite angefangen, als die Ambulanzschwester anrief, ich solle dringend in die Ambulanz zum Leichtfried kommen. Ich unterbrech die Visite mitten im Verbandwechsel bei der Verbrennungspatientin, gehe hin, als er gerade eine oberflächliche Schnittwunde in aller Seelenruhe und ganz genüsslich zusammennäht. Da es sich um eine ganz einfache Wunde handelt, frage ich ihn, worin seine Frage, also, worin das Problem bestehe, woraufhin er mir mitteilt, dass draußen noch sechs ambulante Patienten warten."

Die Schöne: „So eine Frechheit! Und, wos host gmocht?"

Der Mann: „Ich hab sie mir der Reihe nach, einen nach dem anderen, angeschaut, hab sie zum Röntgen geschickt und bin gegangen, um meine Visite fortzusetzen. Als ich nach zweieinhalb Stunden damit fertig war, es war inzwischen Mittag, saßen noch immer die letzten zwei vor der Tür, dabei hatten alle nur Bagatellverletzungen."

Die Schöne: „Nojo, do wird er wohl noch an jedm Patienten a Rauchpausn gmocht ham!"

Der Mann: „Er war inzwischen zu Tisch. Und stell dir vor, Schatz, weil er bei den Gutanten Mitglied ist, bekommt er problemlos seine Chirurgiezeit für die Dermatologie anerkannt."

Die Schöne: „Wirst sehgn: Es kimmt eahna z'ruck, irgendwonn … Manchmal dauert's länger, bis es z'ruckkimmt. Tuat jemand seinen Mitmenschen Unrecht, bekommt er des gonz sicher irgendwonn z'ruck! Wirst sehgn."

Loslassen und Schmerz

Stirbt die Nacht, kommt der Morgen, so eisig kalt
dann halt mich ganz fest, mein Schatz!
In deinem warmen Bett, eine kurze Weile noch:
Du und ich.

Die Schöne: „Wos is heit mit dir los? Mogst mi goar net anfossn?"
Der Mann: „Sie ist tot!"
Die Schöne: „Wonn is' denn gstorbm?"
Der Mann: „Im Dienst, früh um halb sechs."
Die Schöne: „Schau, du host es eh gwisst!"
Der Mann: „Ich weiß."
Die Schöne: „I versteh di, dass d'fertig bist."
Der Mann: „Ich überleg, was wir falsch gemacht haben. Warum nur ist sie septisch geworden? Da fällt mir ein: die Kaskade!"
Die Schöne: „Wos für a Kaskadn?"
Der Mann: „Du hast mich darauf gebracht! Auf dem Keltenberg, weißt du noch?"
Die Schöne: „Auf dem Sonntagberg?"
Der Mann: „Ja, als wir nach Osten schauten, weißt du noch? Da sahen wir die Umrisse der Berge in der Ferne – wie eine Kaskade. Die schönen, die großen, die erhabenen Berge waren so weit weg, so unerreichbar!"
Die Schöne: „Und die kloanen Berge so greifbar nah."
Der Mann: „Wir hätten sie weiter dialysieren sollen. Wir hätten den Spatz in der Hand festhalten sollen, statt nach der Taube zu greifen!"
Die Schöne (sicher): „Na! Der Fehler liegt net bei euch! Der Fehler is woanders passiert."
Der Mann: „Du meinst … du meinst in Indien!"

Die Schöne: „So is!"
Der Mann: „Aber sie hat es nicht verdient, verstehst du? Nur wir haben versagt. Zu Hause nimmt man ihr eine gesunde Niere raus, ohne nach der anderen zu schauen. Ihr Vater stirbt bereits wenige Stunden nach der Explantation. Und dann kommt ihre Mutter mit ihr nach Europa, wo irgendjemand irgendwo, längst von der Dialyse ab, längst wieder gesund, glücklich mit ihrer einzigen funktionierenden Niere herumläuft! Und sie? Sie muss dafür sterben? Das kann doch nicht wahr sein! Ich fasse es nicht!"
Die Schöne: „Du konnst des net ändern. Es hat so solln sei!"
Der Mann (erschrocken): „Wie meinst du das?"
Die Schöne: „Gott hat es so gewollt."
Der Mann: „Wie bitte?"
Die Schöne: „Gott hat des so gewollt."
Der Mann: „Nein! Das kann Gott nicht gewollt haben!"
Die Schöne: „Es ist net dei Recht, so zu redn!"
Der Mann: „Wieso? Warum lässt er sie sterben?"
Die Schöne: „Wer woaß, worum des so hot miassn sei. Es wird scho an Sinn ham. Do bin i mir gonz sicher! Oiso, denk nimma drüber noch!"

Vor den Ferien

Die Schöne: „I glaub, es is besser, wonn wir jetz Schluss mochn. Du foahrst wecka, und i foahr a in Urlaub. Bis dahin mochen wir uns no a poar scheene Tog. Donn is Schluss. Wir kinnan jo später no telefoniern."
Der Mann: „Warum redest du heut wieder so trauriges Zeug?"
Die Schöne: „Jo, nutzn wir die Gelegnheit. Erst mochst du Urlaub und donn i.

Du wüst koan Urlaub net mit mir mochn, oiso mocht a jeder sein eigenen Urlaub. Du lebst dei Lebm, oiso leb i meins. Du foahrst, und bevor du z'ruckkimmst, foahr i wecka. Und bis i wiederkimm, san fost sechs Wochn vorbei."

DER MANN: „Und dann sehen wir uns wieder! Ganz bestimmt!"

DIE SCHÖNE: „Na, sicher net. I glaub net, dass des guat is!"

DER MANN: „Warum nicht? Umso größer wird unsere Sehnsucht sein!"

DIE SCHÖNE: „Na. Es muass Schluss sei. Wonns du net mit mir Urlaub mochn wüst, wü i a nimma mit dir zamm sei. Des hätt i net von dir dacht, dass du so bist!"

DER MANN: „Was meinst du?"

DIE SCHÖNE: „Du foahrst mit deiner Famülie weg und losst mi afoch so im Stich … wonn i des mit dir mochert!"

DER MANN: „Was soll ich denn machen? Ich hab nun mal familiäre Verpflichtungen!"

DIE SCHÖNE: „Dass du so gemein sei konnst, des hätt i net vo dir dacht!"

DER MANN: „Bitte sei nicht sauer auf mich. Ich brauch dich so, ich träume und fantasiere schon nachts von dir!"

DIE SCHÖNE: „Siachst? Hob i 's net gwisst? Du liegst neben ihr … und host Angst, dass d'von mir fantasierst!"

DER MANN: „Nein!"

DIE SCHÖNE: „Schwör's bei Gott und der heiligen Maria, dass d'net neben ihr schlofst!"

DER MANN: „Das kann ich nicht, weil, wir fahren weg, und ich weiß noch nicht, wie dort die Betten und Zimmer verteilt sind!"

DIE SCHÖNE: „Siachst! I hob's eh gwisst!"

DER MANN: „Was denn? Du weißt doch, dass ich nicht mehr mit ihr schlafe seit der Sache mit dir im Wienerwald! Deshalb schwör ich bei Gott und der heiligen Maria, dass ich nicht mit ihr schlafen werde!"

DIE SCHÖNE: „Des glaub i net!"

DER MANN: „Wieso vertraust du mir nicht? Manchmal denk ich, du liebst mich gar nicht!"

Die Schöne: „Wonns du dei Frau betrügst, worum sollterst donn net mi a betrügn?“
Der Mann: „Kann man das noch ‚Betrügen‘ nennen, wenn ich seit so langer Zeit nur mit dir schlafe und so lange schon dir treu bin?“
Die Schöne: „Ihr Monna seids alle Muschi-Jager, und du bist genau so aner.“
Der Mann: „Wieso ich?“
Die Schöne: „Schwonzgsteuert, verstehst? Worum sollterst ausgrechnet du a Ausnahme sei? I woaß genau, wie leicht erregboar du bist, ma brauch di nur a bisserl anfossn … hier zum Beispiel: Siachst!“
Der Mann: „*Du,* Schatz, *du* brauchst mich nur anfassen! Sag, warum denkst du so schlecht über mich? Was hab ich dir denn getan?“
Die Schöne: „Es is halt so, dass d'gehn wirst!“
Der Mann: „Deshalb musst du aber nicht immer wieder davon anfangen, ich werd sonst depressiv!“
Die Schöne: „Ach, du armer Kater!“
Der Mann: „Bin ganz traurig, und ich mach mir Sorgen wegen dir!“
Die Schöne: „Brauchst net, i kimm scho kloar, alloan! Wir san uns halt begegnet, des hot so solln sei, irgendan Grund hot's gebm, a wonn i den no net kenn!“
Der Mann: „Das ist halt deine Philosophie.“
Die Schöne: „Loss mi afoch in Ruah!“
Der Mann: „Ich lieb dich, und ich komm nicht so einfach los von dir!“
Die Schöne: „Da brauchn wir net lang sudern, es is eh aus!“
Der Mann: „Vielleicht … komme ich zu dir zurück! Irgendwann einmal! Ich möchte es zu gern, das weißt du ganz genau! Doch ich wäre ein Egoist, wenn ich schon jetzt bei dir bliebe. Versteh doch, dass ich dir nichts versprechen kann!“

Die Schöne: „Duuu? Na! Reisende soll ma net aufhoiltn! Und du host dei Ziel no long net gfundn!"
Der Mann: „Mein Ziel? Ist vielleicht die Reise … ich weiß es nicht."
Die Schöne: „I werd mein' eigenen Weg findn. Und dazua brauch i di net!"
Der Mann: „Heute bist du nicht gut drauf, ich weiß. Aber wie sagst du immer so schön? ‚Nach jedem schlechten Wetter kommt auch wieder Sonnenschein!'"

Fünf Wochen später

SMS: „Die ersten Vorbereitungen für den feierlichen Empfang der schönen Gebieterin wurden getroffen."
(keine Antwort)
SMS: „Der enthaltsame Knecht und Diener kann es kaum erwarten, den Nabel seiner Herzallerliebsten zu liebkosen!"
(keine Antwort)

Am Tag ihrer Heimkehr

SMS: „Hallo Schatz! Hab so große Sehnsucht nach dir!"
(keine Antwort)
SMS: „Hab solch große Sehnsucht nach dir. Bitte, bitte, melde dich!"
(keine Antwort)
Anruf: „Hallo, Schatz!"
Die Schöne: „Hallo?"
Der Mann: „Hallo, Schatz! Hattest du schöne Ferien?"
(keine Antwort)
Der Mann: „Bist du gut angekommen?"
Die Schöne: „Worum frogst? I bin dir doch eh egal!"
Der Mann: „Ich liebe dich. Wie solltest du mir dann egal sein?"

DIE SCHÖNE: „Und worum host di nie gmöldt?"
DER MANN: „Weil du es nicht wolltest!"
DIE SCHÖNE: „Wieso?"
DER MANN: „Du wolltest sogar Schluss machen, nur weil wir uns fünfeinhalb Wochen nicht sehn!"
DIE SCHÖNE: „Is eh besser so, du lebst dei Lebm und i meins! Jeder mocht sein eigenen Urlaub, stimmt's?"
DER MANN: „Ach Schatz, sei doch nicht so ungerecht! Ich hab so Sehnsucht nach dir, ich … ich halt's kaum noch aus!"
DIE SCHÖNE: „Und, host du a an scheen Urlaub ghobt?"
DER MANN: „Es war gar kein schöner Urlaub, weil du dich schon von mir verabschiedet hattest."
DIE SCHÖNE (gibt keine Antwort)
DER MANN: „Bitte, Schatz, ich halt es nicht aus ohne dich. Ich möchte dich so gern wiedersehn!"
DIE SCHÖNE (gibt keine Antwort)
DER MANN: „Bitte, bitte! Ich hab doch so große Sehnsucht nach dir! Ich, ich möchte dir so viel sagen und geben … ich liebe dich! Und ich bin so verrückt nach deinem Körper!"
DIE SCHÖNE: „Donn kimm! Gonz schnöll!"

Endlich wieder bei ihr

DIE SCHÖNE: „Hallo Liebling!"
DER MANN: „Hallo Schatz, mein Liebes!"
DIE SCHÖNE (küsst ihn): „I hob so Sehnsucht noch dir ghobt, und du losst mi afoch so alloan, den gonzn langen Urlaub!"
DER MANN: „Du bist so herrlich braun geworden, kaffeebraun! Du bist so schön!"
DIE SCHÖNE: „Und du? Dünn bist gwordn! Hm? Host nix zum Essn kriagt?"
DER MANN: „Hab dich so lieb!"
DIE SCHÖNE: „I bi a so valiabt in di!"

DER MANN: „Freu mich ja so, dich wiederzusehn! Da, das hab ich dir mitgebracht! Und die hier ist auch für dich!“
DIE SCHÖNE: „So a scheene rote Rosn. Und wie die duftet!“
DER MANN: „Aus dem Garten, nur für dich!“
DIE SCHÖNE: „Des is de scheenste Rosn, wos du mir jemals gschenkt host, und wie stoark die duftet! I werd diese Blütenblätter immer aufhebm! Schau, do hob i mei Schoiln mit die ganzn Rosenblätter von alle Rosen, wos du mir gschenkt host!“
DER MANN: „Sie werden vertrocknen und einstauben.“
DIE SCHÖNE: „Trocknen jo. Einstaubm na! Schau, wos i do hob!“
DER MANN: „Ein Herz aus Glas! Als Amulett?“
DIE SCHÖNE: „Schau, des konn ma öffnen. Und do hinein leg i die Blütenblätter, wonn dei Rosn verblüht is, wonn du nimma do bist … Und wonn du nimma bei mir bist und wonn i von deiner Liebe riachn wü, moch i des Doserl auf und riach den wunderbarn Rosenduft! Dank dir no amoi!“
DER MANN: „Bitte.“
DIE SCHÖNE: „Sog, host scho an Hunger?“
DER MANN: „Nein, ich hab nur Appetit auf dich! Wie gut du nur schnupperst!“
DIE SCHÖNE: „Schau, mei Zechnnägl … hob i heit in da Früh lackiert, extra für di!“
DER MANN: „Ich mag es … so, genau so! Schatz, du bist so schön! Ich liebe dich so sehr!“
DIE SCHÖNE: „Und des nächste Moi … lackierst du sie mir! Versprochn?“
DER MANN: „Versprochen! Ich übernehm die Pflege aller Hautanhangsgebilde wie Frisieren, Kürzen, Feilen und Lackieren aller Zehen- und Fingernägel und … und …“
DIE SCHÖNE: „Wos?“
DER MANN: „… die Rasur!“
DIE SCHÖNE (geht ganz dicht an sein Ohr): „Jo, des is a gonz a guate Idee! Woaßt, weil i kimm so schlecht hin, do untn!“

Der Mann: „Hilfst du mir im Garten? Ich will ein paar Rosenstöcke pflanzen, rote Rosen. Und als Frau kennst du dich doch besser aus damit. Es sind dann unsere Rosen … die wir gemeinsam gepflanzt haben, verstehst du?“

Die Schöne: „Dei Nachmieter wird si oba gfreun! I hob mei Arweitsgwand vergessn. Host net a Hosn für mi? Und a Blusn?“

Der Mann: „Schatz, du weißt doch, dass ich keine Bluse hab!“

Welch wunderbarer Augenblick, denkt er, sie so sehen zu dürfen: sie in seiner blauen Latzhose, die ihr viel zu weit ist, die er so oft getragen, oft genug mit Kleber, Farbe und schwarzer Schmiere beschmutzt und dann doch noch mal in die alte Waschmaschine geworfen hatte. Seine verrückten Augen haben eine Antenne dafür, scheinen es zu spüren, das Östrogen, wie es ihren kleinen, weichen und dennoch muskulösen Körper durchströmt, wenn er sie sieht, sie berühren und wieder und wieder anfassen mag … den warmen, weichen Körper dieser Frau … in seiner blauen Arbeitshose und seinem quergestreiften blauweißen T-Shirt: „Hallo, meine süße kleine Blaubärkapitänin, gleich bringe ich dir ein Schälchen blaue Beeren vom Kroatzbeerstrauch! Ich nehm dich, so wie du gerade bist, jetzt, in diesem Augenblick … in meiner Blaubärhose, leg dich auf mein Bett, egal, wie schmutzig unsere Sachen sind. Und dann füttere ich dich mit all den frisch gepflückten Blaubeeren und Kroatzbeeren, die ich hier in meiner Hand hab, bis die Hand ganz leer ist. Und, glaube mir, ich weiß genau, was sie, meine Hand, endlich frei geworden, dann tun wird, mit dir, während er, mein Mund, dich küsst!“

Immer wieder muss er zu ihr hinschauen. Es macht ihn verrückt, wie sich das Hemd auf ihre Brüste legt, wie es sich mit ihnen bewegt, mit ihren Knospen, wie sie ihm anzeigen: Die sind für dich! Jetzt bist du an der Reihe! Hol sie dir, hol dir endlich auch meine Früchte! Knabbere endlich an ihnen! Es wird ihnen gefal-

len, da bin ich mir ganz sicher, und viel erregter noch werden sie sich dann aufstellen!"
DIE SCHÖNE: „Fertig! Schaut scho jetz guat aus, unser Rosnbeet!"
DER MANN: „Du bist schön, ich mag dich küssen! Komm endlich zu mir!"

Kurz „darauf"

DIE SCHÖNE: „Es is so scheen mit dir, Schotz! A wonns du boild wecka gehst, i werd immer an di denkn. Weil i hob no nie so guatn Sex ghobt wie mit dir. No koa Monn woar so romantisch und so zärtlich, und koa Monn hot mi so befriedigt, wie du des host und wie du des konnst! Dank dir, Schotz!"
DER MANN: „Nein, bitte! Du darfst dich nicht bedanken! Dass ich mit dir zusammen sein darf, dass du so lieb zu mir bist, das ist der schönste Dank für mich. Noch nie war mir jemand so nah wie du. Du und ich sind eins, verschmolzen zu einem unzertrennlichen Wesen. Und es ist von Mal zu Mal schöner. Weißt du, was ich denke?"
DIE SCHÖNE: „Na?"
DER MANN: „Wenn ein Paar, so wie wir, zur gleichen Zeit zum Höhepunkt kommt, wenn es nach einem wunderbaren Moment immer noch einen Moment gibt, der noch wunderbarer ist, dann hat das nur eine Ursache."
DIE SCHÖNE: „Wos denn?"
DER MANN: „Dass wir uns lieben! Verstehst du? Wenn ich merke, dass dir das gefällt, was ich gerade in dir tue, wenn wir eins sind, wenn wir gemeinsam immer höher und höher schweben, wenn ich spüre, dass du dich so wohl fühlst, dann macht mich das an, genau in dem selben Moment …"
DIE SCHÖNE: „I hob's mir überlegt: *I bleib bis zum Schluss bei dir, mei Liebling!"*

SMS

DER MANN: „Hab dich sooooo lieb!“
DIE SCHÖNE: „Du bist mein Liebling!“

SMS

DIE SCHÖNE: „Hallo, mein allerliebster Liebeskater! Was wünschst du dir zum Abendbrot?“
DER MANN: „Worauf *du* Appetit hast. Du weißt eh, mir schmeckt alles, was auch dir schmeckt! Wir sind doch synchron.“

Im Dienst, in ihrem Bereitschaftszimmer

DIE SCHÖNE: „Kimm eina, schnöll!“
DER MANN: „Hab mich über den langen Gang gestohlen, um zu dir zu kommen und dabei eine Duftspur hinterlassen. Der hungrige Portier müsste nur diesem Geruch nachgehen, um zu wissen, dass ich nicht in den Gang nach rechts abgebogen, sondern die Kreuzung geradeaus, schnurstracks zu dir geschlichen bin!“
DIE SCHÖNE (umarmt und küsst ihn): „Hallo Liebling!“
DER MANN: „Hallo, mein Schatz: eine dampfende Pizza für dich und eine für mich, deine ‚Vier Jahreszeiten‘, launisch wie du!“
DIE SCHÖNE: „Wos soll des leicht hoaßn?“
DER MANN: „Und meine ‚Mafia‘!“
DIE SCHÖNE: „Jo, iss ruhig, damits d’scheen schoarf wirst auf mi!“
DER MANN: „Kannst gern ein scharfes Stück ‚Mafia‘ abhaben, dafür nehm ich je einen Happs von ‚Frühling‘ und ‚Sommer‘.“
DIE SCHÖNE: „Hmmmm, wie die duften! Host die womöglich sölba bochn?“
DER MANN: „Selbst gekauft!“
DIE SCHÖNE: „Mmmm, san die guat!“
DER MANN: „Nach dem Essen soll Mann rauchen …“
DIE SCHÖNE: „… oder eine Frau gebrauchn!“

DER MANN (küsst sie): „Also dann …“
DIE SCHÖNE: „Gebrauch halt mi!“

Kurz „darauf“

DIE SCHÖNE: „Des woar so scheen mit dir, Schotz!“
DER MANN: „Mit dir auch!“
DIE SCHÖNE: „Jetz schlof ma! Und wonn des Telefon geht, donn weckst mi!“
Gemeinsam (nach dem Märchen): „Müde bin ich/geh zur Ruh/schließe beide Augen zu/lass die Augen dein/über diesem schmalen Bette sein./Amen!“

Am Morgen vor dem Hellwerden: „Die Klappbox nimmst du mit! Do drin is a Topfengolatschn.“
DER MANN: „Eine … was? Eine Gulaschen?“
DIE SCHÖNE: „Na! A Golatschn.“
DER MANN: „Was?“
DIE SCHÖNE: „Eine Golatschen!“
DER MANN: „Was ist das bloß?“
DIE SCHÖNE: „Woaßt es eh: a Blätterteig mit Max und Moritz!“
DER MANN: „Max und Moritz?“
DIE SCHÖNE: „Schau afoch amoi her!“
DER MANN: „Hmmm, das schmeckt! Dank dir! Schmeckt so gut wie es aussieht, dein Kohlatschen!“
DIE SCHÖNE: „Spinnerter!“

In seinem Dienst

DER MANN: „Du weißt: Auf dem Bild auf der Schachtel sieht es immer so schön aus, mit saftigen ganzen Tomatenstücken und Tomatenscheiben. Öffnest du erwartungsvoll die Schachtel, bist du enttäuscht, denn es sind nichts als ekliger, glibberiger Ketchup und wenige magere Käsestreusel auf einer dünnen, angebrannten Scheibe Pizzateig."

Die Schöne: „Drum hob i frische Paradeiser draufgschnittn und an Kas drübergstreut und des gonze no amoi durchbochn."

Der Mann: „Lieb von dir!"

Die Schöne: „Oba wonns du koa ‚Margarita' wüst: I hätt a an gonz an frischen Schofskas!"

Der Mann: „Ich nehm schon die ‚Margerita', obwohl dein Schafkäse super schmeckt."

Die Schöne: „Guat."

Der Mann: „Hat dich auch keiner gesehen?"

Die Schöne: „Na!"

Der Mann: „Komm kuscheln!"

Die Schöne: „Erst essn wir unsere ‚Margerita' und donn kuscheln wir, und nebenbei lossn wir den Fernseher rennan, damit uns koaner hört. Um diese Uhrzeit kimmt eh nur Sex im Fernsehn!"

Der Mann: „Und du meinst, ich kann so lange warten?"

Die Schöne: „… erst den Sex, donn Essn? Oba donn is die scheene Pizza koilt, bis wir zum Essn kemman!"

Der Mann: „Na gut, dann gehen wir einen Kompromiss ein. Du isst, und ich mach derweil Sex mit dir! Wenn du mit deinen ‚vier Jahreszeiten' fertig bist, esse ich meine ‚Margerita', egal, wie kalt sie dann ist!"

Die Schöne: „Du verruckter Kerl du …"

Der Mann: „Warum verrückt? Du … weißt … doch … genau, wie … gern … ich … von … dir… nasche!"

Die Schöne: „Jo, jo, jo … oba … vergiss … net… des Essn … Liebling! Und außerdem … Siachst es! Hob i's doch gwisst!"

Der Mann (erschrocken): „Was … was … denn? Was ist passiert? Bist du verletzt?"

Die Schöne: „Jetzet hob i dir an Paradeiser auf dein Hinterkopf patzt!"

DIE SCHÖNE: „Schau, Schotz, do drübm is des Gschäft von der Beate Uhse!"
DER MANN: „Gehen wir?"
DIE SCHÖNE: „Wos?"
DER MANN: „Na rüber, ins Beate Uhse-Geschäft!"
DIE SCHÖNE: „Bist dir gonz sicher?"
DER MANN: „Warum nicht? Komm! Und dann gehen wir in die gute italienische Pizzeria!"
DIE SCHÖNE (im Halbdunkel des Geschäfts): „Schau, wos es do für scheene Spielsachn gibt!"
DER MANN: „Hast du eine Ahnung, wozu das Ding da gut ist?"
DIE SCHÖNE: „Des woaß i a net."
DER MANN: „Interessantes Ding jedenfalls!"
DIE SCHÖNE: „Schau, do is a Schalter!"
DER MANN: „Aha, alles klar jetzt!"
DIE SCHÖNE: „Schau her, do san lauter Puppen: für Monna, die koa Frau net ham!"
DER MANN: „Und hier, ein großes Etwas, mit einem Vogelkopf und einem vibrierenden Schnabel an der Seite. Das ist bestimmt nicht für Männer konstruiert!"
DIE SCHÖNE: „Kimm! Jetz, wo du mir die goildenen Kugerln kaft host, lod i di zum Essn ein. Schau, auf der andern Scitn is scho die Pizzeria!"
DER MANN: „Schau, Schatz! Die am Ofen haben richtig was zu tun, schau, wie sie schwitzen! Sieht gut aus, die Pizza!"
DIE SCHÖNE: „So vü Plätz san goar net do, wie Leit Pizza essn woiln!"
DER MANN: „Die Leute kommen nicht primär zur Nahrungsaufnahme, sie wollen genießend beim Redn zammkommen, Teller an Teller. Da hinten, schau! Dort wird grad was frei, da haben wir Glück: ein Zweiertisch!"
DIE SCHÖNE: „Geh du schnöll hin, i bring dei ‚Mafia' mit!"

DER MANN: „Mann, ist die scharf!“
DIE SCHÖNE (eifersüchtig): „Wer?“
DER MANN: „Die Pizza!“
DIE SCHÖNE (erleichtert): „A soo. Oba du host a ‚Mafia‘ woiln!“
DER MANN: „Schau, auf der anderen Straßenseite, ein Kakteengeschäft! Auch Kakteen können schön sein!“
DIE SCHÖNE: „Jo, i mog Kakteen!“
DER MANN: „Ich auch. Als kleiner Junge hatte ich mal welche, in einem Frühbeet!“
DIE SCHÖNE: „A so?“
DER MANN: „Ja, und mein bester Schulfreund auch, weißt du, bevor wir anfingen, uns für die Mädels zu interessieren.“
DIE SCHÖNE: „A soo!“
DER MANN: „Im Frühjahr, nach den Eisheiligen, haben wir sie in ein Frühbeet gestellt. Und im Herbst hab ich sie dann in unseren Schuppen gebracht, mit einer elektrischen Heizung. Im Januar fiel dann eines Tages der Strom aus …“
DIE SCHÖNE: „Schod drum!“
DER MANN: „Schau, Schatz! Eine Königin der Nacht!“
DIE SCHÖNE: „So schiach!“
DER MANN: „Eigentlich ist sie ein Säulenkaktus. Schau, wie er sich windet, wie eine Schlange. Vielleicht ist es deshalb eine Königin und kein König. Weißt du überhaupt, warum die so heißt, ‚Königin der Nacht‘?“
DIE SCHÖNE: „Na?“
DER MANN: „Weil sie nachts so wunderschön ist!“
DIE SCHÖNE: „A soo?“
DER MANN: „Sie blüht eine ganze Nacht lang, eine einzige Nacht, dann verwelkt die wunderschöne Blüte. Und wenn sie befruchtet wurde …“
DIE SCHÖNE (küsst ihn)
DER MANN: “… sorgt sie für Nachkommen.“
DIE SCHÖNE: „I mechtert jetz a, dass du mi befruchtest!“

Der Mann: „Hier? Ich mein, hier auf der Passage? In der Fußgängerzone?“
Die Schöne: „Schau, der schaut scheen aus, der mit die weißen Härchen!“
Der Mann „Mexikanisches Greisenhaupt. Den soll man im Winter aus der Erde nehmen, in Zeitungspapier einwickeln und so, eingewickelt, in ein Kellerregal legen.“
Die Schöne: „Und der dortn, der mit den vün Warzen, schau, Liebling, wos der für scheene Blütn hot!“
Der Mann: „Ja, eine Mammillarie!“
Die Schöne: „A wos?“
Der Mann: „Eine Mammillarie, ein Warzenkaktus, wie lauter Brustwarzen. Und als Krönung ein Blütenkranz!“
Die Schöne: „A soo? Und wie würdst den behandln?“
Der Mann: „Sehr zart und vorsichtig!“
Die Schöne (küsst ihn)
Der Mann: „Obwohl du Kakteen magst, ich würde dir nie einen Kaktus schenken!“
Die Schöne: „Worum net?“
Der Mann: „Weil, ich hätte Angst, dass du dir dein Gesicht verletzt!“
Die Schöne: „Mei Gsicht? Wieso mei Gsicht?“
Der Mann: „Weil, all deine Blumen stehen vor dem Fenster auf deinem Küchentisch. Du weißt eh, jedes Mal, wenn wir in der Küche spontanen Sex hatten, lagst du mit deinem Kopf zwischen den Blumentöpfen.“
Die Schöne: „Oder woaßt, wonn wir ’s vor dem Spiegl treibm, hob i an Stachöl hint’und an Stachöl vorn!“
Der Mann: „Sag, Spatz, warum schleppst du mich hierher?“
Die Schöne: „Weil i dir a Uhr kaufn wü!“
Der Mann: „Eine Uhr? Wozu eine Uhr?“
Die Schöne: „Schau amoi dei schiache Uhr an!“

DER MANN: „Du, die ist nicht schlecht! Immerhin ist die aus Titan!“
DIE SCHÖNE: „Wos sogst do dazua: I hob an Gutschein!“
DER MANN: „Ja und? Dann kauf doch du dir eine schöne Uhr davon!“
DIE SCHÖNE: „Na. Die großn Uhrn passertn mir eh net. Und außerdem gibt's a T-Shirt dazua! Und des passert mir a net, weil des is ohne Abnäher, woaßt!“
DER MANN: „Das wäre ein Argument!“
DIE SCHÖNE: „Siachst!“
DER MANN (skeptisch): „Und trotzdem, ich kann es nicht glauben, dass du einen so teuren Gutschein geschenkt bekommen hast!“
DIE SCHÖNE: „Net gschenkt: gwonna!“
DER MANN: „Trotzdem! Einen Gutschein im Wert von so viel Geld gewinnt man nicht einfach!“
DIE SCHÖNE (geständig): „Na guat: Vierzehnhundert Schilling hob i miassn draufzoiln.“
DER MANN: „Bist du von allen guten Geistern verlassen? So viel Geld?“
DIE SCHÖNE (verärgert): „Im Gegenteil! Die guaten Geister woiln, dass du mi nie mehr vergisst. Und die Uhr, woaßt es eh, soil di jede Stund, jede Minutn, jede Sekundn dran erinnern, wie sinnlos die Zeit für di vergeht – ohne mi!“
DER MANN: „Kommst du schnell mit ins Buchgeschäft?“
DIE SCHÖNE: „I glaub net, dass des schnöll geht!“
DER MANN: „Wie bitte?“
DIE SCHÖNE: „Ach nix!“
DER MANN: „Da schau her, Schatz!“
DIE SCHÖNE: „Wos host denn Scheens?“
DER MANN: „Eine alte Karte von Schönbrunnerland …“
DIE SCHÖNE: „Na und?“
DER MANN: „Das ist etwas für die Therapie Depressiver!“

DIE SCHÖNE: „Zu wos?"
DER MANN: „Ja, zum An-die-Wand-Hängen: Auf dieser Landkarte ist Schönbrunnerland noch riesig! Schau, bis zur Adria reichte es einmal. Und hier, ein hübscher Kunstdruck: hellrote Blüten an einem mit Moos und Flechten bewachsenen Stein, im Hintergrund die schneebedeckten Gipfel, wie wunderschön! Der Maler konnte wunderbar malen. Sieht aus wie eine Fotografie."
DIE SCHÖNE: „Jo, davo kriagst an Rausch!"
DER MANN: „Von den Blüten? Wieso das?"
DIE SCHÖNE: „An manchn Ortn gibt's an solchn Honig, woaßt?
DER MANN: „Was denn für Honig?"
DIE SCHÖNE: „Stöllt da Beilvota sei Beilwogerl do hin, kriagst an solchn Honig."
DER MANN: „Von dem Honig dieses Imkers bekommt man einen Rausch?"
DIE SCHÖNE: „Des is a guats Mittel gegn monche Kronkheitn, woaßt?"

DER MANN: „Faszinierend, Mariahilf, nicht wahr?"
DIE SCHÖNE: „Wie moanst denn des?"
DER MANN: „Die Mariahilfer Straße mit all den Seitengassen, das ist Wien abstrakt. Sie ist ein Teil der Kulisse. Hier pulsiert das bunte Leben. Alles, was das Herz begehrt, lässt sich hier finden und wohl auch konsumieren. Nur ein Stück Prater fehlt und ein bisschen Wienerwald. Was du nicht auf der Hauptader findest, gibt es garantiert in einer der vielen Nebengassen, dort, hinter der Kulisse, spielt sich der Alltag ab. Die Gassen speisen die Mariahilfer Straße wie Venolen. Will gar nicht wissen, was es dort alles gibt. Mir reicht völlig, was ich hier, in der Hauptader, sehen kann und bekommen könnte: Edles neben Abschaum, Plunder neben Ästhetik, die Kopie liegt neben dem Original, und das in ein und demselben Schaufenster. Als habe jeder Wiener Bezirk hier seine Spuren hinterlassen. Gleich vor dem Bahnhof kommt

man auf die Mariahilfer Straße, vor dem Zentrum hört sie auf. Am Bahnhof Bettler, Nutten, Aids und Diebe, im Zentrum siehst du den Prunk, dazwischen ein paar hundert Meter Straße, Mariahilfer Straße … Wie von der Peripherie zum Nabel führend. Ein Caput medusae mit irregulärer Flussrichtung. Die Leute zieht oder drückt es bergab … ihr schweres Gepäck?

Zum Glück haben sie die Straßen noch nicht durchnummeriert, wie in Paperburg. Ein hässliches Nest. Dort gibt es keine Straßennamen mehr, jede Straße hat eine Nummer – wie in New York! Ihr seid doch immer auf der Seite der Stärkeren gewesen, oder zumindest auf der Seite der vermeintlichen Sieger. Nach den Deutschen kamen die Amerikaner. Und dafür seid ihr bereit, sogar eure Wurzeln herzugeben. Schau, da drüben! Wie kann man nur solch ein Essen appetitlich finden, seine Straßen durchnummerieren und kritiklos diesen hässlichen ‚Slang' übernehmen?"

DIE SCHÖNE: „Jetz geht die Fantasie wieder mit dir durch. Kimm, wir suachn uns a ruhigs Plotzerl, und do rostn wir uns aus. Meine Fiaß tan mir eh scho weh!"

DER MANN: „Dort hinten, da seh ich eine Bank!"

DIE SCHÖNE: „Vor dem Turm?"

DER MANN: „Das ist das Meeresmuseum, und daneben ist der Eingang zum Foltermuseum, eine ehemalige Bunkeranlage."

Vis-a-vis steht tatsächlich eine Bank: Im Esterhazy-Park treffen sich Tätowierte mit großen Hunden. Die Köpfe sind kahlrasiert. Dem Unrasierten, der neben ihren Füßen auf einer großen Pappe noch immer in der Morgensonne liegt, tun sie nichts.

DIE SCHÖNE: „Schau, des scheene Blumengschäft!"

DER MANN: „Was sind denn das für Blumen?"

DIE SCHÖNE: „Kennst die net? Des san Alpenveilchen!"

DER MANN: „Nein, bestimmt nicht!"

DIE SCHÖNE: „Streit ma net, frog ma die Verkäuferin!"

DER MANN: „Ich glaub es nicht!"

DIE SCHÖNE: „Wos?"

DER MANN: „Du hattest recht!“
DIE SCHÖNE: „Siachst!“
DER MANN: „Man müsste die Blüten wahrscheinlich regelmäßig stutzen, damit überhaupt noch grüne Blätter wachsen! Ersetzt der synthetische Dünger vielleicht die Photosynthese? Schau, wie aufgedrieselt und zerfleddert die Blütenblätter aussehen, und wie groß die sind!“
DIE SCHÖNE: „Findst es net scheen?“
DER MANN: „Sehen aus wie verkrüppelte Gammas!“
DIE SCHÖNE: „Worum?“
DER MANN: „Liebling, du kennst das Original!“
DIE SCHÖNE (erschrocken): „Wos denn, san des leicht Verwondte vo unsere Alpenveilchen?“
DER MANN: „Du musst es medizinisch sehen!“
DIE SCHÖNE: „Wie moanst des?“
DER MANN: „Eine Art Behandlungskomplikation, die nun tatsächlich behandlungsbedürftig geworden ist.“
DIE SCHÖNE: „Behondlungspflichtig?“
DER MANN: „Nein! Behandlungsbedürftig, rein fakultativ, verstehst du?“
DIE SCHÖNE: „Wieso?“
DER MANN: „Das Ergebnis ist ein Etwas, das aussieht wie eine Kunstblume, so synthetisch, so komisch pinkviolett!“
DIE SCHÖNE: „Und weiter!“
DER MANN: „Da kommt das Ärztliche in dir auf: Aus einem iatrogenen Schaden wieder etwas Gesundes zu machen, kann unmöglich sein – zumindest in dieser Generation. Und dennoch, du siehst dich veranlasst, dieses ohne fremde Hilfe nicht überlebensfähige Etwas als Lebewesen anzuerkennen, schon allein aus psychologischen Gründen!“
DIE SCHÖNE: „Siachst, a mit Pflanzn muass ma sprechn, so wia mit deine Rosn!“
DER MANN: „Mit Blumen sprechen?“

DIE SCHÖNE: „Jo sicher! Umso besser wochsn s'. Übrigens, wos is mit deim Versprechn, du wolltst mit mir in die Wachau foahrn! Mit 'm Radl!"
DER MANN: „Ich hab es nicht vergessen!"
DIE SCHÖNE: „Und wonn, moanst, foahr ma?"
DER MANN: „Bestimmt, ja, ganz bestimmt fahr ich noch mit dir dahin!"
DIE SCHÖNE: „A na! Des glaub i net, dass d'mit mir dahin foahrst! Des san nur leere Versprechn!"
DER MANN: „Kommendes Wochenende fahren wir!"
DIE SCHÖNE: „Na! Vergiss es! Für mi host eh koa Zeit net!"
DER MANN: „Wann willst du? Samstag oder Sonntag?"
DIE SCHÖNE (überrascht): „Wos, wüst wirkli mit mir in die Wachau foahrn?"
DER MANN: „Ja klar! Also, wann?"
DIE SCHÖNE: „Am Samstog?"
DER MANN: „Gut. Dann können wir uns Sonntag ausruhen, wenn wir kaputt vom Radfahren sind. Oder übernachten wir doch irgendwo in einem schönen Wirtshaus, nach der Weinverkostung oder nach dem Heurigenabend. Dann brauchen wir nur noch ins Bett zu fallen. Am Sonntag könnten wir ausschlafen."
DIE SCHÖNE (küsst ihn): „Auf d'Nocht zammkuschln und vor dem Aufstehn Zinzin mochn!"

In der Wachau

DIE SCHÖNE: „Na! Wir foahrn mit meim Auto!"
DER MANN: „Warum mit deinem?"
DIE SCHÖNE: „I hob no die Skiträger obm, do konnst die Radl guat festmochn!"
DER MANN: „Warum auch nicht!"
DIE SCHÖNE (küsst ihn): „Na, dass es des gibt, dass du mit mir in

die Wachau foahrst … des hätt i net docht! I konn's no immer net glaubm. I dank dir, Liebling!"
DER MANN: „Was redest du noch, fahr schon los!"
DIE SCHÖNE: „Na. Heit foahrst du!"
DER MANN: „Wieso ich? Ich weigere mich, mit deinem Auto zu fahren!"
DIE SCHÖNE: „Na. Bitte foahr du! Donn konn i mir amoi die Landschaft anschaun! Und vergiss net die Musik, du woaßt eh, die scheene CD vom M.O.! „
DER MANN: „Wie du willst! Und weil dein Auto ein ebenso liebes Gesicht hat wie du!"
DIE SCHÖNE: „Danke, Schotz!"
DER MANN: „Woher ist eigentlich die Beule in der Motorhaube?"
DIE SCHÖNE: „Woaßt es eh. Wia i im Schnee steckn bliebm bin im Winter."
DER MANN: „In der Kaiserau?"
DIE SCHÖNE: „Jo!"
DER MANN: „Und du bist wohl mit der Schnauze wo dagegen?"
DIE SCHÖNE: „Na, wia a Monn mir ghoilfn hot, des Auto aus'm Schnee schiebm!"
DER MANN: „Was, etwa nur vom Schieben … mit der bloßen Hand?"
DIE SCHÖNE: „Jo, oba i woar froh, dass net mehr passiert is! I hätt den steilen Hang obistürzn kinna, woaßt!"
DER MANN: „Ja, zum Glück ist dir nichts passiert! Aber eine Beule im Blech, vom bloßen Druck der Hand, das darf doch nicht sein, meine ich."
DIE SCHÖNE: „Siachst, mei Auto is für di unverwechselbar! Oiso vergiss es! Red ma von wos anderm!"

Die Vernissage (Künstlerpaarung)

DER MANN: „Komm, wir sind schon recht weit gefahren. Machen wir eine Pause. Schau nur, da drüben ist gerade eine Ausstellung!"

DIE SCHÖNE: „Na, dort wüst net wirkli mit mir hingehn?"

DER MANN: „Warum denn nicht? Bitte komm mit, mir zuliebe!"

DIE SCHÖNE (kritisch): „Die Büilder schaun jo eh alle gleich aus!"

DER MANN: „Nicht ganz, schau, manchmal sind es zwei, dann wieder drei oder vier von den buckligen Gestalten mit dem gleichen Hut und Umhang. Es sind solche Hüte, wie wir sie früher zum Fasching trugen, als wir Kinder waren. Schwarze Papphüte mit breiter Krempe."

DIE SCHÖNE: „Jo, du host recht! Schaun do net gonz gleich aus!"

DER MANN: „Sag ich doch!"

DIE SCHÖNE: „Du bist a Feinspitz!"

DER MANN: „Du, Schatz, ich glaub, wir sind die einzigen Besucher hier!"

DIE SCHÖNE: „Tatsächlich! Najo, so scheen san die Büidl jo a wieder net!"

DER MANN: „Du hast recht. Ich glaube, jedes Kind aus dem Kindergarten nebenan könnte das besser!"

DIE SCHÖNE: „Schau, do ist jo der Herr Künstler!"

DER MANN: „Scheint mir auch so."

DIE SCHÖNE: „Wie der si unterhoildn tuat … I glaub, des is a Weaner!"

DER MANN: „Ein Wiener?"

DIE SCHÖNE: „Jo, a Weaner!"

DER MANN: „Wenn du es sagst?"

DIE SCHÖNE: „Jo, i erkenn des am Akzent, die Weaner ham an gonz an eigenen Akzent, a eigene Mundart, woaßt?"

DER MANN: „Tatsächlich, ein bisschen anders als birnviertlerisch klingt es schon. Es ist, als zögen sie die Mundwinkel ein wenig weiter nach außen, so dass die gesprochenen Worte etwas breiter klingen. Wie wenn man über die rechte Wienzeile stadteinwärts fährt, vorbei an Schönbrunn, da werden sogar die Autos immer flacher und breiter."

DIE SCHÖNE: „Wo schaust leicht jetz hin? Du schaust jo goar net zu die Büidl!"

DER MANN: „Schau, die fantastischen Wandmalereien hier im Schloss!"

DIE SCHÖNE: „Do kunntert si der Herr Kunstmoler wirkli wos abschaun!"

DER MANN (lacht): „Komm, schnell raus hier!"

DIE SCHÖNE: „Schau! An an jedm Büidl hängt a kloans Preisschüld!"

DER MANN: „Und, was kostet's?"

DIE SCHÖNE (fassungslos): „A Wohnsinn! Des kunnterten wir zwoa net zoiln, net amoi du und i zamm!"

DER MANN: „Mag schon sein. Aber wozu sollte ich etwas kaufen, das ich eh nicht verstehe! Und wozu sollte ich etwas an die Wand hängen, das mir nicht gefällt? Nur weil es teuer ist? Das lässt mich kalt!"

DIE SCHÖNE: „Oba wie konn der Monn nur so vü Göild für so an Schaß verlangn?"

DER MANN: „Pscht! Nicht so laut! Weißt du denn nicht? Das hier ist höhere Kunst! Die verstehen wir nicht. Soll vielleicht auch nicht jeder verstehn. Manche Bilder versteht unsereins vielleicht ein klein wenig besser, wenn wir den Titel des Bildes gelesen haben. Dann stellt sich für mich immer die Frage, was war eigentlich zuerst da – Bild oder Titel? Weißt du, Schatz, es ist wie eine Rätselrunde. Du kommst von einem Rätsel zum anderen, siehst vielleicht ein solches buntes Etwas, das der ein ‚Kunstwerk' nennt. Und weil du nicht weißt, was es bedeuten soll, gehst du ganz nah heran, um den Titel auf dem winzigen Schildchen zu lesen. Das soll so eine Art ‚Aha'-Reaktion auslösen, und für einen Kunstkenner gehört es sich, spätestens dann zu nicken oder zumindest ein bedeutendes Gesicht zu machen. Total falsch wäre, den Kopf zu schütteln, denn dann wüssten alle, dass man keine Ahnung hat von dieser höheren Kunst. Wie peinlich!"

DIE SCHÖNE (sich das Lachen verkneifend): „A soo! Oba sog, worum san die so teuer?"

DER MANN: „Reine Verkaufspsychologie! Wäre es billig, würde jeder merken, was für ein Pfusch das ist! Wenn es aber so unverschämt viel kostet, erweckt man den Eindruck, es sei sogar besonders gut!"

DIE SCHÖNE: „Oba des warert jo *Betrug!"*

DER MANN: „Das darfst du nicht sagen!"

DIE SCHÖNE: „Worum net?"

DER MANN: „Weißt du, ich hab mal einen Film gesehen über Till Eulenspiegel."

DIE SCHÖNE: „Till Eulenspiegel?"

DER MANN: „Ja, einen Hofnarren ... Es gibt eine Szene, da macht er einen ganz komischen Palatschinken und setzt den dann einem Edelmann vor. Dieser fängt sogar an, mit Appetit zu essen, und als er mit dem Essen fertig ist, fragt er den Eulenspiegel, was das für guter vegetarischer Palatschinken gewesen sei. Eulenspiegel antwortet: ‚Ein Kuhfladen!'"

DIE SCHÖNE: „Maria na! So wos Grausligs!"

DER MANN: „Der Kunde will betrogen sein! Und dann, in einem Raum, der aussieht wie das Atelier eines Kunstmalers, da hatte er an der Decke einen Haken befestigt ..."

DIE SCHÖNE: „Vielleicht goar so wie bei der Liebesschaukel, vo der du tramt host?"

DER MANN: „Genau! Jedenfalls hatte er ein dickes Seil mit einem Knoten unten am Ende, weißt?"

DIE SCHÖNE: „A soo?"

DER MANN: „Und auf diesen dicken Knoten setzte er sich ..."

DIE SCHÖNE: „Maria na, wonn des net weh tuat! Vielleicht is er davo goar impotent worn?"

DER MANN: „... der vermeintliche Künstler, ein Rechtshänder ...

mit der linken Hand hielt er sich am Seil fest und pendelte von einer Seite des Raums zur anderen. An der einen Wand stand der Malertisch mit den verschiedenen Farben, auf der gegenüberliegenden Seite seine Staffelei, worauf der leinenbespannte Holzrahmen stand."

DIE SCHÖNE: „Das entstehende Kunstwerk!"

DER MANN: „Genau!"

DIE SCHÖNE (mit wundervollen blauen Augen, die immer größer werden): „Jetz woaß i, wos d'moanst!"

DER MANN (küsst sie): „Dann nahm er Schwung, begann mit größer und größer werdender Amplitude zu pendeln, immer von einer Seite zur andern, in der rechten Hand den Pinsel, den er mal in diesen, mal in jenen Farbpott tunkte, um, ständig pendelnd, die Farbe auf der anderen Seite auf das Bild platschen zu lassen. Dann tunkte er zuletzt den Pinsel ins Ferrari-Rot, steckte sich diesen zwischen die Zehen eines seiner Füße …" (lacht)

DIE SCHÖNE: „Maria na, zwischen die Zeechn?"

DER MANN (lachend): "… und machte den letzten markanten Farbklecks. So jedenfalls entstand ein Bild, das man heute bestimmt sehr gut verkaufen könnte!"

DIE SCHÖNE: „Maria na!" (lacht)

DER MANN: „Drei Dinge müssen stimmen, dann kann man mit solcher Parakunst reich werden!"

DIE SCHÖNE: „Wos denn leicht?"

DER MANN: „Erstens – du musst jemanden finden, der dir einen Raum in der Fußgängerzone zur Verfügung stellt und am besten auch gleich noch für ein paar Wochen sponsert."

DIE SCHÖNE: „I wissert a scho, wo!"

DER MANN: „Wo denn?"

DIE SCHÖNE: „Auf da Mariahüfer Stroßn!"

DER MANN: „Super Idee!"

DIE SCHÖNE: „Zweitens?"

DER MANN: „Sündhaft teuer müssen die Bilder sein … Den Grund kennst du.“
DIE SCHÖNE: „Und drittens?“
DER MANN: „Du musst ernst bleiben dabei. Verstehst du? Ja nicht lachen oder erröten. Betrüger erröten niemals. Du musst deinen Schund selbstbewusst darbieten, als sei es tatsächlich etwas Besonderes.“
DIE SCHÖNE (lacht)
DER MANN: „Nein, ich würde es heute ganz anders machen.“
DIE SCHÖNE: „Wos leicht?“
DER MANN: „Wie bei der Liebesschaukel, weißt du, von der ich geträumt habe!“
DIE SCHÖNE (mit blitzenden Augen): „Mit aner Frau auf deim Schoß?“
DER MANN: „Nein … Ja …“
DIE SCHÖNE: „Jo, wie denn jetz?“
DER MANN: „Mit dir auf dem Schoß … keine schlechte Idee, aber erst später, wenn das Bild fertig ist!“
DIE SCHÖNE: „Wos donn?“
DER MANN: „Oben unter der Decke einen Wirbel, so dass sich der Maler um die eigene Achse drehen und den Pinsel mit der Farbe mal von vorne, mal von hinten, also backhand, auf das Bild platschen lassen kann. Durch die Aufbringung der Farbe aus der Bewegung heraus entstehen künstlerisch besonders beeindruckende und sehr dynamische Effekte! Die Farbe muss schnelltrocknend sein, sonst entstehen zu viele Artefakte!“
DIE SCHÖNE: „Artefakte?“
DER MANN: „Nasen!“
DIE SCHÖNE: „A soo!“
DER MANN: „Und dann einen Flaschenzug, besser noch einen Elektromotor, zwischen Decke und Wirbel, so dass er die Höhe zentimetergenau bestimmen kann.“
DIE SCHÖNE: „So wie bei der Liebesschaukel!“

Der Mann: „Genau! Stell dir vor, ich liege unter dir, du sitzt in der Schaukel und drückst auf den Knopf der Fernbedienung, um von oben auf mich abzufahren, immer näher, immer näher …"
Die Schöne: „Genial, dei Idee!"
Der Mann: „Aber deine Idee mit der Frau auf dem Schoß ist auch genial. Nur …"
Die Schöne: „Jetz red i!"
Der Mann (schweigt)
Die Schöne (flüstert in sein Ohr): „Die Frau sitzert auf seim longen und gonz, gonz, gonz steifen Schwonz, mit ihrm Gsicht eahm zugwondt, verstehst?"
Der Mann: „Ja, Schatz!"
Die Schöne: „Sie hot zwischen ihre nockerten Zeechn an jedm Fuaß an Pinsel!"
Der Mann: „Denn sie sitzt breitbeinig auf ihm!"
Die Schöne: „Pscht! Jetz red i! Wie solltert sie sonst auf eahm sitzen? Sog mir des! Hm?"
Der Mann: „Entschuldige!"
Die Schöne: „Und donn …"
Der Mann (fängt an, laut zu lachen): „Was denn?"
Die Schöne: „Er hot nur oan Pinsel zwischen seine großen Zeechn, denn mit dem andern muass er si eh scho auf die Frau konzentrieren!"
Der Mann (lacht): „Und außerdem kann er ja nur an einer Seite an ihr vorbeischaun."
Die Schöne: „Jetz red i! Außerdem … den andern Fuaß braucht er zum Abstoßn."
Der Mann: „Zum Ab… , zum was?"
Die Schöne: „Jo, aner muass des Pärchen jo zum Schwingen von aner Seitn zur andern und a zum Rotiern bringan, woaßt?"
Der Mann: „Stimmt!"
Die Schöne: „Jetz gib oba a Ruah! Sei Büild und ihr Foarbentisch san auf aner Seitn …"

DER MANN: „Aahhh. Jetzt weiß ich!“
DIE SCHÖNE: „Ruah! ... und ihr Büildl und sei Foarbentisch auf der andern Seitn. Und so schwingan s’von der anen zur andern Seitn, immer hin und her. Und gleichzeitig drahn se si an dem Wirbl!“
DER MANN: „Superstellung, die du dir da ausgedacht hast!“
DIE SCHÖNE: „Und? Wos moanst, wie die hoaßt?“
DER MANN: „Hmmm ...“
DIE SCHÖNE: „Foilt dir wohl goarnix ein?“
DER MANN: „Hmm, schwierig, schwierig!“
DIE SCHÖNE: „Künstlerpaarung!“
DER MANN: „Wie?“
DIE SCHÖNE: „Künstler-Paarung!“
DER MANN (lacht)
DIE SCHÖNE: „Na, wos sogst do dazua?“
DER MANN: „Wirklich sehr treffend, Schatz. Aber leider ... eine fatale Fehlkonstruktion!“
DIE SCHÖNE (enttäuscht): „Worum?“
DER MANN: „Naja, das Seil, weißt du!“
DIE SCHÖNE: „Wos is leicht mit dem Seil?“
DER MANN: „Rein technisch! Selbst ein Hofnarr hält das nicht lange aus. Versetz dich mal in seine Lage, besser: in seine Sitzposition auf dem harten Knoten! Sie sitzt auf ihm. Und zwischen beiden ... dieses lästige Seil, verstehst du?“ (lacht)
DIE SCHÖNE: „Na, du host was vergessn: Sie san Künstler!“

Sie lachten noch ein ganzes Neichterl lang, während sie das ehrwürdige Gebäude Stufe für Stufe verließen, um sich wieder auf ihre Fahrräder zu schwingen.

Sie bahnen sich den Weg durch schmale Winzergassen, vorbei an torkelnden Gestalten, im Slalom durch traubenförmige Ansammlungen von Souvenirjägern, japanischen Hobbyfotografen, klimatisierten Bussen entstiegenen kaltländischen Alters- und Frührentnern.

Der Mann: „Wie weit wollen wir denn noch fahren?“

Die Schöne: „Jetz suach ma uns a kloans Hotel oder a Pension.“

Der Mann: „Irgendeins oder ein bestimmtes? Eines mit Wirtsstube oder ohne? Eines mit oder ohne Fernseher? Wie hätte es die stolze Königin denn gern?“

Die Schöne: „Na. Koa Fernseher und a koa Swimmingpool. Nur wos zum Essn und … a Bodwonn warert a net schlecht!“

Der Mann: „Es wird Zeit, etwas zu finden. Ich muss immerzu an den Knoten denken.“

Die Schöne: „Wölchn Knotn?“

Der Mann: „Den vom Eulenspiegel!“

Die Schöne (besorgt): „Worum host net scho frührer wos gsogt? Vorhin woar a guats kloans Hotel mit ana Bodwonn. Und a Wirtsstubn hots dortn a.“

Der Mann: „Schaahaatz?“

Die Schöne: „Jo, wos is?“

Der Mann: „Woher weißt du das?“

Die Schöne: „Wos denn?“

Der Mann: „Dass es dort eine Badewanne gibt!“

Die Schöne (verlegen): „I woaß es hoilt!“

Der Mann: „Hast du dort etwa schon … übernachtet?“

Die Schöne (aus dem Schneider): „Jo, vor vün Johrn, mit meine Öltern, woaßt?“

Pause im Weinfeld

Der Mann: „Es tut mir leid, jetzt muss ich eine Pause haben, ich kann nicht mehr auf dem harten Sattel sitzen. Kein Wunder, wenn so mancher Radlfahrer von diesem Martergerät impotent geworden ist.“

Die Schöne: „Na. Des hob i no nie ghört!“

DER MANN: „Du hast gut reden, dein weiches Popochen ist gepolstert, du bist leichter, dein Sattel ist viel breiter und weicher, und abquetschen kannst du dir auch nichts. Außerdem hängt deine Potenz, sofern du so etwas überhaupt brauchst, nicht von ein paar sehr empfindlichen Nervenfasern ab, die am Damm, zwischen Knochen und Haut, nach vorne ziehen … Du weißt eh, wohin!"

DIE SCHÖNE: „Zu deim Schwonz?"

DER MANN: „Genau!"

DIE SCHÖNE (greift ihm in die Hose): „Des fosst si oba goar net so schlecht an!"

DER MANN (küsst sie und drückt sie fest an sich, als wolle er ihre neugierige Hand zwischen ihrem und seinem Körper wegdrücken): „Bitte nicht!"

DIE SCHÖNE: „Worum net?"

DER MANN: „Wenn jemand kommt!"

DIE SCHÖNE: „Da schau, wie fest i den in meiner Hand hoilt! Na … i glaub, deine sensiblen Nervenfasern san no long net quetscht!"

DER MANN: „Und, was machen wir jetzt?"

DIE SCHÖNE: „Wos … moanst … du?"

DER MANN: „Willst du etwa hier, zwischen den Weinreben …"

DIE SCHÖNE: „Wos leicht?"

DER MANN: „Übernachten? So jedenfalls kann ich nicht weiterfahren!"

DIE SCHÖNE: „I wissert scho a Lösung für dei Problem! Schau her! Wie findst leicht des?"

DER MANN: „Einverstanden, sehr gute Idee!"

Kurz „darauf"

DIE SCHÖNE: „Moanst, dass wir jetz voi vo Reblaus san?"

DER MANN: „Voller Rebläuse? Nein, dafür hat mich aber eine Wespe gestochen!"

DIE SCHÖNE: „Maria na! A Wepsn? Na, des woar a Hornissn!"
DER MANN: „Ja, und lauter Ameisen sind auch hier, und so komische Käfer. Komm, Schatz, ich glaub, wir müssen raus aus ihrem Biotop. Sie verteidigen es ziemlich rabiat!"
DIE SCHÖNE (besorgt): „Zoag her, wo hot di die Hornissn gstochn?"
DER MANN: „Hier irgendwo, es tut ziemlich weh!"
DIE SCHÖNE: „Maria na! I suach dir an Wegerich, den moch i dir drauf! Schnöll! Je frührer, desto besser!"
DER MANN: „Meinst du wirklich, von dem Grünzeug wird es besser?"
DIE SCHÖNE (böse): „I woaß genau, dass's besser wird!"
DER MANN: „Na gut, dann verarzte mich!"
DIE SCHÖNE (macht ihm einen Spezialverband): „Bittscheen!"
DER MANN (küsst sie): „Danke dir, süßes Kräuterhexchen!"
DIE SCHÖNE: „Guat is! Und jetzet … suach ma uns a eigenes Biotop!"
DER MANN: „Jawohl, eins mit Badewanne!"
DIE SCHÖNE: "… und Liegewiesn!"
DER MANN: "… und Essen."
DIE SCHÖNE: "… und an echten neichn Wachauer Wein! Den trink ma, und donn …"

Buschenschank (Die Gänsewiese)

Sie sitzen bei einer deftigen Brettljause und natürlich, wie sollte es anders sein, bei einem Glaserl Wein. Es ist Neuer Wein, den man woanders Federweißer nennt. Hier heißt er Sturm oder eben Heuriger, und der ist nur scheinbar dünn und dabei, so kühl serviert, wohltuend spritzig! Spritzig ist er nur im Moment des Trinkens. So muss der Radlfahrer aufpassen, dass er nicht vergisst, dass dieses, in großen Henkelgläsern servierte, leicht sprudelnde wie schäumende Teufelszeug auch Alkohol enthält, kommt er doch verschwitzt, entkräftet und ausgelaugt, mit seinen Blutsalzen beginnend dekompensiert, stark durstig also und mit leerem Magen vor die warme Wand des Bauernhauses, um für unbestimmte Zeit auf der Heurigenbank abzusitzen. Wie die anderen dreiunddreißig Sitzbänke, so haben der Weinbauer und sein tüchtiger Schwager auch diese Bank erst vor ein paar Wochen aus der Scheune geholt, aufgeklappt an eine der siebzehn Heurigentische gestellt, bevor die tüchtige Winzerin mit dem Putzzeug daherkam und alles hübsch zurechtmachte. Wie alle Tische und Bänke, so steht auch dieses Gestell auf unebener Fläche, im groben Schotter vor der großen Wiese, auf der bis vor wenigen Wochen noch zweihundertfünfzig junge Gänse herumliefen. Das weiß die fleißige Serviertochter mit dem hübschen Dirndlkleid zu berichten. Während sie mit dem feminin überstreckten Zeigefinger ihrer linken Hand den aus einem der Sturm-Gläser hochgespritzten Schaum (nicht ganz unschuldig) von der nackten Fläche ihrer prallen Brust streicht, streckt sie keck die Zunge entgegen, obwohl der Finger erst jetzt beginnt, sich von dem Ort zu lösen, den jeder der Männer seit Stunden schon, mit jedem neuen Glas Sturm allerdings zunehmend hemmungslos, anstarrt. Immer wieder, immer öfter hatten sie sich ein volles Glas Sturm bringen lassen, um die überreifen Rundungen dieses Körpers zu bestaunen, dessen Besitzerin dann und wann wohl auch einen ganzen Schluck Sturm mal von diesem, mal von jenem Gast angenommen hatte.

Die Gänsewiese steht voll im Saft. Wie die unterschiedlich dichte Hecke aus Wein, durch die jeder hindurchschauen kann, wenn er mag. Der Heurigentisch steht fest im Schotter, er bildet das Kommunikationszentrum der Tafel, bietet Halt und Schutz zu vorgerückter Stunde. Was darunter passiert, sieht man nicht. Der Inhalt eines versehentlich umgeworfenen Glases versickert im Schotter – spurlos! Auf der anderen Seite sitzen all die netten Gesprächspartner. Unterhaltung ist unvermeidbar, und spätestens nach dem dritten Sturm wird auch der verstockteste Radlfahrer diese als Herausforderung annehmen.

Unter Sturm tun sich Bilder auf, neue und alte: Das Wiener Heurigenlokal. Der alte Moser singt das Lied von der Reblaus! Hier ist es kratzige Musik aus zwei verstaubten Lautsprechern. „Sonst stehen sie im Kuhstall, die Kühe geben mehr Milch, wenn sie Mozart hören!" Allmählich ist auch der Radlfahrer der Meinung, dass es besonders gute Polka ist, die heute da herauskommt. Mehr und mehr scheint sie zur Atmosphäre zu passen. Über dem Tisch hängt ein kleines Schild mit dem Spruch „Jeder muß an etwas glauben, und ich glaube, ich trink noch einen!"

Schräg gebenüber sitzt ein vitaler alter Mann. Er gestikuliert mit einer deutlich jüngeren Frau. In seiner Rechten hält er eine potent wirkende Zigarre. Einzelne Worte nur, Wortfetzen, dringen bis zu ihnen durch. Doch es wird deutlich, wie er sie, seine Schöne, betört. Der Alkohol hat seinen Männeraugen einen Reflex beschert, der ihr sympathisch zu sein scheint. Er spricht von ihr als seiner Hausärztin und dass sie ihn nicht belehren solle, schließlich habe er die größere Lebenserfahrung. Er wisse selber, was für ihn gut sei und was nicht. Dann nimmt er einen kräftigen Zug aus seiner Zigarre, voll auf Lunge, ohne zu husten, und er sagt: *„Lieber ungsund lebm als gsund sterbm!"*

Plötzlich kippt an einem anderen Tisch eine lange Heurigenbank um! Nein, sie kippt nicht ganz um, denn die Leute sitzen mit dem Rücken zur Wand der Scheune. Sie lachen laut, denn die erste Schrecksekunde ist vorüber. Sie lachen umso lauter, je mehr Leute sich zu ihnen umdrehen, während sie noch immer mit ihren lachenden Rücken an der Wand lehnen. Hilflos stützen sie sich daran ab, als würden sie an der Wand kleben. Versuchten sie aufzustehen, würde die Bank sicher ganz umkippen. Sie kippt nicht, solange sie darauf sitzen, selbst wenn es kein aufrechtes Sitzen mehr ist, wohl eher ein Liegen. Leute vom Nachbartisch fassen sich ein Herz, stehen auf, um ihnen die Bank wieder aufzurichten, weil sie es aus eigener Kraft nicht schaffen, solange sie lachen. Nun, wo sie aufgerichtet sind, lachen sie noch mehr. Es war so lustig, dass sie gleich eine neue Runde Sturm kommen lassen.

Auch die Damen hinter der dicken Kastanie konnten sich das Lachen nicht ganz verkneifen. Die Gegenüber-Sitzbank fehlt an ihrem Tisch. Schade, sonst wären sicher auch sie schon ins Gespräch gekommen. Gleich daneben sitzen die zugehörigen Herrschaften. An diesem Abend sind sie es, die unter sich sein und an ihrem Tisch in Ruhe ihren Sturm trinken wollen. Durch das Gelächter der umgekippten Bank sind die Hunde unter ihrem Tisch wach geworden. Es seien die Freizeitjäger aus dem Ort, kommentiert der Herr gegenüber mit einem Augenzwinkern. Auch die Hüte dieser Männer, ob mit oder ohne Fasanenfeder, haben in der letzten Stunde deutlich Schlagseite bekommen. Lauter und lauter werdend singen sie das Lied vom Wilderer:

Der Wüdschütz

eines sonntags frühmorgens
gaunz zeitig in da frua
nimmt da wüdschütz sei stutzal
steigt dem gamsgebirg zua
er wos jo den weg so schee
wo de schen gamsal stehn
drei in tirol
er wos jo den weg so schee
wo de scheen gamsal stehn
drei in tirol

und an gams hot a gschoßn
hoch drom auf da hoad
und jetzt duat ern auswoadn
ziagts messa aus da schoad

da jaga hot eam laung zuagschaut
hot sie net zuwietraut
bis das a schloft
da jaga hot eam laung zuagschaut
hot sie net zuwietraut
bis das a schloft

und wir a hot gschlofn
oft hot a sie traut
nimmt in wüdschütz sei stutzal
hot sakrisch zuaghaut
da wüdschütz springt auf vom schlof
stürzt üban fös hinob
in ein gesträuch
da wüdschütz springt auf vom schlof
stürzt üban fös hinob
in ein gesträuch

in jaga druckt s'gwissn
um an wüdschütz sei bluat
und hiatst dat er gern wissen
wos da wüdschütz drunt duat
owa jaga – liebsta jaga mei
bind mia de wundn ei
und stü ma s'bluat
owa jaga – liebsta jaga mei
bind mia de wundn ei
und stü ma s'bluat

de wundn san vabundn
und gstüt is des bluat
jetzt muaßt mit mia geh
ins soizkaummaguat

bevor i mit an jaga geh
loß i mei leib und sö
und mei jungs bluat
bevor i mit an jaga geh
loß i mei leib und sö
und mei jungs bluat
fias soizkaummaguat

Sie haben sich gestärkt. Der Wein hat ihre Beine schwer gemacht. Sie wissen, dass es wichtigeres gibt, als sich weiter von den Neugierigen gegenüber ausfragen zu lassen. Noch rechtzeitig können sie sich von der Heurigenbank trennen, um auf das Zimmer zu gehen, endlich das ersehnte Bad zu nehmen, lädierte Körperstellen zu pflegen, sich zu streicheln und müde ins Bett zu fallen. Auf der Treppe nach oben kommen sie vorbei an einem in Holz geschnitzten Spruch „Arbeite, ringe, strebe, aber lebe!", und auf dem Gang über einer Kommode hängt Defreggers „Jägers Abschied".

DIE SCHÖNE: „Danke, Liebling, dass d'mit mir bist Radl gfoahrn! Es woar so scheen! Kimm kuscheln!"

Beide: „Müde bin ich, geh zur Ruh/Schließe beide Augen zu,/lass die Augen dein/über unserm Bette sein./Amen!"

Auf der Heimfahrt

DIE SCHÖNE: „Wos denkst scho wieder so vü noch?"

DER MANN: „Ach nix."

DIE SCHÖNE: „Bitte, Liebling. Sog, wos di bedrückt!"

DER MANN: „Ich überlege, was wir falsch gemacht haben. Die Welt ist so ungerecht!"

DIE SCHÖNE: „Moanst die Akuti?"

DER MANN: „Ja. Hab noch mal mit ihrer Mutter sprechen können. Seit der Explantation in Indien habe sie sich nicht mehr erholt, immer schwächer und blasser sei sie geworden. Erst habe sie geglaubt, es sei psychisch, verstehst du, sie hing doch so sehr an ihrem Vater. Irgendwie muss sie aber gemerkt haben, dass auch körperlich irgendwas nicht stimmt. Mütter haben ein Gespür dafür, weißt du? Sie seien dann auch nach Europa gekommen, weil sie glaubte, dass man ihrer Tochter hier besser helfen könne, nachdem sie schon ihren Mann da unten verloren hat. Nach allem, was passierte, mit all dem, was ich jetzt weiß, habe ich keine so schlechte Meinung mehr über sie. Außerdem, in Indien gelten andere Gesetze."

DIE SCHÖNE: „Und sie haom so afoch auswondern kinna?"

DER MANN: „Ihr Sohn hatte eine gut bezahlte Stelle als Softwarespezialist in Kaltland bekommen, allerdings befristet."

DIE SCHÖNE: „Und jetz is die Akuti doch gstoarm!"

DER MANN: „Schlimm, wenn ich mir vorstelle, dass es heute in Europa noch immer Länder gibt, die eine Transplantatentnahme bei Hirntoten ohne Zustimmung des Betroffenen schlichtweg per Gesetz verbieten, obwohl gerade in diesen Ländern Zehntausende auf ein Spenderorganen warten, obwohl es gerade in diesen Ländern hervorragend ausgebildete Ärzte und Transplantationsteams gibt und obwohl es gerade in diesen Ländern überdurchschnittlich viele Patienten gibt, die sich für eine Transplantation ins Flugzeug setzen können …"

DIE SCHÖNE: „Oder miassn!"

DER MANN: "… um sich in einem Land wie Indien das Organ von einem armen Menschen zu erkaufen. Und wer es sich nicht leisten kann, muss sterben oder weiter dahinvegetieren. Man schaut weg, obwohl die Konsequenzen des Gesetzes absehbar waren. Welche Arroganz gibt einem Gesetzgeber in einem reichen Land das Recht, die Armut anderer Menschen zu ignorieren?"

DIE SCHÖNE: „Oder auszunutzen? Und wos is der Grund dafür? Vielleicht die Kirche?"

DER MANN: „Die Religion kann nicht das Problem sein. Schau,

hier in Schönbrunnerland geht man aus wahrem Glauben in die Kirche, dennoch hat man ein modernes Transplantationsgesetz. Oder ist es gerade deshalb?"

DIE SCHÖNE: „Des versteh i net!"

DER MANN: „Was meinst du?"

DIE SCHÖNE: „Wie kann ein Spender zustimmen, wenn er hirntot ist?"

DER MANN: „Das ist es ja eben! Weißt du, jahrzehntelang hat man das Vertrauen in das Wissen und Können der Ärzte in diesen Ländern besonders arg untergraben."

DIE SCHÖNE: „Jetz bekommen sie's z'ruck!"

DER MANN: „Wie immer schon, den Ärzten schiebt man den Schwarzen Peter zu. Sie sollen nun die Bevölkerung aufklären: Nur Hirntoten, die einen sogenannten ‚Organspenderausweis' mit einem entsprechenden Vermerk bei sich tragen, dürfen dort Organe und Gewebe entnommen werden. Die Gedankengänge sind sehr komplex, nicht nur Mystik in den Köpfen der Gesetzemacher und zerstörtes Vertrauen in die Medizin spielen eine Rolle, auch die Geschichte, versucht man, Zustandekommen und Fortbestand eines solchen Gesetzes zu verstehen. Da ist so etwas wie eine gespaltene Ethik, ein Spagat, der nicht realisierbar ist, ohne irgend jemandem weh zu tun: den (noch) lebenden Bedürftigen oder *den Toten?"*

DIE SCHÖNE: „Wos is wichtiger? Lebm durch Transplantation zu erhalten oder die Totenruhe net zu störn?"

DER MANN: „Es sind ein paar Einflussreiche, die meinen, *nur wir* seien wichtig auf dieser Welt, die Organe der anderen aber gerade noch gut genug für uns. Ich glaube, die Gesundheitspolitik ist am Zug. Sofern es so etwas überhaupt noch gibt – jenseits der Kostenverwaltung."

DIE SCHÖNE: „Heit hob i mi g'ärgert!"
DER MANN: „Warum? Was ist denn passiert?"
DIE SCHÖNE: „Woaßt, is doch die Angela afoch hoamgonga, obwohl no so vü z'tuan woar im OP!"
DER MANN: „Einfach gegangen ist sie?"
DIE SCHÖNE: „Jo, stöll dir vor, is afoch aus dem Saal gongn, hot die schmutzign Instrument net desinfiziert und net putzt und hot ihrn Patientn aufm OP-Tisch liegn lossn, statt eahm aussi z'bringn und an d'Schleusn umzulagern, wia's ihre Aufgob gwesn warert!"
DER MANN: „Was? Sie hat einfach den Patienten liegen gelassen, um nach Hause zu gehen?"
DIE SCHÖNE: „Jo, stöll dir des amoi vor!"
DER MANN: „Und, was ist mit ihm passiert? Ich mein, mit dem Patienten?"
DIE SCHÖNE: „Wir ham ihn donn eh abglegt, nochdem der Anästhesist uns Bscheid gsogt hot, wo denn wer bleibert, der Patient hot scho gfrorn, so nockert wie er glegn is, auf dem OP-Tisch."
DER MANN: „Dann ist ja alles gut gegangen."
DIE SCHÖNE: „Woaßt, des is net des Problem. I moan, a wonn s'hot dringend gehn miassn, hätt s'uns do B'scheid sogn kinna, oder?"
DER MANN: „Sicher, da hast du recht! Wahrscheinlich hatte sie Feierabend. Aber sie hat noch immer nicht geschnallt, dass sie in einem Krankenhaus arbeitet."
DIE SCHÖNE: „Des find i a! Woaßt, sie hot es uns a net z'Fleiß tan. Sie hot afoch nur an si denkt!"
DER MANN: „Meinst du? Obwohl du sauer auf sie bist, verteidigst du sie? Das hieße dennoch, es ist ihr scheißegal, was aus dem Patienten wird …"
DIE SCHÖNE: „Jo. Schotz, wie konn ma nur so egoistisch sei? Sog, Liebling! Losst ois stehn und liegn und foahrt afoch hoam!"

Der Mann: „Da bekomme ich ja Angst, dass sie einfach mal eine Instrumententrommel nicht sterilisiert, weil sie mit ihren Gedanken woanders ist."
Die Schöne: „Na, wir ham Teststreifen, damit des net passiert. Wie kommst do drauf?"
Der Mann: „Ich habe Angst vor einer Wundinfektion, besonders bei den Gefäßen und im Knochen-OP. Wir haben manchmal schwere Infektionen, die aus dem Knochensaal kommen, und keiner weiß, warum."
Die Schöne: „Du denkst, Gott lenkt! Und wonn der Herrgott des so wü, muasst du des akzeptiern!"
Der Mann (entsetzt): „Wie meinst du das?"
Die Schöne: „Wonn der Herrgott des so für den Patienten vorbestimmt hot, donn derfst du dir koane Sorgn mochn, donn war's so bestimmt! Oba du muasst dei Arweit ordentlich und gewissenhaft mochn."
Der Mann: „Ich verstehe nicht, wie sich jemand so verhalten kann wie die Angela. Das werde ich morgen klären … Auch ich hab mich heut geärgert, über den Jakob und die Ramsauer."
Die Schöne: „Die Ramsauerin?"
Der Mann: „Ja, ist mal wieder hinten herum über den Federseel hergezogen."
Die Schöne: „Sie konn nix dafür, dass s'a Schlange is!"
Der Mann: „Wie bitte?"
Die Schöne: „Jo! Kennst net den Spruch von unserm Heiligen Franzl?"
Der Mann: „Franziskus von Assisi?"
Die Schöne: "‚Selig der Mensch, der den nächsten in seinen Gebrechen und Schwachheiten erträgt.'"
Der Mann: „Und der Jakob, geht er doch einfach in den OP!"
Die Schöne: „Jo, worum net?"
Der Mann: „Weil er Dienst hat, heute!"
Die Schöne: „A soo!"

Der Mann: „Ich finde das nicht in Ordnung, lässt einfach die Turnusärzte allein in der Ambulanz stehen, und weil er lieber operiert, geht er einfach in den OP, statt als Verantwortlicher gefälligst in der Ambulanz zu bleiben und dort zu arbeiten."
Die Schöne: „Für die Patienten in der Ambulanz is des a net scheen."
Der Mann: „Stimmt. Stell dir vor, es gibt Patienten, die nur von Turnusärzten erstuntersucht, therapiert und ausbehandelt wurden, und sogar bei der Abschlussuntersuchung ... nicht ein einziges Mal ist der Patient von einem Facharzt gesehen worden!"
Die Schöne: „Des glaub i net! Na!"
Der Mann: „Schatz, so ist es! Und es würden immer mehr Patienten, wenn das Schule machen sollte. Außerdem, gegenüber den jungen Kollegen ist es nicht o. k., ich finde es unkollegial, sie im Regen stehen zu lassen."
Die Schöne: „Da host recht! Woaßt, es gibt Menschn, die dir Kroft gebm. Wonns d' genau schaust, wirst merkn, dass es sehr viele Menschn san, die dir Kroft gebm – vü mehr, wia du beim oberflächlichen Hinschaun vermutest! Siach net nur des Negative, woaßt, so moan i des."
Der Mann: „Klar."
Die Schöne: „Oba es gibt a Menschn, die dir Kroft nehmen, so wie der Jakob."
Der Mann: „Und die Angela!"
Die Schöne: „Solchn Menschn, Schotz, die uns, dir und mir, Kroft nehmen, denen miassn wir *aus dem Weg gehn!* Suach des Guate im Menschn, und du wirst staunen, wie vü Guats es gibt. Oba den wenigen andern miassn wir aus dem Weg gehn, wenn ma uns net kaputtmochn woiln! Sie wissen eh, dass andere so pflichtbewusst san wie du und i. Des nutzen s'aus, woaßt?"
Der Mann: „Was willst du dagegen tun?"
Die Schöne: „Wir miassn uns abschirmen."
Der Mann: „Abschirmen? Wieso?"

DIE SCHÖNE: „Jo, weil sie nehmen uns unsere Energie. Sie wolln, dass wir für sie arweitn und kämpfn, verstehst?"
DER MANN: „Es sind Schmarotzer!"
DIE SCHÖNE: „Des derfst net sogn! Und es is a net dei Recht, sie zu richtn. Sie kriagn eh ihre gerechte Strof, irgendwonn. Wir miassn eahna nur aus dem Weg gehn, sonst nix."
DER MANN: „Ich könnte so nicht sein, so ... ständig mit einem schlechten Gewissen im Bauch, im Hinterkopf, unterschwellig. Ich glaube, ich würde krank, irgendwie. Noch fühl ich mich nicht so alt, über den eigenen Tod nachdenken zu müssen. Doch wenn es dann soweit ist, davor graut mir schon jetzt. Weißt du, es ist immer nur nachts. Nachts, wenn ich aufwache und nicht gleich wieder einschlafen kann. Oder wenn ich von einem bösen Traum aufwache, mitten in der Nacht, wenn mich nur Dunkelheit umgibt, Finsternis. Dann fange ich manchmal an, vor mich hin zu philosophieren, und habe Angst vorm Tod! Du glaubst nicht, wie schlecht es mir dann geht. Dann spüre ich stärker als sonst, wie vergänglich das Leben ist."
DIE SCHÖNE: „Und dei Konsequenz?"
DER MANN: „Dann nehme ich mir vor, gut zu den Menschen zu sein und Gutes zu tun. Weißt du, deshalb kann ich solche Menschen nicht verstehen."
DIE SCHÖNE: „Vor dem Sterbm hob i a Angst, oba net vorm Tod. Denn donn sehgn wir uns wieder, in einer besseren Wölt."
DER MANN: „Die Menschen sind nicht von Natur aus gut! Sie, die keine Achtung vor den Alten haben, keine Achtung vor dem, was die alte Generation geleistet hat, sie begreifen nicht, dass auch die Alten einmal jung waren. Deshalb machen sie die gleichen Fehler wieder, für die schon Generationen vor Ihnen bezahlen mussten. Das Tragische ist nur, Wissenschaft und Technik schreiten voran, so dass ihre Fehlentscheidungen immer verheerendere Auswirkungen haben. Und deshalb wird sich die Menschheit selbst zugrunde richten, wenn keiner etwas dagegen tut."

Die Schöne: „Jo, woaßt, und deshoilb ist der liebe Jesus den schweren Weg für uns gongn. Er hot dafür gsorgt, dass es uns nach dem Tode besser gehn wird."
Der Mann: „Ich werde mich seebestatten lassen, vielleicht."
Die Schöne (erschrocken): „Na! Sicher net!"
Der Mann: „Ich habe kein wirkliches Zuhause, weißt du? Auf einem Treffen mit Freunden habe ich einmal gesagt, so, dass es alle hören konnten: Wenn ich einmal sterbe, möchte ich, dass meine Asche über dem Meer im Wind verstreut wird. Dazu soll man das Lied von Sheena Easten ‚For Your Eyes Only' spielen!"
Die Schöne (entsetzt): „Na. Des moanst net im Ernst!"
Der Mann: „Warum nicht?"
Die Schöne: „Liebling! Deinen Zwillingen muaßt doch a Möglichkeit gebm, auch nach dei'm Tod mit dir zu sprechen ... an einem genau bestimmtn Ort! Sag, wohin sollterten sie gehn, um di um an Rat zu fragn, wonn du *nirgends* bist?"
Der Mann: „Typisch Landratte! Das Meer ist die Heimat der Rastlosen, der Fernweh, der Sehnsucht nach Freiheit! Es ist nicht nirgends, im Gegenteil: Es ist *überall*! Und deshalb können sie mich überall auf der Welt fragen, sogar wenn sie im Urlaub sind – an jeder beliebigen Küste, an jedem Strand, auf jeder Insel! Wasser verdunstet, um wieder herabzufallen, als Regen oder sanft als Schnee, überall auf der Welt."
Die Schöne: „Na! Des moanst net im Ernst!"
Der Mann: „Schatz, du kennst das Meer nicht! Für euch Binnenländler hat Wasser etwas Gespenstisches, etwas Bedrohliches an sich. Eure Welt hört an der Oberfläche auf, an der Grenzzone, an der sich unsere verrückte Welt nur spiegelt. Das aber ist längst nicht alles! Der Blick von oben täuscht, wie so oft, wenn man von oben herabschaut. Schau, das Meer ist viel größer als das Land. Unser Vorstellungsvermögen ist sehr oberflächlich, verstehst du? Unser Leben existiert nur an der Oberfläche, innerhalb einer schmalen, dünnen Luftschicht, die unsere Erdkugel

umgibt. Wenn wir das vergessen, für einen tragischen Moment, dann fallen wir herab, herab auf den harten Boden der Wirklichkeit. Alles Leben aber, die Pflanzen, die Tiere … alles kommt aus dem Meer. Das Meer ist Volumen, verstehst du? Der Druck des Wassers wirkt der Gravitation entgegen, sobald wir darin abtauchen. Wasser ist anders als Luft, es trägt dich, es lässt dich nicht im Stich. Nur wenn du dein Boot überlädst, kannst du untergehn … bis auf den Grund. Abspringen aber, dein Leben retten, deinen Fehler wiedergutmachen, das kannst du immer noch! Nimm dir eine Tauchermaske und schau einen Moment hinein, für einen Atemzug. Vergiss unsere Welt einmal und durchbrich die Grenzschicht! Du wirst staunen, was Gott in dieser Unterwasserwelt alles geschaffen hat. Nur weil du sie nicht kennst, darfst du nicht schlecht über sie denken! Viele, die ihre ganze Schönheit kennen, behaupten sogar, dass sie tausendmal schöner ist als unsere Welt. Der Mensch kann dort nicht lange existieren, weil ihm irgendwann die Luft ausgeht. Zum Glück! Denn weil der Mensch da unten noch nicht sein Unwesen treiben konnte, funktioniert diese Unterwasserwelt noch! Es ist das System der Nahrungskette, das sich selbst reguliert, solang kein denkendes Wesen eingreift. Jeder konsumiert nur das, was er selber braucht. Wer zu viel frisst, muss es wieder erbrechen. Frisst er immer zu viel, wird er irgendwann aufgefressen, weil er zu behäbig geworden ist. So war es hier oben auch einmal, bevor der Mensch kam. Das Meer ist ein ehrliches System. Nur der Mensch hat es fertiggebracht, vorne maßlos daraus zu schöpfen, während er hinten auch schon seine Jauche ablässt – in das gleiche Wasser! Vorne hui, hinten pfui. Nur der Erste hat es sauber. Irgendwann aber wird er der Allerletzte sein, denn die Erde ist kugelrund. Nur er selbst nennt sich intelligent. Dabei hat man im Urwald eine neue Affenart entdeckt, Tiere, die aus verschiedenen Lauten ganze Sätze bilden können!“

Die Schöne: „Siachst, oiso brauchst koa Seebestattung! Unser christliches Lebm is mehr wia nur Werden und Vergehen, verstehst? Noch dem Tod lässt Gott uns als unverwechselbare Personen wiederauferstehn. Wo soll er di suachn, wonn du anonym bist und im Meer verstreut?"

DER MANN: „Ich weiß, du hast recht. Am liebsten bliebe ich hier, hier bei dir, für immer! Dann können sich unsere Körper auch im Grab zusammenkuscheln. So wie der Glöckner von Notre-Dame mit seiner Geliebten! Erst nach ihrem Tod durften sie endlich ganz nah zusammen sein."

DIE SCHÖNE: „Des warert so scheen!"

Die Nachricht

DER MANN (aufgeregt): „Schatz, ich hab eine neue Stelle!"

DIE SCHÖNE (entsetzt): „Wos? Wo denn?"

DER MANN: „An der Küste!"

DIE SCHÖNE: „Und wos für a Stölln?"

DER MANN: „Als Koordinator … !"

DIE SCHÖNE: „Ois Koordinator? Vo wos?"

DER MANN: "… und Leiter eines Entnahmeteams!"

DIE SCHÖNE (enttäuscht): „Des hättest do a ham kinna! Dazua brauchst net vo mir wecka gehn! Nie hätt i docht, dass d'wirkli gehst, woaßt! Oba dass d'für so a Stölln wecka gehst, na, des versteh i net! Worum wüst du so a Arweit mochn? Du bist so a leidenschaftlicher Chirurg, der beste Transplanteur, und gehst weg für … für a Entnahmeteam? Na! Des konn net sei!"

DER MANN: „Warum nicht? Sie brauchen viel mehr Ärzte, die mit den Angehörigen reden. Jeden Tag sterben drei Menschen in Kaltland, weil man keinen Spender, kein passendes Organ für sie hat. Und außerdem, du weißt eh, es gibt so viele Fehlerquellen …"

DIE SCHÖNE: „Na, i glaub's net!"

DER MANN: „Ich hab dir nie etwas versprochen!"

DIE SCHÖNE: „Des stimmt. Oba wir woarn so long z'sam. Und des derfst net afoch so weckawischn! Wir ham glebt wie Monn und Frau!"

DER MANN: „Nein!"

DIE SCHÖNE: „Wieso net?"

DER MANN: „Wir waren besser!"

DIE SCHÖNE: „Na! Dass du mi wirkli verlosst, des hätt i nie vo dir docht!

DER MANN: „Du bist mein gelebter Traum, verstehst du? Mit dir zusammensein, das ist wie ein wunderschönes Märchen! Du hast mich verzaubert, für immer und ewig!"

Die Abreise

Für das Abschiedsmahl hat er den Gartentisch ein letztes Mal gedeckt. Nein, den alten Tisch des Küsters wird er nicht mitnehmen, soll sich der Nachmieter darum kümmern. Er will mit dieser Sache komplett abschließen! Auch glaubt er nicht, dass sie noch einmal kommt. Deshalb hat er auch keinen Stuhl für sie bereitgestellt. Würde sie kommen, kann er ihr ja immer noch einen aus dem Umzugswagen holen. So rasch, dass sie nicht einmal merken würde, dass er längst alles beiseitegeräumt hat. Nein, nicht im Ernst glaubt er, dass sie kommt, und so will er alles fertig haben, bereit für morgen, für die Abfahrt. Weit weg, weg von hier, weg von ihr! Alles löschen! Festplatte neu formatieren! Erleichternd Platz schaffen für einen Neuanfang. Sein kühler Kopf weiß, es wäre falsch gewesen, hätte er alles nur nach seinem Gefühl, nach seinem Bauch geplant. Doch was tut man nicht alles aus lauter Liebe? Und das Hormon in seinem Blut und das Blut, das sein Hirn durchströmt … er weiß, es ist nicht konstant. Verzweifelt greift er wieder und wieder nach dem Foto aus Kaltland, nach diesem vergilbten Bild von dem Indianerhäuptling mit dem gebräunten Faltengesicht: ein glücklicher alter Mann mit einer bunten Federhaube, wie der friedlich dasitzt, am Boden, vor seinem geflickten Tipi. Darunter der Spruch: *„Für uns Indianer zählt nur das Glück. Erfüllung in Beruf und Karriere ist für uns wertlos."* Und sein Kopf sagt: „Aus mir wäre wohl nie ein guter Indianer geworden!"

Dann aber kommt es, wie sie es vorausgesagt hatte. Er kann es nicht verdrängen, es kommt zu ihm zurück, das kochende Blut, in seinen Kopf: Herzblut! Erst jetzt wird ihm klar, dass es längst mehr geworden ist als nur das eine (Hormon). Und so holt er rasch den Sessel, deckt den Tisch, *aus Liebe zu ihr.* Auf die weiße Tischdecke stellt er die alte Vase des Küsters, darin die allerletzte rote Rose aus dem Garten, dazu ein Asterl vom Lebensbaum. Sogar das Geschirr holt er noch einmal aus der Kiste, das Besteck, stellt für jeden ein Glas hin, dazwischen die Kerze. Und eine Serviette, denn so ist es hier noch üblich – *zum Glück!*

Die Wohnung ist nun leer, bis auf die Matratze, auf der er die letzte Nacht verbringen wird. Die Tür lässt er offen, denn nichts ist mehr da, das man ihm stehlen könnte, sein Schatz ist schon weg! Die letzte Nacht an diesem schönen Ort wird er ohne sie verbringen müssen, denn sie wird nicht kommen. Auch nicht durch die offene Tür.

Die Nachtigall, der gute Engel der Liebe, ist verstummt. Die Kerze ist aus. Das grelle Licht der Morgensonne blendet ihn.

Endlich fühlt er sich wie das, was er wirklich ist: ein gemeiner Schuft, sie einfach im Stich zu lassen! Die Weichen sind gestellt. Und so fährt er einfach los, mechanisch, kopfgesteuert, kopflos …

Er ist fertig, er hält es nicht aus, will wissen, wie es ihr geht, will irgendein Zeichen von ihr.

SMS: „Liebe Michaela! Ich flehe dich an: Bitte verzeih mir! Meine Gedanken an dich sind das Schönste, was es gibt. Aber auch das Einzige, das mir von dir bleibt. Bitte denke an uns, wenn du mir

eines Tages verzeihen kannst. Unsere Liebe ist unsterblich. Bitte vergiss mich nicht, meine liebe Maya!"
DIE SCHÖNE: „Hallo Liebling! Bist du schon unterwegs?"
DER MANN: „Ja, Schatz. Bin auf der Autobahn."
DIE SCHÖNE: „Und wie weit bist scho gfoarn?"
DER MANN: „Bin hinter Nürnberg."
DIE SCHÖNE (weinend): „Bitte kimm z'ruck zu mir, bitte!"
DER MANN: „Es tut mir so leid!"
DIE SCHÖNE: „Und i hob so dafür bet, dass d'nimma loskommst vo mir! Ois woar umsonst."
DER MANN: „Nein! Es war nicht umsonst!"
DIE SCHÖNE: „Doch!"
DER MANN: „Nein! Nein! Nein! Nichts ist umsonst! Ich komm nicht mehr von dir los, muss nur noch an dich denken, immerzu! Ich träume jede Nacht von dir ... als würde ich bei dir liegen und mit dir kuscheln. Ich träum von dir genauso, auch wenn ich weit weg bin – jede Nacht! Am Tage, bei der Arbeit und immerzu werd ich immer nur an dich denken!"
DIE SCHÖNE (weint bitterlich): „Gib nur zu: I bin dir net guat gnug! Und i konn net guat kochn, mei Godl hot des immer scho gsogt! Stimmt's? I hob dir net guat kocht!"
DER MANN: „Schatz! Bitte glaube mir: Du bist die beste Köchin auf der ganzen Welt. Ich hab nirgends so gute Frittatensuppe, niemals zuvor Eispalatschinken mit Schlagobers und Schokosirup, noch nie so gute Germ-, Marillen- und Topfenknödel, noch nie so feines Wiener Schnitzel, noch nie so köstliche Mehlspeisen gegessen wie bei dir!"
DIE SCHÖNE (weinend): „Bitte verloss mi net! Bitte! Bitte bleib bei mir! Wos soll i mochn – ohne di? Nur mit dir bin i komplett! Wir ghörn z'sam, du und i, und ... und unser Kater Schnurr! Bitte kehr um! Sofort! Hörst?"
DER MANN: „Nein, du weißt, ich kann nicht!"

DIE SCHÖNE (zornig, noch mit Tränen in den Augen): „Na, du liagst! Sog, du wüst net! Sog: ‚Ich will nicht bei dir bleiben!'"
DER MANN: „Schatz, bitte!"
DIE SCHÖNE (weint bitterlich): „Woaßt, i hob wirklich glaubt, du bleibst ma für immer! Wie konnst du des nur? Wie konnst du des afoch so weckawischn, wie wenn nix gwest wa? Und foahrst afoch weg vo mir und losst mi do, gonz alloan! I konn des net glau'm. I bin so traurig. Du brichst ma des Herz!"

Zwei Monate später

DIE SCHÖNE: „Es tuat mir leid, Liebling, dass i di angrufn hob. Oba i hob's nimma ausghoiltn! Bitte kimm gonz, gonz schnöll zu mir!"
DER MANN: „Und ich hab gedacht, du bist so böse auf mich, dass du nicht mehr mit mir reden willst."
DIE SCHÖNE: „Sog, Liebling, worum host di net gmöldt?"
DER MANN: „Du hattest mich doch gebeten, dich nicht mehr anzurufen! Hast du das schon vergessen?"
DIE SCHÖNE (weinend): „Nein, nein, nein … Verzeih mir! So hob i des net gmant! Bitte, kimm boild zu mir! Wonn's geht, no heit. Bitte, bitte! Du woaßt, wie sehr i di brauch!"
DER MANN: „Tut mir so leid, Schatz, aber ich kann heute nicht kommen."
DIE SCHÖNE: „Wieso net? Oba vielleicht nächstes oder übernächstes Wochnend!"
DER MANN (nach einer ganzen Weile): „Es ist so wunderbar … deine liebe Stimme zu hören, Schatz! Hatte deinen Dialekt schon fast vergessen."
DIE SCHÖNE: „Wos soll i mochn ohne di, sogst mir des, Liebling? Hm? Bitte kimm scho boild!"
DER MANN: „Du fehlst mir so sehr!"

Die Schöne: „Du mir a! Bitte! Worum kimmst net … heit, auf d'Nocht? Wir mochn Zinzin und donn foahrst wieder."
Der Mann: „Ich kann hier nicht weg, Schatz!"
Die Schöne: „Und worum net?"
Der Mann: „Ich muss arbeiten. Schau, jetzt ist es halb zehn, und nach der Arbeit tapeziere ich hier noch die Wand."
Die Schöne: „Worum mochst ois sölba? Host koan Handwerker net?"
Der Mann: „Die Handwerker sind so teuer. Und trotzdem muss man ständig hinterherlaufen, kontrollieren und ihnen den Dreck nachräumen. Handwerker sind in Kaltland nicht besser als bei euch in Schönbrunnerland."
Die Schöne: „Wie bei deiner Mietwohnung, do host a ois alloan gmocht! Des passt zu dir. Schau, jetz wühlst scho wieder nur im Dreck wia a kloans Schweinderl!"
Der Mann: „Danke auch!"
Die Schöne: „Und morgn … worum kimmst net morgn zu mir? Hm? Kimm! Kuscheln! Nimm dir a Flugzeug, und donn kimmst, mochst Zinzin und donn fliagst wieder!"
Der Mann: „Das geht nicht, Schatz!"
Die Schöne: „Worum net?"
Der Mann: „Am Tag bin ich im OP!"
Die Schöne: „Donn kimmst am Wochnend!"
Der Mann: „Am Wochenende muss ich arbeiten, Dauerbereitschaft. Wir haben so viel zu tun, Schatz!"
Die Schöne: „Und wonn wüst donn zu mir kemma?"
Der Mann: „In vier Monaten? Vorher komm ich hier nicht weg!"
Die Schöne (traurig): „Des, des … konn net woahr sei, Liebling!"
Der Mann: „Komm du doch her! Ich hätte ein Kuschelbett für dich, und dann komm ich dich immer besuchen, jeden Tag."
Die Schöne: „Und auf d'Nocht? Do liegst bei deina Frau, wos? Na. I kimm bestimmt net zu dir!"
Der Mann: „Warum denn nicht? Hier am Meer kannst du wun-

derschön Ferien machen! Wir gehen jeden Mittag gemeinsam essen. Gegenüber gibt es so feinen Fisch. Neuerdings machen sie sogar Sushi!"

DIE SCHÖNE: „Und wos moch i, wonn du arweitst?"

DER MANN: „Ich besorg dir einen gelben Friesen-Nerz und ein paar gelbe Gummistiefel, und während ich auf der Arbeit bin, machst du eine Wattwanderung, setzt dich in den alten Leuchtturm oder fährst mal eben mit der Fähre rüber auf eine der Kaltlandinseln oder nach Helgoland oder mal schnell mit dem Zug nach Hamburg und zurück? Na komm, ich weiß doch, wie sehr euch Landratten unser Hamburg gefällt! Und am Abend gehen wir in die Kneipe ‚Zum Alten Friesen', da reden alle Platt!"

DIE SCHÖNE: „Na. *Du* bist weckagongn, net i! *Du* host mi verlossen, net i di!"

DER MANN: „Tut mir so leid, Schatz!"

Sie weint und legt auf. Als er sie zurückruft, hebt sie nicht ab.

Sein Leben ist leer ohne sie, und doch will er sie in Ruhe lassen. Das hat er sich fest vorgenommen, hatte sie doch irgendwann, mitten in einem Streit, gesagt, wenn er sie wirklich liebe, müsse er auch loslassen können. Und so schickt er ihr nur einen Brief mit Weihnachtsgrüßen.

Bestimmt hat sie mich längst vergessen, denkt er. Doch welche Überraschung! Zwei Tage vor Weihnachten erhält auch er Post von ihr. Er ist aufgeregt, als er den Brief mit der Karte darin findet, eine religiöse Weihnachtskarte mit einem Ausspruch Luthers: „Wer Jesus nicht erkennt, wird nie den Weg zu Gott finden."

April, April

Der April kommt vor dem Mai.

So lange haben sie sich nicht gesehen, und sie können es kaum erwarten, ihre Körper aufeinander loszulassen.

DER MANN: „Warum bist du nicht zu mir gekommen?“

DIE SCHÖNE: „So derfst die Frog net stölln! Sog du lieber, worum bist du nur vo mir weckagongn? *Vielleicht kommen wir erst wieder zusammen, wenn wir beide im Himmel sind. Dann werd ich dich fragen, worum du net scho frührer zu mir kemma bist! Dann wirst du mir eine Antwort schuldig sein!* Am Montog hob i Termin beim Woahrsager. Bei eahm is a der Chef gwest, wonn er Probleme mit an Patienten ghobt hot.

DER MANN: „Ich wusste, dass du abergläubisch bist, von Anfang an! Ich weiß es seit dem Abend im Wienerwald.“

DIE SCHÖNE (getroffen): „I reiß dir des Kalenderblatt von dei'm Namenstog ab und schick's dir, donn wirst sehgn, dass i net abergläubisch bi. Denn wos dort steht, trifft hundertprozentig auf di zu! Und außerdem, i bi scho domols wegn mei'm domolign Freind bei dem Wender gwest, und er hot recht ghobt, weil der hot mi a mit aner andern betrogn!“

DER MANN: „Schatz, was meinst du mit ‚auch‘?“

DIE SCHÖNE: „Na, red ma net drüber!“

DER MANN: „Ist es vielleicht der Wender in Mühlendorf, der, bei dem man angeblich nur das bezahlt, was man selber zahlen will?“

DIE SCHÖNE: „Genau! Oba woher woaßt du vo eahm? Woarst leicht sölba a scho dort?“

DER MANN: „Nein, aber ich habe mehrere Warzenkinder hingeschickt!“

DIE SCHÖNE: „Kinder?“

DER MANN: „Ja, kleine Patienten mit Warzen, denn gewöhnliche Warzen schneidet man nicht weg, die spricht man weg! Wegschneiden wäre unchirurgisch. Kinder glauben noch an das, was ihnen dieser Scharlatan erzählt, da hat der Hokuspokus einen Sinn, bei erwachsenen Menschen und bei erwachsene Mentscha sollte es eigentlich nicht mehr funktionieren!“

DIE SCHÖNE: „Wer woaß.“

DER MANN: „Schade um jeden Schilling! Aber geh ruhig hin. Geh hin, wenn du wirklich glaubst, dass es für dich einen Sinn macht. Ich jedenfalls habe ein reines Gewissen! Und wenn er Quatsch redet, ist es nicht meine Schuld!"

DIE SCHÖNE (voller Zorn): „Jo, des werd i mochn, und i werd eahm frogn, ob du wirkli mit koaner andern net schlofst, und i bet für di, dass d'mir d'Woahrheit gsogt host. Und wonn net, donn gnad dir Gott! Denn donn is es eh aus mit uns!"

Beim Hellseher

DIE SCHÖNE: „Grüß Gott!"

Hellseher: „Griaß Eahna! Sie ham angrufa, dass a Problem ham. Wie konn i hölfn?"

DIE SCHÖNE: „Zuerst amoi, wos bin i Eahna schuldig, wievü kost des Gspräch?"

Der Hellseher: „I sog Eahna koan Preis net. Zum Schluss sogn S' ma, wos Eahna des Gspräch wert woar. Donn sog i Eahna, ob da Preis stimmt!"

DIE SCHÖNE: „Passt!"

Der Hellseher: „Oiso, scheene Frau, wo druckt Eahna da Schuach?"

DIE SCHÖNE: „Wissen S', mei Freind is weit wecka gonga, und drum bin i gonz traurig!"

Der Hellseher: „Des tuat ma lad, glaub'm S' ma des!"

DIE SCHÖNE: „Danke!"

Der Hellseher: „Sogn S', wos is des für a Mensch?" (Wie alle Frauen, so ist auch sie kleiner als er.) "... is er goar a großer Mensch?"

DIE SCHÖNE: „Jo."

Der Hellseher: „Und, sogn S' ..." (Es gibt nur wenige Blonde.) „... er hot dunkle Hoar!"

DIE SCHÖNE: „Jo."

Der Hellseher: „Und, sogn S' …" (So gut, wie sie aussieht, kann ein Mann gar nicht anders!) "… er ruft Sie jeden Tog a!"
Die Schöne: „Jo, woher wissen S' des?"
Der Hellseher: „Und …" (Klar hat er sie verletzt, sonst wär sie nicht hier.) „… er hot Eahna a großes Leid an'tan."
Die Schöne: „Jo, so is!"
Der Hellseher: „Und …" (Das denkt jede von sich.) „… Sie san a goar a guatmütiger Mentsch. Und geb'm goar oft noch, hob i recht?"
Die Schöne (überrascht): „Jo, oba woher wissen S' des ois?"
Der Hellseher: „Und Ihr großer Freind, Sie hängen recht an eahm, net woar?" (Hat sie ihm vorhin schon gesagt.)
Die Schöne: „Jo, sehr sogoar!"
Der Hellseher: „Und, Maria na, i siach scho, er is sehr weit weggongn, net woahr!" (Hat sie ihm auch schon gesagt.)
Die Schöne: „Jo, so weit weg, dass ma an ganzn Tog brauchert, bis i bei eahm bin."
Der Hellseher: „Hmm!"
Die Schöne: „Wissen S', mei Freind sogt, er glaubt net ans Woahrsogn. Und drum hob i eahm beim erstn und zweitn Moi nix derzöhlt, wia i bei der inzwischen verstorbenen Woahrsagerin im Burgnlond gwest bin. Oba diesmoi hob i 's eahm gsogt, mit Absicht, verstengan S' mi?"
Der Hellseher: „Guat is! Des ham S' guat gmocht! Wissen S', net a jeder konn die Woahrheit sehgn, i oba siach des ois in dera Kugl! Des is a magisches Kugl aus an gonz an besondern Glas, aus an blauen Kristall aus Tirol, wissen S'?"
Die Schöne: „A soo!"
Der Hellseher: „I muss die Woahrheit net erst suachn, i siach die Woahrheit gonz sicher in derer Kugl."
Die Schöne: „Jo, jetz glaub i 's Eahna!"
Der Hellseher: „Hmmm, und so schau i weiter in mei Kristoilkugl … und wos siach i?"

Die Schöne: „Jo, bitte, bitte schauen S', i bi scho so verzweiflt!"
Der Hellseher: „Hmm … I siach an (goar an) großn Monn, wie er neben aner Rothaarign liegn tuat …"
Die Schöne: „Jo, bitte ois, sogn S' mir ois! I wü gern ois wissn!"
Der Hellseher (kopfschüttelnd): „Na! Des konn i net sogn, wos i do ois siach!"
Die Schöne: „Maria na! Bitte, bitte, bitte! I fleh Sie an, bitte, sogn S' mir ois!"
Der Hellseher: „Na! I scham mi, dass i des sog, wos i do siach: sei neiche Freindin! Üweroil hot s' Piercings, in da Nosn, in da Lippn und … im Nobl und … Na! I konn des net sogn, wos do grod passiert, weil i schamert mi wirkli!"
Die Schöne: „Bitte!"
Der Hellseher: „Hmm, die Kugl hot vü Göld kost, mehr wie ochzigtausnd Schilling, wissn S'? Und wonn i nur a bisserl mehr Göld ghobt hätt, donn hätt i mir a größere Kristoilkugl kafn kinna, a gonz a große, wissn S'? Mit der konn ma nu vü weiter in die Zukunft schaun. Oba wie's hoilt so is, im Lebm, ma konn net ois hom."
Die Schöne: „I werd Eahna gonz bestimmt ois guat zoiln. I hob extra vü Göld vom Bankomat ghoilt. Nur bitte, bitte, sogn S' mir no, wird er zu mir z'ruckfindn oder net?"
Der Hellseher: „Schauen S', Sie san a so a fesche Frau, schaun S' si um, hunderte vo junge, fesche Monna kunntertn Sie si nehma! Sofort! Und wos mochn Sie? Sie trauern nur dem oanen nach!"
Die Schöne (entschlossen): „I wü oba nur den oanen! I wü eahm sogoar vazeihn, wonn er si für a Nocht a andere Frau nimmt. Er is doch a nur a Monn!"
Der Hellseher: „Guate Frau! Schauen S', er wird nie wieder z'ruckkemma. Jemond der wecka geht, worum sollteri denn der wiederkemma? Sogn S' mir des! Oiso bitte, lossn S' eahm gehn! *I woaß, dass er nie mehr z'ruckkimmt!*"
Die Schöne: „Na! I woaß net."

Der Hellseher: „I hob in derer Kugl gsehgn, dass Sie a a guats bisserl Stoilz ham! Oiso, denkn S' nimma über eahm noch, *er is es wirkli net wert!*"

Die Schöne: „Na!"

Der Hellseher: „Schaun Sie si um, so vü feesche Monna! Und Sie trauern a'm Verheiratetn noch!" (Er schaut wieder in die Glaskugel.) „ I siach eahm wieder! Jo, do is er! I siach eahm, wie er scho vü graue Hoar hot! I siach eahm, jo! Maria na! Wie er scho wieder mit aner andern anbandlt!"

Sie weint bitterlich, bezahlt und geht wortlos.

Am Tag nach der Weissagung, fernmündlich

Der Mann: „Hallo Schatz, wie geht es?"

Die Schöne (zornig): „Wie immer!

Der Mann: „Und, wie war es beim Wahrsager?"

Die Schöne: „Oiso, er hot mir genau gsogt, wos passiern wird! Wüst d'es hörn?"

Der Mann: „Ja, warum nicht?"

Die Schöne: „I woaß jetz eh, dass du mi anglogn host! Dass du des kannst, mi anliagn!"

Der Mann (entsetzt): „Wie … wieso angelogen?"

Die Schöne: „Oiso, du host a andere, und du schlofst a scho seit aner gonzn longen Zeit mit ihr …"

Der Mann: „Wie bitte?"

Die Schöne (selbstsicher): „Jo, des tuast!"

Der Mann: „So ein Unsinn. Ich habe niemanden sonst, du lässt mich nicht mehr los, meine Gedanken an dich … es macht mich verrückt … ich träum Tag und Nacht nur von dir! Ich werd noch wahnsinnig, wenn du mir dich vorenthältst!"

Die Schöne: „I glaub dir koa anzigs Wort. Und außerdem, es hot eh ois koan Sinn mit uns zwoa, weil du bist so weit weg, und i werd boild an andern, jungn, nettn, feschn Monn kennalerna, und

boild scho werd i heiratn und glücklich sei. Du jedenfois, des hot mir der Wender gsogt, du wirst nie mehr z'ruckkemma! Und du wirst net glücklich sei in deiner Wölt, des hot er a gsogt!"
DER MANN: „Wie kannst du nur einem Wahrsager glauben? Das ... das ist doch tiefstes Mittelalter! Ich fasse es nicht!"
DIE SCHÖNE: „Na! Lossn wir ois so, wie's jetz is. Du host es so entschiedn: Du lebst dei Lebm, i meins. I woaß jetz, dass du nimma mehr wiederkemman wirst. Jo, und jetz woaß i, du schlofst scho long mit aner andern!"
DER MANN: „Nein, nein, nein! So ein Unsinn, ich habe keine andere. Ich liebe dich. Ich kann es einfach nicht glauben, ist dein Aberglaube denn stärker als deine Lie..."
(Sie hat längst aufgelegt.)

Sein Anruf

DIE SCHÖNE: „Hallo?"
DER MANN: „Hallo, Schatz! Wie geht's?"
DIE SCHÖNE: „Danke, guat!"
DER MANN: „Und, hast du dich abreagiert?"
DIE SCHÖNE: „Sicher! Stöll dir vor, i hob dei Büild aus'm Fernster gworfn ..."
DER MANN (lachend): „Mein Bild?"
DIE SCHÖNE: „Jo!"
DER MANN: „Warum denn?"
DIE SCHÖNE: „Weil i hob so a Wut ghobt!"
DER MANN: „Aha!"
DIE SCHÖNE: „Und des hot mei Nachbarin gsehgn, und woaßt, wos die zu meim Nachbarn gsogt hot?"
DER MANN: „Keine Ahnung!"
DIE SCHÖNE: „Sie hot gsogt: ‚Jetz fangt s'total an zum spinnan'!"
DER MANN: „Na und?"
DIE SCHÖNE: „Und, stöll dir vor, net amoi kaputt ganga is!"

DER MANN: „Wer?“
DIE SCHÖNE: „Dei Büild! I hob's aussi gwoarfn, und es is net amoi kaputt gangen! Do siachst wieder amoi, wos für a sturschädliger Widder du bist! Na. Wir san beide koane richtign Widder, sonst hättn wir uns net gehn lossn!“
DER MANN: „Weißt du, ich habe in letzter Zeit sehr viel über uns nachgedacht. Warum willst du eigentlich, dass ich unbedingt bei dir lebe? Ich mein, warum können wir nicht auswandern?“
DIE SCHÖNE: „Na, i wü do blei'm!“
DER MANN: „*Wenn du mich wirklich liebst, gehst du mit mir überall hin!*“
DIE SCHÖNE: „Wonns du mi liabst, bleibertst do bei mir. Schau, i hob ois, wos wir brauchn: a Bett, an woarmen Ofen, und gnua z'essn hob i a!“
DER MANN: „Und du meinst im Ernst, wir könnten von Luft und Liebe leben?“
DIE SCHÖNE: „Na, net vo Luft und Liebe, üweroi hier konnst arweitn!“

„Mein Bauch und dein Kopf“

Für drei Tage fährt er in ihre Nähe. Und: Er *wird* sie treffen! Da ist er sich sicher. Keinen Tag länger ohne sie, ohne ihren Körper, auf den er sich so lange gefreut hat! Und sie hat ihn verrückt gemacht, am Telefon. Ja, das Weib hat ihm gesagt, wie sie in ihrem Bett liegt, splitternackt und mit offener Wunde, als er bei sich in der Badewanne lag, in der einen Hand das Handy. Und dabei hatte sie gesagt: „Du wüst jo net mit mir Zinzin mochn, sonst warerst ja net wecka gangen!“
DER MANN: „Doch, ich will, ich will, ich will!“
DIE SCHÖNE: „Schau, i lieg do in mei'm Bett, ois warert perfekt … nur du bist net do! Worum? Sog's! Worum bist wecka gangen? Worum host du mi verlossn?“

Und er? Verflucht, was sollte er ihr schon darauf antworten, in dieser Situation? Er kennt seinen Körper, er weiß, was der will. Nur jetzt nicht schwach werden! Nur kein Versprechen abgeben, von dem er nicht weiß, ob er es halten kann! Doch da ist auch ihr Körper! Auch der ist voller Sehnsucht. Jawohl, sie hat ihn zu sich gelockt, zuerst nur in Gedanken, und nun ist er auch schon unterwegs. Sie weiß genau: nichts, was ihn zurückhalten könnte, schon jetzt, im April. Der Damm ist gebrochen, der Strom ist unterwegs, reißt alles hinweg, was sich ihm in den Weg stellt! Auch sie sehnt sich nach seiner Nähe, erinnert er sich doch genau ihrer Worte: „Ois woaß i jetz über di und über alle Monna … seit i des Buch über Fraun und Monna les. Du woaßt es eh, warum die Monna net zuhörn und …"

DER MANN: "… und Frauen nicht fahren können?"

DIE SCHÖNE: „Na, warum s'a bisserl schlechter einparkieren! Jedenfois, dort steht gschriebm, wos ois in die Köpf so vorgeht."

DER MANN: „Und, was ist der Unterschied zwischen Frauen und Männern?"

DIE SCHÖNE: „Dort steht gschriebm, Monna denkn immer z'erst an den Sex, Fraun erst an fünfter Stölln!"

DER MANN: „Schade!"

DIE SCHÖNE: „Na na! Is eh foilsch!"

DER MANN: „Wieso?"

DIE SCHÖNE: „Für mi trifft des eh net zu, woaßt?"

DER MANN: „Wieso?"

DIE SCHÖNE (entrüstet): „Wos denkst vo mir? Moanst, Sex is für mi net wichtig?"

Jetzt aber will sie ihn bestrafen! Dabei weiß sie, dass sie ihm nie so sehr wehtun kann, wie er ihr wehtat, als er von ihr ging. Das genügt, ihren Entschluss zu besiegeln. Auch ihr Körper hält es kaum noch aus, würde den seinen so gern wiedersehen, fühlen und alles andere mit ihm machen … Sie liebt ihn! Aber sie hat Angst. Angst, sich noch fester an ihn zu binden. Und dafür hasst sie ihn! Es ist paradox, obwohl sie sich so lange nicht gesehen haben, obwohl die Zeit der Sehnsucht und Abstinenz immer länger wurde: Es ist, als sei es erst gestern gewesen, als sie das letzte Mal mit ihm zusammen war, als sie das letzte Mal seine vertraute Stimme hörte, ganz dicht an ihrem offenen Ohr! Als er sie streichelte, sie küsste und dabei ihren Körper berührte, so genial! Als er sie liebkoste, überall! Als sein Körper das letzte Mal in den ihren eindrang, so perfekt, so wunderbar. Nein! Jetzt, wo sie ihn, wo er sie endlich wiederhaben kann, jetzt will ihr Kopf, dass sie sich sträubt! Sie will sogar, dass er sie *ganz* loslässt, denn nur so kommt sie vielleicht von ihm los. Sie will es zu ihrem eigenen Härtetest werden lassen. Sie will sich selber prüfen (und bestrafen). Sie will und sie wird sich selbst beweisen, wie stark sie ist! Jawohl! Sie wird ein Zeichen setzen, eindeutig! Sie wird einen Schlussstrich ziehen, endgültig! Und deshalb ist es besser, wenn er nicht zu ihr nach Hause kommt, denn sie kennt sich. Sie hat Angst, wieder schwach zu werden. Sie hat Angst, ihr williger Körper könnte wieder dem seinen verfallen: rettungslos, uferlos, gnadenlos …

Sie hat es so beschlossen, für sie beide, für sich und für ihn! Diesmal wird es anders sein, denn sie ist wütend auf ihn. Sie will ihm zeigen, dass auch sie gemein sein kann, (fast) so gemein wie er, als er von ihr wegging, für immer. Und einfach so! Er hatte sie im Stich gelassen, nachdem sie zusammen waren, drei Jahre wie Mann und Frau gelebt hatten. Nein, sie wird es nie begreifen. Was ging nur damals in ihm vor, als er sie verließ? Was konnte stärker sein als ihre Liebe, was nur? Also wird sie ihn schmoren lassen, fest entschlossen, nicht nachzugeben.

Sie hatten geplant, gemeinsam wegzufahren, zu ihrem heiligen Schrein. Dorthin, wo sie schon einmal gemeinsam füreinander gebetet hatten, nachdem jeder auch eine Kerze angezündet hatte. Wo sie unten in der Gruft waren. Und sie hatten sich ausgemacht, dorthin zu fahren, wo sie schon einmal gesessen hatten, draußen, am wilden Fluss, um zu grillen und später wieder *alles* andere zu tun … So war es abgemacht. So hatten sie es besprochen, an jenem späten Abend, als sie so offen in ihrem Bett gelegen hatte und er bei sich, in der Badewanne. Sie hat ihn gelockt, mit ihrer Venusfalle. Heute nun ist er angekommen. Für ihn hatte es so zu sein (wie in einem Choral). Sie fühlt es, dass er da ist, sie weiß es genau. Nun wartet er auf ihren Anruf, so war es ausgemacht! Er hätte ahnen müssen, dass sie sich rächt, irgendwann. Zu groß aber war seine Sehnsucht, zu gern mochte sein (von ihren Worten) wild gemachter Körper den ihren treffen, als dass er ihn hätte zurückhalten können. Und so hatte er seinen Koffer gepackt, ohne viel Gewese, bauchgesteuert und kopflos, war eingestiegen und losgefahren ohne nachzudenken, immer weiter, immer weiter nach Süden, bis er angekommen war, nach vielen Stunden, in ihrem Ort. Nur sie sehen! (Was sonst hätte er hier verloren, nach so langer Zeit?)

Sie aber meldet sich nicht. Verzweifelt hängt er herum, allein, Tage und schlaflose Nächte. Am Ende betrinkt er sich.

Sein SMS: „Noch Gusto, mit mir wegzufahren? Oder hast *du* vielleicht einen anderen!"

Er wusste, dass sie sich melden würde, auf diese Provokation!
Die Schöne: „I hob di geliebt wie koan andern, und i werd a immer an die scheene Zeit mit dir z'ruckdenkn, a wonns du jetz nimma bei mir bist. Es hat so solln sei, und *du* alloan host es so bestimmt! Ob i dir des jemals verzeihn konn, i woaß es no net! Die Zukunft wird's zeign."
Der Mann: „Schatz, ich möchte dich so gern wiedersehen. Lieben heißt doch, sich sehen zu wollen. Ich jedenfalls hab so dolle Sehnsucht nach dir und nach deinem Körper!"
Die Schöne: „Na. Ich glaub, es is besser, wonns d'net kimmst. Woaßt? Sonst, wonn wir wieder die gonze Nocht beianond liegn, wonn i die gonze Nocht dein Körper riach und spür, donn foilt mir der Abschied wieder so schwer. *Du brichst mir des Herz, denn du*

wirst ja eh nimma z'ruckkemma, oder? Sog! Konnst du mir a nur a anzigs Wort do drauf sogn?"
DER MANN schweigt. (Nein, darauf konnte er ihr wirklich nichts Gescheites antworten!)
DIE SCHÖNE (nach gespanntem Warten): „Siachst! … Oiso, lossen wir ois, wias jetz is! Du host woiln von mir gehn. *Du host es so für uns entschiedn!* Du lebst jetz dei Lebm und i meins! I werd fümf ‚Vaterunser' betn, dass du dei Frau mogst, donn brauchst nimmer her zu mir kemma!"
DER MANN: „Schatz! Ich möcht dich so gern wiedersehen, wir hatten es doch so besprochen!"
DIE SCHÖNE: „Wos hot des ois für an Sinn? Hm, Schotz? Du kimmst do her zu mir, und noch zwoa Nächt' foahrst scho wieder! Des hot koan Sinn net!"
DER MANN (nachdenklich): „Weiß nich. Warum überhaupt?"
DIE SCHÖNE: „Wie bitte?"
DER MANN: „Warum muss alles irgendeinen Sinn haben? Weißt du, ich weiß auch, dass es keinen Sinn macht. Aber ich kann dich nun mal nicht vergessen. Nur der Augenblick zählt, der Moment! Weißt du noch? Hast du unsere schönen Nächte etwa schon vergessen, schon verdrängt? So schnell? Ich kann es einfach nicht glauben. Liebe entsteht aus dem Augenblick, sie ist nur im Augenblick lebendig, und jeder Augenblick ist anders, schöner, immer wieder neu. Sie lebt doch nur von diesen wunderbaren Augenblicken. Verstehst du, ich mag dich einfach nur wiedersehn. Schick mich *so* nicht weg, zurück, in die Entsagung. Ich kann nicht für meine Gefühle! Bitte lass unsere Liebe nicht sterben! Schatz!"

Seine SMS am Abend: „Bitte, bitte, komm zu mir! Bin nur deinetwegen hergekommen. Mag dich so gern wiedersehn!"

Sein SMS am nächsten Tag: „War in der Kerzengrotte, hab für dich und mich eine Kerze angezündet und gesagt, dass ich dir weiter treu sein werde. Hab für dich gebetet. Und jetzt fahre ich zu der Stelle an der Salza, wo wir grillen wollten. So wie damals, weißt du noch?

Bitte komm! Ich werde Feuer für uns machen!"

Am Tag seiner Abreise

Sein Anruf: „Hallo! Entschuldige, wenn ich stör. Wollt eigentlich nur wissen, ob die Medikamente, die ich dir für deine Godl vor die Tür gelegt hab, angekommen sind."

DIE SCHÖNE: „Jo, des san s'. Wir ham nur net gwisst, wie ma die einnehma muass, und zu wos die Spritzen ..."

DER MANN: „Und das andere, was noch dabei war, hast du das auch bekommen?"

DIE SCHÖNE: „Wos d'n?"

DER MANN: „Ich meine die rote Rose, hast du die auch bekommen?"

DIE SCHÖNE: „Jo ..."

DER MANN: „Sag, magst du mich überhaupt?"

DIE SCHÖNE: „Wos glaubst du leicht?"

DER MANN: „Nein, ich glaub, du magst mich gar nicht! Tschüs!"

Er rast zurück, hält es so nicht aus. Wenige Tage später schickt er ihr zwei Taschenbücher, eines über Wahrsager und eines mit dem Titel „Sag niemals Adieu!".

Drei Tage später kommt eine attraktive Vertreterin eines reichen Pharma-Konzerns bei ihm vorbei, um neue und alte Medikamente vorzustellen. Er konzentriert sich auf sie, auf diese fesche Frau! „Wir haben fusioniert", sagte sie und strahlte ihn an. In der folgenden Vollmondnacht träumt er von der Vertreterin. Plötzlich spürt er einen starken Schmerz in seiner Brust, ein eisiger Schauer läuft ihm über den Rücken. Obwohl ihm kalt ist, tritt ihm Schweiß auf die Stirn, kalter Schweiß. In eben diesem Moment ruft *sie* an.

Die Schöne: „Griaß di. Du, wos soll i mochn? Mir geht's net guat. Mir is so koilt. I hob so an Schüttelfrost und gonz an schnölln Puls!"
Der Mann (überrascht und besorgt zugleich): „Wie kann ich dir nur helfen, von hier, von so weit weg von dir? Ich bin so verzweifelt!"
Die Schöne: „I woar scho bei mei'm Hausarzt, vorhin. Des Labor is net in Ordnung. Oba, stöll dir vor, üweroi wollt er mi untersuachn, und am Schluss sogoar mit sei'm dickn Finger mir in d'n After fahrn!"
Der Mann (verzweifelt): „Sowas! Was ist dort nur los? Weißt du was, ich ruf den Andi an, der ist ein guter Mensch, der wird dir helfen!"
Die Schöne: „I dank dir vo ganzm Herzn, Liebling!"

Nach zwei Stunden

Der Mann: „Hallo, Schatz! Geht es dir besser?"
Die Schöne: „Jo, i lieg jetz auf da Überwachung. Oba es geht mir scho vü besser!"
Der Mann: „Ich hab mir so Sorgen gemacht, weißt du?"
Die Schöne: „I woaß!"
Der Mann: „Hab den Andi soeben sprechen können. Das EKG ist normal, sagt er, und die Blutwerte auch. Gott sei gedankt!"
Die Schöne: „I dank dir, mei Liebling!"
Der Mann: „Ich hab dich ganz fest lieb!"
Die Schöne (flüsternd): „I di a! Bitte kimm z'ruck zu mir, bitte! I bi so verzweiflt. Wos soll i mochn ohne di?"

Am nächsten Tag

Die Schöne (enttäuscht): „Stöll dir vor, bis auf oan san alle Oberärzte stumm an mir vorbeigongn, wia i vor dem Röntgen

gsessn bin. Nur oaner hot si Sorgn gmocht und hot gfrogt, wos mit mir los is und wie's mir geht!"
DER MANN: „Liebling, ich hab die ganze Nacht wach gelegen und hab an dich gedacht. Ich hab mir solche Sorgen gemacht! Du fehlst mir so sehr! Es tut mir leid, dass ich nicht kommen kann."
DIE SCHÖNE: „I woaß eh, wie wichtig dir dei Arweit is!"

Neujahrsgrüße

DER MANN: „Hallo, Schatz! Wünsch dir alles Gute für das neue Jahr, und dass du immer gesund bleibst!"
DIE SCHÖNE: „Danke! Und i wünsch dir a ois Guate!"
DER MANN: „Hab ich dich doch geweckt. Entschuldige!"
DIE SCHÖNE: „Wie spat isses leicht?"
DER MANN: „Halb elf."
DIE SCHÖNE: „Maria na! I hob woiln in die Kirchn gehn!"
DER MANN: „Der liebe Gott wird es dir verzeihen!"
DIE SCHÖNE: „Glaubst?"
DER MANN: „Ganz bestimmt, Schatz!"
DIE SCHÖNE: „Und wos mochst du heit Scheens?"
DER MANN: „Hab Dienst, das ganze Wochenende. Hab gestern zu Silvester eh nichts trinken können."
DIE SCHÖNE: „Und wos gibt's Scheens z'Mittog?"
DER MANN: „Toastbrot mit Ölsardinen."
DIE SCHÖNE: „Na, net wirkli?"
DER MANN: „Doch!"
DIE SCHÖNE: „Du wirst es eh net glau'm, oba i hob jedn Tog für di mitdeckt!"
DER MANN: „Was … was mitgedeckt?"
DIE SCHÖNE: „Den Tisch, den Tisch hob i mitdeckt … für di!"
DER MANN: „Was denn, zwei Jahre lang hast du jeden Tag den Tisch für mich mitgedeckt?"

DIE SCHÖNE: „Jo, und wir ham an an jedn Tog für di bet, dass d'zu uns z'ruckfindst!"
DER MANN: „Wer, ‚wir'?"
DIE SCHÖNE: „Der Kater Schnurr und i !"
DER MANN: „Das tut mir so leid, Schatz! Aber warum machst du das?"
DIE SCHÖNE: „I … mechtert … so gern, dass du wieder zu uns z'ruckfindst. Mir is so koilt jede Nocht! Woaßt, mi friert jede Nocht, die i so alloan dalieg – ohne di! Bitte, bitte kimm! I bi so verzweifelt ohne di! I fühl mi so einsam und alloan. Der Kater a. Woaßt, er sitzt und schloft am liabsten auf dei'm Plotz, wia wenn er wissert, dass du z'ruckkimmst, später amoi."

Alles erinnert an dich

DER MANN: „Jetzt, wo ich nicht mehr bei dir bin … erst jetzt merke ich, wie sehr du mir fehlst!"
DIE SCHÖNE: „Mir geht's a so!"
DER MANN: „Da sind nicht nur die Socken, die mir deine Godi gestopft hat, da sind nicht nur die Hemden, die du hergerichtet und gebügelt hast. Da ist deine Uhr, die mich noch nie im Stich ließ. Da sind die Fotos von dir, die Fotos unserer Erlebnisse, du weißt schon … der Orte, wo wir uns wohlgefühlt, wo wir uns geliebt haben. Nach langer Zeit kam heute eine SMS. Ich ließ alles stehen und liegen, um zu meinem alten Handy zu rennen, weil ich im Ernst glaubte, du hättest mir eine Nachricht geschickt! Weißt du, der Ton von dem Handy, der klingt so vertraut, es ist wie ein Teil von dir … Aber leider, es war nur die Telefongesellschaft, die ihren neuesten Tarif mitteilte!

Hab ich dir überhaupt schon von meiner Katze erzählt?"
DIE SCHÖNE: „Wos? *Du* host a Kotz?"
DER MANN: „Ja, seit zwei Monaten schon!"
DIE SCHÖNE: „Na. Des glaub i net!"

DER MANN: „Immer wenn ich abends von der Arbeit kam, empfing sie mich auf dem Parkplatz, nur weil ich ihr einmal bei eisiger Kälte was zu naschen gegeben hatte. Und nun springt sie immer um mein Auto herum, schon wenn ich einparken will. Als wolle sie sagen: Pass auf auf mich, siehst du nicht, dass ich hier bin! Sie will Beachtung, weißt du? Ich kann dir sagen, Katzen haben schon ihre eigene Psyche!"
DIE SCHÖNE: „Net nur Kotzn!"
DER MANN: „Und mittlerweile ist es so weit."
DIE SCHÖNE: „Wie weit?"
DER MANN: „Sie schläft neben meinem Bett!"
DIE SCHÖNE (lacht): „Na. Ois glaub i dir, des oba net!"
DER MANN: „Warum nicht?"
DIE SCHÖNE: „Na. I kenn di! Des würdst du nie zulossn!"
DER MANN: „Du hast recht! Aber ich versichere dir, dass sie nachts, wenn der eisige Sturm über den Deich fegt, nicht mehr draußen herumstreunen muss."
DIE SCHÖNE: „Und, wos is's für a Kotz?"
DER MANN: „Genau das Gegenteil von deinem Kater: Wo er schwarz ist, da ist sie weiß, und wo sie schwarz ist, ist er weiß!"
DIE SCHÖNE: „Wirkli?"
DER MANN: „Ja! Es sieht aus, als habe sie dort nichts, wo sonst etwas ist, ich meine das Schwarz."
DIE SCHÖNE: „Wos?"
DER MANN: „Es ist wie bei dir, verstehst du, wenn plötzlich alles umschlägt in dieses Blau!"
DIE SCHÖNE: „Wos?"
DER MANN: „Wenn du deine blauen Sachen anhast. Da, wo eigentlich alles verhüllt sein sollte, da ist alles frei, deine Scham und deine Brust, verstehst du? Und da, wo man sonst Haut sieht … da ist dein blaues Gewand!"
DIE SCHÖNE: „A soo?"

DER MANN: „Ja! Und meine Katze hat es nicht leicht, denn dein Kater hat viel mehr Schwarz in seinem Fell."
DIE SCHÖNE: „Vü mehr Schwoarz?"
DER MANN: „Er hat viel mehr schwarzes als weißes Fell, meine Katze viel mehr weißes als schwarzes, verstehst du? Deshalb muss sie viel flinker sein!"
DIE SCHÖNE: „Zu wos?"
DER MANN: „Für die Jagd, verstehst du?"
DIE SCHÖNE: „Na!"
DER MANN: „Weil sie so weiß ist, muss sie sich viel mehr verstecken, sich viel vorsichtiger an ihre Beute heranpirschen; und sogar in der Nacht, wenn ich mit dem Motorrad spät von der Arbeit komme, sehe ich sie schon von Weitem, durch ihr weißes Fell."
DIE SCHÖNE: „A so."
DER MANN: „Die Farben sind so bizarr, dass ich sie ‚Picasso' oder ‚Gorbatschov' genannt hätte, wäre sie ein Kater geworden."
DIE SCHÖNE: „Worum ‚Gorbatschov'?"
DER MANN: „An der Stirn hat sie so einen landkartenartigen schwarzen Fleck, weißt du?"
DIE SCHÖNE: „A soo?"
DER MANN: „Vielleicht ist der Fleck so etwas wie ein Köder, mit dem sie ihre Beute hypnotisiert, so wie beim Anglerfisch, verstehst du?"
DIE SCHÖNE: „Na!"
DER MANN: „Oder so wie bei dir, du hypnotisierst mich auch, über alle Sinne!"
DIE SCHÖNE: „Mit wos?"
DER MANN: „Mit dem, was dort zu sehen, zu schnuppern und zu schmecken ist … dort, wo das Blau an deinem Körper fehlt!"
DIE SCHÖNE: „A soo!"
DER MANN: „Und wo dein Kater etwas hat, du weißt schon, da ist bei ihr nichts … Naja, fast nichts!"
DIE SCHÖNE: „A soo?"

DER MANN: „Sie sind komplementär ... wie du und ich! Ich meine, sie würden wunderbar zusammenpassen."
DIE SCHÖNE: „Wer?"
DER MANN: „Meine Katze Miez und dein Kater Schnurr!"
DIE SCHÖNE: „Na! Mei Kater findt do sei Freindin, so wia i! Und dei Kotz findt bei dir ihrn Freier, so wia du dei Frau host. Oder dei neiche Freindin!"
DER MANN: „Wie bitte?"
DIE SCHÖNE: „I woaß eh, Monna san Muschi-Jager! Na, na. Denk ma nimma drüber noch. Du host es eh so für uns entschiedn, du host woiln vo mir wecka gehn, und jetz muass i des akzeptiern!"
DER MANN (lenkt ab): „Erinnerungen an dich erfahre ich auch durch Unangenehmes: Da ist mein Essen, das so eintönig und jeden Tag das gleiche ist – anders als das Essen von dir! Da sind die Abende, so fade – anders als die aufregenden Abende mit dir! Dabei verwende ich sie, ja, ich beute die Abende aus! Spontan führen meine Gedanken und Träume aber immer wieder hin zu dir! Da sind die kalten Nächte, in denen ich nicht schlafen kann – anders als die heißen Nächte mit dir! Und ich schlafe mit den Gedanken an dich ein. Weißt du, wenn ich stundenlang wach gelegen habe, denk ich mit Absicht nur an dich. Es ist wie Schäfchenzählen, nur schöner. Die Erinnerungen an die Stunden, Tage und Nächte mit dir sind es, die mich endlich doch wieder meinen Schlaf finden lassen, irgendwann, in der Tiefe der Nacht. Wenn der letzte Kutter dann von den Halligen zurückkommt (kann auch sein, es ist der erste), dann höre ich immer eine Möwe schreien, und das ist keine Nachtigall. All das lässt mich an dich denken, obwohl oder gerade weil es genau das Gegenteil ist – von dir!"
DIE SCHÖNE (zornig): „Wos glaubst, wievü Nächte i woch glegn bi, wievü Nächte i gweint hob um di!"
DER MANN: „Tut mir so leid, Schatz!"
DIE SCHÖNE: „Na! Jetz is'z'schpot!"

DER MANN: „Vor drei Tagen, stell dir vor, stehe ich doch im Supermarkt vor der Kasse an und rieche dein Parfüm!"
DIE SCHÖNE: „A soo?"
DER MANN: „Du kannst es dir nicht vorstellen. Ich wär fast verrückt geworden!"
DIE SCHÖNE: „A soo?"
DER MANN: „Dann dreh ich mich also um ..."
DIE SCHÖNE: „I woar's net!"
DER MANN: „Schade, Liebling! Ich dreh mich also um, und da steht eine von meinen Patientinnen hinter mir. Immer wenn sie zu mir kommt, hat sie dein Parfüm am Körper, und ich werde fast wahnsinnig."
DIE SCHÖNE: „Warum?"
DER MANN: „Es erinnert mich an deinen Körper, an deine Haut, an alles an dir, jede Nacht hast du es mich riechen lassen: Dieses Parfüm ... das ... das bist nur du! Immer riecht danach das Wartezimmer nach dir. Das Schlimme ist, sie hat eine böse Diagnose, und alle vier Wochen müssen wir bei ihr Blut abnehmen, um zwei Tumormarker zu kontrollieren. Sie kommt immer mit dir zu mir! Verstehst du? Immer wenn sie kommt, rieche ich dein Parfüm. Es ist, als wolle mich jemand bestrafen und sagen: ‚Was willst du hier? Warum bist du nicht bei deiner Geliebten? Diese andere hier, die gehört nicht dir, sie ist einem anderen versprochen: dem Sensenmann!' Es ist so traurig. Ich werde noch wahnsinnig ohne dich!"
DIE SCHÖNE: „Jetz isses z'schpot. Des hättst dir frührer überlegn miassn."
DER MANN: „Hab ich dir überhaupt schon von meiner Du-Tasche erzählt?"
DIE SCHÖNE: „Vo deiner ... wos?"
DER MANN: „Ja, von meiner Du-Tasche?"
DIE SCHÖNE: „Na!"

DER MANN: „Da drin habe ich lauter Dinge gesammelt, die mich an dich erinnern. Es sind für mich heilige Reliquien!"
DIE SCHÖNE: „Reliquien?"
DER MANN: „Jawohl, denn du bist für mich eine lebendige Heilige!"
DIE SCHÖNE: „A Heilige? Na!"
DER MANN: „Jawohl, das bist du! Es sind deine Gedanken und Gefühle, die du mir mitteiltest und die mein Denken und Handeln bis heute bestimmen, und es ist dein Körper, der mich fasziniert, der so perfekt ist, genau passend zu dem meinen, weil unsere Gene so grundverschieden sind."
DIE SCHÖNE: „A soo?"
DER MANN: „Meine Du-Tasche, mein Reliquiar, das ist ein alter Hebammenkoffer, abschließbar, weißt du?"
DIE SCHÖNE: „A soo!"
DER MANN: „Da drin habe ich alle wichtigen Dinge von dir, sogar ein paar Geheimnisse sind dabei."
DIE SCHÖNE: „Wos d'n leicht?"
DER MANN: „Wird nicht verraten. Ich hole es auch nur raus, wenn ich ungestört und ganz, ganz einsam bin, das versprech ich dir!"
DIE SCHÖNE (neugierig): „Aber a poar Sachn konnst mir scho verratn. Bitte!"
DER MANN: „Zum Beispiel der letzte *Playboy*, den ich mir kaufte, bevor ich das erste Mal mit dir Zinzin machen durfte."
DIE SCHÖNE: „Etwa der, woaßt es eh, der mit derer Blonden mit dem scheenen Apflpopo?"
DER MANN: „Birnen-Po!"
DIE SCHÖNE: „Und, wos host no do drin in derer Toschn?"
DER MANN: „All die Fotos von dir ... die, die du eh kennst."
DIE SCHÖNE: „Wo i in mei'm blauen Bikini drauf bi?"
DER MANN: „Genau! Mit und ohne Oberteil!"
DIE SCHÖNE: „Und, wos is no in derer Toschn, derzöhl!"
DER MANN: „Die goldene Kette, die du mir zum Geburtstag

schenktest. Und ein Rosenkranz. Ja, der Rosenkranz aus Mariazell, dessen Perlen ebenso rot sind wie deine lackierten Zehennägel!"

DIE SCHÖNE: „Wos, so rot wie meine Zeechnnägl?"

DER MANN: „Ja!"

DIE SCHÖNE: „Die du mir host lackiert?"

DER MANN: „Ja!"

DIE SCHÖNE: „Mit dem Lack, den du mir ausgsucht und aus Wean no amoi mitbrocht hast?"

DER MANN: „So rot wie die süßen Kirschen aus dem Garten meines Vermieters. Weißt du noch, wie wir uns zwei kleine Eimer voll davon gepflückt hatten, wie ich unter dir stand, auf der wackeligen Leiter? Übrigens, was ich dir noch nicht erzählt habe: Es hat mich total verrückt gemacht, dich so zu sehen, so von unter dir, von fünf Sprossen tiefer! Dabei hatte ich so eine Angst, mit dir abzustürzen."

DIE SCHÖNE: „A soo? Und wos is no ois drin in derer Toschn?"

DER MANN: „Ein Foto von dem Bild vom Großen Priel, das du mir schenktest."

DIE SCHÖNE: „Worum nur a Foto und net des Büild?"

DER MANN: „Was denkst du wohl? Das große Bild hätte doch nicht in die Tasche gepasst, zusammen mit all den anderen Dingen!"

DIE SCHÖNE: „Du mochst mi neugierig, wos is no ois drin in derer Toschn?"

DER MANN: „Zwei CDs!"

DIE SCHÖNE: „Derzöhl! I bi jo so gsponnt!"

DER MANN: „Eine von M.O., die, die wir unterwegs immer hörten, wenn wir über den Hochgrat fuhren, weißt du noch? Und als wir das erste Mal zum Pilzesuchen ins Waldviertel fuhren."

DIE SCHÖNE: „Jo sicher! Des woar so wunderscheen! Und die andere CD?"

DER MANN: „Schuberts ‚Forellenquintett'"

Die Schöne: „A soo?“

Der Mann: „Er soll es an den großen klaren Bächen der Eisenwurzen komponiert haben. Weißt du noch, in der Ois … als wir uns aneinander festhielten, nach dem Gewitter, in der starken Strömung?“

Die Schöne: „Und wie du mit mir schnorcheln gongn bist?“

Der Mann: „Ja, es war so wunderschön mit dir!“

Die Schöne: „Und, wos host no in derer Toschn?“

Der Mann: „Meine Busenschürze.“

Die Schöne: „Dei … wos?“

Der Mann: „Tut mir leid, hab noch keinen besseren Namen für das gute Stück finden können. Vielleicht, weil ich mit noch niemandem darüber sprechen musste oder wollte.“

Die Schöne: „Sog!“

Der Mann: „Es ist eine Schürze aus ganz normalem Stoff, bedruckt mit einem nackten Frauenkörper in natürlicher Größe, verstehst du? Ein nackter Frauentorso: nur der Kopf, der Hals, Arme und die Beine ab den Knien fehlen, quasi die Bereiche, die ohnehin nicht von der Schürze bedeckt sind.“

Die Schöne: „Echt? Des is jo raffiniert! Sowos brauchert i zum Fasching! Oba, sog … wos wüst du mit aner Schürzn, wo a nakkerter Fraunkörper drauf is?“

Der Mann: „Ich binde sie mir um und schaue dann herab auf das Bild …“

Die Schöne: „Jo und?“

Der Mann: „Es ist, als würdest du nackt auf meinem Bauch liegen!“

Die Schöne (leise): „Jo?“

Der Mann: „Oder wenn du, mit dem Rücken zu mir, nackt vor mir stehst!“

Die Schöne (tief atmend): „Sprich weiter!“

Der Mann: „Weißt du noch?“

DIE SCHÖNE: „Wie i immer nackert vor dem Spiegl gstandn bi, und du nackt hinter mir?"
DER MANN: „Ja, und wie ich dann mit meiner einen Hand und dem ganzen Arm deine Brüste berührt und gestreichelt und mit der ande..."
DIE SCHÖNE (stöhnend): "... und mit deiner andern, gefühlvollen Hond mi unten zärtlich gstreichelt hast ..."
DER MANN: „Genau! Davon träume ich dann."
DIE SCHÖNE: „Des warert scheen! Und wos is no drin in derer Toschn?"
DER MANN: „Ein richtiges Jesuskreuz natürlich, das von dem alten Küster, und meine Bibel mit dem Alten und dem Neuen Testament!"
DIE SCHÖNE: „Und wos leicht no?"
DER MANN: „Natürlich auch mein kleines Märchenbuch!"
DIE SCHÖNE (kichernd): „Liab!"
DER MANN: „... und alle lieben, aber auch alle bösen Briefe und Karten von dir!"
DIE SCHÖNE (ablenkend): „Und wos no?"
DER MANN: „Immer eine Tüte voll mit Teelichtern, dazu ein Feuerzeug. Ja, es ist das blaue Feuerzeug, das wir beim Grillen am Ufer der Salza gefunden hatten, erinnerst du dich? Und ... und das Märchen vom Blauen Licht, das haben wir uns doch gegenseitig vorgelesen. Erinnerst du dich noch?"
DIE SCHÖNE: „Jo sicher! Und wos mochst sonst damit, mit derer Toschn?"
DER MANN: „Sie ist nicht nur mein mobiler kleiner Schrein! Sie ist mein Kopfkissen unter dem verspannten Nacken, meine Rolle unter das kranke Knie, sie ist mein Talisman, mein Fetisch, weißt du? Und sie ist mein Reisealtar, der nur mir allein gehört! Es ist das Einzige, außer meinen Gedanken vielleicht, das nur mir gehört, und keiner darf da reinschnüffeln."
DIE SCHÖNE: „A wos, a Reisealtar?"

DER MANN: „Ja, ich nehm die Tasche überall mit hin, zu jedem Kongress und zu jeder Fortbildung. Und wenn ich in meinem Hotelzimmer angekommen bin, mach ich sie auf. Dann habe ich das Gefühl, tatsächlich hinter dem Krautgraben zu sein: bei dir! Ich nehme den Musik-Player und betrinke mich dann … mit Musik (von M.O.). Ich setze mich vor die geöffnete Tasche, schließe die Augen, atme deine Düfte. Dann stelle ich mir vor, wie es ist, wenn ich zu dir fahre, wenn der schwere Nebel über dem Graben leichter wird. Je höher ich komme, desto freier wird der Himmel, dein Blau umstrahlt mich, befreit das Herz in meiner Brust von meiner alten Verbissenheit und Verklemmtheit, von all meinen Schuldkomplexen. Ich kann frei atmen, nichts liegt mir mehr auf der Brust, und mein Gewissen ist so rein!

Wenn ich dann ganz für mich allein bin, wenn nichts und niemand mich stört, wenn ich weiß, dass du eh schläfst, dann mache ich sogar das Handy aus, um mich voll zu konzentrieren. Dann breite ich all die Erinnerungen vor mir aus, vergegenständlicht…"

DIE SCHÖNE: „Vergegen… wos?"

DER MANN: „Ich schalte um in die Vergangenheit, ganz gleich, wo ich bin. Mein Reisealtar, weißt du, äußerlich wie der zerschlissene Rucksack eines Sandlers, innen drin aber mein kleiner, edler Altar, wie ihn der barfüßige Pilger auf die spartanische Reise mitnimmt. Wie ein Altar, der transportfähig ist und aufklappbar zu jeder Zeit und an jedem beliebigen Ort. Denn du bist meine Heilige, mein göttliches Wesen. Ich schaue zu dir auf, ich bete dich an, meine Heilige Michaela, während ich vor deinem Bild wie vor dir niederknie. Sag, ist das Meditation? Egal, meine Du-Tasche ist mein Heiligtum, mein Reliquienkoffer, mein Hanaper. Darin habe ich sogar die Grillen an die Küste eingeschleppt!"

DIE SCHÖNE: „Wos?"

DER MANN: „Ja! Du weißt schon, die großen schwarzen Tierchen. Überall in meiner Ambulanz laufen sie über die Fußböden, und keiner ist hier, der jemals eine so große Grille gesehen hat. Hier gibt es nur Heuschrecken, kleine und ganz große! Es sind die Boten meiner *zurückgekehrten Träume!* Meine schönen Träume, die haben mir die Grillen zurückgebracht, verstehst du? So wie dein Dialekt, als du mich das erste Mal hier anriefst. Ja, die Grillen sind die einzigen Lebewesen, die ich in meiner Du-Tasche transportiert habe. Alles andere sind nur tote Dinge: tote Bilder, tote Gegenstände aus der Vergangenheit, lebloses Zeuch; wie russische Ikonen: gestellte, leblose Materie, stumme Zeitzeugen, stumme Maskerade in einem goldenen Rahmen. Manchmal frag ich mich, ob sie wirklich echt sind – die alten Liebesbekundungen. Manchmal denk ich, du weißt genau, wie sehr ich dich vergöttere, und ich fühle mich dann sogar ein wenig ausgenutzt. Bitte verzeih mir, so schlecht denke ich dann von dir. Dann fällt mir sogar das indische Sprichwort wieder ein, damit eine Lampe ein gutes Licht gibt, musst du sie an einen windgeschützten Ort stellen, wie unsere Kerze auf meiner Terrasse, weißt du noch? Denn steht das Licht im Wind, wirft es bizarre Schatten, teuflischer Hexentanz ... wie schlechte Gedanken ... Schatten auf das weiße Gewand deiner Seele! Ja, so schlecht habe ich einen Moment lang von dir gedacht. Dabei war ich der Fiesling, der deinen Körper genommen und dich dann verlassen hat. Und dennoch, manchmal denke ich, du kostest es aus, du genießt es, wenn du mich leiden spürst, denn sehen kannst du mich ja nicht. Nein, sehen *willst* du mich nicht! Sag, Liebes, *wie soll ich dir glauben, dass du mich liebst, wenn du gar nicht willst, dass wir uns nach so langer Zeit endlich einmal wiedersehen?* Hasst du mich denn? Nimmst du Rache an mir? Als Christ müsstest du wissen, das darf man nicht! Wie soll dir mein Körper glauben, dass deiner ihn mag, wenn du ihn nicht sehen, nicht spüren willst, wenn du deinen lieben Körper meinem vorenthältst? Immerhin weiß ich, dass deiner sich ebenso nach meinem sehnt wie mein Körper sich nach deinem. Du hast es selber gesagt. Wovor also hast du Angst, dass du dich traust, ihn wegzusperren, deinen wunderbaren Körper mit dem erotischen Parfüm auf der Haut? Unsere

Körper – es ist das gleiche Ding, nur gepolt sind sie entgegengesetzt. (Gott sei Dank, dass es so ist.) Sie, die beiden, sind wie Plus und Minus, wie Nippel und Lasche, oder wie sagst du immer? Schatz, bist du noch dran?"

DIE SCHÖNE: „Wie Topf und Deckl!"

DER MANN: „Genau, sie sind wie Harz und Härter, wie Säure und Base, sie sind wie ..., wie... eben wie Ei- und Samenzelle (lass mich die schnellste sein). Denn sie haben keine komplizierte Psyche, vor allem haben sie kein unnütz stolzes Ego, sie wollen nur zusammensein, sonst nichts. Sie hören auf ihre Triebe. Na und? Ist das so schlimm? Sie geben nicht eher Ruhe, bis dass sie auf- und ineinandergekrochen sind, sich fest verbunden, verschmolzen, sich entladen und restlos neutralisiert haben. Das ist unser Ur-Instinkt! Es ist das Tier in uns, das dann erwacht. Verstehst du nicht? Wir beide, du und ich, wir sind vier! Denn wir sind jeder zwei Dinge, du genauso wie ich: Du bist Kopf und Bauch, und ich bin es auch! Und wenn du merkst, dass dein Bauch *es* will, dann musst auch du kopflos Rücksicht darauf nehmen! Was, sag, was ... oder wer, sag, wer hat solche Macht über dich, dir auszureden, dass wir uns endlich einmal sehen? Ist es dein verletzter Stolz? Nein, das kann ich nicht glauben! Oder doch? Es muss eine Böse oder ein schlimmer Bösling sein! Ist es ein böser Mensch, der uns unsere Liebe nicht gönnt? Ein psychisch Kranker, ein Neurotiker vielleicht? Eine grausame Neiderin, eine Eifersüchtige, ist es eine frigide Tante, ist es die vergessene Fee aus Dornröschen, die solch gesunde Liebe, solch intensive Zuwendung in ihrem eigenen Leben niemals selbst erfahren durfte? Hast du, Liebes, etwa irgend jemandem von unseren Körpern erzählt, wie stark ... wie sehr sie eins sein können, wie unzertrennlich sie geworden sind, inzwischen und noch immer?

Schatz? Bist du noch dran?"

DIE SCHÖNE (weint leise)

DER MANN (ablenkend): „Weißt du, was mir auf dem Frankfurter Flughafen passiert ist?"
DIE SCHÖNE: „Na."
DER MANN: „Stell dir vor, Schatz, hatte ich doch die Du-Tasche als Handgepäck bei mir, die haben sie durchleuchtet. Weil die dachten, ich hätte einen Zünder für eine Bombe in dem Köfferchen, musste ich es prompt öffnen!"
DIE SCHÖNE: „Maria na! Und?"
DER MANN: „Was ‚und'?"
DIE SCHÖNE: „Wos woar denn Schlimmes drin?"
DER MANN: „Deine Geisha-Kugeln!"
DIE SCHÖNE (vorwurfsvoll): „Und i hob glaubt, die hob i scho long weggworfn!"
DER MANN: „Ich hatte sie doch damals *danach* gleich repariert: Sie surren wieder!"
DIE SCHÖNE: „Maria na, und wos ham die Gendarmen gsogt?"
DER MANN: „Die Flughafenpolizei?"
DIE SCHÖNE: „Jo."
DER MANN: „Die Polizistin hättest du sehen sollen. Stell dir vor, sie wusste nicht, was das überhaupt ist!"
DIE SCHÖNE: „Wos, sie hot net gwisst, zu wos die Kugerln guat san?"
DER MANN: „Stell dir vor, ich musste es einschalten! Dann erst hat es bei ihr ‚Klick' gemacht. Und dabei ist sie ganz rot geworden im Gesicht."
DIE SCHÖNE (muss lachen): „Schotz, du Armer!"
DER MANN: „Wieso? Nicht ich hab mich blamiert, sie hat es! So zu denken, Schatz, hast du mir beigebracht!"
DIE SCHÖNE: „Du host mir no immer net gsogt, zu wos du die Toschn üweroihin mitschleppst!"
DER MANN: „Angekommen mache ich sie dann auf und denk an dich, immerzu, weißt du? Vielleicht schirmt sie mich vor anderen Frauen ab? Ich bete dich an. Und dabei stell ich mir vor, wie schön

es wäre, wärst du mit mir weggefahren. Verstehst du? Die Du-Tasche ist für mich alles, seit du nicht mehr bei mir bist, außer meinen Gedanken und Erinnerungen natürlich."

DIE SCHÖNE: „Na! Seit du nimma mehr bei mir bist! Vergiss net, *du* bist vo mir weggongn!"

DER MANN: „Weißt du, Schatz, manchmal kannst du ganz schön gemein sein. Aber die Schönheit gibt dir wohl das Recht, so zu reden. Oder ist es, weil du weißt, dass ich dich anbete? Sind es deine Rachegelüste? Ist es dein verletzter Stolz, dass ich mich mit meiner Du-Tasche begnügen muss und mit all den schlechten Kopien und Attrappen von dir, die da drin vor anderen versteckt sind? Hm, Schatz? Hast du mal darüber nachgedacht?"

UNSERE LIEBE UND DER MORGEN
(kein Reim)

An einem Abend hab ich dich entdeckt, mein Schatz.
Anfangs träumte ich von einer Nacht, doch:
Gott hat uns zusammengeführt, damit wir uns für ewig finden,
du und ich.

Diese Liebe gehört nur uns allein, so stark, so schön.
Schau, wie sehr sie uns darum beneiden,
dabei ist sie alles was wir haben,
du und ich.

Gehört die Nacht endlich uns,
lässt sie alle Zeit stillstehen.
Wild und hungrig, nehmen uns davon, soviel wir wollen,
du und ich.

Stirbt die Nacht, kommt der Morgen, so eisig kalt
dann halt mich ganz fest, mein Schatz!
In deinem warmen Bett, eine kurze Weile noch:
du und ich.

Lass diese Nacht! Wenn ihre Zeit gekommen ist, dann
lass sie ruhig sterben. Doch unsere Liebe nicht!
Denn glaub mir, wir gehören zusammen für alle Zeit,
du und ich.

DER MANN: „Alles, was du meiner Ehe gewünscht hattest, ist eingetreten!"

DIE SCHÖNE: „Wos d'n?"

DER MANN: „Meine Frau und ich, wir haben nicht mehr miteinander geschlafen, seit ich das erste Mal mit dir zusammen war! Mehr noch, jede Nacht denke ich an dich, dabei tut mir so oft mein Herz weh! Als ich noch bei dir war, kannte ich das nicht. Meine Haare, furchtbar, werden an den Schläfen grau! Mein Knie, das ich nie spürte, solange wir zusammen waren, fängt wieder an zu muckern. Die Schulter schmerzt jetzt wieder, wie damals, nach meinem Skiunfall. Neuerdings krieg ich Sodbrennen, und gegen die Magenschmerzen trinke ich jeden Morgen eine Tasse bitteren Wermuttee. Morgen habe ich Termin beim Kollegen Ophthalmologen. Wahrscheinlich brauche ich eine Brille. Sogar von der guten Musik höre ich nicht mehr alle Frequenzen. Ich kann mich nicht auf die Arbeit konzentrieren, immerzu denke ich an dich. Ich denk so oft an unsere Zeit zurück, dann kommen sie wieder – diese Bilder und Sequenzen. Je länger ich von dir wegbin, desto seltener gehe ich in unsere kleine Friesenkapelle. Verstehst du? Es war so schön bei dir, zwischen all den Farben, den Marterln, den leuchtenden Kerzen in der Gruft und denen in der Messe. Fast ist es wie früher, als ich ohne dich war, ohne deinen Zauber, ohne Kirchenglocken, ohne deinen Duft, ohne Kräuter und diesen Rausch, ohne meine Trance, in die du mich versetzt hast. Wie *ohne Gott?* Mir ist so kalt geworden. Der Pfarrer hier ist ein komischer Mensch, bei der Predigt nimmt er die Hände nicht aus den Taschen seiner zerschlissenen Jeans. (Ihm mag ich nicht trauen.) Der Psychiater meint, ich hätte eine reaktive Depression. Er ist frustriert, weil ich mich nicht ausspreche. (Was geht den auch unsere Liebe an!) Meinen Schreibtisch müsstest du mal sehen. Darauf sieht es aus wie in meinem Leben, seit ich von dir weg bin: ständig unaufgeräumt, ständig liederlich. Müll liegt da herum wie in meiner Seele: Seelenmüll. Ich trau mich nicht, etwas davon über Bord zu werfen und zu verklappen. *Du machst mich krank!* Ja, du hast mich verhext! Du liebe kleine Hexe, du!"

DIE SCHÖNE: „A soo?"

DER MANN: „Eigentlich wollte ich dich nur anrufen, um dir zu sagen, dass ich dich noch immer ganz doll liebe!"

DIE SCHÖNE: „Danke! Woaßt, des tuat so guat, zu wissen, von an andern Menschn geliebt zu werdn!"

DER MANN: „Hab letzte Nacht von dir geträumt, von dir als Eiskunstläuferin!"

DIE SCHÖNE: „Ois Eiskunstläuferin?"

DER MANN: „Ja, wie du, splitternackt, vor mir eine Pirouette drehst. Und ich dann auf dem Eis vor dir auf die Knie falle, um zu dir aufzuschauen, während du dich auf einem Bein weiterdrehst, spreizt du das andere ganz langsam ab und gehst mit deinem Oberkörper in die Waage, so dass ich alles genau sehen kann … und …"

DIE SCHÖNE: „Und?"

DER MANN: „… und deinen Duft spüren!"

DIE SCHÖNE: „Und i hob a vo dir tramt, wia i mei weiße Wäsch anhob, woaßt d'es eh, die Spitznwäsch. Und du durch des Loch in dem Stoff hindurch gonz, gonz tief in mich reinkriachst!"

DER MANN: „Du machst mich total verrückt, Schatz, wenn du so sprichst! Schatz, meine liebe Maya, mein Liebstes, meine Herzallerliebste, ich lieb dich!"

DIE SCHÖNE: „I di a. Oba wos soll's. Du wüst mi eh net, sonst würdst zu mir z'ruckkemma."

DER MANN: „Warum? Und das hab ich dich schon mal gefragt, warum muss ich eigentlich zu dir zurückkommen, warum kommst du nicht her zu mir? Hier am Meer ist es wunderschön! Und sag, warum willst du unbedingt dort bleiben, wo du schon immer lebst? Und warum muss ich kommen und nicht du, wenn auch du mich liebst, wie du eben sagtest?"

DIE SCHÖNE: „Na. Moanst, i wü in der Nähe vo deiner Frau sei, und nur donn, wonns d'a bisserl Zeit für mi übrig host, muass i do sei? Na, i loss mi net ausnutzn!"
DER MANN: „Dann ... dann wandern wir aus! Ja, wir gehen nach Norwegen oder ... nach Neu-Seh-Land! Dort gibt es eine einzigartige Natur, Pflanzen und Tiere, die wir noch nie in unserem Leben gesehen haben. Und in Christchurch gibt es sicher ein Krankenhaus, da könnten wir beide arbeiten. Schatz, dann kaufen wir uns eine schöne *Harley*, wenn du willst, sogar eine mit Musik, und erkunden die Insel! Und im Urlaub setzen wir über, nach Australia. Dann ist es vorbei mit deiner falschen Bescheidenheit, für immer könntest du auf dein antiautoritäres T-Shirt verzichten und nie wieder sagen müssen: ‚Schönbrunnerland – no kangaroos!'"
DIE SCHÖNE: „Na. I muass do bleibm, weil hier hob i meine Wurzeln, woaßt! Woaßt no immer net, wie meine Blumen hoaßn?"
DER MANN: „Die Blüten vom Fluss, wo wir badeten und das Blutströpfchen sahen?"
DIE SCHÖNE: „Jo!"
DER MANN: „Wo dir die Kreuzspinne über den Bauch krabbelte und der Königsmantel über das Mädesüß?"
DIE SCHÖNE: „Und der Trauermantel über den Bittersüß."
DER MANN: „Und als die Säbelschrecke am gelben Wundklee nagte!"
DIE SCHÖNE: „Und die Totengräber, woaßt d'es eh, die kloanen Käfer, unter dem Blutweiderich!"
DER MANN: „Nein, unter dem blauen Ehrenpreis!"
DIE SCHÖNE: „Und die Gottesanbeterin!"
DER MANN: „Weißt du, dass außer uns dort noch nie jemand eine Gottesanbeterin gesehen hat?"
DIE SCHÖNE: „Na!"

Der Mann: „Ich hatte dir doch erzählt, was sie während der Paarung macht?“

Die Schöne: „Die Gottesanbeterin?“

Der Mann: „Ja.“

Die Schöne: „Jo eh. Und außerdem, host vergessn, dass du vo mir weckagongn bist? Verstehst? Net i hob di verlossn. Na! Du host mi im Stich lossn! Host des scho vergessn?“

Der Mann: „Nein. Sicher nicht! Und ich weiß, dass ich dir wehgetan habe. Bitte verzeih mir! Aber mir geht es jetzt auch nicht gut, das kannst du glauben.“

Die Schöne: „Jo. Du host gmerkt, dass es mit deiner Frau nimma so is wie frührer. Und jetz wüst z'ruck! Du woaßt net, wos d'wüst!“

Der Mann: „Nein nein! Es ist ganz anders: Erst jetzt spüre ich, wie sehr du mir fehlst!“

Die Schöne: „Na. Woaßt, i mechtert des net, wonns du jede Nocht neben ihr schlofst. Und i konn des net glaubm, dass nix passiert zwischen dir und ihr! Stöll dir vor, i mochert des a so und suachert mir an Monn, der jede Nocht nur so neben mir schloft. Würdst du mir des glaubm? Na! Sicher net!“

Der Mann: „Weißt du, was ich die ganze Zeit, seit wir uns kennen, immer wieder träume?

Die Schöne: „Na.“

Der Mann: „Ich träume, ich würde abstürzen!“

Die Schöne: „Abstürzen?“

Der Mann: „Ich träum, ich bin mit dir auf einem Hochsitz und merke erst oben, wie beängstigend hoch und wie wackelig das Gestell eigentlich ist.“

Die Schöne: „Auf an … wos?“

Der Mann: „Auf einem Hochsitz.“

Die Schöne: „Von an Jager?“

Der Mann: „Ja, auf einem dieser wackeligen Dinger, du weißt

schon. Manche sind so alt und morsch, dass man ihnen schon von unten die Baufälligkeit ansieht. Andere aber sind sogar angesägt!"
DIE SCHÖNE (erschrocken): „Angsägt? A Jagersitz? Mit ana Säge?"
DER MANN: „Ja, von militanten Tierschützern. Nicht jeder Jäger, der von seinem Hochsitz fällt, hat zu viel *Jägermeister* intus oder Jagertee."
DIE SCHÖNE: „Und wos mochst mit mir, auf dem Jagersitz?"
DER MANN: „Ich küß dich, und dann …"
DIE SCHÖNE: „Und donn?"
DER MANN: „Zinzin!"
DIE SCHÖNE: „Und i, woaßt, wos i immer wieder tram?"
DER MANN: „Nein? Bitte, erzähl es mir!"
DIE SCHÖNE: „I tram, i müssert dringend zur Arweit ins Kronknhaus, oba i kimm nie an!"
DER MANN: „Du kommst nie an? Und warum?"
DIE SCHÖNE: „A beese Frau is, die mi aufhoilt, oiweu wieder."
DER MANN: „Und wieso? Ich mein, was tut sie denn, damit du nicht hinkommst?"
DIE SCHÖNE: „I woaß net. Des kimmt net vor in mei'm Tram."
DER MANN: „Schatz, angenommen, ich käme zurück zu dir, dann hab ich … dann hab ich keinen Halt, außer durch dich! Verstehst du? Niemand sonst hält mich, wenn ich falle, nur du allein! Und ein paar Böslinge würden mir, am Abhang stehend, sogar noch einen Schubs geben!"
DIE SCHÖNE: „Zu wos?"
DER MANN: „Weil sie uns unsere Liebe nicht gönnen. Und was dann, wenn …"
DIE SCHÖNE: „Wonn wos?"
DER MANN: „Wenn plötzlich auch du mir keinen Halt mehr gibst?"
DIE SCHÖNE: „Schotz, wie konnst du nur glaubm, i würd net zur dir hoiltn, du woaßt eh, wie sehr i di liab. Hob i net immer hinter dir gstandn?"

DER MANN: „Du hast so oft geschimpft mit mir! Hast du das schon vergessen? Manchmal warst du wirklich nicht fein zu mir. Hast du vergessen, wie gemein du manchmal zu mir warst? Glaub mir, ich habe Angst vor deinen Launen! Denn irgendwann könnte es sein, dass du irgendwas sagst, das alles kaputt macht. Es sind deine Augen, die dann, während deiner Aura so ganz anders werden. Sie stechen mich, ja! Ich sehe es deinen schönen blauen Augen an, lange bevor du mich mit Worten dolchst!"
DIE SCHÖNE: „Und du, woarst du net a bees zu mir? Host scho vergessn, wie du mi ignoriert host und di gschamt host mit mir?"
DER MANN: „Ich hab mich niemals mit dir geschämt! Und du? Kannst du dich noch an die Zeit erinnern, als du wolltest, dass ich mein Auto nicht vor dein Haus stell! Du wolltest, dass ich es verstecke. Ja, mein Auto war versteckt vor den Blicken der anderen, während wir Zinzin gemacht haben. Du wolltest es so!"
DIE SCHÖNE: „Jo, mog sei."
DER MANN: „Ja, und deshalb wollte auch ich nicht, dass sie so blöde über uns reden, über dich so wenig wie über mich! Verstehst? Hast du denn vergessen, wie wir den Augenblick genossen, das Gefühl, einmal im Leben so sehr geliebt zu werden und dabei selber so sehr lieben zu dürfen? Klar, sie wussten, dass ich bei dir war, jede Nacht. Aber unsere Liebe konnte uns keiner nehmen. Ja, Liebe macht blind. Aber warum sollten wir denn so dumm sein und ihnen offen zeigen, wie sehr wir uns lieben? Nein, ich bin kein Angeber, kein Extrovertierter, kein Egomane. Es geht doch die anderen nichts an, oder?"
DIE SCHÖNE: „Jo, sog's scho! Es wor oiso a Dummheit, dass du bei mir woarst!"
DER MANN: „So ein Unsinn, das habe ich nicht gesagt!"

„Der Hund vor deiner Tür"

DIE SCHÖNE: „Hallo! Wos mochst'n grod Scheens?"

DER MANN (im Auto): „Stell dir vor, Schatz! Ich bin ganz in deiner Nähe!"

DIE SCHÖNE (erschrocken): „Wos?"

DER MANN: „Ja! Bin kurz vor der Autobahnabfahrt zu dir nach Hause!"

DIE SCHÖNE: „Wie moanst'n des?"

DER MANN (erwartungsvoll): „Eine Stunde noch! Dann werde ich endlich über den Krautgraben sein. Ja, dann bin ich bei dir ... sofern du willst, natürlich!"

DIE SCHÖNE: „Wie stöllst du dir des vor? Wir ham uns so long nimma gsehgn!"

DER MANN (schockiert): „Aber Schatz, gestern sagtest du doch, dass du mich liebst!"

DIE SCHÖNE: „I wü, dass wir uns nie mehr wiedersehgn! Du bist von mir wecka gongn, so weit weg! I hob des net verkroftn kinna, verstehst du des net? Und jetz, jetz wüst afoch wieder doherkemma, wie wenn nix gwesn waa, wie wannst überhaupt net weckagongn warst? Na!"

DER MANN (enttäuscht und müde von der langen Fahrt): „Du hast gesagt, du liebst mich! Gestern! Schatz! Erst gestern hast du das gesagt! Hast du das vergessen?"

DIE SCHÖNE: „I werd di a immer liabm!"

DER MANN: „Ja aber ... Lieben heißt, sich sehen, sich spüren wollen! Willst du, dass unsere Liebe ausblutet?"

DIE SCHÖNE: „I wü net, dass d'heit zu mir kimmst, verstehst!"

Anruf am übernächsten Tag

DIE SCHÖNE: „Hallo!"

DER MANN: „Hallo!"

DIE SCHÖNE: „I wollt nur hörn, ob du wieder guat z'haus an'kemma bist."
DER MANN: „Danke der Nachfrage!"
DIE SCHÖNE: „Woaßt, a wen'g Sorgn hob i mir scho gmocht!"
DER MANN: „Wirklich? Ach was!"
DIE SCHÖNE: „Bist jetz bees auf mi?"
DER MANN: „Eine blödere Frage könnte dir wohl nicht einfallen!"
DIE SCHÖNE: „Worum bist net afoch kemma?"
DER MANN (fassungslos): „Was denn, zu dir, an deine Tür? Nein!"
DIE SCHÖNE: „Jo. Worum net? Moanst, i hätt di weckagschickt, hm? Vor mei'm Haus im Regn stehn lossn und weckagschickt, so wia ma an Hund weckaschickert?"
DER MANN: „Genau, davor hatte ich Angst! Und nicht ohne Grund!"
DIE SCHÖNE: „Worum?"
DER MANN: „Ach, tu nicht so! Du hättest mir wieder einmal gesagt, dass ich nicht mehr kommen soll!"
DIE SCHÖNE: „Schau, i hob eh jemond anders einilossn …"
DER MANN (entsetzt): „Was hast du?"
DIE SCHÖNE: "… jo, den i scho a gonze Weil nimma gsehgn hob."
DER MANN: „Alles klar!"
DIE SCHÖNE: „Wir ham a Glaserl Wein trunkn, und donn is er wieder gongn."
DER MANN: „Nein. Ich könnte das nicht. Und außerdem, du hättest mich bestimmt nicht reingelassen. Das Komische ist nur …"
DIE SCHÖNE: „Wos?"
DER MANN: „Ich bin an einem Punkt, wo ich froh wäre, der Hund vor deiner Tür zu sein! Vorausgesetzt, du jagst mich, den häßlichen, räudig gewordenen Köter, nicht weg, würde ich sogar freiwillig dein Wachhund sein, dein Sklave, ja! Ab und zu müsstest du dich allerdings herablassen, mir, deinem Bodyguard, einen frischen Knochen oder ein paar Fleischreste vor die Tür in den Regen zu werfen. (Aber bitte kein Rindfleisch!) Ich würde jeden

Verbrecher fernhalten, aber auch jeden Gendarmen, der dir ein Bußgeld abverlangt, wenn du mal wieder zu schnell gefahren bist oder während der Fahrt per Handy telefoniert hast. Dass du es nur weißt: Ich würde jedem die Eier abbeißen, der es wagt, mit einer Flasche Schlüpferstürmer in der Hand bei dir anzuklopfen! Und außerdem …"

DIE SCHÖNE: „Wos?"

DER MANN: „Außerdem wär ich froh, ab und zu deine schönen nackten Beine von unten sehen zu dürfen. Eine fantastische Perspektive muss das sein, aus der Sicht eines Hundes!"

DIE SCHÖNE: „Na guat. I mog scho, dass d'wieder amoi mit mir schlofst, oba net bei mir z'haus. Woaßt, wegen den Nochbarn. Damit ma net denkt, i bin für an jedn zu ham. Woaßt, so dass a jeder kumma und gehn kunnt, wia's eahm einfoillt … und donn afoch nimma z'ruckkummt."

DER MANN (enttäuscht und verwirrt, aber nur eines im Kopf): „Und wo wollen wir uns treffen?"

DIE SCHÖNE: „Wo du wüst! Irgendwo in da Mittn! „

DER MANN: „Das wäre … zum Beispiel … Ja, in Nürnberg! Da musst du nicht ganz so weit fahren, und da wolltest du schon immer mal hin."

DIE SCHÖNE: „Jo, dort is der Heilige Sebaldus aufgebahrt!"

DER MANN: „Bald ist Advent. Da müssen wir unbedingt zum Christkindlmarkt! Ich wette, du hast noch nie so wunderbare Lebkuchen gegessen! Dazu gönnen wir uns einen Cappuccino, in einem der schmucken Cafés am Hauptmarkt."

DIE SCHÖNE: „I gfreu mi jo so!"

DER MANN: „Ich mich auch, mein Schatz!"

DIE SCHÖNE: „Und wo wüst mit mir schnacksln?"

DER MANN: „Ich suche uns ein kuscheliges, warmes, weiches Liebesnest!"

DIE SCHÖNE: „Mit ana Bodwonn!"

DER MANN: „Mit einer großen Liegewiese auf einem Podest!"

DIE SCHÖNE: „Mit dir allaan!“
DER MANN: „Nur mit dir allein. Niemand stört uns!“
DIE SCHÖNE: „Du, Schotz?“
DER MANN: „Ja?“
DIE SCHÖNE: „I pock den Lendengurt ein. Bringst du den Rest mit?
DER MANN: „Welchen Rest?“
DIE SCHÖNE: „Von unserer Liebesschaukel!“

Das Wunder des Augenblicks

Gemeinsam brechen sie aus, jeder aus seinem Kompartiment, aus der angeblich so wichtigen Routine, aus der Hektik, um nichts anderes zu tun, um einzutauchen in die Einfachheit der Liebe. Dafür braucht es keine Anleitung, keine Gewöhnung, keine lange Zeit der Wiederentdeckung. Es ist, als hätten sich ihre Körper eben erst getrennt, gestern? Und doch ist die Begierde größer als beim allerersten Mal. Das macht es so wunderbar: keine Skepsis, keine Angst haben zu müssen. Ihre vertrauten Körper, ihre Organe, die sofort wissen, was zu tun ist. Ein Spiel? Liebesernst, wie ein Choral? Wozu nachdenken, denn alles ist geregelt, alles, für diesen Augenblick, von Gott! Für die Liebe braucht es keinen Kopf. In der Nacht sind sie eins. Sie ist er, und er ist sie. Die Liebesnacht kennt keine Zeit. Endlich ist es soweit. Alles um sich herum werden sie vergessen, sich vorantasten im Liebestakt ihrer Lust. Immer weiter, immer weiter, bis es Morgen wird? Nein! Sie gönnen sich Kredit, lassen den Morgen nicht herein. Schließen alle Jalousien, lange bevor es draußen hell wird. Wissen nicht mehr, ist es draußen Tag oder Nacht? Wäre da nicht die Putzfrau …
DIE SCHÖNE: „Es is so scheen mit dir, Liebling!“
DER MANN: „Ja, dieser Augenblick soll niemals vergehen!“
DIE SCHÖNE: „Nur der zählt! Genießen wir diese Lust!“
DER MANN: „Egal was passiert, egal was aus uns wird, aus unserer

großen Liebe: Mit dir habe ich die schönste Zeit meines Lebens verbracht. Schatz, das kann uns keiner nehmen!"
DIE SCHÖNE: „Nur der Augenblick zählt. Halt ihn fest, diesen Augenblick, bitte, und lass ihn nimma mehr los!"

Sie halten sich fest umschlungen und hüten sich, von morgen zu sprechen.

Drei Wochen „danach"

DIE SCHÖNE: „Des woar des scheenste Abschiedsgschenk, wos du uns host mochn kinna!"
DER MANN: „Ich? Uns? Ja, aber ... wie meinst du das? Wieso Abschiedsgeschenk?"
DIE SCHÖNE: „Es muass endli Schluss sei!"
DER MANN: „Du sagtest, du würdest mich lieben! Ich ... ich mein, sehen wir uns nicht bald wieder?"
DIE SCHÖNE: „Na!"
DER MANN: „Schau, heute habe ich schon beim Frühstück an dich gedacht, als das Glas mit deiner Marillenmarmelade plötzlich leer wurde. Weißt du noch? Nachdem ich dich nach Hause gebracht hatte, hast du mir ein *Hofer*-Sackerl mitgegeben, darin deine gute Thermoskanne mit frisch gebrühtem Kaffee, eine Kaffeetasse aus Porzellan, drei Stücken Apfelstrudel in deiner nagelneuen *Tupperware*-Box und das Glas mit der selbst gemachten Marillenmarmelade, erinnerst du dich ... dessen Schraubdeckel du nicht aufbekommen hattest?"
DIE SCHÖNE: „Jo und, woar's leicht net guat für di?"
DER MANN: „Und? Was habe ich noch nicht erwähnt?"
DIE SCHÖNE: „Nix!"
DER MANN: „Doch doch! Die rosa Serviette nämlich, auf die du mit deinem roten Lippenstift in das Herz geschrieben hattest: ‚Ich lieb dich!'"
DIE SCHÖNE: „Jo und?"

DER MANN: „Du machtest dir Sorgen, deshalb der Kaffee, den ich nach unserem Wiedersehen so dringend brauchte, weil ich *danach* so müde war. Und unterwegs riefst du mich an, um zu testen, ob ich schon Pause gemacht habe, indem du mich fragtest, ob ich wisse, was auf der Serviette steht!“
DIE SCHÖNE: „Jo und?“
DER MANN: „Hast du schon vergessen, welche Worte du mir auf den Weg gegeben hattest?“
DIE SCHÖNE: „Wos d'n leicht?“
DER MANN: „Du sagtest, du wünschtest, dass mich die Rückgabe des leeren Geschirrs bald wieder auf den Weg zu dir führt!“
DIE SCHÖNE: „Und?“
DER MANN: „Wie stehst du nun dazu? Ich meine, vor wenigen Wochen noch sagtest du, du würdest mich lieben. Du gabst es mir sogar schriftlich, und du wünschtest dir nichts sehnlicher, als dass wir uns wiedersehen.“
DIE SCHÖNE: „Na!“
DER MANN: „Warum nicht? Wie kannst du nur plötzlich so eiskalt sein, vor drei Wochen hast du noch mit mir geschlafen!“
DIE SCHÖNE: „Wos bild'st du dir eigentlich ein? Wos glaubst, wer du bist? Denkst, du konnst afoch doherkemma, und donn foahrst wieder z'ruck zu ihr, wie wenn nix passiert waa. Und spielst den braven Ehemonn?“
DER MANN: „Aber Schatz ...“
DIE SCHÖNE: „I wü, dass du mi nie, nie, nie wieder anrufst! Loss mi für immer in Ruah! I wü, dass wir uns nie mehr wiedersehgn!“
DER MANN: „Und wie soll es bei dir weitergehen?“
DIE SCHÖNE: „I suach mir an gonz an feschn jungen Monn. An, der nur mi liebt und der mir treu is, woaßt?“
DER MANN: „ ‚Nimm dir einen anderen, denn ich liebe dich‘, oder neudeutsch: ‚Someone new‘! Kennst du das Lied? Weiß nicht, ich könnte dich nicht einfach so loslassen, würde ihn ver-

prügeln, käm er mir unter! Pass bloß auf, dass ich ihn nicht sehe, ich garantiere für nichts!"

DIE SCHÖNE: „Gonz bestimmt werd i jemondn findn!"

DER MANN: „Und was ist mit uns?"

DIE SCHÖNE: „Wos, ‚mit uns'?"

DER MANN: "... mit unserer Liebe?"

DIE SCHÖNE: „Du konnst mi goar net liabm, sonst warst net weckagongn!"

DER MANN: „Ihr Frauen könnt so eiskalt sein!"

DIE SCHÖNE: „Ach, ihr armen Monna!"

DER MANN: „Ja, wirklich! Ihr bringt es fertig, euer Herz an eine Kommandozentrale anzuschließen und plötzlich zu behaupten, ihr hättet kein Gefühl mehr für einen, und das zieht ihr dann konsequent durch, stur und eiskalt! Du weißt, wir trennten uns schon so oft, dass es zum Schluss nichts mehr bedeutet! Weißt du eigentlich, Schatz, dass du die ganze Zeit immer wieder und wieder auf mir herumgehackt hast? Dein ewiges ‚Ja und Nein', dein ‚Hüh und Hott' ... es war eine Qual für mich ... nein, eine Qual für uns beide! Du hast es uns beiden nicht leicht gemacht! Bist mit uns Achterbahn gefahren, die Achterbahn der Gefühle! Warum nur hast du uns immer wieder so gequält? Warum hast du unseren Körpern nicht mehr Zeit gegönnt, als wir zusammen waren im Rausch unserer unbeschreiblichen Gefühle? Hättest du ihnen mehr Zeit gelassen, vielleicht wären sie dann unzertrennlich geworden. Weißt du noch? Wir wollten nur noch *eins* sein, wir hatten die Liebe neu erfunden, und wenn ich ganz tief in dir drinsteckte, waren wir überzeugt, unsre Seelen seien vereint! Das ist das Höchste, das gibt es nur in der echten Liebe! Deine Selbstkasteiung – wofür eigentlich? Und dennoch, ob du es mir glaubst oder nicht, ich nehm es dir nicht übel ... wahrscheinlich, weil ich dich so sehr liebe! Inzwischen habe ich alles verloren, sogar meine Freunde! Keiner ruft mehr an, keiner schreibt mir. Meine Familie und die ganze Verwandtschaft habe ich vernachlässigt. Meinen beruflichen Ehrgeiz hab ich aufgegeben – deinetwegen! Weißt du noch? Sogar bei der Bewerbung um die Chefstelle hatte ich immer nur an dich gedacht. Nun bin ich bankrott, hab nicht mal mehr dich. Ich vermisse dich, Schatz! Dich und deinen Körper! Ich liebe dich so sehr, aber unsere Liebe ist destruktiv, sie macht uns beide kaputt. Sie zerstört mein bisschen Leben, denn ich habe keine so starke Krücke wie du, verstehst du? Mein Glaube ist noch nicht so stark wie deiner. Selbst wenn ich es jetzt schon wieder vermisse, dein ewiges ‚Hin und Her', deine Launen … ich wüsste nicht, wie wir auf Dauer miteinander klarkämen, wie wir beide unter einem Dach leben könnten, ohne uns irgendwann ganz schlimm zu streiten! Ja, jetzt weiß ich es. Der riesengroße Knall! Ich kenne mich, irgendwann würde ich es nicht mehr verkraften! Ich hab keine Lust mehr, mich von dir anspucken zu lassen. Warum, sag … wofür hasst du mich? Wahrscheinlich hast du recht, wenn du sagst, ich hätte dir das Gefühl gegeben, du seist nur die zweite Geige für mich. Tut mir leid. Kann nichts dafür, dass ich dich liebe! Kann nicht dafür, dass ich dich nicht schon mit achtzehn kennenlernte! Aber das gibt dir auch nicht das Recht, so gemein mit mir umzuspringen. Auch ich bin nicht zweite Wahl für dich, nicht jemand, den du behandeln kannst wie einen Knecht, wie deinen Hund, Koch und Butler, deinen Leibarzt und Seelentröster, wie deinen Sexsklaven, dessen Liebe du nur ausnutzt, den du beschimpfen und quälen kannst, wenn er dich befriedigt hat. Irgendwann lasse ich mir das nicht mehr bieten. Jetzt! Jetzt bin ich so weit, und deshalb: *Gib mir mein Herz zurück!"*

Unerwarteter Anruf

DIE SCHÖNE (aufgeregt): „Guat, dass i di erreich!"
DER MANN: „Hallo?"
DIE SCHÖNE: „Stöll dir vor, Liebling, heit wär i fost gstoarm!"

DER MANN (erschrocken): „Was? Gestorben? Gestorben … wieso?"
DIE SCHÖNE: „Jo, stöll dir vor. Foahr i hinter an gonz an großen Lostwogn her, a gonz a großes Baufahrzeug, a Kipper, aner mit so große Räder, dopplte Hinterräder, woaßt?"
DER MANN: „Ja, erzähl!"
DIE SCHÖNE: „I hob woiln grod überhoiln, hob oba auf den Entgegenkommenden woartn miassn, wia a gonz a großer Stan aus'm linkn Hinterrod außerkemma is und mei Auto troffn hot!"
DER MANN (besorgt): „Ein zwischen den Reifen verkeilter Stein, zwischen den Zwillingsreifen?"
DIE SCHÖNE: „Jo!"
DER MANN: „Und … was … ich mein, es ist dir hoffentlich nichts passiert, Schatz!"
DIE SCHÖNE: „Woaßt, i hob an di denkt, und i glaub, nur weil i an gonz an großen *Schutzengl* hob, hot mi der Stan net troffn, sondern er is nur durch die Scheibm gflogn, gonz dicht an mei'm Kopf vorbei, stöll dir des vor, Liebling!"
DER MANN (fassungslos): „Was denn, der Stein ist durch dein Auto geflogen?"
DIE SCHÖNE: „Jo!"
DER MANN: „Etwa … vorn rein … und … hinten wieder raus?"
DIE SCHÖNE: „Jo, wia a Geschoß! Alle zwoa Scheibm san kaputt! Und zum Glück hob i mei Sonnenbruilln aufghobt! Weil ois is voil mit Glassplitter."
DER MANN: „Ich fasse es nicht! Weißt du, da hast du ein Wahnsinnsglück gehabt! Bin ich froh, dass dir nichts passiert ist! Du hättest … du hättest dabei draufgehn können, Liebes! Weißt du das?"
DIE SCHÖNE: „Und i dank dir dafür!"
DER MANN (verwirrt): „Mir? Wieso mir? Wofür?"
DIE SCHÖNE: „Jo, mei Freindin hot gsogt, sowos überlebt ma nur, wonn ma an gonz an großn, stoarkn Schutzengl hot!"

DER MANN: „Schatz, da hast du wirklich Glück gehabt! Ich möchte dich so gern trösten, dich in den Arm nehmen, weißt du?“
DIE SCHÖNE: „Des warert scheen! Na. Is scho guat. I hob mit dir nur redn woiln, woaßt, damit i dir sog, wie dankboar i bi!“

Anruf, drei Monate später

DIE SCHÖNE: „Stöll dir vor, Liebling, heit hob i auf'm Moarkt zwoa oide Fraun troffn ...“
DER MANN: „Aha, warst du auf dem Wochenmarkt?“
DIE SCHÖNE: „Jo, scheen wor's!“
DER MANN: „Und, was gab es Gutes?“
DIE SCHÖNE: „Oiso, i hob kaft: an Blumenstrauß für mei Mama, an Kohl, frische Sömmln, a frischs Brot, a gonz a guats Bauernbrot, woaßt?“
DER MANN: „Mmmm, hör auf, da bekomme ich gleich Appetit!“
DIE SCHÖNE: „Oba wos i dir hob woiln derzöhln ... die zwoa Fraun, wie die dort über Monna g'red't ham, ham s'mi gfrogt, ob i a an Monn hob. Und i hob gsogt, dass mei Monn wecka gongn is.“
DER MANN: „Und?“
DIE SCHÖNE: „Woaßt, wos sie gsogt ham?“
DER MANN: „Was denn?“
DIE SCHÖNE: „Wonn er a guada Monn is, kimmt er eh z'ruck. Wonn er nix taugt, donn soll er blei'm, wo der Pfeffer wachst!“

Ultimatum

DIE SCHÖNE: „Griaß di!“
DER MANN: „Hallo, wie geht's?“
DIE SCHÖNE: „Guat, danke, und dir?“
DER MANN: „Danke.“

Die Schöne: „I foahr heit Nochmittog mit mei'm Nochbarn Radl, in d'Wachau, von Grein noch Spitz, woaßt?"
Der Mann: „Na dann, viel Spaß auch!"
Die Schöne: „I woilt di nur vorher frogn, obs du in die nächstn zwa Johr zu mir z'ruckkimmst?"
Der Mann: „Du bist gemein! Wie könnte ich dir so plötzlich darauf antworten?"
Die Schöne: „Denk guat noch, weil es könnt sei, dass du mi sonst verlierst!"
Der Mann (überrascht): „Nein, wahrscheinlich nicht, ich muss noch ein paar Jahre hier arbeiten und möchte noch ein paar Dinge für mein Leben ins Reine bringen, weißt du?"
Die Schöne: „A danke, des woilt i nur wissn, woaßt, donn konn i mir an andern Monn nehman. I bin auf d'Nacht immer so alloan."
Der Mann: „Du kannst so lieb sein, aber auch so gemein! Ich will nicht, dass du mich unter Druck setzt."
Die Schöne: „Na. Versteh mi net foilsch. Oba du wirst a ölter, und no zehn Johr ... donn bist a scho oild und i a ölter!"
Der Mann (gekränkt): „Und? Bist du jetzt fertig? Hast du mich etwa angerufen, um mir das zu sagen?"
Die Schöne: „Du denkst zu oft an dei Arweit anstatt an uns, Liebling! Weil, du denkst immer, do kimmt no wos."
Der Mann: „Ja, ganz bestimmt sogar!"
Die Schöne: „Na! Glaub mir, do kimmt nix mehr! Du bist a nur a gonz a kloans Sandkerndl von an gonz an großn Sandhaufn von Milliarden von Sandkerndln, wos alle Menschn san, verstehst?"
Der Mann (verärgert): „Ja. Und?"
Die Schöne: „Und noch dei'm Tod ham di alle vergessn, nur die net, die di liabm! Verstehst?"
Der Mann (schweigt)
Die Schöne: „Bist no dran?"
Der Mann: „Ja schon. Na dann, schön'n Nachmittag!"

DIE SCHÖNE: „Bitte sei net bees, oba du muasst mi a verstehngan! Und wir kinnan jo Freind blei'm: *Telefonfreunde*, woaßt!"
DER MANN (beleidigt): „Nein, danke! Ich glaube nicht, dass ich nur noch ein Freund für dich sein könnte! Na dann, schönen Tag auch! Tschüs. Ich muss jetzt arbeiten." (Er legt auf.)

Am nächsten Tag

DIE SCHÖNE (meldet sich mit ihrem Familiennamen)
DER MANN: „Hallo, Schatz! Geht es dir gut?"
DIE SCHÖNE: „Na. I hob nochdacht über uns: I liab di nimma!"
DER MANN: „Was?"
DIE SCHÖNE: „Und es is a besser so. Wia du scho gsogt host, kinnan mir koane Freind mehr sei. Entweder ma liebt si oder net. Oba Freindschaft konn des net sei!"
DER MANN: „Was soll das heißen? Du behauptest von mir Dinge, die ich nie gesagt habe. Ich habe gesagt, dass ich nicht nur ein Freund für dich sein kann, du aber, du verdrehst alles. Auch wenn man auseinander ist, muss man sich nicht zum Feind werden. Und was du jetzt tun willst, ist das Gegenteil, ist Rachenehmen. Du weißt, als Christ muss man verzeihen können. Du weißt eh, sogar der Papst hat seinen Attentäter im Knast besucht, um ihm zu vergeben. Aus deinen Worten klingt Hass! Hast du heute schlechte Laune, die du an mir auslassen musst? Bin ich dir dafür noch gut genug, wenn du schon beschlossen hast, mich nicht mehr zu lieben?"
DIE SCHÖNE: „Siachst, wir passerten eh net z'sam!"
DER MANN: „Doch, ganz sicher sogar, und du weißt es ganz genau, und ich liebe dich, ich brauche dich, und wenn du für uns beschlossen hast, dass ich dich nicht mehr sehen darf, dann bin ich froh, dass ich dich wenigstens noch sprechen darf."
DIE SCHÖNE: „Na!"
DER MANN: „Wie bitte?"

Die Schöne: „Na, i wü, dass du mi gonz in Ruah losst, oiso a nimma mehr anrufst!"
Der Mann: „Wie bitte? Gar nicht mehr? Ich mein … ich darf dich nicht mal mehr anrufen? Sag, wer hat dich nur dazu gebracht, so schlimmes Zeug zu reden? Die Stimme ist die von dir. Aber diese Worte sind es nicht!"
Die Schöne: „Lossen wir ois so, wie's jetz is. Du host dei Famülie. Du lebst dei Lebm und i meins. Nur bitte, versprich mir, dass du mi nie, nie, nie mehr anrufst! Loss mi in Ruah!"

Widderglück

Die Schöne: „Hallo, Liebling!"
Der Mann (überrascht): „Hallo?"
Die Schöne: „Geht's dir eh guat?"
Der Mann: „Es geht, danke der Nachfrage! Und dir?"
Die Schöne: „I wünsch dir und deiner Famülie a gsegnetes Weihnachtsfest!"
Der Mann: „Danke! Lieb, dass du anrufst. Ich wünsch dir und deinem … na du weißt schon … auch ein schönes Fest!"
Die Schöne: „Du, do is niemand!"
Der Mann (schweigt)
Die Schöne: „Woaßt, wos i glesn hob?
Der Mann: „Nein?"
Die Schöne: „Dass unser gemeinsames Sternzeichen des anzige gleiche Sternzeichen is, wos harmoniert?"
Der Mann: „Ach, tatsächlich?"
Die Schöne: „Jo, besonders guat sogoar! I hob des nämlich in an kinesischn Buach glesn … Und, wie lauft's in deina Arweit? Host vü Patienten?"
Der Mann (reserviert): „Genug zu tun. Danke der Nachfrage!"
Die Schöne: „Wie hoaßt es immer so scheen: ‚Ohne Fleiß koa Preis!'"

DER MANN: „Dann … danke für den Anruf! Tschüs!"
DIE SCHÖNE: „Auf Wiederhören!"

Gedanken auf dem Weg zur Arbeit

DIE SCHÖNE (*nur* in Gedanken): „I hob so a Wut auf di, sturschädliger Widder du! Sog, worum host mi verlossn, afoch so? Bis ans Meer, so weit weg bist gongan! Worum? Hm? Worum bist nur vo mir wecka gongan? Wos kunntert scheener und wichtiger sei wia unser Zinzin?

Koaner, der, wonn er hinter mir herfoahrt und mi über sei Handy anruft, si um mi sorgn tuat und sogt: ‚Fahr nicht so schnell! Hab so Angst um dich, Schatz, wenn du so rast!'

Du föhlst mir so sehr, mogst denn goar nimma mit mir kuscheln? Hm? Liebling, du föhlst mir wirkli so sehr! Woaßt no, wie du mi gnumma host, beim Bodn am Fluss? Bitte kimm z'ruck, bitte kimm hoam! I bi no immer so verliabt in di! Nur der Gedanke, dass es di gibt, irgendwo in Koiltland, losst mi weiterlebm."

DER MANN (*nur* im Gedanken): „Du fehlst mir so sehr! Mein Körper, der irgendwie noch zu mir gehört … ich kann nicht auf ihn aufpassen, so wie du immer auf ihn aufgepasst hast, weißt du noch? Manchmal redet mein Mund solchen Mist daher. Jetzt erst weiß ich, warum du manchmal deinen Zeigefinger über meine Lippen legtest. Jetzt muss ich allein auf ihn achten. Das verunsichert mich. Aber ist egal, ohne dich ist eh alles so fade!

Ich fahre täglich mit dem Motorrad zur Arbeit, sogar wenn es hier oben an der Küste mal schneit, fahre ohne dich, ohne dein Aufpassen, ohne mich auf das Fahren zu konzentrieren, weil ich immerzu an dich denken muss. Niemand ist da, der morgens sagt: ‚Fahr lieber mit dem Auto!' Nichts ist da, niemand hinter mir, der mich umklammert, auf den ich beim Fahren Rücksicht nehmen muss. Mir ist egal, was hinter der Kurve kommt: ein Deichschaf, Kies, ein umgeknickter Baum, ein Trecker, ein Unfall? Es ist verrückt ... mein Körper ohne dich, das ist wie Freistil, wie Fahren ohne Helm, wie Segeln ohne Lifebelt, wie Klettern ohne Seil! Liebes, du fehlst mir so sehr! Erinnerst du dich noch an unsere Wikingerhelme? Komm du doch zu mir ans Meer, bitte! Dann mieten wir uns ein Segelboot, ich fahr mit dir hinaus aufs Meer, und wenn schönes Wetter ist, fahren wir raus auf die Alte Mellum. Außer dir und mir sind dort nur balzende Regenpfeifer, Möwen und Seeschwalben ..."

Am Morgen des Neujahrstages

DIE SCHÖNE: „Hallo, Liebling!"

DER MANN: „Hallo."

DIE SCHÖNE: „I wünsch dir a gonz a gsunds und glücklichs neiches Johr!"

DER MANN: „Danke. Ich dir auch."

DIE SCHÖNE: „Und, geht's dir eh guat?"

DER MANN: „Danke, und selber?"

DIE SCHÖNE: „I hob mit meina Verwondschoft gfeiert, 's woar gonz lustig."

DER MANN: „Schön für dich."

DIE SCHÖNE: „Du föhlst mir so."

DER MANN: „Nanu, wie kommt's denn? Ich denk, ich sollte dich in Ruhe lassen?"

DIE SCHÖNE: „I bin so verliabt in di, und ... i hob's nimma ausghoiltn, ohne dei Stimme zu hörn! I bi so verzweiflt. Sog, worum bist domois nur wecka gonga? I versteh des no immer net!"

DER MANN: „Aber inzwischen musst du dir ja keine Gedanken mehr machen!"

DIE SCHÖNE: „Worum?"

DER MANN: „Du hast doch Schluss gemacht!"

Die Schöne: „Na. Du bist von mir wecka gonga!“
Der Mann: „Und dann hast du gesagt, du würdest mich zwar lieben, aber du würdest dir einen anderen nehmen, weil du abends so allein seist! Passt doch irgendwie nicht zusammen, oder? Wie kann man denn jemanden lieben, wenn man mit einem anderen schläft? Also hab ich mir gedacht, du magst mich gar nicht mehr! War es gar Hass?“
Die Schöne: „Des woar net so gmeint! I woar nur so bees auf di, konnst du des net verstehn? Und du liegst a nebn deina Frau, jede Nocht!“
Der Mann: „Was soll ich dir jetzt bloß antworten? Das haben wir schon hundertmal besprochen.“
Die Schöne: „Bitte sei mir net bees!“
Der Mann: „Wie sollte ich dir denn böse sein? Du weißt doch, dass ich dich liebe!“
Die Schöne (liebevoll): „Woaßt, i hob versucht, dagegn anzukämpfn, oba i liab di zu sehr, woaßt. I mog di so gern wiedersehgn!“
Der Mann: „Ich dich auch!“
Die Schöne: „Wonn kimmst wieder amoi zu mir?“
Der Mann: „Weiß nich.“
Die Schöne: „Diesmoi brauchst dei Auto nimma versteckn!“
Der Mann: „Bist du dir sicher?“
Die Schöne: „Gonz sicher!“
Der Mann (verunsichert): „Na gut. Ich sag dir übermorgen Bescheid, bis dahin hab ich meinen Dienstplan.“
Die Schöne: „I gfreu mi so sehr, di endli wiederzusehgn und di in meine Arme zu schließn, glaub mir des! Und i dank unserm lieben Jesus, dass d'mit mir gred't host!“
Der Mann: „Ich freu mich auch schon so sehr auf dich!“

Anruf auf Arbeit

DIE SCHÖNE: „Hallo, Liebling!"
DER MANN: „Hallo!"
DIE SCHÖNE: „Host leicht grod an Stress?"
DER MANN: „Nein, Stress nicht, du weißt ja, ich hab heute meinen Ambulanztag."
DIE SCHÖNE: „Und is vü los?"
DER MANN: „Ja schon. Nur, weißt du, es sitzt grad eine Patientin hier bei mir!"
DIE SCHÖNE (sehr laut): „Entschuldige, donn wü i net störn! Nur oans wü i von dir hörn: Bitte sog schnöll und gonz, gonz laut: ‚Ich – liebe – dich'!"
DER MANN (laut): „Ich liebe dich!"

Zwei Tage später

DER MANN: „Hallo!"
DIE SCHÖNE: „Hallo, Liebling!"
DER MANN: „Und, wie geht es dir, was machst du grad?"
DIE SCHÖNE: „Hörst net? I lieg grod in mei'm Bett."
DER MANN: „Und? Was machst du so allein?"
DIE SCHÖNE: „Stöll dir vor, i lieg do … gonz nockert …"
DER MANN : „Wirklich?"
DIE SCHÖNE: „Und meine Schenkel san gonz, gonz weit ausanondgspreizt!"
DER MANN: „Ich fasse es nicht!"
DIE SCHÖNE: „Siachst! Bist sölba schuild, wonns d'net do bei mir liegn tuast und net mit mir Zinzin mochst!"
DER MANN: „Du machst mich ganz verrückt!"
DIE SCHÖNE: „I hob scho so a Sehnsucht noch dir!"
DER MANN: „Ich auch nach dir! Und … und … *Fühlsucht!*"
DIE SCHÖNE: „I mog di a so gern spürn!"
DER MANN: „Ich freu mich so auf dich!"

DIE SCHÖNE: „I mi a! Guate Nocht!“
DER MANN: „Gute Nacht, schlaf gut!“
DIE SCHÖNE: „Und morgn foahrst vorsichtig, versprichst mir des?“
DER MANN: „Ja sicher!“
DIE SCHÖNE: „I bet für di! Du woaßt es eh: I hob an heißn Droht zu Gott!“
DER MANN: „Du betest für mich?“
DIE SCHÖNE: „Jo!“
DER MANN: „Ich verlass mich drauf!“
DIE SCHÖNE: „Schotz?“
DER MANN: „Ja?“
DIE SCHÖNE: „Bitte foahr trotzdem vorsichtig!“

Unterwegs

Längst ist es dunkel. Nie hätte er damit gerechnet, dass jemand noch schneller sein könnte, als er beschleunigt, um einen großen Lastzug zu überholen. Deshalb schaut er auch nicht in den Rückspiegel. Er konzentriert sich auf die blendenden Lichter der entgegenkommenden Autos. Er denkt, was fahre ich nur schon wieder so schnell! Kaum kann er es erwarten, endlich wieder bei ihr zu sein. Mit offenen Augen träumt er von ihr, von ihren großen blauen Augen, von ihrem wunderbaren Körper, den er endlich wieder berühren, küssen, streicheln, penetrieren möchte. Immer öfter ruft sie ihn an, weil auch sie sehnsüchtig auf ihn wartet. Längst hat er aufgehört, deshalb anzuhalten. Er kennt die Strecke genau und weiß, was hinter jeder Kurve kommt. Erschrocken schaut er nach links, als ihn plötzlich zwei, drei, nein, vier Motorräder mit hoher Geschwindigkeit überholen. Jeder hat sein Mädchen hinten drauf. Für einen Moment stockt ihm der Atem, ist doch kaum Platz gewesen zwischen ihm und dem linken Straßenrand. Noch einmal gut gegangen, denkt er, nichts passiert!

Alle Motorräder haben überholt, und auch das letzte Motorrad ist kurz vor dem Entgegenkommenden eingeschert. Er kommt ihnen wieder näher, denn vorn, am Kreisverkehr, müssen sie stark abbremsen. Sie legen ihre Maschinen in den Kreisel. Beim Herausfahren macht jeder sein „Männchen", beschleunigt so stark, dass sich das Vorderrad meterhoch von der Fahrbahn löst. Die Maschine bäumt sich auf, ohne jedoch das Mädchen vom Rücksitz rutschen zu lassen. Sie hält sich an ihm fest, umklammert ihn bei geschlossenen Augen. Beeindruckend, denkt er, für einen kurzen Moment, und noch einmal stockt ihm der Atem. Dann aber, auf die Gerade hinaus, rasen sie davon: in die dunkle Nacht …

DIE SCHÖNE: „Schotz, wos is, worum redst net?"
DER MANN: „Ach nichts."
DIE SCHÖNE: „Is vielleicht besser, wonn i di foahrn loss, sonst passiert dir no wos!"
DER MANN: „Mir, im Auto, wird wohl nichts passieren. Aber so'n paar Leute mit Rennmaschinen haben gerade ziemlich riskant überholt."
DIE SCHÖNE: „Schotz, i bitt di, foahr vorsichtig!"
DER MANN: „Ich verspreche es dir! Bis gleich, Liebes!"

Endlich bei ihr angekommen

DER MANN: „Hallo, Schatz!"
DIE SCHÖNE: „Hallo, Liebling, kimm schnöll eina!"
Sie umarmen sich.
DER MANN: „Du kannst dir nicht vorstellen, wie glücklich ich jetzt bin!"
DIE SCHÖNE: „I gfreu mi a so sehr! Endli bist wieder do!"
DER MANN: „Du hast mir so gefehlt!"
DIE SCHÖNE: „Du mir a!"
DER MANN: „Was duftet hier so? Hmm!"

Die Schöne: „Rat amoi!"
Der Mann: „Pilze!"
Die Schöne: „Richtig! Schwammerl aus'm Biberbachtal!"
Der Mann: „Pilze? Ich mein, jetzt ist doch … gar keine Pilzzeit?"
Die Schöne: „Na. Im letzten Herbst, do woar i im Woild. Woaßt d'es eh, do, wo wir uns kennaglernt ham."
Der Mann: „Kennengelernt haben wir uns doch auf der Arbeit!"
Die Schöne: „Oba do net richtig!"

Er spürt, dass sie sich verändert hat, seit er sie das letzte Mal sah. Noch ist unklar, was sie so unruhig macht, was ihre Augen so verändert hat, hatte sie doch auch am Telefon immer wieder angedeutet, wie unruhig sie sich innerlich fühle. Ein ungutes Gefühl überkommt ihn, für einen Moment. Er ist so müde von der langen Fahrt, und so denkt er nicht klar, meint zu träumen, vielleicht deshalb etwas Ungewöhnliches an ihr zu finden.

Die Schöne (unsicher): „Is wos net in Ordnung?"
Der Mann: „Nein. Ich mein, woher hast du denn die Pilze? Gib's zu, es sind eh bloß Champignons vom *Billa*? Oder hattest du die tatsächlich eingefrostet?"
Die Schöne (vorwurfsvoll): „Jo, die gonze longe Zeit, die i hob woartn miassn … auf di!"
Der Mann: „Tut mir leid, Schatz!"
Die Schöne (aufgeregt): „Kimm, jetz ess ma!"
Der Mann: „Schade!"
Die Schöne: „Wie moanst?"
Sie wirkt kühl und abweisend auf ihn, dabei trägt sie ein seltsames Lächeln im Gesicht, das ihn nicht weniger verunsichert.
Der Mann: „Sonst wolltest auch du immer zuerst Zinzin mit mir machen, wenn wir uns lange nicht gesehen oder nachdem wir uns gestritten hatten, weißt du noch? Und gegessen haben wir immer erst kurz ‚darauf'. Jetzt bist du … so …"

DIE SCHÖNE: „Wos?"
DER MANN: „So anders, so ernst!"
DIE SCHÖNE: „Ach wos! Kimm, sonst wern die Püz gonz koilt."

Er kann sich nicht von dem Gedanken lösen, dass mit ihr irgendetwas nicht stimmt. Dann aber fällt ihm ein, vermutlich leidet sie noch immer unter ihrem alten Komplex, nicht gut genug zu kochen. Und weil er weiß, sie ist die beste Köchin von ganz Schönbrunnerland, nein, der ganzen Welt, schmunzelt er vor sich hin, während seine Augen aufgeregt ihren schönen Körper betrachten: die volle Brust, die er mit seinen Blicken streichelt, den feinen Flaum auf ihrer duftenden Haut, die wohlgeformten Schenkel, die sie unter ihrem seidenen Kleid geschlossen hält.
DER MANN: „Hmm, schmeckt das gut! Die schmecken ja wie frisch gesammelt! Und wie gut die schmecken! Woher hast du nur dieses Rezept?"
Mit der rechten Hand umfasst sie sein linkes Handgelenk, während sie mit der linken weiterisst. Er spürt es deutlich, das sanfte Zittern in ihrer kalten kleinen Hand.
DIE SCHÖNE (sich verschluckend): „I gfreu … mi, dass es dir … schmeckt, Liebling!"
DER MANN (besorgt): „Schatz, was hast du? Du zitterst ja! Ist dir kalt, komm, ich bring dich ins Bett! Bist du … Du bist krank, stimmt's? Wo hast du unser Fieberthermometer?"
DIE SCHÖNE (aufgeregt): „Na, na, na, nix, geht scho wieder!"

DER MANN: „Hat super geschmeckt, dein Pilzgericht, so gut wie noch nie!"
DIE SCHÖNE (stumm, schaut ihn bewundernd an)
DER MANN: „Du bist so schön!"
DIE SCHÖNE (plötzlich ganz ruhig): „Kimm, jetz moch ma Zinzin! I gfreu mi so sehr auf dein Körper! Schau, a neiche Wäsch hob i a!"

DER MANN: „Du wirst es nicht glauben, aber das war das erste Mal seit …"

DIE SCHÖNE: „Seit wonn?"

DER MANN: „Seit ich voriges Jahr mit dir weg war!"

DIE SCHÖNE (entsetzt): „Na, des is net woahr. Sog, dass des net woahr is!"

DER MANN: „Schatz, bitte! Beruhige dich doch! Was ist nur mit dir los?"

DIE SCHÖNE: „Oba du host gsogt, dass du wieder mit ihr schlofn tuast!"

DER MANN: „Ja, aber das war doch nur so gesagt, damit du keine Rücksicht auf mich nimmst. Weißt du, ich dachte, du liebst ihn. Nur deshalb sagte ich, ich sei dir untreu gewesen. Aber Wahrheit ist: Ich war dir treu, Schatz! Die ganze Zeit war ich dir treu! Niemals hätte ich mit irgendeiner anderen schlafen können."

DIE SCHÖNE: „Und der Wender …"

DER MANN: „Solchen Unsinn glaubst du doch selber nicht!"

DIE SCHÖNE: „Maria na, wos hob i nur tan!"

Sie fällt vor ihm auf die Knie, hält seine Beine fest umschlungen und weint.

DER MANN: „Warum tust du das? Ich hab es doch gern für dich getan! Nie hätte ich das fertig gebracht … niemals mit einer anderen schlafen können. Nur mit dir mag ich schlafen!"

Sie weint noch mehr.

DER MANN: „Bitte steh auf. Komm bitte, gehen wir schlafen!"

DIE SCHÖNE (zitternd): „Jo, Liebling."

DER MANN: „Komm, lass uns unser Schlaflied beten!"

Gemeinsam: „Müde bin ich/geh zur Ruh/schließe beide Augen zu/lass die Augen dein/über meinem Bette sein./Amen."

Sie schläft sehr unruhig, und so schläft auch er unruhig. In der Nacht bekommen sie plötzlich starke Bauchkrämpfe, Erbrechen und Durchfall. Am Morgen fühlen sie sich sehr schwach.

Er schaut in den Spiegel: „Schatz, mir ist so schlecht. Ich glaub, ich werd auch krank!"

DIE SCHÖNE: „I woaß!"

DER MANN (erschrocken): „Was weißt du?"

DIE SCHÖNE: „I werd a boild gölb, schau mi an! Des san die Püz!"

DER MANN: „Wie bitte? Was ist mit den Pilzen?"

DIE SCHÖNE: „Wir werden sterbm! Wir werden gemeinsam sterbm!"

DER MANN (entsetzt): „Was denn … du, du … hast … doch nicht etwa …"

DIE SCHÖNE: „Jo, Liebling, i hob uns vergift'!"

DER MANN: „Was hast du?"

DIE SCHÖNE: „Jo, des hob i! Woaßt nimma, wos du gsogt host, im Woild, beim Schwammerlsuachn: *‚Wie ein Stück Sterben'!* Und i wü mit dir gemeinsam sterbm! Scho immer hob i Angst vorm Sterbm ghobt, oba net vor'm Tod. I hob gwoart' auf di, so long! Und jetz bist endli wieder do bei mir, mei Liebling. Und jetz derf i mit dir gemeinsam sterbm, und weil du jetzt bei mir bist, hob i koa Angst net davor, woaßt! Du hältst mi gonz, gonz fest dabei. So konn i in deinen Armen sterbm, beschützt vo dir, so wie es immer woar, jede Nocht, bevors du wecka gonga bist vo do, vo mir!"

DER MANN (lachend): „Nein, nein, ich kann es nicht glauben."

DIE SCHÖNE: „Schau, wir werden uns gonz sicher wiedersehgn, scho boild, im Himml!"

DER MANN: „Schatz, das ist wirklich kein guter Witz!"

DIE SCHÖNE (sicher): „Na! Im Ernst!"

DER MANN (lachend): „Du würdest so etwas nie fertigbringen!"

DIE SCHÖNE: „Siachst, so schlecht host du mi kennt!"

DER MANN (schreiend): „Nein! Sag, dass es ein Scherz ist!"

Die Schöne (ruhig): „Na! Des is koa Scherz net! Woaßt, i woar so verzweiflt. Wos sonst hätt i mochn kinna, dass du z'ruckkimmst?"
Der Mann (vor Todesangst zitternd): „Warum nur? Warum hast du das getan? Bist du … von allen guten Geistern verlassen?"
Die Schöne: „Na! Jetz konn endli a Ruah sei! Jetz hob i di endli gonz für mi alloan, denn *du bist mei Liebling!"*
Der Mann: „Du willst uns wohl umbringen?"
Die Schöne: „Jo, mei Liebling, des wüll i!" Sie versucht, ihn zu umarmen, und sie lacht. „No nie woar i so glücklich!"
Er reißt sich von ihr los. Er packt sie derb bei den Armen. Er schüttelt sie, dass es ihr wehtut. Sie aber lacht weiter.
Der Mann (schreit): „Bist du denn wahnsinnig geworden?"
Die Schöne: „Worum?"
Der Mann: „Was hast du nur getan?"
Die Schöne: „Jetz hob i di endli gonz für mi alloan! Endli bist wieder dahoam! Du bist mei Monn, und i bi nimma nur dei Geliebte. Jetz bin i dei Frau, woaßt? Dei erste Geign! Und nie mehr konnst wecka gehn vo mir! Wir zwoa gehn gemeinsam in'n Himml! Jede Minute … *wie ein Stück Sterben,* a Stückl gemeinsames Sterbm!"
Der Mann: „Wieso … wieso bist du dir so sicher, was mich betrifft? Du weißt, ich hab meine Frau betrogen! Wahre Christen tun so etwas nicht!"
Die Schöne: „I hob bet' für di!"
Der Mann: „Und was wird aus meinen Kindern? Hast du denn gar nicht an meine Zwillinge gedacht? O Gott!"
Die Schöne: „Glaub mir, Schotz, sie werdn di verstehn!"
Der Mann: „Was ist mit deinem Glauben? Du weißt doch, Christen dürfen nicht töten!"
Die Schöne (weinend): „I hob bet' zur Heiligen Muttergottes, dass sie mir bitte verzeihn mog. Woaßt, i wü jo nur mit dir z'sam sei! Is des leicht a Sünd? Sog! Na, des is koa Sünd net!"

Er hört nicht mehr zu, was sie redet. Er ist verzweifelt, und in seiner Panik sucht er vergeblich nach seinem Handy, sucht nach ihrem Handy, er findet es nicht. Er rennt hinaus, so wie er ist, steigt ins Auto und rast zur Telefonzelle, um Hilfe zu rufen.

Dann bricht er vor Erschöpfung zusammen.

Eine Woche später

Der Pathologe diktiert für beide folgenden histologischen Befund:

„Ausgedehnte Deparenchymisierung. Ödematöse, konfluierte Portalfelder und kollabiertes Leberparenchym bei zentrolobulären Nekrosen mit nur noch schattenhaft erkennbaren Hepatozyten. Entsprechend dem typischen Bild einer Knollenblätterpilzvergiftung."

Auf dem Friedhof (in einer anderen Stadt)

Ein kleiner unscheinbarer Vogel hüpft aufgeregt von Ast zu Ast. Sein Nest befindet sich, gut getarnt und geschützt, irgendwo in einer der dichten Buchsbaumhecken, von denen es hier so viele gibt. Er ist stumm, solange die Glocke der kleinen Friedhofskapelle läutet, und singen tut er eh nur nachts.

Nach dem Requiem öffnet sich die Tür der Kapelle. Die trauernde Menschengruppe, voran die Träger mit zwei Särgen, kommt langsam näher; hierher, wo zwischen alten Gräbern ein neuer Platz entstanden ist. Es riecht nach frisch aufgeworfenem Erdreich, nach weißen Rosen und Weihrauch, aber auch nach Lebensbaum, nach immer mehr Menschen. Parfüm. Die Hinterbliebenen haben sich schweigend um ein frisches Doppelgrab versammelt. Alle sind gekommen, die Angehörigen, in Schwarz gekleidet, um sich von zwei jungen Menschen zu verabschieden, für immer. (Oder auf bald?) Ihren Eltern hatten sie keine Gelegenheit geboten, sich kennen zu lernen, so sehr waren sie mit sich selbst beschäftigt, so wenig glaubten sie vielleicht an eine dauerhafte Beziehung, und so wenig hatten sie über die Möglichkeit eines, ihres eigenen, plötzlichen Todes nachgedacht.

So machen sie sich jetzt bekannt: die weinenden Mütter, Geschwister, Verwandten, Freunde und andere Bekannte … der Vater des Mädchens, plötzlich rastet er aus! Er verliert die Beherrschung, laut schreiend bedroht er den Vater des jungen Mannes mit einer Pistole! Frauen schreien hysterisch, eine junge Frau fällt in Ohnmacht. Doch die Mutter des Mädchens hält ihn zurück. Er, der Vater des jungen Motorradfahrers, kann doch nichts dafür! Die Mutter des Jungen kniet vor den Särgen nieder, und weinend betet sie, dass nicht noch Schlimmeres passiert. Endlich kommt der Priester und hilft ihr wieder auf. Er, der keine Angst vor dieser Waffe hat, lässt sich die Pistole geben und findet die passenden Worte für die eskalierte Situation.

Dann spricht er die Grabrede mit dem Wort des Lebens: „…wenn das Weizenkorn nicht in die Erde fällt und nicht stirbt, bleibt es allein; wenn es aber stirbt, bringt es reiche Frucht …" Seine Worte tun gut. Stärker als Hass, tiefe Trauer verbindet sie, und endlich fallen sie sich in die Arme. Menschen, die sich nicht kannten, die sich nie zuvor begegnet waren.

Erwachen in einem großen weißen Zimmer

DIE SCHÖNE: „Wo bin ich?"
DER MANN: „In meiner Nähe!"
DIE SCHÖNE (erleichtert): „Liebling? Bist du's leicht?"
DER MANN: „Ja, Schatz! Wie geht es dir?"
DIE SCHÖNE: „Mi friert goar net, obwohl du net bei mir liegst!"
DER MANN: „Fühl ich mich schwach!"
DIE SCHÖNE: „Komisch, mei Bauch tuat mir weh."
DER MANN: „Ja, besonders beim Husten."
DIE SCHÖNE: „Schau, wie hell die Sunn scheint!"
DER MANN: „Das ist nicht die Sonne, Schatz!"

DIE SCHÖNE: „Wieso? Wo sind wir leicht? Schau doch, über der Tür. Dort hängt das Kreuz Jesu!“
DER MANN: „Ich weiß genau, wo wir sind. Obwohl …“
DIE SCHÖNE: „Wos?“
DER MANN: „Obwohl ich noch immer nicht weiß, wie wir überhaupt hierher gekommen sind!“
DIE SCHÖNE: „Sind wir leicht schon angekommen? Ja!“
DER MANN: „Wo?“
DIE SCHÖNE: „Sind wir etwa schon da?“
DER MANN: „Sag, was meinst du, *wo* angekommen?“
Eine in Schwarz gekleidete Frau mit Brille und weißer Haube auf grauem Haar betritt den Raum. Um ihren Hals trägt sie eine schlichte Kette mit Perlen und einem Kreuz aus Holz.
DIE SCHÖNE (flüsternd): „Im Himml?“
DER MANN: „Nicht ganz, Schatz.“
DIE SCHÖNE: „Wie ‚net gonz‘?“
DER MANN: „Aber ein Wunder ist geschehn!“
DIE SCHÖNE: „Es stimmt oiso, wir san im Himml! Guat, dass i zu unserer Heiligen Mutter Maria bet hab. Wir san beide im Himml! Ja, wir sind im Himmel!“
DER MANN: „Nein, Schatz! Aber bestimmt sind wir über den Berg.“
DIE SCHÖNE: „Wie moanst des?“
DER MANN: „Wir haben eine neue Chance bekommen! Wir beide, verstehst du?“
Die Frau mit der Haube: „Des Mariendistel-Präparat war zu schwoch, gnädige Frau. Sie ham vü z’vü von dem Püzgericht gessn!“
DIE SCHÖNE (zu ihm): „Hörst! Oiso streit net! Wir san bestimmt im Himml!“
DER MANN (überglücklich): „Stell dir vor, Schatz! Welch ein Glück für uns! Zufällig hatten sie eine passende Leber für uns! Verstehst du?“

DIE SCHÖNE (erschrocken): „A passende … wos?"
DER MANN: „Ein Spenderorgan. Die Leber ist, wenn du so willst, wieder auferstanden! Sie lebt in uns weiter, verstehst du? Schau, an deinem Bett hängt ja noch das Narkoseband! Es leuchtet wie eine Festtagsschleife."
DIE SCHÖNE (enttäuscht): „Donn … donn woar ois umasonst!"
Die Frau mit der Haube: „Nein, schöne Frau, Sie sind gerettet! Sie dürfen weiterleben, und Ihr Geliebter auch! Dank der Güte Gottes!"
DER MANN: „Nein! Nichts war umsonst!"
DIE SCHÖNE: „Wieso net?"
DER MANN: „Jetzt bleib ich bei dir, für immer! Denn *du bist mein Liebling!"*

★★★

12 Uhr, Hotel „Edelweiß" (in einem Feriendorf, irgendwo in der Steiermark)

Mittagsglocken läuten zum Gebet. Über einem breiten Doppelbett hängt ein großes Ölbild. Es ist Bronzinos „Die Zeit siegt über die Liebe". Eine Touristin weckt ihren Mann aus einem langen Schlaf. Sie öffnet die Fensterläden. Die Sonne scheint ihm direkt ins Gesicht. „Was … was ist denn?", erschrickt er. „Bitte steh endlich auf! Es ist Mittag." „Wirklich? Wie spät ist es denn?" „Punkt zwölf! Die Kinder müssen zum Essen gerufen werden! Nimm gleich die Frotteetücher mit, die haben sie vergessen! Was ist denn mit dir los? So lange hast du geschlafen! Und so fest! Wir haben ein paarmal versucht, dich zu wecken, damit du noch etwas für das Wochenende einkaufst. Schließlich bin ich selber losgegangen, um das Nötigste zu holen. Und das Auto wolltest du auch waschen. Sogar das Fußballspiel gestern Abend hast du verpasst! Hast du es denn total vergessen? Zwei Wochen lang hast du immer nur von diesem Spiel geredet. Alles andere war dir egal, und gestern, ich denk, ich spinne, legst du dich einfach mit den Kindern hin und hast bis jetzt geschlafen. Das ist … das sind … siebzehn Stunden! Siebzehn Stunden hast du durchgeschlafen! Wie lange willst du denn noch schlafen? Bist du krank? Hast du eine Schlaftablette genommen?" „Wo sind sie denn?" „Was?" „Die Kinder!" „Sind baden gegangen, vor zwei Stunden schon! Du wolltest doch heute mit ihnen das Wasserrad bauen, unten am Fluss. Du hattest es ihnen fest versprochen. Hast du wohl auch vergessen? Steh endlich auf!" „Mir ist noch so schwindelig, wie in einem langsam vergehenden Rausch." „Was ist denn mit dir los?" „Weiß nicht, hatte einen starken Traum!" „Du hast so laut gelacht, geschrien und einmal sogar …." „Sogar was?" „Gestöhnt!" Er muss lachen. „Ach was, das soll ich dir glauben?" „Aber sicher! Wovon hast du denn geträumt? Was nur – oder wer – in deinem Traum hat dich derart zum Stöhnen gebracht? Meinetwegen hast du noch nie so gestöhnt!" „In meinem Traum war ich ein Arzt, und ich habe geträumt, jemand hätte mich auf den Weg zu Gott geführt. Sie, spöttisch: „Na prima! Und? Hast du einen Weg gefunden? Wer hat dich denn bekehrt?" „Du sollst nicht lästern! Ich weiß nicht mehr, was genau passierte. Erinnerst du dich denn an jeden deiner Träume? Lass mich bitte in Ruhe. Vielleicht fällt es mir noch ein. Es ist so eigenartig. Ich bin noch … wie betrunken." „Kannst du dich denn an gar nichts erinnern?" „Es war so wunderbar, doch die Konsequenz kam zu spät." „Was denn für eine Konsequenz?" „In meinem Traum war ich ein Feigling, nein … ein Schwein! Ach, ich bin noch so müde …" „Ich glaube, du fantasierst! Eben noch hast du gesagt, du seist ein Arzt gewesen. Übrigens, hier im Dorf erzählt man, manche Menschen würden von diesen Blumen müde, die übrigens auch da unten wachsen, direkt unter unserm Fenster. Schau, die Blüten an den Sträuchern da unten! Und wer sie sich ins Zimmer oder gar auf den Nachttisch stellt, bekomme ganz wirre Träume davon. Wie schön die sind!" „Die Blumen?" „Ja, sehen aus wie winzige Rhododendron. Und was für zartrote Blüten sie haben!" Erstaunt schaut er zum Fenster hinaus: „Wie eigenartig, in meinem Traum gab es sie auch!"

Er springt auf, zieht sich rasch an, nimmt die Tücher. Unrasiert tritt er hinaus auf den Platz. Was ist nur los, denkt er, die Mittagsglocken hören gar nicht auf zu läuten! Auf dem abschüssigen Weg zum Fluss kommt er nicht an der Basilika vorbei, ohne hineinzugehen. Eine Katze liegt draußen vor der Kirchenmauer im kühlenden Schatten. Es sieht nur so aus, als schlafe sie. Er geht durch das offene Portal, und obwohl er es noch nie getan hat, benetzt er die Fingerspitzen seiner Hand mit Weihwasser, um sich zu bekreuzigen. Das Wasser ist angenehm kühl, ebenso die Kirchenluft: Kalter Atem, ein Hauch alten Weihrauchs strömt ihm entgegen, dabei riecht es nach verlassenem Gestein. Drinnen hört er die Glocken kaum, dafür den Widerhall jedes seiner eigenen, festen Schritte. Jahrhundertealte Ölbilder an der Wand beschreiben den Kreuzweg Jesu. Dunkel erscheinen sie ihm, im Vergleich zu dem, was sich über ihm erhebt. Während er zwischen den Sitzreihen nach vorn in Richtung Hochaltar geht, schaut er ehrfurchtsvoll hinauf und bestaunt die Fresken des gewaltigen Deckengewölbes. Plötzlich, als er die Vierung betritt, sieht er über sich die lebendige Gestalt der Heiligen Maria, als schwebe sie tatsächlich über ihm. Fast erschrickt er: Sie schaut ihn an! Ihre offenen Hände zeigen zu ihm! Angestrahlt vom Sonnenlicht steht sie barfuß in einer schneeweißen Wolke, umgeben von betenden Engeln im allgegenwärtigen Himmelsblau. Der Blick nach oben macht ihn schwindelig, und plötzlich sieht er, wie das strahlende Licht der Mittagssonne das Blau des Himmels mit dem der Fresken eins werden lässt. Fantastisch! Es scheint ihm, als öffne sich das gewaltige Deckengewölbe. Oder öffnet sich der Himmel selbst? Wie ein riesiges Fenster? Überwältigt bleibt er stehen, für einen kurzen großen Moment. Seine Beine aber tragen ihn weiter, immer weiter, als seien diese Schritte vorbestimmt: ein strenger Choral! Die Kirche scheint menschenleer. Dann aber, ganz vorn, vor dem Altar, sieht er zu seiner Überraschung eine junge Frau auf den Marmorstufen knien! Sie betet. Entschlossen geht er hin, um neben ihr niederzuknien. Sie kommt ihm bekannt vor … nein, vertraut sogar! Er glaubt, ihren wundervollen Duft zu kennen. Der Atem stockt ihm, als er ihren rosafarbenen Blütenstrauß auf dem Podest vor sich liegen sieht. Es sind die Blumen aus seinem Traum, und es sind die gleichen Blüten, wie er sie erst vor wenigen Minuten unter dem Hotelfenster sah. Ohne überlegen zu müssen, spricht er sie an. Sie trägt ein buntes Sommerkleid mit breitem Ausschnitt, ihren zarten Hals ziert eine goldene Kette mit einem Kreuz und einem durchsichtigen Amulett: ein kleines Herz aus Glas. Etwas leuchtet darin wie dunkelroter Samt. Auf seine Frage, was sie in dem Amulett trage, antwortet sie traurig: „Des san die Rosenblätter von der letzten Rosn, wos mir mei Geliebter gschenkt hot. Rosen aus Admont!“ „Von Ihrem Geliebten?“ „Jo, wissen S’, mei Liebling hot mi verlossn … Und i bin no immer so verliabt in eahm. Er hot mi … so sehr verletzt! Oba zu wos derzöhl i des überhaupt?“ Während sie ihre Tränen unterdrückt, schaut er sie ehrfurchtsvoll an. Dann stimmt er ein in ihr Gebet, als kenne er den Text schon längst: *„… Herr, lass mich trachten, nicht, dass ich getröstet werde, sondern dass ich tröste; nicht, dass ich verstanden werde, sondern dass ich verstehe; nicht, dass ich geliebt werde, sondern dass ich liebe. Denn wer sich hingibt, der empfängt; wer sich selbst vergisst, der findet; wer verzeiht, dem wird verziehen; und wer stirbt, der erwacht zu ewigem Leben. Amen.“* Sie (überrascht): „Woher kennan S’ den Text von unserem Heiligen Franzl?“ „Von dir … vielleicht?“ Immer wieder schaut er sie an: „Wie wunderschön Sie sind!“ „Und Sie? Sie san scho a öltener Monn, und dazua goar koa Österreicher! Und wia i siach, ham S’ goar an Ehering! Und? Ham S’ leicht Kinder a?“ „Ja, natürlich!“ „A soo! Donn, bitte, lossn S’ mi endlich in Ruah!“ „Entschuldigung, wollte nicht aufdringlich sein. Ich erwarte nichts! Aber bevor ich gehe, darf ich Sie noch schnell etwas fragen?“ „Jo bitte!“ „Wie heißen diese wunderschönen Blumen – da, vor Ihnen?“

„Almenrausch!“

Über den Autor

Udo Schönteich wurde 1957 in Radeberg in Deutschland geboren, studierte Medizin und spezialisierte sich bald auf Unfall- und Gefäßchirurgie.

Seit seiner politisch motivierten Flucht aus der damaligen DDR im Jahr 1989 war er als Chirurg an verschiedenen deutschen und österreichischen Krankenhäusern tätig, seit 2003 führt er eine eigene Praxis in Wallis in der Schweiz.

Er ist verheiratet und hat zwei Töchter im Alter von 23 und 14 Jahren.

Aus dem Programm des Verlags Liber Libri Wien

Karl Plepelits
Die verbotene Frucht
Eine west-östliche Liebesgeschichte
214 Seiten, Euro 19,80/sfr 36,00
ISBN 978-3-85481-042-1

Bittersüße Liebesgeschichte zwischen einem österreichischen Reiseleiter und einer jungen Türkin

„Künde mir, Muse, den Mann, den vielgereisten, welcher gar viel in der Welt herumkam … Vieler Menschen Städte sah er und lernte ihre Sinnesart kennen."
Wie der berühmteste Reisende aller Zeiten, der kluge Odysseus, sieht auch der klassisch gebildete Reiseleiter Markus viel von der Welt, auch er lernt viele Orte und die Sinnesart vieler Menschen kennen, westlicher und östlicher, christlicher und muslimischer. Er beginnt, sich über den Glauben und die Gläubigen Gedanken zu machen, vergleicht Christentum und Islam in ihren Unterschieden und Gemeinsamkeiten, und er erfährt Liebe und Schuld. Schließlich nimmt eine bittersüße ost-westliche Liebesgeschichte gefangen … Wird er nun, wie Odysseus, „gar viele Schmerzen in seinem Gemüte" erleiden?

Karl Plepelits
Der Glaube, die Berge und das Paradies
Novelle
150 Seiten, Euro 16,80/sfr 30,60
ISBN 978-3-85481-031-5

Ein kleiner Bub in der notleidenden Steiermark der Nachkriegszeit holt in dieser einfühlsamen Novelle seinen gefallenen Vater aus dem Paradies ins Leben zurück.

Den Verlag Liber Libri finden Sie im Internet unter:
http://www.guthmann-peterson.de/liber-libri.html

Aus dem Programm des Verlags Liber Libri Wien

Erich Glavitza
Killer LEOPARD
Thriller
234 Seiten, Euro 19,80/sfr 36,00
ISBN 978-3-85481-044-5

Ein internationaler Thriller und ein lautloser Mörder in unserem alltäglichen Österreich.

Gerhard Dick
Die Nudistenwallfahrt
252 Seiten, Euro 19,80/sfr 36,00
ISBN 978-3-85481-045-2

Ein ironisch-wehmütiger Roman über die Liebe, den Kalten Krieg und das Wallfahren.

Konrad Riggenmann
So gut warst du, Jeschu Barabbas
Der Nazarener nach der Frau aus Migdal
226 Seiten, mit einigen Abbildungen
Euro 19,90/sfr 36,00
ISBN 978-3-85481-040-7

Die Frauen um Jesus als roter Faden durch die Geschichte des Christentums, seiner Frauen- und Judenfeindlichkeit: die luziden Impressionen, kenntnis- und bilderreichen Analysen und tieftraurigen Momentaufnahmen eines kritischen Denkers in einem engagierten Reisebericht.

Den Verlag Liber Libri finden Sie im Internet unter:
http://www.guthmann-peterson.de/liber-libri.html